A TÉCNICA DA
COMUNICAÇÃO HUMANA

Dados Internacionais de Catalogação na Publicação (CIP)
(Câmara Brasileira do Livro, SP, Brasil)

Penteado, José Roberto Whitaker
  A técnica da comunicação humana / José Roberto Whitaker Penteado ; revisão técnica Marleine Paula Marcondes e Ferreira de Toledo. - 14. ed. rev. e ampl. - São Paulo : Cengage Learning, 2019.

  2. reimpr. da 14. ed. de 2012.
  Bibliografia.
  ISBN 978-85-221-1215-9

  1. Comunicação 2. Linguagem 3. Retórica I. Título.

11-13868   CDD-302.2

Índices para catálogo sistemático:

1. Comunicação 302.2
2. Comunicação humana 302.2

José Roberto Whitaker Penteado

A TÉCNICA DA
COMUNICAÇÃO
HUMANA

14ª Edição

Revista e ampliada

Revisão técnica, atualização e ampliação de
Marleine Paula Marcondes e Ferreira de Toledo

Austrália • Brasil • México • Cingapura • Reino Unido • Estados Unidos

**A técnica da comunicação humana – 14ª edição
Revista e ampliada**

J.R. Whitaker Penteado

Gerente Editorial: Patricia La Rosa

Supervisora Editorial: Noelma Brocanelli

Editora de Desenvolvimento: Marileide Gomes

Supervisora de Produção Editorial e Gráfica: Fabiana Alencar Albuquerque

Copidesque: Lourdes Ostan

Revisão técnica, atualização e ampliação da 14ª edição: Marleine Paula Marcondes e Ferreira de Toledo

Revisão: Mônica de Aguiar Rocha e Márcia Elisa Rodrigues

Diagramação: ERJ Composição Editorial

Capa: Ale Gustavo

Pesquisa Iconográfica: Renate Hartfiel e Vivian Rosa

© 2012 Cengage Learning Edições Ltda.

Todos os direitos reservados. Nenhuma parte deste livro poderá ser reproduzida, sejam quais forem os meios empregados, sem a permissão, por escrito, da Editora. Aos infratores aplicam-se as sanções previstas nos artigos 102, 104, 106, 107 da Lei nº 9.610, de 19 de fevereiro de 1998.

Esta editora empenhou-se em contatar os responsáveis pelos direitos autorais de todas as imagens e de outros materiais utilizados neste livro. Se porventura for constatada a omissão involuntária na identificação de algum deles, dispomo-nos a efetuar, futuramente, os possíveis acertos.

A editora não se responsabiliza pelo funcionamento dos links contidos neste livro que possam estar suspensos.

Para informações sobre nossos produtos, entre em contato pelo telefone
0800 11 19 39
Para permissão de uso de material desta obra, envie seu pedido para
direitosautorais@cengage.com

© 2012 Cengage Learning. Todos os direitos reservados.

ISBN 13: 978-85-221-1215-9
ISBN 10: 85-221-1215-0

Cengage Learning
Condomínio E-Business Park
Rua Werner Siemens, 111 – Prédio 11 – Torre A – Conjunto 12 – Lapa de Baixo
CEP 05069-900 – São Paulo-SP
Tel.: (11) 3665-9900 - Fax: (11) 3665-9901
SAC: 0800 11 19 39

Para suas soluções de curso e aprendizado, visite **www.cengage.com.br**

Impresso no Brasil
Printed in Brazil
2. reimpr. – 2019

A
Vera, a meus pais,
meus filhos e meus
alunos.

Revisão técnica, atualização e ampliação da 14ª edição

Nesta edição, contamos com a contribuição da professora Marleine Paula, que se preocupou em fazer os acréscimos e as atualizações necessárias.

Dra. Marleine Paula Marcondes e Ferreira de Toledo

Graduada em Letras e Direito pela Universidade de São Paulo (USP). Professora da Faculdade de Filosofia, Letras e Ciências Humanas da USP, onde se doutorou, e da Escola Superior de Propaganda e Marketing (ESPM). Como chefe do Departamento de Ciências Propedêuticas e Criminais do curso de Direito da Universidade Cidade de São Paulo, fundou e dirigiu o periódico *O Propedêutico*. Na Universidade de Sorocaba, trabalhou nos cursos de graduação, pós-graduação *lato sensu* e *stricto sensu* (Mestrado em *Comunicação e Cultura*, do qual foi coordenadora até 2006). Possui cerca de 180 artigos publicados em jornais, revistas, periódicos e tabloides do Brasil e do Exterior. Participou de aproximadamente 200 congressos, contando com mais de 150 trabalhos apresentados (cursos, palestras e conferências), no Brasil e em outros países. Professora convidada e visitante das Universidades de Coimbra e Lisboa, Portugal; Universidades de Burgos, Pontevedra e Vigo, Espanha;Universidade do Panamá, Panamá. Autora de várias obras publicadas no Brasil e no Exterior, a professora Marleine Paula desenvolve, atualmente, entre outras, três pesquisas sobre a obra de Euclides da Cunha, cujo centenário de morte foi lembrado no ano de 2009. Tem colaborado, ao longo dos anos, no *Jornal da Tarde*, *O Estado de São Paulo*, *D.O. Leitura*, além de outros jornais e revistas especializados. Dedica-se, há anos, a práticas de ensino e à participação em eventos culturais e científicos. Acesso ao Currículo Lattes: http://lattes.cnpq.br/5027520479445307

Sumário

Explicação Necessária XIX

Introdução à 12ª Edição (1990) XXV

Capítulo 1
A Comunicação Humana 1

1. O processo da comunicação humana. 2
2. Os elementos básicos do processo da comunicação humana 4
3. Princípios da comunicação humana efetiva 12
4. A fórmula de Lasswell 14
5. Outras condições de efetividade da comunicação humana. 17
   - **5.1** A psicologia da atenção 19
   - **5.2** Atenção periférica e atenção dirigida 21
   - **5.3** Recomendações para a efetividade da comunicação humana 22
6. Persuasão: credibilidade das fontes de informação 22
   - **6.1** Origem da opinião. 23
   - **6.2** Graus de opinião 23
   - **6.3** Forma da mensagem 24
   - **6.4** Percepção. 25
   - **6.5** Credibilidade das fontes de informação 26

Capítulo 2
A Comunicação na Era Digital 33

1. Do *hardware* para o *software*, uma via de mão dupla 33
2. Urgência de aderir ao novo 35

3.	*Internet*	38
4.	Pesquisa na *internet*	40
5.	Interatividade	42
6.	*Nihil novi sub solem*	45
7.	Jogos eletrônicos	47
8.	Redes sociais na *internet*	50
9.	Quais são as redes?	57
	9.1 *Orkut*	57
	9.2 *Facebook*	58
	9.3 *Myspace*	58
	9.4 *Twitter*	58
	9.5 *Plurk*	59
	9.6 *Fotolog*	59
	9.7 *Flicker*	59
	9.8 *YouTube*	59
10.	Interconectividade	60
11.	Ensino e aprendizagem na era digital	62
12.	Ética, sigilo e privacidade na era digital	63
13.	*Sic transitur gloria mundi*	67

Capítulo 3
A Linguagem na Comunicação Humana 69

1.	A origem da linguagem	70
2.	A linguagem dos animais	72
3.	Linguagem simbólica e linguagem-movimento	75

Capítulo 4
A Comunicação e o Protocolo, o Cerimonial e a Etiqueta 83

1.	Importância do protocolo, cerimonial e etiqueta	86
2.	Cerimonial, mito e rito	89

3. Exemplos de cerimoniais e seus significados 91
   3.1 Filmografia 91
   3.2 A família real no Brasil................................. 94
   3.3 O beija-mão.. 96
   3.4 Um outro beija 97
   3.5 A semana Euclidiana 97
   3.6 Liturgia do casamento 99
4. Algumas normas protocolares e seus possíveis significados............ 102
5. Algumas regras de etiqueta: boas maneiras........................ 106

Capítulo 5
A Comunicação Humana e a Personalidade 111

1. Que é personalidade 112
2. Caracterologia.. 113
3. Projeção da personalidade................................... 117
   3.1 Maneira de vestir..................................... 117
   3.2 Maneira de andar..................................... 120
   3.3 Outras formas de projeção da personalidade 121
4. A personalidade do homem de empresa......................... 122
5. Personalidade individual e personalidade da empresa................ 123
6. Elementos de autoanálise 127
   6.1 Conhecimentos gerais 128
   6.2 Ajustamento 130
   6.3 Precisão de pensamento............................... 131
   6.4 Maneira de ouvir..................................... 132
   6.5 Maneira de ler....................................... 133
   6.6 Maneira de falar..................................... 134
   6.7 Maneira de escrever.................................. 135

Capítulo 6
A Comunicação Empresarial 139

1. O que é uma empresa 139
2. Importância da comunicação empresarial 142
3. Abrangência da comunicação empresarial 148
4. Comunicação interna 148
5. Comunicação externa, propaganda e *marketing*. 154
6. Várias frentes de batalha 160

Capítulo 7
Os Obstáculos à Comunicação Humana 163

1. Autossuficiência 164
2. Congelamento das avaliações. 169
3. Comportamento humano: aspectos objetivos e subjetivos 173
4. "Geografite" 176
5. Tendência à complicação. 180
6. Obstáculos devidos à linguagem 188
    - 6.1 Confusão entre fatos e opiniões 188
    - 6.2 Confusão entre inferências e observações 195
    - 6.3 Descuido nas palavras abstratas 200
    - 6.4 Desencontros. 204
    - 6.5 Indiscriminação 211
    - 6.6 Polarização. 221
    - 6.7 Falsa identidade baseada em palavras. 227
    - 6.8 Polissemia 230
    - 6.9 As barreiras verbais. 235
    - 6.10 Outras barreiras verbais 242
    - 6.11 Vícios de linguagem. 244

Capítulo 8
A Audição e a Comunicação Humana 255

1. Vantagens do ouvinte atento 256
2. Maneiras de ouvir 258
3. Fatores físicos da audição 260
   - **3.1** A temperatura 260
   - **3.2** O ruído 260
   - **3.3** A iluminação 261
   - **3.4** O meio ambiente 262
   - **3.5** As condições de saúde 262
   - **3.6** As deficiências auditivas 263
   - **3.7** A forma da apresentação 263
4. Fatores mentais da audição 264
   - **4.1** A indiferença 264
   - **4.2** A impaciência 265
   - **4.3** O preconceito 265
   - **4.4** A preocupação 267
   - **4.5** A posição 267
   - **4.6** A oportunidade 268
5. Por que ouvimos mal? 269
6. Hábitos na audição 273
7. A psicologia do boato 279
8. Os níveis da audição 282
9. Para ouvir melhor 285

Capítulo 9
A Leitura e a Comunicação Humana 289

1. O processo da leitura 290
2. Compreensão 293

3. Vantagens da leitura 294
4. Leitura oral e silenciosa 297
5. O mecanismo da leitura 298
6. Os tipos de leitura... 299
7. Por que se lê mal?... 302
8. Área de fixação 304
9. Velocidade de leitura... 306
10. Técnicas de leitura.. 309
11. O treinamento da leitura.................................... 311
12. Para ler melhor 316

Capítulo 10
A Escrita e a Comunicação Humana 319

1. Origem da linguagem escrita................................ 319
2. Mecânica da escrita... 322
3. Escrever e falar 323
4. Por que se escreve mal?..................................... 324
   - 4.1 A tradição 325
   - 4.2 O desejo de impressionar......................... 325
   - 4.3 Pensar bem 326
5. Organização e desenvolvimento das ideias............. 327
6. Tema central... 328
7. Como organizar ideias....................................... 331
   - 7.1 Assunto 332
   - 7.2 Lista de ideias 333
   - 7.3 Plano 334
   - 7.4 Esboço... 336
   - 7.5 Composição.. 337

8.	Argumentação		337
	8.1	Vantagens da argumentação	338
	8.2	Definições e elementos da argumentação	338
	8.3	Condições para a escolha de um tema	339
	8.4	Seleção dos argumentos	340
	8.5	Qualidades dos argumentos	340
	8.6	Sustentação dos argumentos	341
9.	Evidência		341
10.	Raciocínio		343
	10.1	Indução	343
	10.2	Dedução	345
	10.3	Relações causais	346
	10.4	Analogia	347
11.	Como refutar argumentos		347
12.	A exposição escrita		348
13.	Leitura e escrita		350
14.	Para escrever melhor		353
15.	A redação de cartas		355
	15.1	As primeiras cinco palavras	356
	15.2	As últimas cinco palavras	357
	15.3	Pequenas palavras	358
	15.4	Sentenças curtas	358
	15.5	Cartas que falam	358
	15.6	"A quem – o quê – por quê?"	358
	15.7	É você quem fala	359
	15.8	Conte uma história	359

Capítulo 11
A Fala e a Comunicação Humana 361

1. Oratória: introdução 361
   - 1.1 Demóstenes 362
   - 1.2 Cícero 363
   - 1.3 Renascença 365
   - 1.4 Oratória moderna 366
2. Fonologia 368
   - 2.1 Fonologia e fonética 368
   - 2.2 Prosódia 369
   - 2.3 A voz 370
   - 2.4 O instrumento da voz 371
   - 2.5 Defeitos da voz 372
3. Para falar melhor 375
   - 3.1 Ênfase 376
   - 3.2 Entonação 378
   - 3.3 Pronúncia 379
   - 3.4 Ritmo 380
   - 3.5 Confiança 381
4. A emissão da voz 381
5. Articulação 384
6. Dicção 384
7. A leitura em voz alta 386
8. As qualidades do orador 388
   - 8.1 A pose 391
   - 8.2 Fluência 392
   - 8.3 Movimentação 395
   - 8.4 O uso do microfone 396

9.	O discurso.	397
	9.1 A preparação	397
	9.2 O tema	400
	9.3 Como fazer um discurso	401

Apêndice... 405

1.	Verifique seus conhecimentos gerais	405
2.	Questionários sobre hábitos de audição.	407
	2.1 Questionário número 1	407
	2.2 Questionário número 2	407
3.	Exercícios para medição de leitura.	409
	3.1 Exercício número 1	409
	3.2 Exercício número 2	410
4.	Verifique sua grafia	411
5.	Antônimos	412
6.	Sinônimos.	413
7.	Palavras homófonas.	414
8.	Verifique seu vocabulário.	415
9.	Verifique sua experiência em falar	417
10.	Exercício de gesticulação.	418
11.	Exercícios de articulação	419
	11.1 Série 1	419
	11.2 Série 2	423
	11.3 Série 3	428
	11.4 Série 4	430
	11.5 Série 5	432
	11.6 Série 6	433
	11.7 Série 7	435
	11.8 Série 8	436

12 Exercícios de pronúncia. 438

Referências. 441

Índice de Assuntos 455

Índice Onomástico 463

Explicação Necessária

Tenho a honra de subscrever esta revisão técnica, atualização e ampliação do livro *A técnica da Comunicação humana*, de José Roberto Whitaker Penteado, autorizada por José Roberto Whitaker Penteado Filho, Presidente da Escola Superior de Propaganda e Marketing (ESPM), estimulada pelo Prof. Mário Chamie, diretor de seu Instituto Cultural. Publicado em 1964, este livro obteve sucesso entre professores, estudantes e outros usuários. Eu mesma adotei-o na Faculdade de Letras da USP. Passados tantos anos, a obra está, logicamente, desatualizada e carente de ampliação, para emparelhar-se com os avanços da Ciência da Comunicação e da História Humana.

Atualizar um livro sobre Comunicação foi para mim uma tarefa ao mesmo tempo gratificante e opressiva: Comunicação é matéria de minha preferência, mas, cada vez que abro o jornal ou a *internet*, topo com novidades. Impossível acompanhar ritmo tão alucinante. O assunto é realmente um *moto continuo* e, neste mesmo momento em que redijo esta introdução, incontáveis mudanças estão ocorrendo. Procurei, na medida do possível, colocar o livro em dia com o momento histórico que estou vivendo: 1º semestre de 2011.

Levando-se em conta, porém, a aura filosófica e humanística que bafeja o livro todo, a obsolescência, de que não escapam as teorizações, fica até certo ponto relativizada. Porque José Roberto Whitaker Penteado foi um humanista. Conforme declara na Introdução do livro, criar condições mais favoráveis para a capacidade humana de comunicação representa "decisiva contribuição para um mundo melhor". Para ele, a comunicação humana é um imperativo social, porque, em primeiro lugar, é uma dimensão constitutiva da própria natureza humana. "A personalidade não apenas *depende* da Comunicação humana: ela *é* a própria Comunicação humana em ação: *somos aquilo que comunicamos*", afirma ele, sempre escrevendo Comunicação com maiúscula. Assim sendo, comunicar-se bem, mais do que ser claro e convincente, significa realizar-se como pessoa e contribuir para o engrandecimento do outro. Em contrapartida, desconsiderar os obstáculos e perigos a que o ato de comunicação está exposto causa danos à pessoa humana e à sociedade. Por exemplo: "tomar as inferências por observações pode fazer de nós detestáveis exemplares da espécie humana, autossuficientes e pretensiosos".

Essa maneira singular de conduzir as questões gerou algumas especificidades do livro: insistência nos aspectos éticos da comunicação humana; discurso pessoal, testado pela experiência, corroborado por repertório de alusões amplo e enciclopédico; certa despreocupação de rigor científico nas citações e referências; linguagem acessível, de leitura agradável; despreocupação com academicismo.

Em meu trabalho, procurei, o quanto possível, preservar essas características individualizadoras.

Na revisão propriamente dita, conservei a divisão geral da obra, em Introdução, Capítulos e Apêndice. Dividi em dois o segundo capítulo, originalmente intitulado "A linguagem na comunicação humana", passando o antigo subtítulo "A comunicação humana e a personalidade" a constituir o quinto capítulo. Justifico: trata-se de assuntos diferentes. Renomeei alguns capítulos, de modo que em todos figurasse a expressão "comunicação humana", logomarca do livro. As subdivisões internas de cada capítulo, que obedecem a um critério lógico, mas não apresentavam a correspondente hierarquização, foram renumeradas de acordo com os critérios da ABNT. Acrescentei e inseri no lugar pertinente três capítulos novos.

As notas bibliográficas estavam colocadas no final, nem sempre de acordo com as normas da ABNT. Foram deslocadas para o rodapé da página correspondente e adaptadas à ABNT, o que facilita a consulta, sem comprometer o rigor científico. As notas não trazem a indicação da página da citação. Infelizmente não foi possível preencher essa lacuna. As novas notas, que redigi, trazem a citação completa, de acordo com a ABNT.

Whitaker Penteado não listou uma bibliografia completa final: considerou-a inclusa nas notas bibliográficas. Organizei-a, arrolando as obras citadas por ele e as demais que consultei para realizar meu trabalho, sempre obedecendo à ABNT.

Atualizei a ortografia pelo acordo vigente. Corrigi alguns desvios gramaticais da redação.

Para a atualização e ampliação, substituí alguma nomenclatura. Por exemplo, o autor fala em "transmissor", "receptor" e "meio"; na esteira dos tratadistas mais recentes, preferi "emissor", "receptor" e "canal".

Fiz acréscimos, em forma de inserção nos próprios capítulos, para atualizar algumas teorias; por exemplo, aos quatro elementos básicos da Comunicação elencados por Whitaker Penteado (transmissor, receptor, mensagem e meio), acrescentei os dois faltantes (código e referente), somando seis os elementos constantes de todo ato de comunicação: emissor, receptor, mensagem, código, canal e referente.

Acrescentei, também em forma de inserção no próprio capítulo, algumas teorias e procedimentos modernos, em apoio e atualização do discurso de Whitaker Penteado. Entre outros, dois exemplos: a teoria da fisiognomonia, de Laváter, foi inserida no atual Capítulo 5, tópico "Caracterologia". Nos Capítulos 10 e 11, que apresentam elementos de retórica e oratória, aos conceitos clássicos introduzi modos modernos do discurso persuasório, para temas velhos ou novos, tendo em vista a eficácia da argumentação e do falar em público.

Fiz ainda outros acréscimos, igualmente em forma de inserção no capítulo, a título de complementações ou pressupostos. Um exemplo de complementação: o primeiro capítulo trata do conceito de comunicação e parte do étimo *communicare*, "pôr em comum". Completei tal etimologia no Capítulo 11, que trata da comunicação oral ("A fala e a comunicação humana"), com o parecer de Martino, que distingue no latim *communicatio* a raiz *munis*, "estar encarregado de", acrescida do prefixo *co*, indicador de simultaneidade, reunião, completada pela terminação *tio*, que reforça a ideia de atividade. "Atividade realizada conjuntamente" foi, pois, o primeiro significado de comunicação. Penso que é na fala que se verifica com mais evidência essa propriedade de realização conjunta da atividade comunicatória. Daí a inserção da proposta de Martino no Capítulo 11.

Um exemplo de adição de pressupostos: o segundo capítulo trata da linguagem na comunicação humana. Esse conteúdo foi precedido pela consideração de outros tipos e níveis de comunicação. Para Martino, "o mundo dos Seres brutos poderia ser descrito como um grande diálogo", em que a comunicação, entendida como relação e transmissão, assume significado mais próximo de sua etimologia. De fato, todos os sistemas de troca de forças ou energia podem ser entendidos como processos de comunicação: a transmissão de calor de um corpo a outro, o balé das bolas sobre a mesa de bilhar... Entre os animais, o processo comunicacional acontece, por exemplo, quando um macho se deixa atrair pela fêmea da mesma espécie. Ambrósio de Milão fala também da comunicação vegetal, que se verifica, por exemplo, no trato entre a palmeira-fêmea e a palmeira-macho: aquela baixa e levanta seus ramos, "sugerindo uma imagem de concupiscência e carícia para com aquela árvore que os filhos dos agricultores chamam de palmeira-macho". Esses pressupostos são relevantes, por incluírem, no processo comunicacional, a força de relação que está presente na realidade total, antecipando e ratificando os relacionamentos humanos. Essa consideração apoia o enfoque humanista da obra de Whitaker Penteado.

Escrevi, como já disse, três capítulos novos. Muitos outros poderiam escrever-se, em vista dos incessantes progressos e mudanças da ciência da Comunicação. Preferi, porém, deter-me nos três, para não alongar demasiado o livro, acabando por desfigurá-lo.

Inseri, depois do Capítulo 1, renomeado "A Comunicação humana", o capítulo novo, "A Comunicação na era digital". Entendi que, via computador, realizam-se virtualmente os mesmos processos comunicacionais ocorridos na realidade "real". Como tais processos são descritos no primeiro capítulo, o referido capítulo novo seria a sequência lógica. Persegui a linha universalista, humanista, reflexiva e coloquial de Whitaker Penteado. Filosofando, aproximei a conexão entre corpo e alma humanos com a relação entre *hardware* e *software* do computador, observando que, no homem, como no computador, é sempre necessário um suporte físico para as operações mentais. Mostrei que o surpreendente no computador é o misterioso salto qualitativo do material para o virtual. Enfatizei a *internet* como instrumento de pesquisa e de relacionamento humano. Filosofando ainda, e, na esteira de Ambrósio de Milão, relacionei a *internet* com a mente humana: enquanto o corpo permanece parado no mesmo lugar, a mente viaja por todos os mundos... Falei nos *games*, relacionando-os com o *homo ludens* de Huizinga. Voejei pelas redes sociais, destacando-lhes o importante papel no estabelecimento de relações e de afeto, que são, afinal, o que move a vida. Chamei a atenção para o uso ético desse recurso. Nessa matéria, tudo muda e progride com rapidez vertiginosa. Procurei estar em dia com o que existe hoje, incluindo o filme de David Fincher sobre o *Facebook* e as controvérsias do *Wikileaks*. Mas sei que, no tempo que medeia entre a escritura e a publicação, muita água vai correr... Paciência.

Os dois outros novos capítulos são, respectivamente "A Comunicação e o protocolo, o cerimonial e a etiqueta" e "A Comunicação empresarial". Inseri o primeiro depois do Capítulo 3 ("A linguagem na Comunicação humana"); o segundo ficou depois da subdivisão que fiz nesse mesmo capítulo ("A comunicação humana e a personalidade"). Justifico. Até o Capítulo 3, na divisão de Whitaker Penteado, são tratados temas gerais relacionados com a Comunicação: conceito de comunicação humana, linguagem na comunicação humana, comunicação humana e personalidade, obstáculos à comunicação humana. Do Capítulo 4 ao 7, dessa mesma divisão, há uma mudança de rumo e fala-se de questões específicas dentro da comunicação verbal: audição, leitura, escritura, oratória. Julgo que os citados capítulos novos devem pertencer à parte geral do livro e parece ficarem bem onde os coloquei.

O novo capítulo, "A Comunicação e o protocolo, o cerimonial e a etiqueta", trata de um registro especial da linguagem na Comunicação humana (o registro formal) e ordena-se logo depois do atual Capítulo 3, que versa, de maneira geral, sobre a linguagem na comunicação. O outro novo capítulo, "A Comunicação empresarial", fala da comunicação no mundo corporativo – do qual Whitaker Penteado se aproxima, de passagem, no atual Capítulo 5. Acreditei ser essa a ordem lógica.

Escrevendo "A Comunicação e o protocolo, o cerimonial e a etiqueta", parti de suportes filosóficos. Entendi as solenidades hodiernas, obedientes a um cerimonial, como o sucedâneo profano dos primitivos ritos religiosos, que tinham por finalidade reviver e presentificar os mitos. Considerei que as atividades humanas são miméticas e ritualísticas e que, portanto, o pensamento mítico subsiste no homem moderno porque pertence à essência do humano. O homem necessita vez por outra impregnar-se do sagrado e sentir-se "exaltado" pela ascensão que, como uma reminiscência do mito, as solenidades sacras ou profanas lhe proporcionam. É o caso, por exemplo, de uma liturgia, de uma procissão, de um desfile, de uma escola de samba, de uma parada militar. Descrevi e analisei alguns exemplos. Essa perspectiva coaduna-se com o estilo de Whitaker Penteado e restaura a dignidade da comunicação formal.

Embasei igualmente o Capítulo "A Comunicação empresarial" em princípios filosóficos: o trabalho corporativo é uma necessidade ontológica, visto ser o homem um animal mimético e gregário. Tratei da comunicação corporativa interna e externa, de propaganda, *marketing*, logomarcas. Passei pelos dois modelos organizacionais (fordismo e toyotismo) e a necessidade de comunicação que implicam. Chamei a atenção para a atividade comunicacional nos momentos de crise, relacionei e especifiquei os profissionais que devem estar envolvidos no departamento de comunicação de uma empresa. Relatei casos concretos de atividades comunicacionais. Ao livro de Whitaker Penteado, não poderia faltar um capítulo como esse, uma vez que, nos dias de hoje, as empresas têm de apresentar as informações dentro do padrão das exigências atuais, que é um padrão alto. Daí a maioria delas já contar com um departamento especializado em comunicação, ao qual se pretende atender.

Como última etapa do trabalho, acrescentei o índice de assuntos e o onomástico, que não poderiam faltar numa obra deste porte.

Tenho muitos agradecimentos a fazer.

Reitero, primeiramente, meu reconhecimento a José Roberto Whitaker Penteado Filho, por ter-me confiado um memorial de seu pai.

Agradeço ao Prof. Mário Chamie, diretor do Instituto Cultural ESPM, que aceitou de bom grado minha proposta de trabalho.

Agradeço à Paula Semidamore de Bem, igualmente do Instituto, a intermediação entre o Prof. Mário Chamie e mim.

Agradeço à Nilma Marli de Jesus, também do Instituto, a disponibilidade em atender a todas as minhas solicitações, proporcionando-me apoio logístico.

Agradeço a todo o pessoal do Instituto Cultural ESPM e da Biblioteca Central da ESPM o intenso e contínuo trabalho de ir à cata de material que sustentasse a defesa de alguns tópicos deste trabalho.

Agradeço ao Prof. Sérgio Pio Bernardes, Diretor Nacional do Curso de Relações Internacionais e Diretor Nacional de Intercâmbios, a habitual prontidão e o incentivo.

Agradeço ao Prof. Roberto Correa a gentileza e agilidade na tomada de decisões que se fizeram necessárias.

Agradeço a Ismael Rocha Júnior e Luiz Fernando Dabul Garcia, revisores e atualizadores do livro *Propaganda: teoria, técnica e prática*, de Armando Sant'Anna, a troca de experiências, apoio e sugestões.

Agradeço à Profa. Maria Aparecida Baccega o estímulo à empreita.

Agradeço ao Prof. Celso Alves Cruz, do curso de Comunicação, a atenciosa avaliação da pertinência de meu trabalho.

É impossível citar outros colegas, amigos e colaboradores que me ajudaram nesta empreitada. Corro o risco de ser omissa, pois, a todo o momento, acode-me um nome. A todos vocês, coautores anônimos, meu reconhecimento e gratidão.

Finalmente, de modo especial, minha gratidão a Célia Mariana Franchi Fernandes da Silva, a Celinha, minha amiga de adolescência, sempre presente em minha vida. Latinista e entendida em Teologia, deu-me a segurança necessária para tratar das altas questões do espírito.

Agradeço à ESPM a oportunidade de levar à consecução este trabalho. Espero ter contribuído para o revigoramento de *A técnica da comunicação humana*, que é obra de referência nos estudos da Comunicação.

Marleine Paula Marcondes e Ferreira de Toledo

Introdução à 12ª Edição (1990)

*Homens razoáveis geralmente concordam,
desde que saibam do que estão falando.*
BEARDESLEY RUML

TODA a história do homem sobre a Terra constitui permanente esforço de Comunicação. Desde o momento em que os homens passaram a viver em sociedade, seja pela reunião de famílias, seja pela comunidade de trabalho, a Comunicação tornou-se imperativa. Isso porque, somente por meio da Comunicação, os homens conseguem trocar ideias e experiências. O nível de progresso nas sociedades humanas pode ser atribuído, com razoável margem de segurança, à maior ou menor capacidade de Comunicação entre os povos, pois o próprio conceito de nação se prende a intensidade, variedade e riqueza das Comunicações humanas.

Esse esforço dos homens é de tal forma intenso, que, não satisfeitos de se comunicarem entre si, no presente, entregam à Comunicação a tarefa de sobreviverem no futuro. Cada monumento da Antiguidade é a representação desse esforço, concretizando, pela Comunicação, o desejo de eternidade do homem.

A própria sociedade moderna pode ser concebida como a resultante do aperfeiçoamento progressivo dos processos de Comunicação entre os homens – do grunhido à palavra, da expressão à significação.

A Comunicação humana nasceu, provavelmente, de uma necessidade que se fez sentir desde os mais remotos estágios da Civilização. O caçador africano depressa se familiariza com o som dos tambores ecoando nas florestas. Que fazem estes, senão transmitir mensagens, muitas vezes referindo-se à própria penetração do intruso? Sulcos mais profundos, que os machados de sílex abriam nos troncos das árvores, eram instrumentos de Comunicação entre os homens primitivos, indicando roteiros nas selvas. Na colonização norte-americana, rolos de fumaça nas altas montanhas serviam à Comunicação entre os índios, de tribo para tribo.

A invenção da escrita foi das mais extraordinárias conquistas do homem, por ter tornado perene uma forma de Comunicação. A decifração dos hieróglifos abriu as portas da civilização egípcia, assim como a leitura da escrita cuneiforme revelou o mundo dos assírios e babilônios. Os colossos da Ilha de Páscoa contam alguma coisa dos primitivos povoadores: sua ânsia de Comunicação com os deuses, semelhante à dos templos da Grécia clássica e das catedrais da Europa Medieval.

Linguagem é Comunicação. Personalidade *é* Comunicação. Cada palavra, cada gesto é ação comunicativa, assim como é Comunicação cada página de livro, cada folha de jornal, cada som de receptor de rádio, cada imagem de televisão. Daí a importância da

Comunicação no mundo moderno, ainda maior do que a que teve em todo o passado: a aula do professor, a conversa entre mãe e filha, a circular comercial, a carta de amor, o discurso parlamentar, o chamado telefônico, o memorando, o comício político, a reunião social, o telegrama expedido, o jato de luz dos faróis, o anúncio da Propaganda, a mensagem da criança a Papai Noel, o relatório científico, o disco do fonógrafo, os punhos brancos dos guardas de trânsito, as bandeiras dos exércitos, o estrondo dos aviões a jato, a ordem de serviço, o livro de orações, as mensagens instantâneas, o e-mail, os blogs, os *chats*, o *twitter*, o *retweeter*, o zap, tudo, absolutamente tudo, é Comunicação. *Estamos imersos num oceano de Comunicação, e não se vive um instante fora dele.*

"Não existe" – afirma Gilbert Highet – "uma só atividade humana que não seja afetada ou que não possa ser promovida, através da Comunicação". Nada mais natural, portanto, que o estudo da Comunicação humana seja colocado em lugar de destaque, embora essa posição, só muito recentemente, tenha-lhe sido reconhecida. Esse reconhecimento deve ter nascido da constatação de que, na maioria dos conflitos humanos, existe um erro de Comunicação.

Sem o conhecimento da Comunicação humana, são precários os programas de Relações no Trabalho. As Relações Públicas dependem da Comunicação humana. A carência de líderes nas mais diversas atividades humanas pode ser resolvida pelo estudo da Comunicação. Liderança é Comunicação humana, sua própria essência; impossível liderar sem comunicar. É a Comunicação que legitima o comando, por meio do consentimento.

Nesse fascinante mundo da Comunicação humana, compreende-se que *a própria ausência de Comunicação é Comunicação.* Não está, por acaso, o *silêncio* entre os mais notáveis instrumentos de Comunicação humana? O ditado popular: "Quem cala, consente" pode ser substituído por outro, mais exato: "Quem cala, comunica-se".

O homem é aquilo que consegue comunicar a seu semelhante, na sociedade em que vive. O que V. pensa de Fulano depende do que ele conseguiu comunicar a V. sobre si mesmo.

O homem é um ser social por sua própria natureza, e a complexa questão da personalidade humana está, toda ela, na dependência da boa ou má capacidade da Comunicação individual. Assim, se colocarmos lado a lado dois indivíduos de habilitações profissionais idênticas, a Comunicação mais efetiva será o fator de decisão na escolha. Toda personalidade, pois, é comunicativa.

Na competitiva sociedade característica de nossa época, é importante a habilidade individual de *projetar* a personalidade, ou seja, de comunicar traços positivos de inteligência, pertinácia e capacidade.

É evidente, assim, para o indivíduo, a necessidade de estudar a Comunicação humana. Seu significado social é colocado por John Perry nos seguintes termos: "A capacidade dos homens para viver juntos e coordenar esforços, evitando conflitos ruinosos, é determinada, em grande parte, por suas aptidões para a Comunicação correta".

A cooperação e o entendimento entre os homens ligam-se indissoluvelmente à capacidade humana de Comunicação. O esforço por uma Comunicação humana mais efetiva pode representar decisiva contribuição para um mundo melhor.

Capítulo I
A Comunicação Humana

Conceitualmente, a Comunicação humana compreende miríades de formas, por meio das quais os homens transmitem e recebem ideias, impressões e imagens de toda ordem. Algumas dessas formas, embora compreensíveis, jamais conseguem expressar-se por palavras.

A palavra "comunicar" vem do latim "communicare" com a significação de "pôr em comum". Comunicação é convivência. Está na raiz de comunidade, agrupamento caracterizado por forte coesão, baseada no consenso espontâneo dos indivíduos. Consenso quer dizer acordo, consentimento, e tal acepção supõe a existência de um fator decisivo na Comunicação humana: a *compreensão* que ela exige, para que se possam colocar, em "comum", ideias, imagens e experiências. A Comunicação humana, portanto, por meio da *compreensão,* põe ideias "em comum". Seu grande objetivo é o *entendimento entre os homens.* Para que exista entendimento, é necessário que os indivíduos que se comunicam se compreendam mutuamente.

— Eu não gosto de cachorro!

Se, quando exponho esse enunciado para alguém, meu interlocutor não é capaz de compreender o significado dos sons que articulei, a Comunicação deixa de existir: é *ininteligível.* Como compreender que eu não gosto de cachorro, aquele que não sabe o significado das palavras: "eu", "não", "gosto", "de" e "cachorro"?

A Comunicação, pois, exige, em primeiro lugar, que os símbolos, no caso os *sons,* tenham significação comum para os dois indivíduos envolvidos no processo:

1. O emissor, ou destinador, ou remetente, ou enunciador, ou codificador
2. O receptor, ou destinatário, ou ouvinte, ou enunciatário, ou decodificador

Articula o emissor os seguintes sons:

— Eu não gosto de cachorro!

O receptor apreende o significado de cada som, associando-o com sua experiência anterior. Cada som se transforma em uma palavra. Pelas palavras assim ouvidas, compreende o receptor que o transmissor acaba de comunicar-lhe *não gostar de cachorros.*

Se, entretanto, o emissor tivesse dito: – "I don't like dogs" –, supondo-se que o destinatário não conhecesse o idioma inglês, a mensagem seria totalmente obscura, *embora o transmissor estivesse projetando a mesma mensagem anterior.*

O que "põe em comum" emissor e receptor na Comunicação humana é a Linguagem. Para mútua compreensão, é indispensável ambos se manifestarem na mesma língua. As palavras – sons articulados por um – vêm a ter o mesmo significado – sons ouvidos por outro.

A Comunicação humana, em princípio, é simples intercâmbio de significações: *emito símbolos orais, que V. recebe e compreende, porque querem dizer para V. o mesmo que querem dizer para mim.*

— Eu não gosto de cachorro! – digo eu.

— Eu também não! – diz V.

Compartilhamos o significado e compartilhamos a opinião. Entretanto, eu poderia dizer:

— Eu não gosto de cachorro! E V.:

— Eu gosto!

Compartilharíamos o significado, mas não estaríamos compartilhando a opinião.

A *compreensão*, por meio da comunhão do significado, não quer dizer, necessariamente, *acordo*. Posso compreender uma ideia, sem concordar com ela.

Essa verificação é importante, quando se trata de conhecer melhor o processo da Comunicação humana. Ele se completa com o intercâmbio dos significados, quando se chega à *compreensão*.

Comunicação humana é o intercâmbio *compreensivo* de significações por meio de símbolos.

Por que símbolos e não palavras?

Porque a Comunicação humana transcende o mundo das palavras e penetra no universo da Linguagem.

1.
O PROCESSO DA COMUNICAÇÃO HUMANA

Vamos começar por verificar por que o transmissor comunicou não gostar de cachorros. Pelo princípio da causalidade, não há *efeito* sem causa. O que teria levado o transmissor a pensar em cachorro? Ele pode ter *ouvido* um cachorro latir, pode ter *visto* um cachorro ou simplesmente pode ter-lhe ocorrido a ideia de cachorro.

De qualquer maneira, deve ter havido um *estímulo,* e a Comunicação oral foi uma *resposta* a esse estímulo.

O processo da Comunicação humana não se diferencia do processo do Comportamento. A determinado estímulo corresponde uma resposta. Ouço um cachorro latir. A audição do latido traz-me, por associação, a imagem do animal, ao mesmo tempo que se forma reação mental e emotiva que procuro comunicar, traduzindo o sentimento em palavras racionais.

Aceita-se na Comunicação humana o princípio de nada existir na razão, sem que tenha passado primeiro pelos sentidos. A *ideia* de cachorro foi uma associação com a *audição* do latido.

A Comunicação humana é, assim, resposta a um estímulo interno ou externo.

Essa resposta a um estímulo forma na mente uma ideia ou uma imagem, com seu símbolo representativo, que conhecemos por experiência *anterior: o nome.* É o sentimento resultante dessa experiência que, expresso, completa o processo da Comunicação humana.

Resumindo:

1. Estímulo.
2. Associação.
3. Ideia ou Imagem.
4. Experiência anterior.
5. Expressão de um sentimento por meio de um nome racional.

Sabemos o que acontece com o *emissor.* Precisamos saber, agora, o que acontece com o *receptor.*

O receptor começa o processo tendo a sua atenção despertada por alguns sons, que lhe chegam aos ouvidos.

A Comunicação humana está na dependência inicial da *atenção*.

A atenção do receptor é uma resposta despertada por um estímulo: os sons, que eu articulo e emito. O aparelho auditivo do receptor, desde que ele preste atenção, capta a emissão do aparelho fonador do transmissor. Atingindo o aparelho, os sons impressionam os condutos que levam ao cérebro, onde, por um novo processo de estímulo-resposta, os sons adquirem significado, transformando-se em palavras.

Estabelece-se a compreensão – comunhão do significado –, e o receptor reage exclamando:

— Eu também!

Ouço-o e compreendo que também ele não gosta de cachorro. Completou-se o *circuito* da Comunicação humana, ao "pôr-se em comum" o significado do emissor para o receptor, por meio de símbolos: palavras.

Se ele dissesse:

— Pois eu gosto!

Completar-se-ia da mesma forma o circuito da Comunicação humana, embora sem *acordo,* o que, como vimos, não é essencial no processo.

Para traduzir ideias, as palavras devem organizar-se, obedecendo a uma sequência lógica, a fim de se tornarem significativas. Atente-se para os agrupamentos de palavras abaixo:

>Cachorro de eu gosto não
>
>De não eu gosto cachorro
>
>Gosto eu de não cachorro
>
>Não cachorro gosto de eu
>
>Eu de gosto cachorro não

Alguns desses agrupamentos não têm qualquer significação, enquanto em outros a significação é obscura e pode ser interpretada dubiamente. Nenhum desses agrupamentos de palavras é uma *frase,* na acepção do termo: unidade fundamental do discurso, ou seja, aquele mínimo de palavras com que consigo comunicar-me; reunião *de palavras que formam um sentido completo*. Somente uma frase é capaz de transmitir o significado:

— Eu não gosto de cachorro!

Dentro da riqueza da Linguagem humana, essa frase poderá sofrer variações, ou ser substituída por símbolos, sinais, figuras, gestos, etc., com o mesmo objetivo de "pôr em comum" a significação. O importante é a organização das ideias, de maneira que a sua tradução em palavras se faça com lógica para ser inteligível. *Toda Comunicação humana é um ato inteligente.*

2. Os elementos básicos do processo da Comunicação humana

Só um homem me compreende, e ele próprio não me compreende.
(Atribuído a Hegel)

No processo da Comunicação humana intervêm, em princípio, necessariamente, dois elementos:

1. O emissor.
2. O receptor.

Ninguém se comunica consigo mesmo. O clássico exemplo do faroleiro ilustra esse princípio: na solidão em que vive, o processo da Comunicação humana somente se completa quando o facho de luz – transmissor – atinge o navio que passa – receptor. Enquanto o facho de luz não é percebido de bordo, não existe Comunicação humana.

Esse facho de luz, estendendo-se pelo oceano, é o que certos autores denominam "comunicação unilateral". Não a consideramos Comunicação humana. Se um indivíduo fala e ninguém ouve, o processo da Comunicação humana não se completou: há apenas *expressão*, um primeiro passo no processo. Falta à expressão o essencial, a *transmissão,* cuja definição pressupõe sempre dois elementos: o transmissor e o receptor.

Auren Uris admite a "autocomunicação" e considera a Psicanálise de Freud como esforço terapêutico no sentido de fazer que a criatura humana estabeleça comunicação com ela própria. A teoria de Uris ressuscita a velha introspecção grega, sob denominação mais recente. Trata-se da autoanálise, parte do processo da Comunicação humana, que não se confunde com o todo.

A Comunicação humana exige a participação, no mínimo, de duas pessoas. Uris, para demonstrar sua teoria, recorre ao dualismo platônico: o corpo e a alma – a fim de estabelecer o *diálogo*. A autocomunicação faz-se dialética na prática, mediante o artifício de considerar, dentro de *um* mesmo homem, dois seres distintos.

A Comunicação humana pressupõe um *emissor* e um *receptor,* pelo menos. Podemos, porém, perguntar agora:

O *que* transmite o emissor?

O *que* recebe o *receptor?*

Chamamos *mensagem* o que o emissor envia e o que o receptor recebe. A mensagem é o elo dos dois pontos do circuito; é o objeto da Comunicação humana e sua finalidade.

O processo de Comunicação humana já passa a requerer, então, três elementos, a saber:

1. O emissor.
2. O receptor.
3. A mensagem.

Faltando qualquer desses elementos, não se completa o processo de Comunicação humana. É impossível conceber-se a Comunicação humana de emissor a receptor sem mensagem, de emissor e mensagem sem receptor ou de mensagem sem emissor e receptor.

Suponhamos que alguém – o receptor – encontre uma garrafa numa praia deserta e que dentro dessa garrafa exista uma mensagem. Para ser assim considerada, exige-se da mensagem uma *significação:* um pedaço de papel coberto de garatujas não é mensagem, porque é ininteligível, não pode ser percebido pela inteligência. Se a mensagem formar sentido, a identificação do emissor é concomitante, mesmo que essa identificação seja tão vaga quanto as palavras "marinheiro", "náufrago", etc.

Toda mensagem no processo da Comunicação humana precisa ser *significativa,* deve dizer qualquer coisa *em comum* para o emissor e para o receptor. Se não falo nem leio japonês, será perfeitamente inútil mensagem falada ou escrita nessa língua, por mais clara que ela seja em japonês. Dessa verificação pode-se concluir que é a Linguagem em comum que empresta significado à mensagem, compreendendo-se por "linguagem" tudo o que serve à Comunicação humana: palavras, sons, gestos, sinais, símbolos, etc.

Pela exigência da *significação* é que toda Comunicação humana é ato inteligente.

Vamos supor a seguinte situação: acabo de ser apresentado a alguém na sala de espera de um médico amigo. Estamos agora os dois sentados, frente a frente, enquanto aguardamos ser atendidos. Em dado momento, exclamo:

— Que calor!

Na verdade, o calor não é tanto que justifique um desabafo. Mas, como todo ato inteligente tem finalidade, de acordo com o princípio da causalidade, característico da Comunicação humana, a minha mensagem teve um propósito: o de "quebrar o gelo" entre duas pessoas que acabam de se conhecer.

Com o meu estímulo: – Que calor!, sobreviria a resposta do receptor por meio de uma exclamação: – É... Está quente! – completando-se o circuito da Comunicação humana.

Tem, entretanto, essa simplicidade, o fenômeno do significado? Haverá correspondência exata entre o que quero fazer alguém compreender e o que vem a compreender esse alguém?

Vejamos..

Minha intenção foi a de "quebrar o gelo" com esta expressão:

— Que calor!

Posso supor algumas opções nas respostas:

— Imobilidade.

— Olhar.

— Sorriso.

— Expressão facial.

— Suspiro.

— Meneio de cabeça.

— Tamborilar de mãos.

Cada reação leva-me a interpretações diferentes do que se passa na mente do interlocutor:

— Melhor fazer de conta que não ouvi!

— Não entendi o que V. disse.

— Calor com esta temperatura tão agradável?

— Não estou com vontade de conversar!

Entretanto, a cada interpretação negativa pode corresponder uma interpretação positiva:

— Como foi que disse?

— Não está tão quente, mas vamos conversar um pouco...

— Parece que já nos conhecemos...

— É mesmo... Está quente!

Interpretações negativas e positivas são igualmente válidas, pois estamos nos obscuros domínios da *significação* – a verdadeira *substância* da Comunicação humana, substância no duplo sentido de essência e natureza.

Para que *meu* significado seja coincidente com *seu* significado, dependo de sua *interpretação*. Sua interpretação, porém, é assunto pessoal *seu*.

— Que calor!

— É... está quente!

Diante dessa reação, posso concluir:

"Ótimo! Conversemos!"

Mas, não poderia eu concluir:

"Ele não quer conversa."

Uma e outra conclusão dependeriam de *minha interpretação,* e, neste caso, meu interlocutor se encontra na mesma posição em que eu me encontrava há pouco: ignorância diante de *minha* maneira de interpretar *sua* linguagem. Minha interpretação é assunto pessoal *meu*. Na Comunicação humana, a interpretação precisa coincidir na emissão e na recepção, a fim de que o significado seja o mesmo, do emissor para o receptor, e do receptor para o emissor: eu transmito, ele recebe e me transmite, por sua vez, sua reação, que eu recebo. Sou emissor e receptor, alternadamente com ele, que é receptor e emissor. Como se vê, estamos diante de um processo dinâmico. A admissão de fatores interpretativos, com força decisória no sucesso ou no fracasso do entendimento comum, explica a precariedade de todo o processo de Comunicação humana. A mecânica do processo pode ser esquematizada da seguinte forma:

1. Emissor manda a mensagem.
2. Receptor recebe a mensagem e a interpreta *internamente,* manifestando *externamente* essa interpretação.
3. Emissor – agora receptor – recebe a interpretação do receptor – agora emissor – interpretando-a em termos pessoais.

Coincidindo as interpretações, nasce o significado comum, a compreensão entre emissor e receptor.

A efetividade da Comunicação humana repousa na acuidade com que a mensagem é interpretada, com igual significado, pelo emissor e pelo receptor.

A interpretação é, assim, a *chave* da Comunicação humana. Dela é que vai depender a *significação* comum para que haja entendimento. Por isso, a boa mensagem é a que *facilita* a interpretação.

Ligo o telefone:

— Alô!

— Quem fala?

— Aqui é Pedro!

— Pedro? Que prazer!

Essa Comunicação verbal, por meio da linha telefônica, é *menos* digna de fé do que se fosse pronunciada em minha presença, diante de meus olhos. Vendo a pessoa, teria mais possibilidades de avaliar a sinceridade daquele "que prazer!".

O *meio* pode facilitar ou dificultar a interpretação da mensagem; é o *quarto* elemento da Comunicação humana:

1. O emissor.
2. O receptor.
3. A mensagem.
4. O meio.

Quero comunicar-me com Ernesto. Penso telefonar. Verifico que o telefone está com defeito. Decido escrever-lhe. Lembro-me de que, embora conheça a casa onde mora, não sei o nome da rua e o número da casa. Opto pela decisão de ir procurá-lo pessoalmente.

Estive diante de três meios de Comunicação humana:

1. Telefone.
2. Carta.
3. Contato pessoal.

O critério da escolha pertence ao emissor. É a ele que compete *selecionar* o meio apropriado, e a seleção se faz com o objetivo de *facilitar* a Comunicação humana.

O domínio do meio da Comunicação humana é condição essencial a sua efetividade. O emissor que não consegue organizar em frases seus pensamentos tem as mesmas dificuldades daquele que não sabe lidar com o aparelho telefônico. A Comunicação humana é prejudicada porque o emissor não seleciona o meio mais eficiente à clareza e transmissão da mensagem e, sim, o que pessoalmente mais lhe convém.

Esse fator *subjetivo* na seleção do meio é mais uma dificuldade no processo da Comunicação humana. Se escrevo mal e receio não ser capaz de colocar por escrito minha mensagem, tratarei de buscar outro meio para transmiti-la, embora *devesse* escrever.

O meio da Comunicação humana precisa obedecer a dois requisitos fundamentais:

1. Ser dominado tanto pelo emissor quanto pelo receptor.
2. Estar de acordo com a mensagem que transporta.

Não me utilizo do telefone, se não sei lidar com esse aparelho. Não telefono a quem tem dificuldade em ouvir. Devo escolher o meio dominado por mim, que emito a mensagem, e pelo outro, que a recebe.

É possível sempre harmonizar a mensagem com os requisitos de clareza, rapidez e disponibilidade dos meios a nosso alcance.

É o *conteúdo* da mensagem que vai indicar ao emissor o *meio* a ser escolhido. E esse *conteúdo* (ou *contexto*, ou "*designatum*" – também chamado de *referente* ou "*denotatum*" – quer dizer, a informação, a realidade, o objeto da comunicação) constitui o quinto elemento básico da Comunicação. Podemos nos comunicar com o outro ou outros utilizando-nos de assuntos ou informações complexas, mas também de temas banais, sem muita força de expressão. O que conta é que é imprescindível para o ato comunicativo a presença desse quinto item. Assim, podemos resumir até agora:

1. O emissor.
2. O receptor.
3. A mensagem.
4. O meio
5. O referente.

Para que a mensagem transite do emissor ao receptor, contudo, é necessário que o *código* seja parcialmente ou totalmente comum a remetente e destinatário. Como poderei comunicar-me com um falante de inglês se nada sei desse idioma? Até será possível se eu usar a *linguagem não verbal* (gestos, expressão fisionômica, etc.); porém só com os indicadores da linguagem verbal, ou seja, das palavras, será difícil. Quando muito, ter-se-á uma *Comunicação parcial*.

Passamos, então, ao sexto e último elemento constitutivo do processo comunicacional: o *código*. Assim fica o esquema:

1. O emissor.
2. O receptor.
3. A mensagem.
4. O meio.
5. O referente.
6. O código.

Esses seis fatores constitutivos de todo processo linguístico, de todo ato de comunicação verbal, estão inalienavelmente envolvidos, isto é, um não funciona sem o outro. O que pode acontecer é que um funcione *melhor* que o outro, fazendo que a Comunicação não seja inteira, ou até pouca, mas a presença de todos os seis é condição precípua para o ato comunicacional.

Foi considerando esses seis fatores que Roman Jakobson[1] construiu, a partir de teorias de outros linguistas, sua teoria sobre *funções da linguagem*, a fim de responder, na célebre conferência interdisciplinar realizada, em 1958, na Universidade de Indiana, Estados Unidos, à pergunta: *"Que é que faz de uma mensagem verbal uma obra de arte?"*.

---

[1] JAKOBSON, Roman. *Linguística e comunicação*. Trad. Izidoro Blikstein e José Paulo Paes. 8 ed. São Paulo: Cultrix, 1975.

CAPÍTULO 1 • • • • • • • • • • • A COMUNICAÇÃO HUMANA

Conhecendo, agora, os seis elementos básicos da Comunicação humana, poderemos tentar reconstituir, em pormenores, todo o processo:

1. Um estímulo interno ou externo provoca uma reação: a de comunicar-me.
2. Traduzo em palavras a ideia (o conteúdo, o referente) e, por associação, interpreto-a, organizando as palavras em uma frase-mensagem.
3. Seleciono o meio mais adequado à movimentação de minha mensagem rumo ao receptor.
4. Emito a mensagem pelo meio selecionado.
5. Coloco essa mensagem num código que sei possa ser devidamente apreendido por meu destinatário.
6. A mensagem caminha e chega ao receptor.
7. O receptor recebe a mensagem, procurando interpretar-lhe o significado.
8. O receptor compreende a mensagem, decifrando os símbolos, em termos de sua própria interpretação.
9. A reação do receptor, após a sua interpretação, é transportada como nova mensagem, de volta a minha pessoa.
10. Interpreto a reação do receptor e avalio se o significado que recebi é o mesmo significado que lhe enviei.
11. Coincidindo os dois significados – o meu e o do receptor – completa-se pela compreensão mútua o circuito da Comunicação.

Vamos procurar verbalizar esse processo:

1. Acabo de ser apresentado a este cavalheiro. Parece-me simpático. Afinal, devia dizer-lhe qualquer coisa. Ocorre-me a ideia de que o clima se presta a comentários triviais que, de alguma forma, podem ajudar-me a "quebrar o gelo". Creio que devo referir-me ao calor, embora não esteja tão quente. É um pretexto!
2. Vou exclamar: – Que calor! – com uma expressão de simpatia, procurando transmitir-lhe minha intenção de "quebrar o gelo".
3. O melhor meio será dizer: – Que calor! Talvez pudesse apenas sorrir e tirar um lenço do bolso, abanando-o sobre o rosto. Mas, não! O melhor mesmo é falar de maneira simpática, para que ele me ouça.
4. Exclamo: – Que calor!
5. Os sons atravessam o espaço que medeia entre nós e atingem seu pavilhão auditivo.

6. O receptor interpreta as palavras de que me utilizei: ele está se referindo ao calor, por meio de uma exclamação extemporânea.
7. E agora interpreta, a seu modo, o significado: ele quer "puxar conversa" comigo. Ora, já que vamos esperar, vou sorrir para ele, e murmurar qualquer coisa...
8. Meus olhos percebem o sorriso e chegam a meus ouvidos os sons que emitiu: – É... Está quente!
9. Ora, graças! Vamos conversar!

Para compreender melhor a importância da escolha do *meio* da Comunicação humana, imaginemos que, em lugar de lhe falar, eu tirasse um bloco de apontamentos do bolso do paletó, destacasse uma folha e escrevesse em caracteres maiúsculos: QUE CALOR! – entregando-a, em seguida, ao meu companheiro de sala de espera. Não seria desapropositado esse meio de Comunicação? A *impertinência do meio é fator de perturbação no processo.*

Concluindo, a Comunicação humana exige seis elementos:

1. O emissor.
2. O receptor.
3. A mensagem.
4. O meio.
5. O referente.
6. O código.

A dinâmica desses elementos, sua movimentação coerente permitem o intercâmbio de ideias e constituem o circuito da Comunicação humana.

3. Princípios da Comunicação Humana Efetiva

> [...] the human mind resembles those uneven mirrors which impart their own properties to different objects, from which rays are emitted and distort and disfigure them.
> Francis Bacon

A maior dificuldade em estabelecer-se princípios de Comunicação humana efetiva reside no fato de ser Comunicação *humana*. Em seu processo de desenvolvimento, por sucessivos mecanismos de estímulo-resposta, sua medida é sempre o homem. Não é preciso profundidade no conhecimento filosófico para inferir-se os riscos do princípio de Protágoras: *o homem é a medida de todas as coisas*. Qualquer tentativa de traçar normas à efetividade da Comunicação humana esbarra em sua *individualidade*.

A tradução de sons em palavras é fenômeno estritamente individual, como estritamente individuais são todas as demais fases do processo da Comunicação humana. A organização de palavras em frases, a escolha do meio, a intenção, o significado, a finalidade, a transmissão e a recepção da resposta de volta ao estímulo por nós transmitido, a significação que lhe atribuímos, a compreensão a que chegamos, tudo se passa na esfera de nossa individualidade e pode sofrer variações de pessoa para pessoa. O que uma palavra significa para mim, pode não significar para outras pessoas. Daí a advertência de Voltaire: "Se você quer falar comigo, defina suas palavras."

O fenômeno da significação ainda é mal conhecido; *continua um mistério para o qual a chave não foi ainda encontrada*. Assim também o processo da Comunicação humana, muito recente na evolução do homem. Daí, suas deficiências: "Transcorreram dezenas de milhares de anos, desde que nos despojamos de nossas caudas, e ainda nos comunicamos através de meios desenvolvidos para atender às necessidades do homem primitivo".[2]

É possível que o homem não tenha evoluído o suficiente para aperfeiçoar, como devia, os meios de Comunicação humana. A história do homem *é* recente e, por isso, transforma-se em instrumento de *confusão* o que deveria ser instrumento de *compreensão*. Acreditamos que as deficiências da Comunicação humana *se devem*, principalmente, a sua individualidade: "Se pudéssemos abrir as cabeças e ler os pensamentos de dois homens do mesmo país e da mesma geração, mas situados nos extremos opostos da escala intelectual, descobriríamos provavelmente que suas maneiras de pensar são tão diferentes, como se pertencessem a diferentes espécies".[3] Vamos um pouco mais longe: não acreditamos necessária a diferenciação extrema da escala intelectual. Duas maneiras de pensar podem diferir tanto entre dois homens na mesma escala intelectual como diferem suas impressões datiloscópicas.

Não podemos, assim, deixar de considerar, no processo da Comunicação humana, em primeiro lugar, sua *individualidade*. E essa individualidade impregna a personalidade e a linguagem em cada ato comunicacional.

Assemelha-se o espírito humano "aos espelhos de superfície desigual, que comunicam suas próprias qualidades aos diferentes objetos, e os distorcem e desfigu-

---

[2] OGDEN, C. K.; RICHARDS, I. A. *El significado del significado*. Buenos Aires: Editorial Paidos, 1954.
[3] FRAZER, J. G. "Psyche's task", apud. *El significado del significado*. Buenos Aires: Editorial Paidos, 1954

ram". O que convencionamos chamar de *personalidade* imprime seu caráter a toda Comunicação humana. As palavras não significam nada por si mesmas; só adquirem sentido quando um ser pensante faz uso delas. A Linguagem é um método *puramente humano* de Comunicação de ideias, emoções e desejos, por meio de um sistema de símbolos produzidos *voluntariamente*.[4]

4. A FÓRMULA DE LASSWELL

Malgrado a individualidade própria da Comunicação humana, o Prof. Lasswell, da Universidade de Michigan, procurou estabelecer-lhe normas, em benefício de sua efetividade, procurando resposta para as perguntas:

1. Quem?
2. Diz o quê?
3. A quem?
4. Por que meio?
5. Com que finalidade?

1ª QUESTÃO: QUEM?

Na Comunicação humana devemos precisar, inicialmente, *quem faz a Comunicação*. A resposta parece óbvia: se eu vou comunicar-me com alguém, quem faz a Comunicação sou eu.

Não é tão simples quanto parece. Sou eu, sim, o emissor, mas, *nessa Comunicação específica que pretendo fazer, quem sou eu?* Escrevo a meu filho: nessa Comunicação, sou o pai. Converso no ônibus: nessa Comunicação, sou um passageiro. Chamo à ordem um auxiliar: nessa Comunicação, sou o chefe.

Na sociedade moderna, o homem desempenha grande variedade de papéis, e a Comunicação humana será tanto mais inteligível, quanto mais claro estiver definido *em que capacidade* o emissor se comunica. O papel que represento elucida a Comunicação. Se não defino *quem sou,* ao comunicar-me com alguém, pode estabelecer-se confusão.

Realiza-se uma reunião na sede da Associação dos Pais e Mestres. Levanto-me:

---

[4] SAPIR, E. *El lenguaje*. México: Fondo de Cultura Económica, 1954.

CAPÍTULO 1 • • • • • • • • A COMUNICAÇÃO HUMANA

— Senhores, falo como pai de quatro filhos...

A elucidação, no início da Comunicação oral, *situa-me* perante a audiência.

— Senhores, devem unir-se todos aqueles que têm responsabilidades de família...

Inúmeros assistentes não sabem se sou ou não pai de família. A definição inicial do papel que represento facilita a compreensão do que desejo comunicar.

Para a efetividade da Comunicação humana, cumpre a definição inicial de quem é o emissor, qual seu *papel e em que capacidade se comunica*.

2ª Questão: Diz o quê?

Sobre a mensagem na Comunicação humana é oportuno lembrar que, se cada pessoa que se comunica pensasse antes no *que* vai comunicar, reduziria numa proporção de 50% suas comunicações.[5]

Chesterton adorava "compartilhar o silêncio" de seu melhor amigo. A Comunicação, porém, é normal entre os homens em sociedade e a educação intervém, para provocá-la, mesmo que não exista nada a comunicar.

Na Comunicação humana, a regra é o excesso, o que se nota no lar, na escola, no trabalho, em toda parte. Cinquenta por cento de tudo isso poderia deixar de ser feito, sem qualquer prejuízo.

Lasswell recomenda *cuidado* na interpretação de imagens, emoções ou sentimentos por meio de palavras.

Rignano assombrou-se com a "orgia do verbalismo" no pensamento moderno, essa tendência de *amontoar palavras em substituição de ideias*, e William James (1952) denunciou, em seu tempo, a *confusão do sentido da própria ideia de Deus, reunião confusa de pedantes adjetivos*. Ribot fala nas palavras profundas, que os metafísicos adoram, *porque se adaptam admiravelmente a conter tudo quanto se queira incluir*.

O que comunicar depende, para a significação, de palavras bem escolhidas, organizadas em frases; palavras e frases que devem traduzir, com *clareza*, o sentido do que se procura transmitir.

3ª Questão: A quem?

Constitui motivo de controvérsia o grau de importância do emissor, em comparação com o grau de importância do receptor no processo da Comunicação

---
[5] THOMPSON, W. *Fundamentals of communication*. Nova York: McGraw Hill, 1957.

humana. Acreditamos que a *forma* da Comunicação humana é condicionada pelo receptor. É a minha capacidade como receptor que condiciona a *maneira* da apresentação da Comunicação humana pelo emissor.

Na prática, nem sempre acontece que emissor e receptor falem a mesma língua e se coloquem no mesmo plano. Posso dar a uma palavra determinado significado, que V. não compartilha. A condição social diferencia os significados das palavras e uma mesma palavra pode ter significação diferente, se sou o chefe ou o auxiliar. A efetividade da Comunicação humana depende do condicionamento da mensagem ao receptor. *A quem* falo condiciona minha maneira de expressar:

— Creio que Vossa Excelência bem poderia adotar outra atitude!

— Você deve fazer um esforço para mudar!

Não é difícil escolher, entre essas duas frases, a que mais se coaduna – sob o ponto de vista da forma – com a observação que desejo fazer a um subordinado.

— Ora, não seja teimoso!

— O senhor vai desculpar-me, se a minha insistência parece um tanto excessiva...

Também é fácil selecionar a frase que eu dedicaria a meu chefe, entre essas duas.

É o receptor, portanto, que condiciona a forma da Comunicação. Para ser compreendido, devo utilizar o mesmo código do receptor, falar a mesma língua dele, ater-me a seu vocabulário e preferir as expressões que lhe são familiares.

4ª QUESTÃO: POR QUE MEIO?

A escolha do meio adequado pode, em certas circunstâncias, garantir o êxito da Comunicação humana.

Certa vez, um dirigente resolveu instituir salário móvel em sua empresa. Com esse objetivo, chamou um especialista e confiou-lhe os estudos preliminares. Um mês depois, reuniu a Diretoria que aprovou na íntegra esses estudos. Convocou-se uma comissão, constituída por elementos da Secção do Pessoal e do Contencioso, para pôr em prática o sistema e, em duas semanas, tudo estava pronto. Na véspera do dia do pagamento, com as tabelas já organizadas e as pesquisas do custo de vida feitas conforme os dados oficiais, o dirigente convocou os 1.600 operários da empresa para uma reunião no principal galpão da fábrica. Num improviso de quarenta e cinco minutos, comunicou aos homens a decisão da Diretoria. Na manhã seguinte, com espanto do dirigente e da Diretoria, estalou greve geral na empresa; os operários não haviam compreendido a comunicação oral e os mais desencontrados rumores começaram a circular. O sindicato decidiu decretar a greve, baseando-se em que a empresa adotara sistema de remuneração prejudicial para os empregados.

O dirigente pensara em tudo, menos no *meio* de levar a comunicação a seus homens.

5ª Questão: Com que finalidade?

É chocante ouvir alguém dizer, após a leitura de uma carta:

— Não entendi por que me escreveram... É fonte de desentendimento esta queixa:

— Mas, o que ele queria dizer com esse falatório todo?

A *finalidade* da Comunicação humana deve ser evidente, para prevenir distorções e mal-entendidos.

Nas cartas comerciais modernas coloca-se, antes mesmo do início formal da carta, o *assunto* de que tratam. Isso se faz para clareza do objetivo, para evitar os desagradáveis "por quês".

5. Outras condições de efetividade da Comunicação humana

Wayne Thompson (1957) faz depender a efetividade da Comunicação humana de um fator fundamental, o conhecimento *de como* as pessoas pensam.

No presente estágio do conhecimento humano sobre pensamento e linguagem, esses dois fatores são mal conhecidos. John Dewey (1958) define o pensamento como a "operação em virtude da qual os fatos presentes sugerem outros fatos (ou verdades), de tal modo que nos induzam a crer no que é sugerido, com base numa *relação real nas próprias coisas*". E explica: "Uma nuvem *sugere* uma baleia; não *significa* uma baleia, porque não existe laço nem ligação nas próprias coisas, entre o que é visto e o que é sugerido". Já as cinzas não apenas sugerem, mas significam que houve fogo, pois são produzidas por combustão. É essa conexão que objetiva o elo entre coisas reais, pelo qual uma se torna garantia da crença na outra. A base do pensamento seria, assim, uma *ligação* estabelecida entre duas ou mais coisas. Como se verifica essa *ligação* na mente humana ainda constitui objeto de pesquisa da ciência. Quando se raciocina em termos de imaginação, a tese de Dewey é discutível: a imaginação não estabelece necessariamente qualquer ligação entre as coisas pensadas. Por essa ausência de associação, Dewey distingue pensamento reflexivo de imaginação. Na reflexão há uma sequência, de tal modo que cada ideia engendra a seguinte, como seu efeito natural, e, ao mesmo tempo, apoia-se na antecessora ou a esta se refere. Essa concepção de Dewey não explica como pensamos; procura explicar como refletimos. Pensamos em comida e, imediatamente, pensamos numa série de coisas que podem ter ou não ter conexão com a ideia inicial. O natural da imaginação é sua indisciplina, sua inconsequência, esse fluir caótico de ideias, que constitui, como regra, o funcionamento da mente humana. Como pensamos não reflexivamente?

Irving Lee propõe cinco pontos indispensáveis ao sucesso da Comunicação humana:

1. Familiarizar-se com o assunto.
2. Aprender a reconhecer os pontos fracos, os defeitos e as deficiências das comunicações dos outros.
3. Começar a fazer exatamente a mesma coisa com suas próprias comunicações.
4. Desenvolver habilidades no sentido de aperfeiçoar sua capacidade de comunicação.
5. Aprender a aperfeiçoar a Comunicação humana nos outros.

Dessas condições, as duas primeiras têm sentido prático evidente. Só a terceira condição possui certa ingenuidade de tornar imperativo o que é reconhecidamente difícil. Observar os defeitos de Comunicação dos outros é mais fácil do que observar nossos próprios defeitos. A introspecção, como método psicológico, é prática de extrema complexidade, mesmo com a ajuda de um psicanalista; daí a dificuldade em conhecer nossas deficiências na Comunicação humana. Será que a pessoa antipática *sabe* que é antipática? Que a moça feia *se considera* feia? Que o homem medíocre *admite* sua mediocridade?

Quem nunca ouviu a própria voz não a reconhece, quando tem oportunidade de ouvi-la, a primeira vez, por um aparelho de gravação:

— Não é possível! Não sou eu quem está falando! Eu não tenho essa voz!

Qual a voz que ele *julgava* ter? Essa avaliação será muito diferente de qualquer outra que ele faça sobre si mesmo?

A avaliação, em causa própria, é precária. O que podemos pedir a quem se dispõe a aperfeiçoar sua capacidade de Comunicação é um esforço, e esse mesmo, orientado e assistido por um especialista.

Schubert entende que *comunicar é como correr*. Corremos sem atentar para tudo quanto essa ação envolve: nervos, músculos, vontade, espírito de competição, etc. Para a efetividade da Comunicação humana, precisamos conhecer tudo quanto o atleta conhece sobre o *mecanismo* da corrida. Ele não precisa ser biologista para compreender o funcionamento de seus músculos, como nós não precisamos ser cientistas para compreender a Comunicação humana:

1. A Comunicação humana depende da *experiência em comum* do emissor e do receptor.
2. A Comunicação humana depende da *significação em comum* dos símbolos entre emissor e receptor.
3. A Comunicação humana depende da *atenção* à mensagem.

Como transmitir a um selvagem, que jamais tenha visto um avião, a *ideia* de avião? Maria Antonieta não recomendava ao povo de Paris que, na falta de pão, comesse brioches? Talvez o fizesse por simples *falta de experiência em comum* sobre a fome, que o povo de Paris tão bem conhecia, e ela ignorava.

Para serem compreensíveis, os símbolos precisam ter significados conhecidos do emissor e do receptor. Toda palavra é um símbolo – som articulado que *representa* alguma coisa. Vamos supor que eu diga a minha filha de quatro anos:

— Traga o jornal do papai!

Ela só poderá trazê-lo se souber o que eu quero dizer com a palavra *jornal*. Se não a conhecer associada ao que procuro significar, poderá trazer-me a pasta ou o guarda-chuva.

A Linguagem dos gestos, tão expressiva, só é compreensível quando esses sinais têm significação igual para quem transmite e quem recebe.

Sem atenção, não há Comunicação, e é a atenção que garante o primeiro passo para o entendimento.

5.1 A psicologia da atenção

Para Woodworth e Marquis (1959), a atenção é um substantivo que deveria ser substituído por um verbo. Atentar é concentrar a atividade, é preparar-se para perceber certo objeto ou fazer alguma coisa.

O homem está sempre atento, embora sua atenção se concentre em certas coisas, em detrimento de outras. Sério problema da Comunicação humana é *atrair* e *manter* a atenção.

Em geral, consideram-se quatro estímulos principais da atenção:

1. Intensidade.
2. Repetição.
3. Modificação.
4. Contraste.

Para despertar a atenção, o barulho leva vantagem sobre o murmúrio, e o feixe de luz brilhante sobre o bruxuleio. Um estrondo mais forte é capaz de alarmar uma cidade, assim como nas formações militares, as vozes de comando costumam ser estentóreas. A repetição é velho recurso de oratória, preconizado desde os gregos e também utilizado com êxito na Pedagogia. As mensagens de "S.O.S." são repetidas insistentemente, e os fins de períodos ressaltam pela repetição da última letra, repetição que tem a única finalidade de chamar a atenção do telegrafista.

Depois de algum tempo, qualquer barulho constante, por mais ensurdecedor, deixa de ser percebido. O homem adapta-se de tal forma ao ruído, que a simples intensidade do som, aliada à repetição, não basta para fazê-lo atentar. Torna-se indispensável a *modificação:* que o som grave se transforme em agudo, que o de maior intensidade se substitua pelo de menor, que se alternem os sons, sem regularidade. A modificação renova a atenção. Daí, as mudanças de *tom* bem conhecidas dos oradores.

O contraste constitui estímulo à atenção, porque tudo quanto é diferente tende a sobressair. Em um grupo de homens pequeninos, o homem de estatura normal será gigante, assim como num canteiro de tulipas vermelhas se destacam as brancas. O contraste é intensamente utilizado em diferentes técnicas publicitárias audiovisuais por sua força em *chamar a atenção.* Na Comunicação humana, precisamos da atenção, condição inicial do processo, e teremos constantemente necessidade de apelar para esses estímulos, cuja preferência dependerá das circunstâncias.

Estabelecerem-se regras para a atenção depende das características *estruturais* do indivíduo e de fatores temporários – suas condições de momento e atividades em exercício. Qualquer aprendizado procura fazer que o indivíduo atente mais para certas coisas, deixando outras de lado. Atente-se para as coisas que chamam a atenção de um motorista de ônibus e de um botânico. É proverbial a *distração* dos sábios, e essa distração não passa de um resultado de sua atenção: distrai-se dos acontecimentos externos, pela intensidade da concentração interna.

Baseados no preceito de que "tempo é dinheiro", alguns especialistas em Comunicação humana acham que devemos ir sempre *direto ao assunto;* pois é justamente o que devemos evitar, se desejamos ser compreendidos. Nenhum homem consegue fazer funcionar repentinamente seu "aparelho de atenção". Não se presta atenção da mesma forma que se liga um aparelho de rádio. É preciso *algum tempo* até a atenção ser integralmente despertada.

Qualquer professor sabe que os primeiros momentos de aula são de preparação mental para ele – ao coordenar ideias – e para os alunos – ao prepararem-se para ouvi-lo.

5.2 Atenção periférica e atenção dirigida

Os psicólogos costumam considerar dois tipos de atenção: a *periférica* e a *dirigida*. Por atenção periférica compreende-se a que é inseparável de qualquer pessoa no mundo de estímulos onde vive. Um grito de pássaro na selva desperta essa atenção, da mesma forma que ninguém deixa de ouvir a buzina insistente, em meio ao trânsito. A atenção periférica é capaz de fazer-nos atentar, a qualquer momento, para qualquer coisa.

— Não me estavam ouvindo chamar?

Estávamos. Não *podíamos deixar de estar*. A vibração do ar chegara até nossos ouvidos. O apelo limitara-se, entretanto, a nossa atenção periférica, de mistura a um sem-número de outros estímulos; ouvimos, sem distinguir, selecionar e concentrar nossa atenção. Quando distinguimos, selecionamos e concentramos a atenção, por força de estímulo mais forte, ela se torna específica, *dirigida* – ato voluntário, diferente da atenção periférica involuntária.

É, pois, com a atenção dirigida, que precisamos contar para a efetividade da Comunicação humana – ato *consciente* da vontade individual.

A *chamar* a atenção deve seguir-se *manter* a atenção. Pesquisas realizadas em universidades norte-americanas indicaram um período de *cinco minutos* como tempo considerado excelente de *continuidade* na atenção.

Esse curto período de atenção consecutiva explica por que somos desatenciosos. Nossa atenção dirigida cansa logo, e é substituída pela atenção periférica. Nossa imaginação supera em rapidez qualquer instrumento de Comunicação humana; portanto nosso pensamento "voa", tão logo se adianta à recepção que lhe chega. Em uma conferência deixamos de ouvir o orador – *atenção dirigida* –, mas somos capazes de rir, acompanhando o riso da audiência, sem consciência do motivo do riso – *atenção periférica*.

A atenção dirigida que a Comunicação humana exige deve ser aprendida.

O pensamento tem, como ponto de partida, uma bifurcação de caminhos, uma situação ambígua, que apresenta dilemas e propõe alternativas. Vivemos mentalmente nessa "bifurcação de caminhos". Disciplinar essa atividade incessante é ato voluntário a que se chega apenas por meio de um *chamado* geral – de nossas faculdades mentais. Esse *chamado geral é* que consideramos o *interesse:* daremos sempre maior *atenção* ao que atende a nossos *interesses*. Só se mantém a atenção, quando se mantém o interesse.

5.3 Recomendações para a efetividade da Comunicação humana

1. Entre emissor e receptor, quem decide o gabarito da Comunicação humana é o receptor.
2. Cabe ao emissor precisar o *papel* em que faz a Comunicação, assim como a *seleção do meio* pertinente e da *forma* apropriada.
3. A finalidade da Comunicação humana deve ser *evidente* e, por isso, depende da organização de ideias.
4. A linguagem utilizada na Comunicação humana deve ser compartilhada entre emissor e receptor, fazendo *comum* a significação de experiências e símbolos.
5. Sendo a Comunicação humana processo essencialmente *dinâmico,* não pode ser abandonado antes de completar-se.
6. Completa-se o processo, quando se observa, na *volta,* a reação do receptor.
7. A compreensão nasce do significado comum e deve estar presente em todas as fases da Comunicação.
8. O objetivo da Comunicação humana não é necessariamente concordância e, sim, compreensão.
9. Emissor e receptor devem esforçar-se em diminuir as deficiências da Comunicação humana.
10. É mais importante ser compreendido do que compreender.
11. A Comunicação humana efetiva depende da atenção *dirigida*.

6. Persuasão: credibilidade das fontes de informação

> *Os corações também têm orelhas: e estai certos de que cada um ouve, não conforme tem os ouvidos, senão conforme tem o coração e a inclinação*
> Sermão do Quinto Domingo da Quaresma.
> (Padre Vieira)

Persuadir pode ser definido como o ato de induzir alguém a acreditar em alguma coisa, ou aceitá-la. Vance Packard e Ernest Dichter exploraram *o tema* com seus livros sobre *técnicas de convencer e motivação*.

Saber *como* e *por que* uma pessoa muda de opinião constitui tema fascinante para a inteligência e a investigação humanas.

Opinião é, em sentido geral, a representação de interpretações, expectativas e avaliações, tais como crenças sobre as intenções de outras pessoas, antecipações sobre acontecimentos futuros, e avaliações das consequências boas ou más de cursos de ação, passíveis de mudanças.

Sob o ponto de vista filosófico, opiniões são *quaisquer tópicos de controvérsia* e, operacionalmente, são *respostas verbais,* que os indivíduos externam para corresponder a situações estimulantes em que alguma questão é levantada.

6.1 Origem da opinião

Qualquer teoria sobre a origem da opinião tem apenas o valor de uma conjetura. É possível que nosso antepassado troglodita estivesse numa caverna, em algum lugar do mundo, devorando um naco de carne crua, diante da carcaça do dinossauro que acabara de matar, auxiliado pela tribo. E é possível também que, de repente, escapasse-lhe das mãos a carne, caindo na fogueira acesa para afastar o frio. Ele se esforça para tirar da fogueira o pedaço de carne; consegue-o, depois de chamuscar as mãos. Está furioso. Não quer perder a carne, que está parcialmente queimada. Que fazer, senão continuar a devorá-la? Arrisca uma dentada. Surpresa! O gosto é de seu agrado. Solta um grunhido:

— Uhm... Uhm...

Manifesta o prazer que sente ao experimentar pela primeira vez a carne, sem ser totalmente crua. Outros podem não gostar. Ele gosta: *é sua opinião condicionada pela experiência e por inclinações individuais.*

A opinião é uma *afirmação* da individualidade humana: *é a aceitação pessoal de uma, entre duas ou mais concepções diversas sobre determinado assunto.*[6]

6.2 Graus de opinião

Para Ferdinand Tönnies, são três os graus de fixidez da opinião:

1. Sólido.
2. Líquido.
3. Gasoso.

---

[6] LOWELL, A. L. *Public opinion in war and peace.* Cambridge: Harvard University Press, 1923.

O primeiro corresponde ao *consenso*, estado de pleno acordo, em que uma ideia *lota* a mente, não ficando lugar para a dúvida ou controvérsia. O segundo é o estado *normal* de nossas ideias e de nossos pensamentos que, isolados, em grupos ou nas mais diversas combinações, vêm a constituir nossas opiniões.

O terceiro grau de fixidez poderia ser melhor qualificado de *pré-opinião:* são simples noções, que se podem modificar com a volubilidade das nuvens, ao sopro dos ventos. Tönnies as denomina *opiniões em gestação.*

A Comunicação humana procura *modificar o comportamento dos indivíduos, influenciando suas opiniões,* por meio da informação.

Na formação da opinião, dois fatores pesam decisivamente:

1. A *maneira* de a mensagem ser comunicada.
2. A *credibilidade* da fonte.

6.3 Forma da mensagem

Experiências têm demonstrado existir relação constante entre a *aceitação* de uma mensagem e a *forma* pela qual essa mensagem é transmitida. Embora os resultados sejam passíveis de controvérsia, Wilke registra-os da seguinte maneira: *Entre pessoas de nível médio e inferior, a apresentação oral faculta retenção melhor e por mais tempo do que a apresentação escrita isolada.*

Sua experiência clássica baseou-se em três grupos de estudantes universitários, estimulados a se interessarem por assuntos relativos a Guerra, Religião, Controle de Natalidade e Economia. Idêntico material de exposição foi apresentado a cada um dos três grupos sob diferentes formas:

1º Grupo: A Comunicação foi feita pessoalmente por um conferencista.

2º Grupo: A Comunicação foi feita por meio de um aparelho gravador, em que o mesmo conferencista gravara sua palestra.

3º Grupo: A Comunicação foi feita por escrito.

Os resultados revelaram os seguintes graus de *eficiência* na modificação ou na influência sobre as opiniões dos universitários:

Eficiência máxima: apresentação pessoal do conferencista.

Eficiência média: gravação da conferência.

Eficiência mínima: apresentação escrita da conferência.

Embora essa mesma experiência, com algumas variações, tivesse sido repetida, com êxito, por Allport, Knower e Cantrill, a controvérsia entre "olho e ouvido" deverá continuar ainda por muito tempo.

6.4 Percepção

A percepção é fenômeno puramente individual, e se a Comunicação humana *procura modificar as imagens dentro de nossas cabeças*,[7] teremos de levar em consideração que, embora os homens vivam no mesmo mundo, pensam e sentem em mundos diferentes, pessoais, individuais.

A percepção pode ser definida como um *processo interpretativo*, por meio do qual fazemos passar todos os estímulos que nos chegam do meio ambiente. A significação é a resultante desse processo, é *a imagem dentro da nossa cabeça*;[8] é o *produto final* da percepção e da interpretação. Percebemos o mundo em termos de sua significação para nós, "toda reação cognitiva humana, percepção, imaginação, pensamento e racionalização são um esforço para a significação".[9]

Qualquer nova experiência a que sejamos submetidos tem de ser *estruturada* por nós, a fim de ganhar significação. Essa *estruturação* dependerá, em cada caso, de nossos *referentes*, do ponto de vista em que se coloca nossa capacidade de observação: um desastre de automóvel é *estruturado significativamente* de maneira diversa pela percepção de um mecânico, um médico, um repórter de jornal, ou um simples transeunte, não porque o desastre tenha sido *diferente* para cada pessoa; o desastre foi o mesmo – o que se modificou foram as *interpretações*.

Klineberg (1954) cita a hipótese da aterrissagem forçada numa ilha selvagem, onde seus habitantes nunca tivessem visto um homem branco e um avião: este poderá ser tido por gigantesco pássaro e o homem branco, por um deus vindo do céu. O princípio, porém, mantém-se inalterado: *eles classificarão e interpretarão a experiência inédita em termos de significação para cada um*.

A percepção é sempre *pessoal*, e cada experiência é estruturada de acordo com *nossos* termos.

Krech e Crutchfield (1948) realizaram nos Estados Unidos diversas experiências sobre percepção, sendo mais conhecida a que teve a participação de três grupos de marinheiros.

O primeiro grupo almoçara uma hora antes da experiência. O segundo comera a última refeição havia quatro horas e o terceiro estava sem comer havia dezesseis horas.

Um projetor lançou, por cinco segundos, um facho de luz e sombras sobre uma tela, sem qualquer significação. O experimentador passou aos marinheiros um

---

[7] LIPPMANN, W. *Public opinion*. Nova York: Macmillan Co.,1950.
[8] Idem.
[9] BARTLETT, F. C.; GINSBERG, M.; LINDGREN, E. J.; THOULESS, R. H. *The study of society* – methods and problems. Londres: Kegan, Paul, Trench, Trubner and Co., 1939.

questionário com duas perguntas, que foram respondidas da seguinte forma pelo terceiro grupo:

1ª pergunta: Que faziam as pessoas em torno à mesa?
Resposta: Comiam.
2ª pergunta: Que havia em cima da mesa?
Resposta: Sanduíches.

As informações não possuem uma lógica própria, pois não resultam das mesmas percepções e conhecimentos; serão sempre *percebidas e interpretadas em termos das necessidades, emoções, personalidade e padrões cognitivos individuais*, embora se mantenham constantes os fatores estruturais e funcionais determinantes da percepção.

Fatores estruturais são os que se referem à *aparência física* das pessoas, dos lugares e das coisas. Fatores funcionais são os que derivam principalmente de necessidades, maneiras, experiências e memória do indivíduo.

Atribui-se maior importância aos fatores funcionais da percepção, comprovada pela experiência das moedas, realizada em 1947, por Bruner e Goodman, em que foram *testados* dois grupos de garotos: um grupo constituído de moleques de rua, e o outro, de meninos de família bem estruturada. Na seleção das moedas, os moleques superestimaram as moedas maiores, tomando-as por mais valiosas e demonstrando o efeito da *necessidade* sobre a percepção.

A eficiência da forma da mensagem na Comunicação humana é muito variável e pode-se concluir apenas que "certos tipos de Comunicação sob certos tipos de assuntos trazidos à consideração de certos tipos de pessoas, sob certos tipos de condições, podem ter certos tipos de efeitos".[10]

6.5 Credibilidade das fontes de informação

Mentez! Mentez! Il faut mentir comme un diable,
non pas pour un temps,
mais hardiment et toujours!
(Voltaire)

Os publicitários costumam dizer que a credibilidade de um anúncio parece ter alguma relação com a reputação da revista na qual é impresso. Essa crença baseia-se no princípio de que a efetividade de uma Comunicação *depende, em grande parte, de quem a faz.*

---

[10] BERELSON, B. Democratic theory and public opinion. In: *Public Opinion Quarterly*, Oxford, n. 16. 1950.

Há algum tempo, a Opinion Research Corporation, de Princeton, nos Estados Unidos, publicou um relatório, sob a responsabilidade pessoal do Dr. Herbert Akelson, contendo diversos princípios de persuasão. Eram os seguintes:

1. É preciso especificar suas conclusões, em lugar de deixar que as audiências cheguem, por si, até elas. *Os fatos não falam sozinhos.*
2. A influência maior ou menor dos apelos emocionais e racionais depende do tipo da mensagem e do tipo da audiência. *Ameaças veladas impressionam mais do que ameaças declaradas.*
3. Geralmente as mudanças de opinião têm *efeito retardado*.
4. Da credibilidade das fontes dependem, em grande parte, as mudanças de opinião. *A vantagem, todavia, costuma desaparecer com o tempo.*
5. Os motivos que levam a pessoa a procurar influenciar os outros devem ser os mais claros: a *suspeita retarda e pode até impossibilitar as mudanças de opinião.*

Willard Merrihue relaciona os seguintes fatores que podem influenciar o significado:

1. A relação funcional e hierárquica entre o emissor e o receptor.
2. As relações do grupo.
3. As diferenças de hereditariedade, ambiente cultural e educação formal.
4. As experiências vividas individualmente.
5. As emoções.
6. A Semântica.

Merrihue dá grande importância ao primeiro fator, considerando que a maneira da recepção da mensagem depende fundamentalmente da *autoridade da fonte*.

Essas considerações, e inúmeras outras, levaram Hovland e Weiss a estudar em profundidade a fascinante questão da credibilidade das fontes: *seria correta a tendência atribuída ao indivíduo de aceitar melhor a Comunicação originada de um emissor que acredite ser fidedigno? Para ser acreditado, o emissor deverá mesmo inspirar confiança?*

Pouca dúvida existia a esse respeito. Acreditava-se que qualquer indivíduo sente que as pessoas com posição, interesses e necessidades iguais aos seus veem e julgam as coisas do mesmo ponto de vista em que ele se coloca. Nas eleições, os demagogos esforçam-se por identificar-se com os eleitores, apresentando-se desalinhados, arrancando paletós, e agindo com a única finalidade de serem considerados *um dos nossos* pelo povo.

Hovland e Weiss impressionaram-se durante a Segunda Guerra Mundial com a memorável maratona de Kate Smith, pelo rádio, em que a cantora conseguiu vender mais de um milhão de dólares em bônus do governo, permanecendo dezoito horas consecutivas diante do microfone de uma cadeia de emissoras. "O público acreditou na sinceridade de propósitos da Kate Smith: prestigiou-a porque ela lhes pareceu sincera e altruísta no seu enorme esforço".[11]

Partindo dessas observações, Hovland e Weiss centralizaram suas pesquisas na avaliação da *credibilidade das fontes*.

O público pesquisado foi constituído de estudantes universitários. Selecionaram-se quatro tópicos diferentes, cada um deles apresentado a uma audiência homogênea, sucessivamente, por transmissores de Alta e Baixa Credibilidade.

Foram distribuídos questionários imediatamente depois de cada experiência, e trinta dias após.

As fontes de Alta e Baixa Credibilidade foram apresentadas de maneira idêntica: pequenos folhetos impressos.

A experiência processou-se com os seguintes temas e fontes:

1º Tema: Drogas anti-histamínicas.

Deveriam as drogas anti-histamínicas continuar a ser vendidas sem receita médica?

Fonte de Alta Credibilidade: "The New England Journal of Biology and Medicine".

Fonte de Baixa Credibilidade: uma revista comum, de atualidades.

2º Tema: Submarinos atômicos.

Pode um submarino atômico manejável ser construído agora com sucesso?

Fonte de Alta Credibilidade: Robert J. Oppenheimer.

Fonte de Baixa Credibilidade: um jornal.

3º Tema: Aço.

É a indústria do aço culpada pela falta de aço no mercado?

Fonte de Alta Credibilidade: "Bulletin of National Resources Planning Board".

Fonte de Baixa Credibilidade: um colunista contrário ao "New Deal".

4º Tema: Televisão e Cinema.

---

[11] HOVLAND, C. I.; JANIS, I. L.; KELLEY, H. H. *Communication and persuasion*. New Haven: Yale University Press, 1953.

Como consequência do aparecimento da televisão diminuirá o número de cinemas nos Estados Unidos?

Fonte de Alta Credibilidade: Uma pesquisa realizada pela revista *Fortune*.

Fonte de Baixa Credibilidade: Uma colunista social bisbilhoteira.

Imediatamente depois da leitura, os questionários distribuídos acusaram os seguintes percentuais:

A) Percentagem considerando o autor justo em sua exposição:

	ALTA	BAIXA
Anti-histamínicos	65%	59%
Submarino atômico	96%	69%
Falta de aço	24%	19%
TV x Cinemas	93%	64%

B) Percentagem considerando o autor justificado pelos fatos apresentados:

	ALTA	BAIXA
Anti-histamínicos	68%	52%
Submarinos atômicos	80%	44%
Falta de aço	32%	27%
TV x Cinemas	59%	42%

Um mês depois, foram distribuídos novos questionários. Hovland e Weiss registraram ter deixado de existir diferenças percentuais significativas entre as fontes de Alta e Baixa Credibilidade: *praticamente haviam desaparecido.*

Diminuiu a aceitação do ponto de vista exposto pela fonte de Alta Credibilidade, enquanto aumentou a de Baixa Credibilidade, *seja por esquecimento, queda na credibilidade inspirada pelo emissor, aumento na credibilidade do emissor que inicialmente não inspirara confiança, ou por outros fatores não identificados.* Essa experiência mostrou que mesmo os argumentos apresentados pela fonte de Baixa Credibilidade passavam a dar resultados positivos. O grupo acabava aceitando indistintamente como dignos de fé todos os argumentos, sem fazê-los depender da Credibilidade da fonte.

Essa extraordinária mudança poderia ocorrer por força de três fatores:

1. Observações provenientes de situações relativas aos assuntos tratados e verificados na vida de todo dia.
2. Volta a uma atitude anterior preexistente, relativa a cada assunto tratado, passada a influência da Comunicação.
3. Aceitação pura e simples, posterior, do ponto de vista do expositor inicialmente renegado.

Não resta dúvida de que algumas assustadoras conclusões podem ser extraídas dessa experiência.

A afirmação pura e simples, desprendida de qualquer raciocínio e de qualquer prova, constitui meio seguro de insinuar uma ideia no espírito das massas.[12] A coisa repetida acaba por implantar-se nessas regiões profundas do inconsciente, em que se constroem os *motivos* de nossas ações. Quando uma afirmação foi suficientemente repetida, forma-se uma *corrente de opinião* pelo mecanismo do *contágio*. Nas multidões, as ideias, os sentimentos, as emoções e as crenças possuem um *poder contagioso tão intenso quanto o dos micróbios*.

Ora, sendo a opinião essencialmente uma *síntese das informações que o indivíduo tem sobre determinado assunto,* é fácil concluir que qualquer informação repetida contagia a massa. Qualquer indivíduo poderá ser persuadido a adotar *qualquer* ponto de vista, tudo dependendo da afirmação, da repetição e do contágio.

Hovland, Weiss, Janis e Kelley (1953), entre outros, dedicaram grande tempo de suas vidas a esse estudo que tem como ponto de partida o axioma de Arnault: "Não é a verdade que persuade os homens, mas quem o diz". Como é possível que *quem* a diz não importe, a Verdade pode passar a depender apenas da *maneira* pela qual é transmitida.

Inúmeras questões graves para a Comunicação humana ainda não foram respondidas:

1. É exato que as informações provenientes de fontes de alta e baixa credibilidade acabam exercendo, depois de certo tempo, *a mesma influência na formação da opinião?*
2. Depois de *quanto tempo* de afirmação e repetição uma mentira se transforma em verdade?
3. A consciência humana aceitará *invariavelmente* essas mentiras, que se transformam em verdades, por meio da afirmação repetida?

---

[12] LE BON, G. *Psicologia das multidões.* Rio de Janeiro: F. Briguiet & Cia. Editores, 1954.

4. É possível que a criatura humana acredite *em tudo* quanto lhe chega pela Comunicação?

Processos como o do Cardeal Mindszenty, da Polônia, levaram o mundo a acreditar na realidade das *lavagens cerebrais*. Joost A. M. Meerloo, em seu "O rapto do espírito", cria o neologismo *menticídio,* para definir o assassínio da mente. Temos a impressão de que se abre, em nossos dias, novo e temível capítulo no estudo da Comunicação humana.

Capítulo 2
A Comunicação na Era Digital

A comunicação hoje, tanto para transmitir e receber informações, quanto para estabelecer e manter contatos, supõe a mediação do computador. Computador *lato sensu*: *personal computer* de mesa, *laptop*, celular, multimídia, etc.

O que é computador?

De acordo com o *Dicionário Houaiss da língua portuguesa*, computador é "máquina destinada ao processamento de dados; dispositivo capaz de obedecer a instruções que visam a produzir certas transformações nos dados, com o objetivo de alcançar um fim determinado".

O que mais causa espanto no computador é sua potência quase misteriosa de converter o concreto (toda a parafernália eletroeletrônica que se vê quando se abre a máquina) em virtual (ideias, conceitos, textos, programas). Mas o bom escriba, diz Mateus, "do seu tesouro tira coisas novas e velhas".[1] E *nihil novi sub solem*, "nada de novo debaixo do sol", diz o Eclesiastes. Essa máquina admirável, como todas as realizações humanas, não nasceu do nada; é mimética e tem um suporte filosófico.

1. Do *HARDWARE* PARA O *SOFTWARE*, UMA VIA DE MÃO DUPLA

Hardware é o conjunto físico dos equipamentos de um computador: unidade de processamento, monitor, modem, teclado, impressora, etc. *Software* é o conjunto de instruções responsáveis por fazer o *hardware* funcionar.

Por analogia: o corpo é o *hardware*; os pensamentos, o *software*. Os pensamentos dão a ordem e o corpo executa. Um piano é o *hardware;* para dele sair a música, o pianista deve seguir uma sequência de notações, que constituem a partitura, a qual funciona como o *software*. Mais ou menos assim funciona o computador.

---
[1] Cf. Mt 13, 51. In: *A Bíblia de Jerusalém*. São Paulo: Paulinas, 1993.

Entre o *hardware* e o *software* há ligações misteriosas, que remetem ao mundo invisível – o qual, por sua vez, teima em existir, sobrevivendo às investidas do materialismo.

O homem sempre se preocupou em estabelecer conexões entre o sensível e o inteligível.

"No princípio, diz o Gênesis, Deus criou o céu e a terra".[2] "Céu", além de designar o firmamento e a morada de Deus, significa o lugar das criaturas espirituais que cercam a Deus. "Terra" é o mundo dos homens.[3] Quanto ao homem, Deus o fez do barro da terra e insuflou-lhe uma alma vivente,[4] de modo que sua "imagem e semelhança"[5] fossem *corpore et anima unus*, uma unidade indivisível de corpo e alma.[6]

À diferença da Bíblia, as indagações posteriores são dualistas. Para Platão, há uma alma aprisionada no corpo do homem, *to soma sema*.[7] O *cogito* cartesiano também supõe o dualismo espírito-matéria, com a relevância do primeiro sobre a segunda: *cogito, ergo sum*, "penso, logo existo".[8]

Fazendo um salto de mais de três séculos, chega-se a Antônio Damásio, que inverte o *cogito* cartesiano (*sum ergo cogito*, diz ele, "existo, logo penso"), uma vez que suas pesquisas e experimentações no campo da neurociência o levaram a entender a mente como um correlato neural, restabelecendo de certa forma a unidualidade bíblica:

> Para nós, portanto, no princípio foi a existência e só mais tarde chegou o pensamento. E para nós, no presente, quando vimos ao mundo e nos desenvolvemos, começamos ainda por existir e só mais tarde pensamos. Existimos e depois pensamos e só pensamos na medida em que existimos, visto o pensamento ser, na verdade, causado por estruturas e operações do ser.[9]

O que essas e outras indagações têm em comum é que sempre há um suporte físico para as operações mentais.

É esse o princípio da Informática. Simplificando e reduzindo, o *hardware* é o suporte físico para o *software*. À semelhança do sopro divino, há nesse relaciona-

---

[2] Cf. Gn 1,1. In: *A Bíblia de Jerusalém*.
[3] Cf. *Catecismo da Igreja Católica*. São Paulo: Vozes, 1993, n. 327.
[4] Cf. Gn 2,7. In: *A Bíblia de Jerusalém*.
[5] Cf. Gn 21, 26. In: *A Bíblia de Jerusalém*.
[6] Cf. *Catecismo da Igreja Católica*, n. 362.
[7] Cf. Platão, texto de Rosana Madjarof. Disponível em: <http://www.mundodosfilosofos.com.br/platao.htm>. Acesso em: 30 jul. 2010.
[8] Cf. FRANCA, Leonel. *Noções de história da filosofia*. 15. ed. Rio de janeiro: Agir, 1957. p. 142.
[9] DAMÁSIO, António R. *O erro de Descartes*. Trad. Dora Vicente e Georgina Segurado. São Paulo: Companhia das Letras, 1996. p. 279.

mento misterioso uma forma de insuflação do espírito sobre a matéria. Por outro lado, na pista de Damásio, nesse intercâmbio misterioso há uma espécie de emanação espiritual a partir da matéria.

Indo em frente: no relato bíblico, que tem caráter paradigmático, Deus criou Adão a sua imagem e semelhança; Adão, por sua vez, gerou Set "a sua semelhança, como sua imagem",[10] o que permite inferir que a semelhança divina é uma marca que o primeiro homem transmite a sua descendência. Ora, sendo o homem uma alma que se expressa num corpo, ou um corpo espiritualizado, é de supor que ele imprima esse unidualismo em suas criações mais elevadas – o que explica filosoficamente a invenção do computador...

A teoria cognitiva de James H. Fetzer corrobora essas especulações – e desemboca concretamente na comparação da mente humana com o computador. Para ele, o sistema cognitivo da mente inclui três fases. Primeiramente (fase *a*), receptores sensoriais adquirem informação do meio ambiente; depois (fase *b*), estas informações são processadas internamente pelo cérebro; por fim (fase *c*), ativadores cerebrais da atividade motora produzem o comportamento pertinente. No computador ocorre algo análogo:

> [...] as condições que um sistema cognitivo deve preencher [...] possuem uma semelhança surpreendente com as dos sistemas dos computadores, que adquirem informação de seus ambientes como (a') input, em seguida processam essa informação através da execução de (b') um programa, que produz comportamento de um sistema na forma de (c') output. A partir dessa perspectiva, os seres humanos e os computadores parecem surpreendentemente semelhantes.[11]

2.
URGÊNCIA DE ADERIR AO NOVO

A típica resistência das gerações mais velhas à tecnologia vem sendo paulatinamente vencida pela utilidade, versatilidade e praticidade desta máquina chamada computador e variantes.

No ano de 2002, a aposentada Maria de Lourdes Sampaio, então com 76 anos, venceu a tecnofobia e decidiu fazer um curso básico de informática, para pôr

---
[10] Cf. Gn 5,3. In: *A Bíblia de Jerusalém*. São Paulo: Paulinas, 1993.
[11] FETZER, James H. *Filosofia e ciência cognitiva*. Trad. Cleide Rapucci. Bauru, SP: Editora da Universidade do Sagrado Coração, 2000. p. 46.

em uso o computador que ganhara de seu filho, três anos antes. Procurou o Centro Cultural Vila das Artes, em São Paulo. Começou logo a utilizar os principais aplicativos que lhe ensinaram: passou "a escrever suas receitas no *Word,* a controlar suas contas de casa no *Excel* e a ilustrar as aulas de seu marido com as transparências que aprendeu a fazer no *PowerPoint*".[12] Indo mais longe, aprendeu a desenhar, pintar, jogar. Passou para a *internet,* aprendeu a enviar e-mails para seus amigos e a navegar, adentrando galerias de arte e museus, ajudando seus netos a fazer pesquisas. Aprendeu até a usar o *Photoshop*! Com o computador, confessa ela, "minha cabeça se abriu para novos conhecimentos, sem aquela inibição inicial" – e quando suas amigas reclamam da monotonia da velhice, contesta vitoriosa: "Velhice? Que velhice? Quebre toda monotonia, descobrindo esse novo mundo da informática".[13]

A própria rainha da Inglaterra, como outro exemplo, é usuária de computador e navega com muita frequência na *internet*.[14] A agência de notícias da UOL divulgou o seguinte, em 8/11/2010:

> A rainha do Reino Unido, Elizabeth 2ª, ganhou quase 58 mil fãs em sua estreia na rede social Facebook nesta segunda-feira.
> A página da monarquia britânica expande a participação real na internet, após contas no microblog Twitter, o site de fotos Flickr e um canal no site de vídeos YouTube.
> A monarquia britânica não permite que os usuários sejam "amigos" ou mandem mensagens para a rainha e nem mostra detalhes pessoais, como o status de relacionamento de Elizabeth 2ª, seus pontos de vista políticos e interesses. Mas as pessoas podem curtir, além de ver notícias sobre a agenda e a rotina da rainha e dos príncipes.
> Com a criação da conta, a rainha, que admitiu recentemente utilizar a internet para enviar e-mails aos netos, transforma-se agora na usuária mais famosa do Reino Unido.
> Este último passo da Casa Real britânica para avançar junto com as novas tecnologias ocorre depois da criação de uma conta no Flickr – serviço de armazenamento de imagens –, onde a família mantém desde o início do ano diversas fotografias.
> No ano passado, a monarquia já havia aderido ao microblog Twitter e em 2007 estabeleceu um canal real no site de armazenamento de vídeos YouTube.

---

[12] SIQUEIRA, Ethevaldo. *2015: como viveremos.* São Paulo: Saraiva, 2005. p. 199.
[13] Ibidem, p. 199.
[14] Cf. LOWE, Janet. *Google.* Trad. Márcia Paterman Brookey. Rio de Janeiro: Elsevier, 2009. p. 50.

Poucos comunicadores, hoje, redigiriam um texto sem contar com os recursos inigualáveis do *Word*, ou dariam aulas e palestras sem um *DataShow* – só para ficar nos procedimentos mais triviais.

Ethevaldo Siqueira, considerando a rapidez das mudanças e conquistas no campo da tecnologia digital, fez um exercício de futurologia científica. Entrevistou 50 cientistas, escritores, visionários e pensadores, que apresentaram "as probabilidades de evolução" dos cenários passados e presentes em que temos vivido.[15] Daí resultou uma síntese jornalística profética: *2015 – como viveremos*. Apenas para exemplificar: a internet terá importância enorme na educação, pois "será uma espécie de biblioteca de Alexandria do século XXI"; "permitirá o uso de comandos verbais, que utilizam a comunicação em linguagem natural e tradução multilingual simultânea"; "proporcionará simulações de experiências de grande utilidade no ensino das ciências".[16]

Regina Mota prevê, também para 2015, a interpenetração das mídias digitais:

> Cris é [...] adolescente, adora programas de música e bate-papo com os amigos. Não pára em casa. Vive para cá e para lá com seu terminal portátil multifunções: serve como pequeno computador de mão, câmera fotográfica e, claro, televisão. Não pode perder os últimos videoclipes. E por falar nisso... aiii! Está passando um videoclipe imperdível! Tem de gravar... esse vai ficar na história! Rapidamente, Cris aciona um comando, que é transmitido via rede celular, e o terminal de acesso de sua casa começa a gravar o programa. Ufa![17]

Regina Mota observa, porém, que essa multifuncionalidade já vem sendo desenvolvida pelo laboratório STRL da emissora pública japonesa NHK. O que mostra que, em matéria de tecnologia digital, quando o futuro tarda, já está chegando... E já estamos vivendo muitas dessas profecias que revolucionam e otimizam a Comunicação humana. André Barbosa Filho, Cosette Castro e Takashi Tome organizaram o livro *Mídias digitais* (São Paulo: Paulinas, 2005), contando com mais de 10 colaboradores, sem se encontrarem presencialmente uma única vez: realizaram reuniões virtuais diárias.

Henry Jenkins considera a atualidade como uma "cultura da convergência", de preferência a "cultura digital". A seu ver, os velhos meios de comunicação não

---

[15] SIQUEIRA, Ethevaldo. *2015: como viveremos*. São Paulo: Saraiva, 2005, p. 7.
[16] Ibidem, p. 194.
[17] Uma nova onda no ar. In: BARBOSA FILHO, André; CASTRO, Cosette; TAKASHI, Tome (Orgs.). *Mídias digitais*. São Paulo: Paulinas, 2005. p. 54.

estão ultrapassados e não vão morrer. Isso porque, na esteira de Lisa Gitelman, ele estabelece uma diferença entre o "conteúdo" da mídia e seu "meio" propagador:

> [...] uma vez que o meio se estabelece, ao satisfazer alguma demanda humana essencial, ele continua a funcionar dentro de um sistema maior de opções de comunicação. Desde que o som gravado se tornou uma possibilidade, continuamos a desenvolver novos e aprimorados meios de gravação e reprodução do som.[18]

Assim, por exemplo, o sistema analógico vai sendo substituído pelo digital, o vinil já cedeu lugar ao CD e este já está cedendo a outros sistemas. Mas, embora mudem e sejam otimizados os meios, o conteúdo continua o mesmo: som gravado e reproduzido.

As mídias tradicionais, por sua vez, revestidas de roupagens novas, estão passando por um processo de convergência recíproca e com outras mídias de ponta. Assim, mídias tradicionais e outras mídias estão convivendo num mesmo "lugar", forçando-nos à adaptação e à renovação.

Jenkins conta que queria um celular para fazer ligações telefônicas. Entre divertido e alerta para os "sinais dos tempos", relata:

> Não queria câmera de vídeo, câmera fotográfica acesso à internet, MP3 player ou games. Também não estava interessado em nenhum recurso que pudesse exibir trailers de filmes, que tivesse toques personalizáveis ou que me permitisse ler romances. Não queria o equivalente eletrônico do canivete suíço. Quando o telefone tocar, não quero ter de descobrir qual botão apertar. Só queria um telefone. Os vendedores me olharam com escárnio; riram de mim pelas costas. Fui informado, loja após loja, de que não fazem mais celulares de função única. Ninguém os quer (2009, p. 31).

Tudo isso mostra, com certa contundência, que, hoje, para comunicar-se, é urgente adentrar e percorrer o novo mundo da informática.

3. Internet

Internet é um substantivo feminino, nascido no século XX, para designar algo dificilmente designável: uma rede de computadores dispersos pelo mundo inteiro,

---

[18] JENKINS, Henry. *Cultura da convergência.* Trad. Susana Alexandria. São Paulo: Aleph, 2009. p. 41.

os quais trocam dados e mensagens via satélite, utilizando um protocolo comum – isto é, um código ou linguagem para se comunicarem entre si. Une usuários particulares, entidades de pesquisa, órgãos culturais, institutos militares, bibliotecas e empresas de todo tipo. Etimologicamente é a redução do inglês *internet work*, "ligação entre redes".[19]

A *internet* é a nova mídia de massa, pois certamente é utilizada por uma percentagem da população superior àquela necessária para assim definir uma mídia: 10% a 20%, segundo a referência de Ismael Rocha Júnior e Luiz Fernando Dabul Garcia, revisores e atualizadores do livro *Propaganda: teoria, técnica e prática*, escrito por Armando Sant'Anna (8. ed. rev. e atual., S. Paulo: Cengage Learning, 2009).

Além do indicador numérico, acresce que o público-alvo da *internet* é a sociedade de massa. A massa é um corte transversal através dos estratos sociais; é um conglomerado novo formado por gente de todos os *status*; paira sobre os limites geográficos; não se baseia na personalidade de seus membros; quer alcançar seus objetivos sempre pelo caminho mais rápido e eficiente. Mauro Wolf elenca suas características:

> A massa é constituída por um agregado homogêneo de indivíduos que – enquanto seus membros – são substancialmente iguais, não distinguíveis, mesmo se provêm de ambientes diversos, heterogêneos e de todos os grupos sociais.
> A massa também é composta por pessoas que não se conhecem, que estão espacialmente separadas umas das outras, com poucas possibilidades de interagir. Por fim, a massa não dispõe de tradições, regras de comportamento, liderança e estrutura organizacional.[20]

Quer dizer: sendo uma mídia de massa, a *internet* atende a indivíduos e organizações diferentes entre si, os quais, quando se investem de "usuários", igualam-se num conglomerado novo, que demanda rapidez e eficiência.

É, a uma só vez e ao mesmo tempo, um mecanismo de disseminação da informação, de divulgação mundial e de colaboração e interação entre indivíduos e seus computadores, sejam quais forem suas localizações geográficas: o que distingue a *internet* das *mass* mídias tradicionais é a interatividade.

A geração *net*, composta sobretudo de jovens, não quer ser apenas receptor passivo, quer interação.

---

[19] Cf. <http://pt.wiktionary.org/wiki/Internet>. Acesso em: 2 ago. 2010.
[20] WOLF, Mauro. *Teorias das comunicações de massa*. Trad. Karina Jannini. 3. ed. São Paulo: Martins Fontes, 2008, p. 7.

Essa geração de jovens e adolescentes, incluindo crianças em tenra idade, cria comunidades virtuais, desenvolvem softwares, fazem amigos virtuais, vivem novos relacionamentos, simulam novas experiências e identidades, encurtam as distâncias e os limites do tempo e do espaço e inventam novos sons, imagens e textos eletrônicos.[21]

A *internet* preencheu, assim, uma lacuna no processo comunicacional das mídias tradicionais: eliminou a passividade obrigatória do receptor, permitindo-lhe ser, ao mesmo tempo, emissor.

4.
PESQUISA NA *INTERNET*

A *internet* tem vários ambientes. O ambiente de pesquisa é chamado *web*, ou WWW, abreviatura de *world wide web*, que significa teia mundial. Segundo os criadores da AISA (Aprenda Internet Sozinho Agora), "o conceito de *web* ou teia representa exatamente o que a *internet* é: uma grande teia de cabos e comunicações via satélite ligando servidores e microcomputadores de todo o mundo entre si", por meio de um padrão de comunicação que lhe é próprio.[22]

Para pesquisar, é preciso conectar a *internet* e dar uma ordem a um "buscador", que rastreia o banco virtual de dados da web e apresenta imediatamente tudo quanto até o momento está informatizado sobre o assunto. Estamos falando do *Google*.

Existem outras ferramentas de busca, mas o *Google* é hoje a mais usada no mundo. Isto é, quando queremos obter alguma informação na internet, acessamos o *Google* e lhe encomendamos a pesquisa. O *Google* funciona como um tipo de índice de uma vastíssima e enciclopédica biblioteca virtual.

O *Google* foi criado a partir de um projeto de doutorado dos então estudantes Larry Page e Sergey Brin, da Universidade de Stanford, em 1996. Os chamados "garotos do *Google*", frustrados com os buscadores da época, empreenderam construir um *software* de busca mais avançado, rápido, simples e com maior qualidade de ligações.

O nome g*oogle* deriva da expressão *googol*, que representa o número 1 seguido de 100 zeros, para demonstrar assim a imensidão da teia virtual da *internet*. A

---

[21] BARBOSA FILHO, André; CASTRO, Cosette; TAKASHI, Tome (Orgs.). *Mídias digitais*. São Paulo: Paulinas, 2005. p. 247.
[22] Disponível em: <http://www.aisa.com.br/basico.htlm>. Acesso em: 19 jul. 2010.

palavra foi cunhada pelo garoto Milton Sirotta, sobrinho do grande matemático Edward Kasner, que a popularizou no livro *Matemática e imaginação* (Rio de Janeiro: Zahar Editores, 1968). Posteriormente alguém digitou errado a palavra, que se transformou em *google* – e assim se cristalizou e se popularizou.[23]

A palavra *googol* surgiu de um fato curioso. O matemático Edward Kasner questionou seu sobrinho de 8 anos sobre como ele descreveria um número grande, o maior número que ele imaginasse. O pequeno Milton Sirotta repondeu com um som que Kasner traduziu por "*googol*".

O *Google* é o mais vasto índex de *sites*[24] do mundo; no verão de 2008, catalogou o trilionésimo. A empresa *Google*[25] possui a mais poderosa e mais extensa rede de computadores, com o mais extenso banco de dados. Se imprimíssemos o índice do *Google*, ele teria 112.000 m de altura! Todo o mundo usa o *Google*, porque as pessoas gostam dos resultados. Mas seus criadores acham que ele está ainda na fase inicial e que a ferramenta de busca do futuro será uma espécie de superinteligência, uma bibliotecária que sabe tudo e sabe como encontrar.

Como pesquisar utilizando o *Google*?

Simplificando: o pesquisador digita uma palavra ou uma série de palavras. O *Google* conecta o pesquisador a essas palavras em um banco de dados criado por ele. A busca supõe três elementos: um rastejador (*crawl*), que transmite o pedido para milhares de páginas da internet, procurando as palavras digitadas pelo pesquisador; o *índex*, que é um gigantesco banco de dados, em que as palavras são armazenadas e encontradas; o *runtime system* ou *query processor* (processador de pedidos), que entrega o resultado da busca ao pesquisador. Assim, o trabalho do *Google*, como o de qualquer outra ferramenta de busca, é similar ao de um humilde bibliotecário... [26]

Com os resultados da busca na tela, o pesquisador escolhe o(s) *site*(s) que julgar mais conveniente(s), clica e acessa.

Mas a pesquisa pode ser infinitamente enriquecida pela interatividade do internauta com a *internet*.

---

[23] Cf. LOWE, Janet. *Google*. Trad. Márcia Paterman Brookey. Rio de Janeiro: Elsevier, 2009, p. 47-48.
[24] *Site*, ou *website*, "é um lugar no ambiente Web da *Internet* que é ocupado com informações (texto, fotos, animações gráficas, sons e até vídeos) de uma empresa ou de uma pessoa" (AISA). Um *site* particular constitui um *blog*.
[25] Está localizada em Mountain View, na Califórnia. O local é conhecido como Googleplex. Há uma filial no Brasil com operações nas cidades de São Paulo e Belo Horizonte.
[26] Cf. LOWE, Janet. *Google*. Trad. Márcia Paterman Brookey. Rio de Janeiro: Elsevier, 2009, p. 39-45.

5.
INTERATIVIDADE

Um texto fornecido por um *site* da *internet* é diferente do texto de um livro, jornal ou revista. É um hipertexto, cheio de palavras em destaque.

A diferença entre o texto *on-line* e o tradicional é a não linearidade. Ao passo que o texto tradicional forma uma sequência lógica e só se presta à leitura sequencial, o hipertexto "dialoga" com o internauta: está salpicado de palavras em destaque que, clicadas com o *mouse*, remetem a outros textos, imagens gráficas, até sonorizações, que enriquecem e irradiam a pesquisa. Essas palavras são os *links*, ou *hiperlinks*, que constituem os elos semânticos entre o texto-base e outros hipertextos.[27]

Dessa forma, quem define o rumo da leitura não é o texto-base, mas o leitor. Este não precisará obrigatoriamente fazer uma leitura linear, mas pode e deve interagir com o texto:

> É difícil vermos a expressão "não linearidade da informação" ser utilizada por aí, mas o termo interatividade é bastante comum [...] Para fazer uma leitura não linear, fora de uma ordem estabelecida, o receptor da mensagem precisa ordená-la da forma que achar mais conveniente. Para ordená-la, é preciso interagir com ela. O link é apenas uma possibilidade de interação com a informação, a mais comum quando abordamos a rede. Mas atente: se a informação pode ser ordenada como o receptor quiser, bastando haver ligações semânticas, podem existir inúmeras possibilidades para que isso ocorra[28]

Por exemplo, um estudante do ensino médio quer fazer uma pesquisa sobre a Guerra da Vendeia. Conecta-se com a *internet* e encomenda o tema ao *Google*. Obterá algumas possibilidades. Suponhamos que escolha a seguinte:

Vendéia: revolução contra revolução
Está no *site*:
http://historia.abril.com.br/guerra/vendeia-revolucao-revolucao-434168.shtml

---

[27] O que são *links*? Os *links* são pontos de conexão entre diferentes partes de texto de um mesmo *website* ou entre diferentes *websites*. (AISA)
[28] SANT'ANNA, Armando; ROCHA JÚNIOR, Ismael; GARCIA, Luiz Fernando Dabul. *Propaganda:* teoria, técnica e prática. 8. ed. rev. e atual. S. Paulo: Cengage Learning, 2009. p. 264.

E começa a ler:

"Numa província no interior da França, camponeses, monarquistas e religiosos, tentaram deter a revolução republicana. Mais de 250 mil deles acabaram mortos, num dos maiores massacres da história contemporânea.

Nos primeiros meses de 1793, quatro anos após o início da Revolução Francesa, a região da Vendéia, no oeste do país, encontrava-se em estado de alerta. Por todos os lados, circulava a notícia de que o governo da República (estabelecida após a queda da monarquia, em 1792) acabava de ordenar o recrutamento de 300 mil homens. Em cada cidade e aldeia, os combatentes seriam sorteados entre os solteiros de 16 a 40 anos – e os recrutadores teriam a ajuda da Guarda Nacional para garantir que suas ordens fossem cumpridas. O motivo para essas medidas era bem claro: a França estava sendo atacada por uma poderosa coalizão de países europeus, que pretendiam, entre outras coisas, derrubar a República e restabelecer a monarquia no país. Essas razões, no entanto, pouco importavam para os artesãos e camponeses da Vendéia. Gente simples, trabalhadora e profundamente religiosa, os vendeanos sabiam que quem partisse para aquela guerra tinha pouquíssimas chances de voltar com vida. Murmúrios de descontentamento espalharam-se como um incêndio, tomando conta dos bosques, fazendas e vilarejos da província. Em 10 de março de 1793, dia marcado para o recrutamento, a insatisfação se transformou em violência. Armados de foices, facas e porretes, 3 mil camponeses reuniram-se ao toque dos sinos, invadiram as vilas de Machecoul e Saint-Florent-le-Viel e massacraram centenas de soldados republicanos. Em menos de uma semana a insurreição se espalhou por quase toda a província e várias regiões vizinhas, como Maine-et-Loire e Deux-Sèvres. Agora, não havia como voltar atrás: a Vendéia tornara-se o inimigo número um dos partidários da Revolução. O que começara como um levante de camponeses descontentes em breve se transformaria na mais sangrenta guerra civil que a França já vira."

Durante a leitura, topou com palavras em azul e sublinhadas: <u>Revolução Francesa</u>, <u>monarquia</u>, <u>França</u>. São os *links*. Se quiser abrir em leque sua pesquisa, clica nestas palavras – e o Google continua sua tarefa. Por exemplo, clicando em <u>Revolução Francesa</u>, acessará *sites* que lhe permitirão adquirir ou ampliar as informações de que precisa. Aleatoriamente, escolhe o texto abaixo, no *site* http://historia.abril.com.br/politica/ecos-revolucao-francesa-434482.shtm:

"Ecos da revolução francesa

Ao eliminar os últimos resquícios do absolutismo e do sistema feudal na Europa, a revolução francesa mudou os rumos da história

(por Juliana Tavares)

A economia francesa era uma das mais fortes no fim do século 18. No comércio exterior, a França movimentava cifras equivalentes a 1 bilhão de libras, ficando atrás apenas da Inglaterra e da Espanha. Internamente, contudo, o país sofria de graves problemas. Para começar, os 97% da população que formavam o Terceiro Estado (camponeses, pequenos proprietários de terras, servos, artesãos e burguesia) arcavam com toda a carga tributária que sustentava o Primeiro Estado (clero) e o Segundo Estado (nobreza). Para complicar, o comércio e a indústria levaram à estagnação dos negócios: empresas fecharam, aumentando o desemprego. Clima de ebulição social.

Havia ainda a crescente disseminação dos ideais iluministas. Isso exigia, entre outras coisas, a divisão do poder em três esferas independentes e autônomas (Executivo, Legislativo e Judiciário). O cenário não poderia ser mais propício ao surgimento de insurreições populares. O rei Luís XVI, na tentativa de controlar a insatisfação dos súditos, decidiu convocar os Estados Gerais - uma assembléia de cidadãos que não se reunia desde 1614. 'Para o monarca, isso definiria os meios necessários para superar a crise financeira do país', explica Modesto Florenzano, professor do departamento de história moderna da Universidade de São Paulo. Apesar do entusiasmo, a convocação foi um desastre. 'A falta de acordo entre a maioria burguesa e a nobreza levou os líderes do Terceiro Estado a proclamar a Assembléia Nacional, que então aboliu os privilégios da aristocracia e do clero franceses', conta Florenzano. Inconformado, o rei interditou a sala e anulou todas as decisões. Parecia o fim da linha para os reformistas, não fosse a veemência do deputado Honoré Gabriel Victor Riqueti, o conde de Mirabeau, que apelou à guarda real: 'Ide dizer aos que vos enviaram que só sairemos daqui por força das baionetas!' O resultado foi a substituição da Assembléia Nacional pela Assembléia Constituinte. O poder político passava agora das mãos do rei para os representantes do povo. Começava a revolução".

Se quiser abrir ainda mais o leque, poderá clicar nos novos *links* (clero, nobreza, etc.) – e assim sucessivamente. Ou poderá voltar aos outros *links* do texto-base, se preferir. De qualquer forma, não está recebendo a informação de forma passiva, como nos textos tradicionais, mas está interagindo com ela.

Nesse aspecto, a *internet* é um similar da mente humana.

Ambrósio de Milão destaca o poder de ubiquidade e multitemporalidade da alma, que contrasta com a imobilidade do corpo (assim como a *internet* está para o *hardware* dos computadores):

> [...] nosso corpo fica sempre no mesmo lugar, é limitado por um espaço estreito; [...] a nossa alma [...] é livre [...] vagueia por aqui e ali, por diversas cogitações e decisões e [...] pensando tudo vê. Eis que agora estamos na Itália e nosso pensamento parece voltado para as regiões orientais ou ocidentais; parece que estamos convivendo com os que estão estabelecidos na Pérsia e vemos os que vivem na África; se esta terra receber alguns dos nossos conhecidos, continuamos a caminho, juntamo-nos aos peregrinos,

unimo-nos aos ausentes, falamos com os distantes, ressuscitamos até os defuntos para conversar e os abraçamos e apertamos como se estivessem vivos, deferindo-lhes o uso e os deveres da vida.[29]

Por que acontecem essas conexões cognitivas? Para António R. Damásio, o conhecimento adquirido chega à mente por meio de imagens, isto é, de representações neurais impressas no córtex cerebral; essas imagens são perceptivas, ou instantâneas, e evocadas, provindas do passado ou de planos para o futuro. A memória armazena todas e, quando convocada, relaciona umas e outras, num trabalho de reconstrução.[30]

Assim sendo, quando pensamos, estabelecemos pontos de contato entre as ideias – e é exatamente nesses pontos de contato que transitamos de um pensamento para outro. Por exemplo: olhar o calendário e verificar que é dia 10 faz lembrar o dia do pagamento; este, por sua vez, remete às contas, que remetem à inadimplência, que remete ao arrocho; este incita à criatividade para engendrar nova fonte de renda, que exige procurar amigos e telefonar para eles... e assim por diante.

Os pensamentos têm como correspondentes na *internet* os *websites* e seus pontos de conexão são os *links*. Clicando nos *links* pode-se navegar indefinidamente por "lugares" inumeráveis, para enriquecer pesquisas, ou simplesmente para degustar, em certa medida, o enciclopedismo do saber.

6.
NIHIL NOVI SUB SOLEM

Nada de novo debaixo do sol. Nos livros não ficcionais, os índices remissivos são, em certa medida, predecessores da leitura não linear ou interativa. Por exemplo: tenho em mãos o livro *Comunicação empresarial*, de Carolina Tomasi e João Bosco Medeiros (3. ed., São Paulo: Editora Atlas, 2010). Mas não quero no momento lê-lo na íntegra. Vou ao índice remissivo e procuro o assunto que me interessa, "intertextualidade", que está tratado nas páginas 244 e 419. Acesso essas páginas e, interativamente, obtenho as informações de que necessito: a intertextualidade estuda a dependência de um texto a um ou mais textos; é um fator

---

[29] AMBRÓSIO, Santo. *Examerão*. Trad. Célia Mariana Franchi Fernandes da Silva. São Paulo: Paulus, 2009 [Col. "Patrística", v. 26]. 8,44, p. 254-255.
[30] Cf. DAMÁSIO, António R. *O erro de Descartes*. Trad. Dora Vicente e Georgina Segurado. São Paulo: Companhia das Letras, 1996.

importante no estudo da coerência textual. Com relação à intertextualidade entre discursos – e não propriamente textos – o que se dá é que um discurso pode aceitar outro discurso de forma explícita ou implícita, rejeitá-lo ou ironizá-lo.

Mas há alguns livros que, antes da *internet,* foram propositalmente concebidos como autonavegáveis. É o caso, por exemplo, da *Bíblia de Jerusalém (BJ)* e do novo *Catecismo da Igreja Católica (CIC).*

Na *BJ* há citações laterais remissivas que esclarecem o assunto tratado no corpo do texto. Por exemplo, o leitor está em Mt 19,13-15:

> Naquele momento, foram-lhe trazidas crianças para que lhes impusesse as mãos e fizesse uma oração. Os discípulos, porém, as repreendiam. Jesus, todavia, disse: "Deixai as crianças e não as impeçais de virem a mim, pois delas é o Reino dos Céus". Em seguida impôs-lhes as mãos e partiu dali.

Na margem esquerda, encontra as seguintes citações: Mc 12, 13-16; Lc 18, 15-17; Lc 9, 47; I Tm 4, 14; Mt 18, 3-4; I Pd 2, 1-2. Perseguindo-as, encontrará intertextualidades que enriqueçam e esclarecem sua pesquisa. Por exemplo, se procurar I Pd 2, 1-2, lerá:

> Portanto, rejeitando toda maldade, toda mentira, todas as formas de hipocrisia e de inveja e toda maledicência, desejai, como crianças recém-nascidas, o leite não adulterado da palavra, a fim de que por ele cresçais para a salvação, já que provastes que o Senhor é bondoso.

Entenderá, pois, que o Reino dos Céus é daqueles que se fazem crianças, rejeitando toda maldade e cumprindo com simplicidade a Palavra de Deus. Essa citação, por sua vez, leva a outras: Tg 1, 21; 1 Cor 3, 2; Sl 34, 9; essas últimas levam a outras tantas – e assim por diante. O leque se abre, enriquecendo sempre mais a pesquisa e permitindo interatividade.

Algo semelhante ocorre com o *CIC:* o leitor vai ao índice temático e procura "profecia". Encontrará as seguintes indicações: nºs. 156, 585, 601, 711, 1964, 2004. Cada uma dessas tem na lateral outras tantas indicações que ensejam a "navegação". Por exemplo, no nº. 1964 encontrará:

> A lei antiga é uma preparação para o Evangelho. "A lei é profecia e pedagogia das realidades futuras" (S. Irineu, haer. 4,15,1). Profetiza e pressagia a obra da libertação do pecado que se realizará com Cristo, e fornece ao Novo Testamento as imagens, os "tipos", os símbolos, para exprimir a vida segundo o Espírito.

À margem desse texto encontrará ensejo à navegação, o nº 122, onde está: "Com efeito, a Economia do Antigo Testamento estava ordenada principalmente para preparar a vinda de Cristo, redentor de todos". Esse nº 122, por sua vez, na lateral, remete a 702 e 763. E assim por diante.

Se não temos aí uma *internet*, temos uma *intranet* de resultados surpreendentes.

7. Jogos eletrônicos

Constituem um ambiente muito visitado da *internet*. Envolvem o internauta num mundo virtual, isto é, numa realidade que existe apenas em potência, simulada por meios eletrônicos.

A realidade virtual criada matemática e eletronicamente no computador nos possibilita transitar do cotidiano concreto, rotineiro e previsível, para um ambiente ideal, em que podemos exercitar a criatividade. Para Ismael Rocha Júnior e Luiz Fernando Dabul Garcia, a realidade virtual pode ser entendida como um ambiente artificialmente criado, provido de física, química, geografia e história próprias. Nele "Você pode capotar o carro e explodir, destruir um exército sozinho, enfrentar seres mitológicos, morrer e nascer – ter inúmeras experiências dentro desse ambiente criado matematicamente".[31]

O *Counter-Strike* (também abreviado por **CS**), por exemplo, é um jogo de tiro em primeira pessoa, baseado em rodadas, no qual grupos de contraterroristas e terroristas combatem-se até a vitória.

Já o *Need for speed* combina a adrenalina das corridas de rua com perseguições policiais; o jogador, sentado atrás do volante, tem de driblar seus adversários e a polícia.

O mundo dos *games* permite experimentar a sensação de estar realmente na realidade alternativa. Chega-se a não se lembrar de que foi preciso usar o *mouse*, o teclado, o monitor para ter acesso àquelas cenas e fatos. Devido a esse alto poder de interatividade e imersão, os jogos eletrônicos constituem uma ferramenta eficiente para a comunicação e para a propaganda, sobretudo para o *marketing* das empresas. Instrumentalizados pela propaganda, constituem os *advergames*.

---

[31] SANT'ANNA, Armando; ROCHA JÚNIOR, Ismael; GARCIA, Fernando Dabul. *Propaganda:* teoria, técnica e prática. 8. ed. rev. e atual. S. Paulo: Cengage Learning, 2009. p. 289.

Advergame (fusão das palavras inglesas *advertise* = propaganda e videogame = jogo eletrônico, ou simplesmente *game* = jogo) é um jogo eletrônico aproveitado para promover itens ou marcas de consumo.

Para Lee Ann Obringer existem três grupos de *advergames*:

> Primeiro, os jogos podem ser colocados em um *site* da empresa (ou mesmo em um *site* de jogos especial que seja de propriedade da empresa ou patrocinado pela empresa) para atrair visitantes da web e atraí-los a permanecer no *site* por mais tempo. Quanto mais tempo um visitante permanece no *site*, mais tempo a mensagem da empresa fica à sua frente. Os jogos podem ou não ser relacionados ao produto.
> O segundo tipo é mais próximo do videogame tradicional, comercial, desenvolvido e vendido para ser jogado em computadores ou consoles de jogo, mas a diferença primária é que os jogos são desenvolvidos com um propósito específico em mente. Por exemplo, o Exército dos EUA patrocinou um jogo extremamente bem sucedido chamado "America's Army" num esforço para aumentar o recrutamento.
> O terceiro grupo de *advergame* é o que geralmente chamamos de posicionamento de produto, ou publicidade dentro do jogo, no qual o produto ou um anúncio para o produto faz parte do jogo. Por exemplo, você pode ver um Ford Mustang cruzando as ruas de um jogo virtual.[32]

Os jogos eletrônicos são atrativos por serem virtuais e... por serem jogos!

Estabelecer contato com a realidade virtual é uma preocupação antiga. Em todas as épocas e culturas o homem sempre quis alcançar o "sobrenatural", sempre se defrontou com as penetrações do imaterial e do invisível no mundo sensível em que vive.

As mais remotas irrupções do sobrenatural encontram-se nas narrativas míticas das culturas arcaicas, as quais, segundo Mircea Eliade, não devem ser consideradas como histórias "falsas", mas "verdadeiras":

> O mito conta uma história sagrada; ele relata um acontecimento ocorrido no tempo primordial, o tempo fabuloso do "princípio". Em outros termos, o mito narra como, graças às façanhas dos Entes Sobrenaturais, uma realidade passou a existir, seja uma realidade total, o Cosmo, ou apenas um fragmento [...] O mito fala apenas do que <u>realmente</u> ocorreu [...] Os personagens dos mitos são os Entes Sobrenaturais [...] Em suma, os mitos descrevem as diversas, e algumas vezes dramáticas, irrupções do sagrado (ou

---

[32] Disponível em: <http://empresasefinancas.hsw.uol.com.br/advergame1.htm>. Acesso em: 1º set. 2010.

do "sobrenatural") no Mundo. É essa irrupção do sagrado que realmente fundamenta o Mundo e o converte no que é hoje.[33]

Quer dizer: anterior ao mundo natural, visível, já existia o sobrenatural, invisível, como uma espécie de modelo.

O *logos*[34] grego desmitificou o mito – mas a realidade invisível, ideal, continua presente e interativa com a visível, como no mundo das ideias platônico:

> As idéias não são [...], no sentido platônico, representações intelectuais, formas abstratas do pensamento, são realidades objetivas, modelos e arquétipos eternos de que as coisas visíveis são cópias imperfeitas e fugazes. Assim a idéia de homem é o homem abstrato perfeito e universal de que os indivíduos humanos são imitações transitórias e defeituosas.[35]

Em certa medida, a realidade virtual criada no computador nos possibilita transitar do real para o ideal.

Além disso, o fascínio dos *games* reside no próprio fato de serem *games*. Seu poder de interatividade e imersão está relacionado com o caráter lúdico que integra a personalidade de todo homem. As atividades humanas, incluindo filosofia, guerra, arte, leis e linguagem, podem ser vistas como o resultado de um jogo. Por outro lado, o jogo coloca essas mesmas atividades num plano mais alto: enquanto o jogo dura, as regras que regem a realidade cotidiana ficam suspensas.

Para Huizinga, associado ao *homo faber* e ao *homo sapiens*, está o *homo ludens*.

Em seu livro *Homo ludens*: o jogo como elemento da cultura, Huizinga reconhece o jogo como algo inato ao homem, considerando-o uma categoria absolutamente primária da vida, anterior à própria cultura. Para ele

> O jogo é uma atividade ou ocupação voluntária, exercida dentro de certos e determinados limites de tempo e de espaço, segundo regras livremente consentidas, mas absolutamente obrigatórias, dotado de um fim em si mesmo, acompanhado de um sentimento de tensão e de alegria e de uma consciência de ser diferente da vida cotidiana.[36]

---

[33] ELIADE, Mircea. *Mito e realidade*. Trad. Pola Civelli. São Paulo: Perspectiva, 1972 [Coleção Debates]. p. 11.
[34] *Lógos:* palavra, verbo, ideia, pensamento.
[35] FRANCA, Leonel. *Noções de história da filosofia*. 15 ed. Rio de Janeiro: Agir, 1957. p. 50.
[36] Disponível em: <http://pt.wikipedia.org/wiki/Homo_Ludens>. Acesso em: 1º de set. 2010.

O jogo compreende elementos antitéticos e agonísticos, que satisfazem ao gosto de superar obstáculos e vencer desafios. As competições, de certa forma, pertencem ao domínio da arte, do mítico e do sagrado; daí seu poder de envolvimento.

8.
REDES SOCIAIS NA *INTERNET*

Redes sociais são um meio de conectar pessoas na *internet*. Segundo Raquel Recuero, que cita Garton et al., "quando uma rede de computadores conecta uma rede de pessoas e organizações, é uma rede social."[37] É o que fazem *sites* de relacionamento, como *orkut, fotolog, flicker, facebook, myspace, twitter*, etc.

A interação social no ciberespaço pode ser assíncrona ou síncrona. A interação assíncrona acontece quando não há simultaneidade entre os atores: o emissor envia a mensagem e o receptor, no momento não conectado à *internet*, vai responder a ela posteriormente. É o caso, por exemplo, dos *e-mails*.[38]

O *e-mail*, também conhecido por correio eletrônico, é o envio e recepção de mensagens eletrônicas por meio de um programa apropriado. É o equivalente eletrônico do correio clássico, com as vantagens de ser mais rápido (instantâneo), não depender de distâncias, propiciar o envio anexo de arquivos de texto ou figuras e permitir a postagem fácil de mensagens de um utilizador para muitos e de muitos para um.

Convém ressaltar que o endereço eletrônico no *e-mail* deve ser digitado com muito cuidado e precisão, sob pena de extravio da mensagem – o que às vezes pode ocasionar incidentes desagradáveis. Em 18 de setembro de 2010, o jornal *Notícias*, publicado semanalmente na estância climática de Caconde, SP, relatou a seguinte (pseudo)ocorrência, que seria cômica se não fosse trágica:

> Mulher desmaia ao acessar *e-mail*
> Quando o homem chegou e foi para seu quarto no hotel, viu que havia um computador com acesso à *internet*, então decidiu enviar um *e-mail* a sua mulher, mas errou uma letra, sem se dar conta, e o enviou a outro endereço (outra pessoa)... O *e-mail* foi recebido por uma viúva que acabara de chegar do enterro de seu marido e que, ao conferir seus *e-mails*, desmaiou instantaneamente. O filho, ao entrar em casa, encontrou sua mãe desmaiada, perto do computador, em cuja tela se podia ler: "Querida esposa: cheguei

---

[37] RECUERO, Raquel. *Redes sociais na internet*. Porto Alegre: Sulina, 2009 [Col. Cibercultura]. p. 1.
[38] Ibidem, p. 32.

bem. Provavelmente se surpreenda em receber notícias minhas por *e-mail*, mas agora tem computador aqui e podem-se enviar mensagens às pessoas queridas. Acabo de chegar e já me certifiquei de que já está tudo preparado para quando você chegar na sexta que vem. Tenho muita vontade de te ver e espero que sua viagem seja tão tranquila como está sendo a minha.
PS: Não traga muita roupa, porque aqui faz um calor infernal".

A interação síncrona dá-se em tempo real, quando os atores envolvidos estão ambos *on-line*, no mesmo momento; é o caso das conversas no sistema de mensagens, o *MSN* ou *Messenger*.

O *Messenger* é o comunicador instantâneo da *Microsoft*. Fora do Brasil, disputa com *ICQ* e *GTALK*, mas aqui reina absoluto. Seus usuários são na maioria adolescentes e jovens, independentemente de sexo ou classe social. Somam 27,4 milhões no Brasil, segundo a revista *Época* de 31 de maio de 2010 (p. 85). Nasceu em 22 de julho de 1999, anunciando-se como um serviço que permitia falar com uma pessoa por meio de conversas instantâneas pela *internet*. O programa permite que os usuários se relacionem em tempo real, podendo haver uma lista de amigos "virtuais" e acompanhar quando eles entram e saem da rede. Foi fundido com o *Windows Messenger* e originou o *Windows Live Messenger*.

Os *sites* de redes sociais proporcionam interações assíncronas. Exigem perfis de usuário: de que gosta, de que não gosta, interesses, *hobbies*, grau de escolaridade, profissão, etc. Tais perfis são essenciais para o estabelecimento das relações *on-line*, porque propiciam a percepção do outro, sem a qual é impossível estabelecer laços. No ciberespaço, na ausência de outros sinais identificadores (gestos, sorrisos, expressões fisionômicas, etc.), que normalmente permeiam a comunicação face a face, "as pessoas são julgadas e percebidas por suas palavras."[39]

Como os interlocutores se identificam apenas por palavras (ou eventualmente por fotos), as redes se caracterizam pela abertura e porosidade: possibilitam relacionamentos horizontais e não hierárquicos. Além disso, não constituem estruturas fechadas, admitem ingressos e saídas à vontade; fazem-se e desfazem-se com a mesma rapidez. Por isso, as relações virtuais às vezes têm pouca profundidade e duração, "pois não envolvem o 'eu' físico do ator", e podem não primar pela sinceridade, uma vez que "barreiras como sexualidade, cor, limitações físicas e outras não são imediatamente dadas a conhecer, proporcionando uma maior liberdade aos atores envolvidos, que podem reconstruir-se no ciberespaço".[40]

Por outro lado, algumas vezes as relações *on-line* transformam-se em laços, isto é, em ligações efetivas, em "formas mais institucionalizadas de conexão entre

---
[39] RECUERO, Raquel. *Redes sociais na internet*. Porto Alegre: Sulina, 2009 [Col. Cibercultura]. p. 27.
[40] Ibidem, p. 37.

atores, constituídas no tempo e através da interação social".[41] Veja o depoimento abaixo sobre uma pessoa que conheceu seu marido numa rede social:

> A respeito da internet: não é todo mundo que mente; e ela continua sendo uma ótima maneira de conhecer alguém. Apesar do preconceito com sites de relacionamento ainda ser muito grande, cada vez mais surgem histórias de casais que se conheceram pela internet. Eu conheci meu marido em um site de relacionamento em 2002, e nos reencontramos em 2004, e estamos juntos há 4 anos e 7 meses, sendo 2 anos e 7 meses de casados. E graças a internet, conheci um homem maravilhoso; tem seus defeitos [...] mas não deixa de ser maravilhoso.[42]

Hoje uma em cada 7 pessoas frequenta as redes sociais da *internet*. O sucesso das redes deriva da necessidade básica que tem o homem de comunicar-se, aliada às características dos tempos modernos.

Em primeiro lugar, a comunicação falada ou escrita é essencial, porque a palavra transmite amor. Dois exemplos expressivos:

- Os 33 mineiros durante dois meses soterrados, no Chile, só não enlouqueceram porque, seguidamente, junto com alimentação e remédios, trocavam mensagens com o exterior, relacionavam-se pela palavra com seus entes queridos.
- O filme "O escafandro e a borboleta"[43] conta a história real do jornalista francês Jean-Dominique Bauby (1952-1997). Depois de um AVC, ficou totalmente paralisado, com exceção do olho esquerdo; não perdeu, contudo, a consciência; não conseguia articular sons, mas ouvia. Com a ajuda de uma fonoaudióloga criou um código de comunicação, piscando a pálpebra uma vez para significar sim, duas para significar não, diante da apresentação das letras. Com esse artifício formava palavras, frases. Comunicava-se e assim conseguiu viver, enquanto teve forças. Decidiu escrever um livro sobre sua experiência de encarceramento dentro de si mesmo (o escafandro), em contraste com sua liberdade de pensamento (a borboleta). Foi assessorado pela *free-lancer* Claude Mendibil, que lhe apresentava as letras para ele ratificar. O filme é homônimo do livro. Jean Dominique morreu logo

---

[41] Ibidem, p. 38.
[42] Depoimento extraído de uma página da internet. O nome da pessoa não foi citado a fim de manter a sua privacidade.
[43] Título original: LE SCAPHANDRE et le papillon. Lançamento: 2007 (França) (EUA). Direção: Julian Schnabel. Intérpretes: Mathieu Amalric; Emmanuelle Seigner; Marie-Josée Croze; Anne Consigny; Patrick Chesnais.

depois da publicação, mas a possibilidade de comunicar-se permitiu-lhe viver, quando poderia apenas vegetar.

Acontece que a interlocução face a face, nos dias de hoje, está-se tornando menos constante, porque muitos obstáculos dificultam ou inviabilizam os encontros pessoais, a formação de grupos de interesse, a vivência comunitária. Horários de trabalho, dificuldade de locomoção, medo da violência, cansaço, comodismo, cada vez mais retêm as pessoas em casa, promovendo o isolamento social. Mas relacionar-se é vital! Vem daí em boa parte o sucesso das redes na *internet*, que permitem a Comunicação sem deslocamento físico.

Também para Alexandre Mansur e Camila Guimarães, é o potencial afetivo que explica a procura pelas redes *on-line*:

> [...] o que atrai milhares de usuários para essas comunidades é a possibilidade de compartilhar com outras pessoas informações e sentimentos tão íntimos quanto a primeira palavra que seu filho falou, onde e com quem passará o próximo fim de semana ou qual é a sua marca de tênis favorita. Quanto mais aberto e compartilhado, mais esse monte de gostos e preferências aproxima as pessoas. Essa é a natureza poderosa das redes *on-line*.[44]

José Marques de Melo, prefaciando *Mídias digitais*, vê nas redes sociais verdadeiras praças de cultura. O advento dos computadores e a criação matemática do ciberespaço preencheram a lacuna que existe nas mídias tradicionais, em que o receptor permanece passivo: as novas tecnologias permitem a interlocução dos públicos receptores. Para ele,

> [...] as experiências típicas da ágora grega, marcadas pela interação discursiva entre sujeitos em situação de igualdade política, podiam ser replicadas à distância. A "aldeia global" de Marshall McLuhan deixava de ser figura de retórica, materializando-se através da invenção dos microprocessadores [...].[45]

O entendimento das redes como praças de cultura igualmente satisfaz a uma necessidade imanente ao homem, que é, por natureza, um ser gregário. Além disso, a possibilidade de acesso simultâneo a mensagens de muitos sujeitos confere às redes um capital social, que é "trocado" entre os indivíduos e a comunidade, com recíproco enriquecimento. O valor social das redes tem, pois, um aspecto individual e um coletivo; o primeiro "vem dos interesses dos indivíduos em fazer parte

---

[44] Revista *Época*, 31 maio 2010.
[45] BARBOSA FILHO, André et al. (Org.). *Mídias digitais*. São Paulo: Paulinas, 2005. p. 13.

de uma rede social para seu próprio interesse"; o segundo "vem do fato de que o capital social individual reflete-se amplamente na esfera coletiva do grupo".[46]

As escolas e universidades estão aproveitando este capital social das redes. Segundo a edição 159 da *Revista Educação*, "cada vez mais, redes sociais se configuram como espaço em que os jovens se dispõem a ter com os professores a interlocução que está difícil de se consumar apenas em sala de aula".

Até há pouco tempo, o relacionamento entre professores e alunos, ou entre os professores, resumia-se ao período que passavam dentro da escola, sobretudo nas cidades grandes. Hoje, com a popularização da *internet*, é possível manter a interação a distância e incluir as redes sociais na lista de material didático.

A pesquisadora Sônia Bertocchi, gestora da comunidade virtual Minha Terra, alertando para a popularidade das redes, observa que

> Os professores não podem, ou não deveriam, ignorar esses dados nem essas ferramentas. Seria interessante que olhassem para as redes sociais como ambientes virtuais que oferecem muitas formas de interação com diversas pessoas, que estimulam o contato com a diversidade sociocultural, criam condições para se fazer uma rede de amigos e para se manter informado pelo assunto de seu interesse. Um passo seguinte seria os professores se apropriarem dos recursos oferecidos pelas redes sociais, visualizar o que trazem de possibilidades para a aprendizagem de seus alunos, e incorporá-los ao currículo de maneira inovadora.[47]

Isto é, além das trocas sociais entre professores e alunos, existe nas redes a possibilidade de transmitir conteúdo, de corrigir trabalhos, de marcar provas, de estabelecer fóruns e mesas redondas, de divulgar pesquisas, de dar azo à criatividade.

As empresas também estão atentas ao poder de comunicação e consequentemente de *marketing* das redes sociais.

Quanto ao uso particular dos funcionários durante o expediente, as empresas têm uma relação ambivalente com as redes. Algumas permitem sem restrições que as janelas do *Facebook* ou do *YouTube* fiquem minimizadas ou abertas nos computadores, outras limitam o tempo, outras proíbem. Mas, apesar do medo de que o desempenho fique prejudicado, cresce o número de empresas que liberam o acesso às redes. Uma alternativa, como fez o Ibope, é construir redes internas: "A rede

---

[46] RECUERO, Raquel. *Redes sociais na internet*. Porto Alegre: Sulina, 2009 [Col. Cibercultura]. p. 45.
[47] Revista *Educação*, ed. 159. Disponível em: <http://revistaeducacao.uol.com.br/textos.asp?codigo=12929>. Acesso em: 4 set. 2010.

aumenta a sinergia entre as equipes e estimula a cultura de trabalho orientado a projetos", afirma Alexandre Trivellaro, diretor de inovação do Ibope.[48]

Em relação ao potencial de *marketing* das redes, as empresas já se estão movimentando. "Grupos organizados de pessoas que têm pontos em comum, características, gostos e talvez até hábitos semelhantes", observam Ismael Rocha Júnior e Luiz Fernando Dabul Garcia, são muito aparentados com um público-alvo, ou com um recorte de mercado.[49] Assim, as empresas estão descobrindo as redes como uma forma de chegar ao consumidor. "É a nova onda de ação publicitária. Todos os grandes clientes estão interessados nisso", acredita Sérgio Valente, presidente da DM9DDB.[50]

Para Paul A. Argenti, "Monitorar os 'bate-papos' e os blogs pode fazer com que a empresa aprenda algo sobre as necessidades atuais de seu público e planejar ações para atender àquelas que pareçam mais vitais para a reputação da empresa e para seus resultados".[51]

As empresas entram nas redes e fazem pesquisa de opinião sobre seus produtos; conforme os resultados, inserem propaganda, por exemplo, por meio de jogos. Assim, a Estrela lançou o Tuitorama, uma corrida de autorama cujo combustível são as mensagens colocadas no *Twitter*: o brinquedo *on-line* ajudou a promover o autorama tradicional. Como a Estrela, outras empresas estão descobrindo a relação lúdica para chegar ao consumidor.

Outra tática de mercado é usar a opinião dos consumidores para aprimorar produtos. É o caso da Pepsico, que lançou um pacote de 5 quilos de Doritos, atendendo ao pedido de uma comunidade do *Orkut*.[52]

A empresa GOL de linhas aéreas, que também atenta ao poder mercadológico das redes, divulgou a seguinte circular:

> *E se a GOL continua crescendo, as facilidades de quem voa também. Você pode fazer o "chek-in" pelo celular, iPhone, internet ou nos totens de autoatendimento.*

Completou a informação em nota de rodapé:

> *O iPhone é um produto e uma marca registrada da Apple Corp. Confira as regras no site e veja também os aparelhos disponíveis para o check-in via celular e as bases que possuem totens de autoatendimento. Veja as regras de emissão de bilhete Smiles no site: www.smiles.com.br.*

---

[48] Revista *Época*, 31 maio 2010, p. 89.
[49] SANT'ANNA, Armando; ROCHA JÚNIOR, Ismael; GARCIA, Luiz Fernando. Dabul. *Propaganda:* teoria, técnica e prática. 8. ed. rev. e atual. S. Paulo: Cengage Learning, 2009. p. 270.
[50] Revista *Época*, 31 maio 2010, p. 92.
[51] ARGENTI, Paul A. *Comunicação empresarial.* Trad. Adriana Rieche. Rio de Janeiro: Elsevier. p. 157.
[52] Cf. Revista *Época*, 31 maio 2010, p. 92-93.

Facilitar a vida dos usuários é boa tática de mercado. Sobretudo em nossos dias, em que tempo é dinheiro. Poder evitar o dissabor da fila do *check-in* com certeza atrairá clientes.

Não se pode negar que no relacionamento empresa-rede podem ocorrer imprevistos desagradáveis, como a brincadeira com o iogurte Activia, relatada pela revista *Época*:

> Começou com uma frase que associa o Activia ao mote do uísque Johnnie Walker, "Keep walking" (algo como continue andando). "Resolvi todos os meus problemas. Misturei Activia com Johnnie Walker. Estou c... e andando", postou um internauta. Desde então, centenas de combinações diferentes se multiplicaram, associando o efeito do Activia com outras referências. Exemplo: "Misturei Activia com Brasília. Estou c... ficha suja.[53]

Mas, segundo Ricardo Vasquez, diretor de *marketing* da Danone, a empresa encarou o fato com bom humor:

> Activia é uma marca que está cada vez mais inserida na vida das pessoas. Por isso elas brincam com o Activia. E, quanto mais elas brincam, mais inserida estará a marca em suas vidas. É um círculo virtuoso.[54]

O jornal *Folha de São Paulo*, de 22 de agosto de 2010, noticiou que ficar de olho nas redes deixou de ser um passatempo e virou profissão: as empresas buscam profissionais que dominem mídias sociais para divulgar serviços e aproximar-se de clientes, e pagam bem. Para os iniciantes, os salários variam de R$ 1 mil a R$ 3 mil, mas os experientes ganham até R$ 10 mil. Para ser analista de mídias sociais, é preciso ter habilidade na escrita, conhecimento de *marketing* e familiaridade com redes.

Apesar do sucesso em todos os estratos da sociedade, as redes sociais têm sofrido um processo de demonização. São acusadas de substituir com desvantagem o relacionamento face a face; imputam-lhes a culpa pelo "vício" digital, porque mantêm o internauta diante da tela horas a fio, em prejuízo de outras atividades; são responsabilizadas por uma, às vezes perigosa, invasão de privacidade. Correm ainda o perigo da "ciberintimidação", isto é, do "uso de tecnologias digitais para intimidar pessoas, especialmente por meio da publicação de vídeos

---

[53] Revista *Época*, 31 maio 2010, p. 94.
[54] Revista *Época*, 31 maio 2010, p. 94.

humilhantes ou ofensivos ou do uso de vídeos para documentar e enaltecer atos de violência."[55]

Tudo isso acontece. Mas a responsabilidade não é das redes, que em si mesmas não são moralmente boas nem ruins; quem decide sobre a ética de seu uso não são elas, mas os usuários, que devem ter discernimento para desfazer a conexão quando for conveniente – ou os pais, no caso de crianças, adolescentes e jovens. Não faz sentido descartar um instrumento tão útil, em previsão de riscos que podem ser evitados, em última instância, por meio do irrenunciável controle familiar ou social.

9. Quais são as redes?

Finalmente, de que estamos falando? Estamos falando de *Orkut*, *Facebook*, *Twiter*, *Youtube*, etc. Entre outras, porque este campo é muito fértil e está sempre em constante expansão. Raquel Recuero[56] elenca as seguintes redes sociais:

9.1 *Orkut*

O *Orkut* é uma rede social filiada ao *Google*, criada em 24 de janeiro de 2004, para proporcionar o conhecimento de pessoas, estabelecer e manter relacionamentos. Seu nome é o do projetista chefe, Orkut Büyükkokten, engenheiro turco do *Google*. Sua sede está na Califórnia.

O alvo inicial do *orkut* eram os Estados Unidos, mas a maioria dos usuários hoje está no Brasil e na Índia. No Brasil, é a rede social com maior participação, com mais de 26 milhões de usuários em maio de 2010. É frequentado de preferência por adolescentes e jovens, independentemente de sexo ou classe social.[57]

O *orkut* funciona por meio de perfis e comunidades. Ao se cadastrarem, as pessoas criam perfis e indicam quem são seus amigos. Atualmente o cadastro de novos participantes é feito de maneira livre, não sendo necessária a apresentação de outro usuário já cadastrado. Os usuários criam as comunidades, as quais podem agregar grupos que funcionem como fóruns, com tópicos e mensagens.

---

[55] BURGESS, Jean; GREEN, Joshua. *YouTube e a revolução digital*. Trad. Ricardo Giassetti. São Paulo: Aleph, 2009. p. 40.
[56] RECUERO, Raquel. *Redes sociais na internet*. Porto Alegre: Sulina, 2009 [Col. Cibercultura]. p. 166-175.
[57] Cf. Revista *Época*, 31 maio 2010.

9.2 Facebook

Facebook é uma rede social lançada em 4 de fevereiro de 2004. Foi fundado por Mark Zuckerberg, ex-estudante de Harvard. Inicialmente, a adesão ao *Facebook* era restrita aos estudantes da Universidade de Harvard, depois passou a universitários de forma geral. Hoje todos podem unir-se à rede. Embora o *site* se tenha expandido para incluir mais do que apenas estudantes, seu propósito permanece o mesmo: dar às pessoas uma maneira de compartilhar informação de forma fácil e divertida.

Funciona também com perfis e comunidades. Em cada perfil é possível acrescentar módulos de aplicativos, como jogos, ferramentas, etc. Proporciona maior privacidade do que outros *sites* de relacionamento, porque apenas usuários da mesma rede podem ver o perfil uns dos outros. Segundo a revista *Época*, de 31 de maio de 2010, tem 9,6 milhões de usuários no Brasil, na maioria jovens de classe alta, com curso superior. Está em forte crescimento.

9.3 Myspace

Foi lançado em 2003, com perfis, *blogs*, grupos, fotos, música e vídeos. É muito usado por bandas para divulgar gravações, composições e relacionamento com fãs. Por isso, está associado à produção musical, inclusive no Brasil. Segundo a revista *Época*, de 31 de maio de 2010, tem 1,5 milhão de usuários no Brasil, sobretudo artistas, músicos e aficionados por música. Já foi a maior rede social do mundo; hoje está em decadência, mas ainda reúne um bom número de novos músicos e artistas.

9.4 Twitter

Twitter é uma rede social e um serviço de *microbloging*, que permite aos usuários enviar pequenos textos de até 140 caracteres, conhecidos como *tweets*, em resposta à pergunta: "O que você está fazendo?".

As atualizações são exibidas no perfil do usuário em tempo real e enviadas a outros usuários que tenham optado por recebê-las, porque o *twitter* funciona com seguidores e pessoas a seguir: cada *twitter* pode escolher quem deseja seguir e por quem deseja ser seguido. Existe ainda a possibilidade de enviar mensagens particulares a outros usuários.

Desde sua criação, em 2006, por Jack Dorsey, o *twitter* ganhou extensa notabilidade e popularidade em todo o mundo.

Segundo a mesma revista *Época*, de 31 de maio de 2010, tem 9,8 milhões de usuários no Brasil, a maioria jovens de 18 a 24 anos, executivos, blogueiros, pessoas da área de comunicação e *marketing*.

9.5 Plurk

É um sistema semelhante ao *twitter*, que também permite o envio de mensagens (*plurks*) de até 140 caracteres, na mesma estrutura de amigos e seguidores. Comporta igualmente o envio de mensagens privadas a outros usuários. É bastante recente: foi lançado em 2008.

9.6 Fotolog

A palavra *fotolog* é a abreviação de *fotography log*, isto é, arquivo de fotos. O *site* permite ao usuário publicar fotografias e receber comentários. Foi criado em 2002 por Scott Heiferman e Adam Seifer. Congrega hoje mais de 22 milhões de usuários, com mais de 157 milhões de fotos publicadas e 1,5 milhão de usuários brasileiros. Cada usuário tem uma página. A socialização é favorecida pela possibilidade de inserir comentários.

9.7 Flicker

É também um *site* para publicação de fotos com comentários. Recentemente acrescentou a possibilidade de publicar vídeos. Conforme a citada revista *Época*, de 31 de maio de 2010, é o álbum de fotos mais usado no mundo, com outros recursos que o fazem uma rede social. Seu público é constituído por amantes da fotografia e, no Brasil, tem 3,5 milhões de usuários.

9.8 YouTube

Não está na lista de Raquel Recuero. Foi fundado por Chad Hurley, Steve Chen e Jawed Karim e lançado oficialmente em junho de 2005.

"A inovação original era de ordem tecnológica (mas não exclusiva): o YouTube era um entre os vários serviços concorrentes que tentavam eliminar as barreiras técnicas para maior compartilhamento de vídeos na internet."[58]

---

[58] BURGESS, Jean; GREEN, Joshua. *YouTube e a revolução digital*. Trad. Ricardo Giassetti. São Paulo: Aleph, 2009. p. 17.

Propriedade da *Google*, é um *site* de compartilhamento de vídeos e de cultura participativa: os usuários é que criam seus conteúdos. Tem grande popularidade entre as massas; conta com mais de 85 milhões de vídeos e está em constante crescimento; tem produção profissional e amadora. Para uma pequena parcela de usuários é também um *site* de relacionamento social, com a diferença de que, nas outras redes, o relacionamento se faz por perfis e por amizades, enquanto no *YouTube* "é o próprio conteúdo dos vídeos o maior veículo de comunicação e o principal indicador de agrupamentos sociais".[59]

Mais uma vez, segundo a revista *Época*, de 31 de maio de 2010, é frequentado por 20 milhões de usuários, na maioria jovens de 12 a 24 anos. No mundo, são 2 bilhões de páginas vistas por dia.

A mencionada revista *Época*, de 31 de maio de 2010, cita outros *sites* de redes: *Linkedin, Ning, Formspring, Foursquare, Messenger, Skype e Sonico*. E a lista não termina obviamente por aqui.

10. INTERCONECTIVIDADE

Um cidadão, engenheiro eletricista com especialização em eletrônica, residente em uma cidade do interior do Estado de São Paulo, há poucos anos desfruta em sua casa, para seu lazer, de uma TV de alta definição conectada ao computador. De sorte que pode baixar filmes da *internet* diretamente para a TV e assistir a eles confortavelmente no sofá, com todas as pipocas a que tem direito. Última palavra em conectividade? Longe disso.

No começo de fevereiro deste ano de 2011, realizou-se em Las Vegas o *Consumer Electronics Show*, a que compareceram jornalistas, pesquisadores e consultores. Ethevaldo Siqueira, que lá estava, lembra a lista de dez futuras inovações eletrônicas previsíveis para os próximos cinco anos, organizada a partir desse evento.

    10.1   **A tablet-mania:** com um *tablet*,[60] é possível executar todas as tarefas de um *laptop*, e outras mais: enviar e receber *e-mails*, baixar rapidamente músicas ou vídeos, ler jornais, revistas e livros, fotografar, localizar pessoas e lugares, etc.

    10.2   **Supercelular:** permitirá acesso super-rápido à *internet*.

---

[59] Ibidem, p. 86.
[60] *Tablet* é um computador em forma de prancheta eletrônica, sem teclado e com tela sensível ao toque.

10.3 **Carteira eletrônica**: um *smartphone*[61] será acoplado com cartão de débito ou crédito, permitindo o comércio e o pagamento móveis.

10.4 **As conexões USB**[62] serão dez vezes mais rápidas, e permitirão, por exemplo, transferir para o computador em 70 segundos os 25 *gigabytes*[63] de um disco *Blu-ray*.[64]

10.5 **TV-3D** (televisão tridimensional em terceira dimensão), com ou sem óculos: além da otimização do lazer, essa tecnologia permitirá grandes avanços na medicina, por exemplo, na radiologia e nas cirurgias com monitoramento a distância.

10.6 **Fusão TV-computador-internet**: já começou, como se viu na casa do amigo engenheiro. Permite, com o conforto das TVs de última geração, acesso total aos conteúdos da *internet*, acesso que será sempre mais otimizado.

10.7 **Celulares, iPod**[65] **ou iPad**[66]com telas nítidas até a luz do sol, o que hoje ainda não é possível.

10.8 **Aperfeiçoamento dos serviços de localização** (GPS e Galileo), que serão acoplados a celulares.

10.9 **Superchips**,[67] cada vez menores e mais potentes, permitindo economia de energia e maior duração da carga de bateria dos eletrônicos.

10.10 **Stream ou streaming**, que, em inglês, quer dizer "corrente". Na TV aberta ou por assinatura, poder-se-á assistir a um filme que se solicite, sem possibilidade de gravação: só será possível assistir, sem gravar.[68]

A conectividade exige da geração mecanicista alta capacidade de adaptação. Usada na justa medida, sem absolutizações, confere mais conforto à vida diária, mais eficiência à vida profissional, bem como melhor desempenho e segurança aos equipamentos eletrônicos.

---

[61] *Smartphone* é um telefone celular com funções avançadas, acessadas por meio de programas executados em seu sistema operacional.
[62] Transfere imagens para o computador via cabo, em alta velocidade, por meio da porta USB.
[63] O *byte* é o tamanho ou quantidade da memória ou da capacidade de armazenamento de um computador, independentemente do tipo de dados armazenados.
[64] *Blu-ray* é um formato de disco óptico de 12 cm de diâmetro para vídeo de alta definição e armazenamento de dados de alta densidade.
[65] Tocador de áudio digital.
[66] Tipo de *tablet*.
[67] Um *chip* é um circuito eletrônico miniaturizado.
[68] SIQUEIRA, Ethevaldo. *Reportagem especial:* a revolução eletrônica. In: *O Estado de S. Paulo*, caderno Economia, 13 fev. 2011. p. B10.

11.
ENSINO E APRENDIZAGEM NA ERA DIGITAL

As mídias digitais vão invadindo terrenos: empresas, lazer, profissões, serviços, comunicação *lato sensu*. Invadir não é termo negativo aqui. Significa adentrar. Adentram inevitavelmente as instituições escolares.

> Na era digital, o conhecimento quase sempre chega antes pela *internet*, depois pelo professor, ou continua pela *internet*, depois do professor ou a despeito dele.

Gil Giardelli,[69] em imagem sugestiva, propõe novos mapas para novas paisagens. Alerta para o fato de que a educação, na atualidade, está acontecendo mais fora do que dentro da escola, por conta da *internet* e das redes sociais. Por isso, "acabou a fase da aula cronometrada em espaços concretos. O espaço escolar espalha-se pelo *blog* do professor, Facebook, Orkut, Twitter...". Cita o educador Jeffery Bannister, que alfinetou o antigo modelo de educação, ainda posto em prática: "Professores que leem anotações manuscritas e escrevem em quadros negros, assim como alunos que anotam o que eles dizem. Esse é um modelo pré-Gutenberg".[70] Mas, por enquanto, não exageremos!

Isso não significa que não deva existir mais sala de aula. Quer dizer que a aula tradicional deve ser adaptada aos novos tempos. Os alunos são novos: vindos da informatização, não se adaptam aos esquemas tradicionais de escuta e anotação passivas. Estão habituados a interagir, nos "torpedos", no *MSN*, nas redes sociais. Estão habituados à sucessão ultrarrápida de imagens. Sua atenção se fixa muito mais no vídeo do que no áudio.

Por outro lado, há conteúdos que exigem a aula tradicional. Como transmitir os intrincados conteúdos da gramática, sem falar e falar muito? O que fazer com a Matemática, a História, a Filosofia?

Sem falar da falta de cultura, de preparo e de limites que atualmente caracteriza a maioria dos estudantes, de segundo grau e mesmo universitários. A própria sociedade da informação e da imagem em que eles estão inseridos os leva em direção contrária à do ensino tradicional.

---

[69] CEO da Gaia Creative, onde implementa ações de redes sociais e web colaborativa para empresas como BMW, Hospital Einstein, Mini Cooper, Grupo Cruzeiro do Sul, entre outras. Professor de MBA e Pós-graduação da ESPM – São Paulo e Brasília.
[70] Fonte: gilgiardelli@gmail.com.

CAPÍTULO 2 • • • • • • • • • • A COMUNICAÇÃO NA ERA DIGITAL

Há, logo de início, dois procedimentos para resolver o impasse com eficiência. Em primeiro lugar, é preciso fazer uma virada copernicana na aula tradicional, dando-lhe novos pontos de partida, com os recursos da informática. Para ficar apenas nos mais simples, um *data show* com *PowerPoint* é suporte eficaz para manter atentos os alunos, enquanto o professor expõe e explica.

Em segundo lugar, estão aí as redes sociais. O professor de hoje tem nelas precioso auxiliar. Por meio delas pode propor e resolver questões; pode orientar, exercendo, assim, seu verdadeiro papel de mestre que mantém um discipulado; pode aproximar-se afetivamente da geração jovem, com trocas enriquecedoras para ambos os lados.

12.
ÉTICA, SIGILO E PRIVACIDADE NA ERA DIGITAL

Recentemente, o jornalista australiano Julian Assange criou um *site* de vazamentos, o *wikileaks,* que tem dado dor de cabeça a alguns governos. Publicou, por exemplo, a seguinte notícia assustadora:

Telegrama da Embaixada dos EUA vê risco de ataque com aviões a prédios públicos

PUBLICIDADE

FERNANDO RODRIGUES
DE BRASÍLIA

O espaço aéreo de Brasília é vulnerável ao ataque de terroristas, que podem usar um avião para atingir e destruir prédios públicos na capital federal, diz um telegrama secreto da embaixada dos Estados Unidos no Brasil.

Datado de 28 de março do ano passado, o despacho diplomático faz parte do lote de milhares de telegramas obtidos pela organização WikiLeaks (wikileaks.ch).

Tem havido protestos na mídia, Assange já foi preso e solto, mas está sempre sob ameaça.

Marina Silva, em entrevista a Emerson Damasceno, depois de ouvir atentamente a palestra de Al Gore e Tim Berners-Lee, na Campus Party 2011, fez o seguinte comentário:

A satanização que vem sendo feita do Wikileaks ou do seu fundador não é a solução, mas sim qual o modelo que garantirá a liberdade de expressão e também o aperfeiçoamento dos governos para proteger informações estratégicas, sem que se criem verdadeiras caixas-pretas, que levam ao descuido.

Al Gore, que a antecedera, preferiu desviar-se da pergunta, alegando ser o *wikileaks* uma questão estritamente legal, que não envolve liberdade de expressão.[71]

Pode tratar-se de uma questão legal, mas é inegável que envolve liberdade de expressão. Não foi adequado nem ético o que fez Assange, mas Marina tem razão: os governos que se cuidem, criem mecanismos de defesa de privacidade e guardem devidamente os materiais secretos. A Imprensa não deve sofrer controle.

O caso Assange é emblemático. Manifesta que, pública ou domesticamente, é preciso usar a *internet* com critério, bem como precaver-se contra seus perigos, pois, uma vez que determinada matéria começa a circular, é impossível detê-la. Os pais, por exemplo, têm de monitorar de alguma forma os relacionamentos dos jovens nas redes sociais, sobretudo no que se refere ao uso da *webcam*: muitos casos de pornografia, pedofilia, assédio sexual, estupro, roubo e sequestro podem ter começado por aí. O que, absolutamente, não significa que se deva demonizar mídia tão prestante. O bom-senso, obediente aos bons princípios, como sempre, é que regula tudo.

O filme "A rede social", recém-saído do forno, também é emblemático nessa matéria.[72]

Os bastidores da criação do *Facebook* compõem o filme de David Fincher, premiado com o Globo de Ouro. O andamento é de tirar o fôlego, como o de um *thriller*. O tempo real é um duplo processo judicial movido contra Mark Zuckerberg: os gêmeos Winklevoss, por "furto" intelectual; Eduardo Saverin, por má-fé na distribuição de lucros e contrato indevido de outras parcerias. Contraponteando o tempo real, *flashbacks* da vida de Zuckerberg, a partir de 2004, quando era universitário em Harvard.

Coisa louquíssima. Zuckerberg e Eduardo Saverin, os melhores amigos um do outro, eram alunos da Universidade de Harvard, residentes no alojamento. Zuckerberg, adolescente *nerd*, perito em programação digital, tímido, convencido e "babaca", leva o fora da namorada. Por vingança, faz *bulling* com ela em rede interna de Harvard. Depois de outras façanhas similares, cria, com Saverin,

---

[71] Disponível em: <http://terramagazine.terra.com.br/interna/0,,OI4899340-EI17490,00-A+satanizacao+do+Wikileaks+nao+e+a+solucao+diz+Marina+Silva.html>. Acesso em: 20 jan. 2011.
[72] THE SOCIAL network. EUA, 2010 (120 min). Drama. Direção: David Fincher. Intérpretes: Jesse Eisenberg; Andrew Garfield; Justin Timberlake; Armie Hammer; Rooney Mara; Max Minghella; Rashida Jones.

um *site* de votação interno para eleger as meninas mais bonitas de Harvard: o *Facemash.com*. Comete outras violações éticas, que lhe valem uma advertência da direção da escola.

Os gêmeos Winklevoss, campeões de regata, percebendo o potencial do *nerd*, convidam-no para associar-se a eles na criação de uma rede social universitária, de alto nível. Zuckerberg aceita, mas apropria-se da ideia deles, trabalha com Saverin em seu quarto no alojamento e lança uma rede social interna em Harvard: o *The Facebook*. Os gêmeos traídos tentam mover contra Zuckerberg um processo interno; o reitor não lhes dá acolhida; entram, então, na justiça.

Entrementes, a rede se expande para a universidade de Standford e outras. O nome perde o *the*, ficando apenas *Facebook*. Saverin, que entrara com o investimento financeiro inicial, parte em busca de outros patrocinadores, enquanto Zuckerberg se muda para Palo Alto, Califórnia, a fim de continuar a expansão.

Indo a Palo Alto, Saverin não gosta dos abusos que vê no "escritório" do *Facebook* e bloqueia a conta bancária. Embora tenha voltado atrás, ganhou um inimigo. Zuckerberg dá-lhe uma rasteira, associando-se a Sean Parker, que tinha criado o *Napster*, primeiro *site* de música pela *internet*, e atraíra para si o ódio das gravadoras. Contratam-se muitos programadores, a rede expande-se, começam os lucros. Os novos sócios redividem as porcentagens de participação, prejudicando Saverin e eliminando seu nome como fundador da rede. Irado, ele move processo contra o antigo amigo.

Zuckerberg é obrigado a ceder às justas reivindicações de seus oponentes, fazendo um acordo extrajudicial, para não "sair mal na foto".

Atualmente o *Facebook* tem 500 milhões de usuários e Zuckerberg é o mais novo bilionário do mundo.

Os *flashbacks* do filme são pontuados pelos usos e costumes da juventude estudantil inteligente, sem limites e desregrada: muita festa regada com muita bebida, farras e sexo. Trilha musical intensa, de ritmo alucinante, bem adequada às cenas.

Evidentemente o criador do *Facebook* não deve ter gostado. Além de desregramentos juvenis e revanchismo, o filme acusa-o pelo menos de três "cibercrimes": ciberintimidação, apropriação indébita e violação de privacidade.

O título é uma metáfora. Os universitários em Harvard vivem uma intrincada rede de intrigas, traições e falsidades – a rede social. Muito inteligentes, nada sábios; geniais, mas imaturos.

Santo Agostinho diz que ciência sem caridade é orgulho inútil: "A ciência infla e a caridade edifica. Quer dizer que a ciência não é útil senão quando acompanhada pela caridade e, sem a caridade, a ciência infla o coração e o enche do vento da vanglória."[73] É exatamente o caso dos rapazes de Harvard: cheios de ciência, vazios de caridade. Por dinheiro e fama sacrificam as amizades. Eram muito jovens para suportar o peso de tanta celebridade. Faltou-lhes a imprescindível correção paterna. Aconteceu com eles o mesmo que com alguns craques do futebol, muito jovens e muito ricos, cujos comportamentos são, muitas vezes, comprometedores.

Contudo – é bom repetir – nada disso é motivo para satanizar a *internet* e as redes. É preciso aprender e ensinar a usá-las com bom-senso. Ainda Santo Agostinho: "A esse bem devemos ser conduzidos por aqueles que nos amam e conduzir os que amamos...".[74] Aí está, com certeza, o indeclinável dever da educação das gerações mais velhas para com as mais novas.

Um pequeno rol de regras para o uso ético da *internet*:

- Quando você se comunica pela *internet*, só pode usar palavras. Então, cuidado com elas. Evite ambiguidades e seja sempre cordial. Palavrões nunca! Seja zeloso também com a gramática e a ortografia, para que as pessoas tenham uma boa impressão de você.

- Aquilo que você escreve na *internet* pode ser repassado para terceiros ou usado contra você. Por isso, não escreva algo que possa comprometê-lo no futuro.

- Para participar de uma lista de discussão, conheça primeiro o terreno antes de inscrever-se; fique um tempo só observando; assim você poderá optar por aquela que lhe parecer mais adequada a seu perfil.

- Tenha atenção ao conteúdo de sua mensagem; não passe informação errada, o que pode atingir e prejudicar muitas pessoas.

- Compartilhe seu conhecimento pela *internet*. Crie *blogs*, *sites*. Troque experiências com especialistas, usando listas de discussão. Compartilhar conhecimento é tradição da *internet* desde seus inícios e dá grande prazer; além disso, contribui para o enriquecimento cultural de muitas pessoas conectadas a você.

- Não propague vírus. Não faça a outrem o que não quer que façam para você.

---

[73] AGOSTINHO, Santo. *A cidade de Deus*. Trad. Oscar Paes Leme. 12. Petrópolis, RJ: Vozes, São Paulo: Federação Agostiniana Brasileira, 2009, Livro nono, capítulo XX, p. 362.
[74] Ibidem. Livro décimo, capítulo III, nº 2, p. 373.

Lembre-se: *in medio virtus*, a virtude está no meio. Tornar-se um internauta compulsivo não depende do computador, depende de você.[75]

13.
SIC TRANSITUR GLORIA MUNDI

Assim passa a glória do mundo... No momento em que este capítulo sai do forno, já está desatualizado. Os barrocos sentiam com força a transitoriedade da vida. Fernando Pessoa (Ricardo Reis) também:

> *As rosas amo dos jardins de Adônis,*
> *Essas vólucres amo, Lídia, rosas,*
> *Que em o dia em que nascem,*
> *Em esse dia morrem*[76].

Em matéria de informática, rosas caem e rosas brotam, diariamente. Está longe de ser dada a última palavra, não só sobre o computador, a *internet* e as redes, como também sobre todas as novas tecnologias da informação. Profetizou Ethevaldo Siqueira:

> Chega de monólogo e de comunicação unidirecional. Toda comunicação e entretenimento eletrônicos tendem a ser interativos. O espectador deixa de ser passivo. Dialogará com as máquinas de vários modos ou linguagens, diante da televisão, do computador, dos terminais de internet, dos painéis de informação pública ou dos comandos de equipamentos domésticos. [...] Pedirá às portas que se abram. E elas se abrirão.[77]

As conquistas da informática nos projetam no futuro. Fazem-nos assumir uma posição diante do milagroso salto qualitativo do material para o virtual. As gerações mais novas aceitam-no com naturalidade, pois nasceram numa cultura informatizada. Os de herança mecanicista têm de admitir que há mais coisas entre o céu e a terra do que se supõe e que é necessário mudar para continuar bem.

---

[75] Cf. *site* AISA.
[76] *Fernando Pessoa, obra poética.* Org., introd. e notas de Maria Aliete Galhoz, 2. ed. Rio de Janeiro: Aguilar, 1965. p. 259.
[77] SIQUEIRA, Ethevaldo. *2015:* como viveremos. São Paulo: Saraiva, 2005. p. 64.

Capítulo 3
A Linguagem na Comunicação Humana

> *As palavras que possuímos não têm senão significados confusos, aos quais o espírito dos homens se acostumou há muito tempo, e essa é a causa de não entenderem quase coisa nenhuma perfeitamente.*
> (Descartes a seu amigo Mersenne, em novembro de 1629)

Considera-se Linguagem "toda Comunicação compreensiva, de pessoa a pessoa". A aquisição de conhecimentos sobre Linguagem é parte integrante da Comunicação humana, *porque Linguagem é Comunicação e porque os limites da Linguagem constituem os limites do conhecimento.*

Qualquer conhecimento será incompleto até ser comunicável, e só será comunicável por meio da Linguagem. Watson afirma que o próprio pensamento é *linguagem subvocal,* linguagem laríngea em lugar de linguagem vocal; quando pensamos, estamos na realidade *falando,* embora nossa voz não seja ouvida.

No presente estado da ciência, ainda constitui razão de controvérsia a possibilidade do *pensamento sem palavras.* Sapir admite que a Comunicação humana, objetivo da Linguagem, não se faz senão quando as percepções auditivas do ouvinte se traduzem em série adequada e intencional, de imagens ou de pensamentos, ou das duas coisas combinadas. Essa *tradução* exige *palavras,* embora Klineberg (1954) acredite na possibilidade do pensamento por meio de imagens, sem necessidade de palavras, pois *é* muito comum "pensarmos uma coisa e falarmos outra".

Linguagem e Pensamento estão indissoluvelmente ligados, como indissoluvelmente ligadas se encontram Expressão e Comunicação. Não se pode concordar com Bergson, quanto à oposição irredutível entre uma e outra. A expressão pura, isolada de toda Comunicação, é ficção idêntica à linguagem autônoma dos que procuram o sonho de uma linguagem universal, por meio de símbolos libertados dos jugos da Comunicação Social, verdadeira *álgebra* das operações do pensamento.

Toda expressão tende a obter reconhecimento de outrem, e não há sentido na Comunicação sem expressão, ou na expressão sem Comunicação.

1. A ORIGEM DA LINGUAGEM

Os antigos acreditavam em uma linguagem natural. Segundo a Gênese no Velho Testamento, Deus trouxe Adão "para ver como ele chamaria cada animal da terra e cada pássaro no ar". Para Santo Agostinho, esse nome dado às coisas por Adão constituiu a "língua comum da raça humana", possivelmente o hebraico, que se diversificou e se confundiu, mais tarde, em decorrência do episódio da Torre de Babel. Hobbes (1952) também acreditava nessa "linguagem perdida", quando cada coisa possuía um nome, de acordo com sua natureza.

Os estudos sobre as origens da Linguagem nos tempos modernos começaram com a Frenologia, de Gall, que procurava uma *localização cerebral* para a Linguagem.

Em 1861, Broca, médico e antropólogo francês, apresenta à Sociedade de Antropologia de Paris o cérebro de um homem de 51 anos de idade, mudo desde os 20, e como causa da mudez indica uma lesão situada entre a segunda e a terceira circunvolução frontal esquerda. A essa circunvolução, a "circunvolução de Broca", atribui-se o *centro* da Linguagem humana.

Pierre Marie, entre 1906 e 1917, duvida da existência de algum centro da Linguagem. Antecipa concepções da época, ao enumerar os diversos dispositivos cerebrais que servem à função da Linguagem, lançando a teoria da Linguagem-movimento.

Em 1933, Dimitri repete inversamente o sucesso de Broca, exibindo, às sociedades de sábios, tumores encefálicos localizados na "circunvolução de Broca", sem perda da palavra. Ora, se uma lesão grave no *centro da Linguagem* não causava qualquer perturbação na fala, as ideias de Broca não podiam estar corretas. Em 1936, Herbert Feigl situa a Linguagem além dos limites do cérebro, abarcando todo o organismo. Mead, Delacroix e os modernos acompanharam-no e, hoje, admite-se a Linguagem como função de todo o organismo: falamos com a voz, as mãos, os olhos, os movimentos do tronco e das pernas, com todo o corpo.

Para estudar as origens da Linguagem, Shirley fez da criança o padrão, procurando demonstrar ter o desenvolvimento da Linguagem se processado na raça humana de maneira idêntica ao desenvolvimento da Linguagem na criança. Shirley assinala os seguintes estágios na evolução da linguagem do ancestral simiesco ao "homo sapiens":

1. Grunhidos vocais reflexos.
2. Vocalização silábica – onomatopaica.
3. Vocalização socializada – simbólica.

4. Sons matizados expressivos.
5. Palavras compreensíveis e domínio da Linguagem.

Vendryes (1950) admite três estágios na evolução da Linguagem, ligando-os também à evolução da espécie humana. Considera em primeiro lugar ter sido o homem capaz de emoção. Sendo capaz de emoção, pôde utilizar-se de uma Linguagem *afetiva*. Vivendo em sociedade, teve necessidade de utilizar-se da incitação, de que se derivou uma Linguagem de *ação*. Essa Linguagem de ação foi uma transição para o aparecimento da Razão, o que possibilitou a Linguagem *lógica*, o pensamento.

Deve-se a Herder a Teoria Onomatopaica, esposada por Silveira Bueno, que cita o Prof. Childe, antropologista do Museu Nacional: "Quando começou a Linguagem? Quando dois seres humanos puderam servir-se de onomatopéia como comunicação".[1] E encontra no vocabulário tupi-guarani farto material para demonstrar que "todas as denominações de fenômenos atmosféricos, da fala dos pássaros, dos animais, dos lugares, dos próprios antropônimos, todas são imitativas e descritivas".

Pela Teoria Onomatopaica as palavras teriam nascido da *imitação dos sons*. Boas descreve o processo ainda corrente em alguns dialetos da África do Sul, de se formarem palavras novas pela imitação dos sons. Em contraposição, argumenta-se que, aceitando-se o princípio de terem as palavras nascido de sons *sugeridos* pelas coisas, ou por elas emitidos, as coisas silenciosas, sem possibilidade de emissão ou sugestão de sons, jamais poderiam ter sido denominadas.

Paget é o criador da Teoria Mímica. Na evolução do homem, surgiram primeiro os gestos e, depois, as palavras. Realizando estudos entre índios norte-americanos, impressionou-se com a linguagem universal silenciosa que esses primitivos habitantes da América utilizavam: percorriam os índios todo o continente, sem necessidade de murmurar uma só palavra, fazendo-se compreendidos apenas por gestos.

O gesto é "linguagem pré-verbal, que começa no nascimento, e por distantes que estejam os homens através da cor, hábitos, costume, ou religião, a Linguagem universal dos gestos pode estabelecer laços entre eles. Uma mulher chinesa certamente compreenderá o marinheiro dinamarquês, que lhe diga por gestos: "Eu te amo!".[2]

Um dos governadores romanos escreveu a Nero, solicitando-lhe que lhe enviasse um *mímico* para servir de intérprete. O filósofo Leibnitz sonhava unir todas as nações do mundo pela linguagem comum dos gestos, com a mesma veemência com que Descartes, em sua mocidade, antecipava o Esperanto, aspirando a uma Linguagem universal. Charlote Wolff apresenta, comprovando a possibilidade de

---

[1] BUENO, Silveira. *Tratado de semântica brasileira*. São Paulo: Saraiva, 1960.
[2] WOLLF, C. *Psicologia del gesto*. Barcelona: Luiz Míracle Editor, 1954.

uma Linguagem universal de gestos, a invenção do médico inglês John Bulwer, que, no século XVII, criou a linguagem manual dos surdos-mudos.

O homem revela-se por meio de três linguagens: a dos atos, a das palavras e a dos gestos. Das três, é a mais "rápida e intangível expressão dos gestos que o desmascara mais depressa".[3]

A Teoria Social da Linguagem, que considera a Linguagem função cultural e não função biológica advinda da hereditariedade, deve-se a Chauchard (1957). Para ele, a Linguagem é fortemente condicionada à vida social e as crianças que se desenvolvem fora da sociedade humana não falam. O "selvagem de Aveyron", que viveu isolado até a idade de 12 anos, tendo morrido aos 40, *jamais aprendeu a falar*. A menina hindu, criada pelos lobos, em Midnapore, também não conseguiu aprender a falar, embora tenha sido recuperada pela sociedade aos 8 anos.

Ohana é adepto da Teoria Social da Linguagem e frisa a função espontânea da Linguagem Social, em razão de seu caráter polissêmico: cada vocábulo tem vários sentidos, todos acidentais, adquiridos e variáveis, de indivíduo a indivíduo, ou de grupo a grupo.

2. A LINGUAGEM DOS ANIMAIS

Darwin atribuía significado humano aos sons emitidos pelos animais, e esse evidente exagero despertou a curiosidade pelo estudo da Linguagem dos animais.

Bouton anotou 15 sons diferentes na "linguagem" dos bugios e Kohts, em seu beneditino "Dicionário da Língua Chimpanzé", registra 32 sons com "significados" diferentes. A. G. Spirkin, em estudo sobre a "Origem da Linguagem e seu papel na formação do pensamento", cita trabalhos de N. I. Voitonis e N. A. Tij sobre "palavras" emitidas por diversas espécies de antropoides. Registra que "mliá-mliá-mliá", pronunciado de certa forma e com alguns gestos, faz que o chimpanzé compreenda nossas disposições amistosas; "ac-ac-ac" traduz estado de alarma, e "ts-ts-ts" é convite para coçar as costas. O sábio V. L. Durov organizou um "recanto zoológico", com um corvo falando. Spirkin reproduz o diálogo:

— Qual é seu nome?
— Corvo!
— Como é que V. gosta de ser chamado?
— Corvinho!

---

[3] WOLLF, C. Psicologia del gesto. Barcelona: Luiz Míracle Editor, 1954.

Seria errôneo acreditar que os animais "faladores", como corvos e papagaios, compreendam o significado da linguagem dos homens e possam dizer coisas tendo consciência do que dizem.[4] George Gusdorf cita a experiência a que foram submetidos, por evolucionistas, um chimpanzé e uma criancinha, com o objetivo de acompanhar o desenvolvimento de diversas funções, dentre as quais a linguagem.

> O ponto de partida é aparentemente o mesmo. O bebê humano e o bebê chimpanzé utilizam recursos análogos para se estabelecerem em seus universos, caminhando para progressiva elucidação. Dos nove aos dezoito meses, a competição permanece igual entre os dois rivais; respondem aos mesmos "testes" com êxitos diversos, testemunhando um e outro superioridade, segundo as circunstâncias. O macaquinho é, sem dúvida, mais hábil, enquanto o homenzinho é capaz de atenção relativamente mais bem mantida. Mas, depressa chega o momento em que o desenvolvimento do macaco se detém, enquanto o da criança toma novo impulso. A comparação perde aí todo o sentido. Decididamente, o macaco é só um animal, enquanto o bebê ascende à realidade humana; o limite que os separa de maneira absoluta é o umbral da Linguagem.[5]

Hayes, em 1950, dedicou dois anos de sua vida a ensinar um pequeno chimpanzé a falar. Conseguiu, no final desse período, que o macaquinho articulasse duas palavras:

Pápi (Papai)

Cáp (Xícara)

Essa experiência não teve o sucesso do galo de Luciano, o qual, dizem, à custa de muito convívio com os homens, aprendeu a falar. Chegou a conclusões semelhantes às inúmeras outras tentativas resumidas por Gusdorf nestas conclusões:

> O chimpanzé pode emitir certos sons, lançar gritos de prazer ou de dor, mas esses gestos vocais permanecem nele, soldados à emoção. Não sabe empregá-los com independência da situação em que sobrevêm. Mesmo o adestramento mais laborioso não chega senão a resultados medíocres: é a repetição mecânica do papagaio, ou o reflexo condicionado criado no animal, que responde, automaticamente, a dado sinal, tal como o cachorro, que late, respondendo à ordem. A criança, em troca, empenha-se em lenta educação, que fará dela um ser novo, em um mundo renovado. A aprendizagem, estendida durante anos, baseia-se na associação da voz e da audição, a serviço de função nova, cujas possibilidades superam infinitamente as dos sentidos

---

[4] SPIRKIN, A. G. et al. *Pensamiento y lenguaje*. Montevideo: Ediciones PueblosUnidos, 1958.
[5] GUSDORF, G. *La palabra*. Buenos Aires: Ediciones Galatea - Nueva Vision, 1957.

elementares aparentados. A inteligência humana abre caminho através das estruturas sensório-motrizes, que ela une pela afirmação de finalidade superior. Devemos comprovar essa emergência e admitir que ela não se realiza no animal, cuja voz nunca se emancipa da totalidade vivida, para aliar-se com o sentido auditivo. Tal dissociação só a podemos explicar por originária *vocação de humanidade* no homem, que dá progressivamente à nova função da palavra indiscutível preponderância no comportamento. É aqui que se deverá situar, na série dos seres viventes, a linha de demarcação que separa o homem do animal, pela virtude de mutação decisiva.[6]

O animal não conhece o símbolo, mas apenas o sinal, o que levou Cassirer a definir o homem como "animal simbólico". Essas mesmas razões justificam a definição clássica de Linguagem: "método exclusivamente humano; e não instintivo, de comunicar ideias, emoções e desejos por meio de sistema de símbolos produzidos de maneira deliberada".[7]

É assim, a Linguagem, "a mais maravilhosa das invenções humanas e o homem é *sapiens* somente porque é *loquens*. Nada mudou na organização corporal desde o homem primitivo, mas o psiquismo humano já não é o mesmo: o homem desenvolveu a inteligência, graças à Linguagem."[8]

Se não existisse Comunicação sem Linguagem, o homem seria o único detentor dessa faculdade. Porém, entre os animais, e mesmo entre os seres brutos, existe um substitutivo da linguagem: a força da *relação,* uma forma incipiente de *amor*, que impele a atos comunicacionais.

António R. Damásio admira-se da "complicada organização social de nossos primos afastados, os macacos" e "das sofisticadas práticas sociais de muitas aves".[9]

Marleine Paula Marcondes e Ferreira de Toledo cita Ambrósio de Milão, o qual, descrevendo os seres que habitam o mar, no *Dies Quintus* do *Exameron*, faz referência a atos comunicacionais, como, por exemplo: "ela [a ostra] gosta de ser *acariciada* e, por isso, algumas vezes se abre em duas partes para expor-se aos raios do sol, franqueando a entrada de suas duras cascas, para suas entranhas sentirem algum *prazer*; o caranguejo, aproveitando-se de sua despreocupação, impede-lhe o fechamento com uma pedrinha e arranca-lhe as entranhas para alimentar-se".[10]

---

[6] GUSDORF, G. *La palabra*. Buenos Aires: Ediciones Galatea – Nueva Vision, 1957.
[7] SAPIR, E. *El lenguaje*. México: Fondo de Cultura Económica, 1954.
[8] CHAUCHARD, P. *A linguagem e o pensamento*. São Paulo: Difusão Européia do Livro, 1957.
[9] DAMÁSIO, António R. *O erro de Descartes*. Trad. Dora Vicente e Regina Segurado. São Paulo: Companhia das Letras. p. 152.
[10] TOLEDO, Marleine Paula Marcondes e Ferreira de. *O mar de Santo Ambrósio e os domínios da comunicação*. São Paulo: Paulus, 2008, p.58. Cf AMBRÓSIO, Santo. *Examerão – os seis dias da criação*. Trad. Célia Mariana Franchi Fernandes da Silva. São Paulo: Paulus, 2009 [Coleção Patrística v. 26], "Quinto dia", 8, 22, p. 179.

Ambrósio de Milão fala até da comunicação vegetal, que se verifica, por exemplo, no trato entre a palmeira-fêmea e a palmeira-macho: aquela baixa e levanta seus ramos, "sugerindo uma imagem de concupiscência e carícia para com aquela árvore que os filhos dos agricultores chamam de palmeira-macho".[11]

Luiz C. Martino estabelece três grandes domínios de comunicação: dos seres brutos, dos seres orgânicos e dos homens. Nos seres brutos a comunicação se faz por "transmissão", por ação e reação: "uma bola de bilhar comunica sua força a uma outra bola de bilhar que reage conforme as 'instruções' da primeira".[12] Nos seres orgânicos, entre a ação e reação, interpõe-se o organismo, que reage a estímulos específicos: por exemplo, uma fêmea não constitui estímulo para qualquer macho, mas apenas para aquele de sua espécie.[13] Nos seres humanos, finalmente, a comunicação assume sua forma simbólica.[14]

3. Linguagem simbólica e linguagem-movimento

Na Comunicação humana, a Linguagem é essencialmente dinâmica: está sempre em ação. Esse movimento constante faz que se observem na Linguagem as coisas mais extraordinárias, como, por exemplo, a variação dos significados. Tomemos a palavra *bandido*. De acordo com a definição do *Pequeno dicionário brasileiro da língua portuguesa*, bandido quer dizer: "salteador; homem que, fugindo à justiça, vive do roubo". Imaginemos agora algumas situações para definir a palavra *bandido*.

Homem ao telefone, falando com seu advogado e referindo-se ao ex-sócio:

— Ponha esse *bandido* na cadeia!

Rapaz encontrando a carteira que um seu colega brincalhão escondera:

— Garanto que foi aquele *bandido*! Observação diante de um gastrônomo:

— Como come este *bandido*!

Moça, contando à amiga, que o namorado lhe furtou um beijo:

— Eu não pude resistir ao *bandido* do Pedro!

---

[11] AMBRÓSIO, Santo, op. cit., "Terceiro dia", 13, 55, p. 116.
[12] HOHLFELDT, Antônio; MARTINO, Luiz C.; FRANÇA, Vera Veiga (Orgs.). *Teorias da comunicação*. 3. ed. Petrópolis, RJ: Vozes, 2003. p. 21.
[13] Cf. Ibidem, p. 22.
[14] Cf. Ibidem, p. 23.

As situações em que a palavra *bandido* pode ser empregada são infinitas, e as conotações é que dão o significado. É o fenômeno da *polissemia* de Ohana.

Apesar dos esforços dos gramáticos, cuja função é estabelecer disciplina normativa na Linguagem, empregamos em nossa Linguagem diária os mais ridículos pleonasmos:

— Vi com meus próprios olhos! — Ouvi com meus ouvidos!

Mas, se pensarmos um pouco mais sobre esses pleonasmos, concordaremos que, em certas circunstâncias, são indispensáveis para reproduzir com *exatidão e força* a ideia que desejamos comunicar: *ver com meus olhos* equivale a bem mais do que *ver*.

Com igual displicência ao significado das palavras, entregamo-nos aos exageros mais absurdos, utilizando-as com sentidos pessoais, como nestas expressões:

— Minha mulher é um *anjo!*
— Meu chefe é um *gênio!*
— Meu filho é um *talento!*
— O dono da quitanda é um *ladrão!*
— Meu sócio está *doido!*
— Comprei esta casa *de graça!*
— Minha sogra é um *demônio!*
— Trabalho como um *burro de carga!*

As coisas mais estranhas para ouvidos de estrangeiros são as formas brasileiras de afirmativas e negativas, conforme se pode sentir nas situações abaixo sugeridas:

— Gostaria de comer um pato à Califórnia...
— Pois não!
— Quer dizer que o senhor concorda com o aluguel de cinco mil reais pelo apartamento em Copacabana?
— Pois sim!

Qualquer pessoa sabe que pode graduar as afirmativas ao infinito:
— Sim!
— Claro!
— Naturalmente!
— Sem dúvida!
— Lógico!

— Combinado!
— Está bem!
— De acordo!
— O.K.!
— Fechado!
— E por que não?
— Vou ver!

A mais simples incitação pode descrever os mais extraordinários rodeios:

— Venha cá!
— Como é?
— Venha logo!
— Faça o favor!
— Faço questão!
— Venha, vá!
— Eu quero que você venha!
— Você deve vir!
— Você não vem?
— Ah, venha!
— Passe já para cá!

A gíria é outra fonte de significações estapafúrdias. Abacaxi, apito, arame, bacalhau, bagaço, beiço, cadáver, coco, chaleira, droga, defunto, escola, fita, flauta, galho, gato, garganta, injeção, lata, macaca, marmita, negra, osso, papa, papelão, pato, queijo, rabicho, relógio, sabão, serviço, taco, trabalho, trono, urso, uva, viúva, e xarope, são algumas palavras extraídas ao acaso de A gíria brasileira, de Antenor Nascentes. Cada uma delas tem significados que os dicionários gerais não registram, como não registram inúmeras palavras do seguinte trecho de gíria: "O *pede-pede sambou* na minha frente. Ora, 'seu' *doutor*, eu sou pequenininho, sou pretinho, mas não sou *gato felix*. Dei-lhe uma *chave na barriguinha*, puxei da *solinge* e abri-lhe uma *presidente Vargas* com *duas transversais*. Me *gadunharam*, me *passaram no Raio X*, e encontraram um *livro de missa, bolinhas de gude quadradas* e *quatro anéis*. Por favor, *mexa os seus pauzinhos*, que eu não quero ver o *Sol nascer quadrado!*"

A gíria é linguagem hermética, secreta, inacessível aos não iniciados, mas perfeitamente compreensível para a categoria social que a utiliza.

A linguagem técnica ou jargão é outra fonte rica para a comunicação.

Em 1959, discutiu-se no Congresso Brasileiro de Propaganda o abrasileiramento da linguagem técnica dos publicitários, iniciativa idêntica a inúmeras outras que tentam escoimar o Português de palavras estrangeiras. As Comunicações, hoje mais fáceis entre os povos do mundo, têm feito que os idiomas funcionem como vasos comunicantes, acelerando o processo de interpenetração das línguas faladas. Como resultado, o patrimônio linguístico dos países tem aumentado, e é lícito supor-se que uma língua universal possa estabelecer-se, um dia, com base nessa simbiose linguística.

No português falado no Brasil encontram-se palavras de todas as procedências. Dos iberos originaram-se *baía, balsa, cama, esquerdo, garra, lousa;* dos celtas, *brisa, charrua, cabana, carro, cerveja, lança, peça, touca* e *vassalo;* dos fenícios, *barca, mapa, saco;* dos gregos, *bolsa, corda, caixa, calma, ermo, espada, golfo;* dos germânicos, *arauto, agasalho, bandeira, barão, brasa, dardo, escuna, esmalte, roupa, trégua;* dos árabes, *alaúde, alazão, alcova, álcool, aldeia, alface, algazarra, armazém, assassino, elixir, tarifa, xadrez.* E as línguas modernas continuam esse trabalho eterno. Do espanhol, extraímos: *castanhola, estribilho, tablado, cordilheira;* do inglês: *clube, cheque, júri, bife, coquetel, futebol, bonde, sanduíche;* do italiano: *ária, concerto, maestro, madrigal, piano, serenata, soneto, alerta, balcão, cascata, cortejo, festim, palhaço, talharim, violino;* do russo: *estepe, vodca, esputinique;* do húngaro: *coche;* do turco: *algoz, casaca, lacaio, sandália, gaita;* do chinês: *chá, tufão;* do japonês: *quimono, biombo;* do persa: *azul, bazar, divã, xale, jasmim, paraíso, tulipa.*

Charles Bally refere-se aos esforços infrutíferos dos cientistas e filósofos para dar *univocidade* a seus vocabulários – unidade à significação de cada palavra. Mostra sofrerem essas palavras dois destinos: tornam-se ininteligíveis para o povo e, neste caso, transformam-se em linguagens técnicas ou passam a ser utilizadas pelo povo, degradando-se ou confundindo-se. Dá como exemplos de palavras ininteligíveis para o grande público: *lipoma e esquiocele,* e como palavras que perderam seu sentido "definicional", carregando-se de afetividade: *idealismo, filosofia e casuística.* Observa, ainda, que palavras técnicas podem até adquirir matizes cômicos ou pejorativos, como *energúmeno, lucubração, perorar, sofisma,* etc.[15]

As dificuldades no uso da Linguagem poderiam levar-nos a um niilismo linguístico perigoso para a compreensão dos significados. Bally aceita como normais esses entraves, considerando a Linguagem sempre impregnada de afetividade individual e filiando-se à Teoria Social da Linguagem. Aceita supor-se nas operações da Linguagem uma inteligência *coletiva:* as frases que vou escrevendo, quase inconscientemente, procuram traduzir minhas ideias, que são interpretadas pelo leitor, de acordo com suas associações linguísticas, e essas associações linguísticas pertencem

---

[15] BALLY, C. *El Lenguaje y la vida.* Buenos Aires: Editorial Losada, 1957.

ao consenso, ao sentido socialmente admitido e aceito pelas palavras que vou empregando para traduzir meus pensamentos. Portanto, "há correspondência entre o significado individual e o significado social das palavras, o que torna efetiva a Comunicação humana".[16]

Não devemos penetrar fundo demais nos arcanos da significação, visto jamais podermos saber *exatamente* o sentido de *qualquer palavra.*

"O cão é amigo do homem."

Essa frase não significa nada. Que cão? O cão hidrófobo que mordeu o menino? Se o cão *é o* guarda da casa do homem, sua função é protegê-lo de assaltantes; sendo homens os assaltantes que o cão ataca, de que *homem é* amigo o cão?

A palavra *tábua,* como qualquer outra, presta-se a sem-número de interpretações:

— Tábua de logaritmos.

— Tábuas da Lei.

— Tábua de passar roupa.

— Tábua de construção.

— Levar "tábua".

Hayakawa sugere colocar-se um número no final de cada palavra, com o objetivo de distingui-la da mesma palavra com outro significado. Por exemplo: que quer dizer *desemprego?* As diversas significações deveriam ser identificadas com um número:

Desemprego 1 – quando um homem perde o emprego e empenha-se em conseguir outro.

Desemprego 2 – quando um homem perde o emprego, mas não procura outro; pode viver sem trabalhar.

Desemprego 3 – quando um homem precisa de emprego, mas não pode trabalhar por ser física ou mentalmente incapaz.

Desemprego 4 – quando um homem recebe indenização, deixa o emprego por três meses para ser readmitido a partir do quarto.

Desemprego 5 – quando um homem trabalha meio dia e procura emprego de meio expediente para equilibrar as finanças.

Comenta Stuart Chase: "não é à toa fiquem os estatísticos perplexos cada vez que precisam determinar o número exato de desempregados nos Estados Unidos".[17]

---

[16] Idem.
[17] CHASE, S. *Power of words.* Londres: Phoenix House Ltd., 1955.

Bertrand Russell, refutando Parmênides, escreve: "Embora o dicionário ou a enciclopédia deem o que se pode chamar o significado oficial e socialmente sancionado de uma palavra, não há duas pessoas que, empregando a mesma palavra, tenham a mesma ideia em sua mente",[18] e, na mesma direção, Silveira Bueno cita o símbolo fonético *trabalho*, ao qual correspondem variadas acepções, segundo o empregam o agricultor, o estudante, o ginecologista, o sacerdote, o artista ou o gatuno.

O significado é *individual*, vem sempre impregnado de *afetividade*, e depende do *contexto*. Variam as definições das palavras, por força da imaginação do indivíduo ou por influência das conotações. Exemplo de imaginação determinando sentido é a definição de hospitalidade do *Dicionário do diabo*, de Ambroise Bierce: "O que nos induz a alojar e alimentar pessoas que não precisam nem de alimentação e nem de alojamento." Outras definições da mesma fonte: "Conservador – político admirador fanático dos males existentes, assim chamado para o distinguir do revolucionário, que aspira a substituir esses males por outros". "Macaco – animal arbóreo que se sente à vontade nas árvores genealógicas."

Voltaire, no *Dicionário filosófico*, tece as seguintes considerações em torno da palavra "amor próprio": "Viajando pela Índia, topou um missionário com um faquir carregado de cadeias, nu como um macaco, deitado sobre o ventre e deixando-se chicotear em resgate dos pecados de seus patrícios hindus, que lhe davam algumas moedas do país. — Que renúncia de si próprio! — dizia um dos espectadores. — Renúncia de mim próprio? — retorquiu o faquir. — Ficai sabendo que não me deixo açoitar neste mundo senão para vos retribuir no outro. Quando fordes cavalo, e eu cavaleiro!".

No *Dicionário do homem selvagem*, de Papini, encontramos a seguinte definição de *alma*:

> Segundo Carlyle, tem a mesma finalidade que o sal para a carne do porco: não deixa a carne apodrecer. Mas, como a maior parte dos homens de hoje, aparentemente vivos, rescendem cheiro forte de podridão, nasceu a suspeita de que os homens estão submetidos à mesma condição das mulheres, as quais, segundo a decisão apócrifa de famoso concílio, estariam privadas de alma. Nos tempos bárbaros da Idade Média, o primeiro pensamento do homem era salvar sua alma; hoje se pensa unicamente em salvar o corpo, e daí veio, como corolário imprevisto, que os corpos se consumam antes e se destruam em maior quantidade pelas guerras e pelas doenças. Só as senhoras amantes e amáveis recordam amiúde esse sopro metafísico que alberga seus corpos, segundo dizem os padres, e para justificar seus sucessivos adultérios, exclamam: "Que vou fazer? Tenho a alma tão sensível!".

---

[18] RUSSELL, B. *História da filosofia ocidental*. São Paulo: Companhia Editora Nacional, 1957.

O sentido das palavras muda e mesmo a gramática rígida, em seus cânones, embaraça-se com coisas tão simples, como a determinação no tempo de determinado verbo:

— *Chego* já!
— *Chego* sempre cedo, ao escritório!
— *Chego* logo mais à noite!
— *Chego* amanhã sem falta!
— *Chego* ontem e encontro V. aqui!

Os inumeráveis matizes da Linguagem obrigam a Comunicação humana à análise e à síntese:

> cada pensamento que se expressa é como foguete que surge das trevas e se desmancha em chispas luminosas. Essas parcelas de pensamento se extinguem sem deixar mais que cinzas: são palavras. Reconstruí-las seria o mesmo que fazer renascer o fogo de artifício.[19]

---

[19] BALLY, C. *El lenguaje y la vida*. Buenos Aires: Editorial Losada, 1957.

Capítulo 4
A Comunicação e o Protocolo, o Cerimonial e a Etiqueta

A vida e o mundo são cheios de antinomias, com reflexos na comunicação. Por isso, o dualismo é a forma mais evidente de interpretar a realidade. Há dois princípios antagônicos: o do bem e o do mal. Conforme procedem de um ou de outro, as coisas e pessoas são boas ou más, belas ou feias, honestas ou desonestas, interessantes ou chatas, informais ou protocolares.

A teologia bíblica desfaz essa polaridade, dando o mal como uma ausência de ser, ou como um produto da decadência do ser. Deus fez tudo bom, inclusive o homem. O Diabo não é adversário de Deus, coeterno a Ele, mas criatura de Deus, que livremente optou pela desobediência radical: *non serviam*, "não servirei". O homem, seduzido pelo Diabo, aderiu à autonomia moral e insubordinou-se à ordem divina. Juiz de si mesmo, começou a legislar em causa própria. Vieram, então, as dicotomias: *tot caput tot sententia*, cada cabeça uma sentença.

Olavo Bilac, para ficar entre os nossos, pinta o retrato desse homem decaído:

> Não és bom, nem és mau: és triste e humano...
> Vives ansiando, em maldições e preces,
> Como se, a arder no coração tivesses
> O tumulto e o clamor de um largo oceano.
>
> Pobre, no bem como no mal padeces;
> E, rolando num vórtice vesano,
> Oscilas entre a crença e o desengano,
> Entre esperanças e desinteresses.
>
> Capaz de horrores e de ações sublimes,
> Não ficas das virtudes satisfeito,
> Nem te arrependes, infeliz, dos crimes:

E, no perpétuo ideal que te devora,
Residem juntamente no teu peito
Um demônio que ruge e um deus que chora.[1]

"Um demônio que ruge e um deus que chora". De forma galhofeira, mas nem por isso menos profunda, Jorge Amado une esses polos na composição entre os dois maridos de Dona Flor.

Bahia dos anos 1920. Desobedecendo à mãe, que desejava um genro certinho e rico, Flor casa-se com Vadinho, infiel, espertalhão, cheio de lábia, viciado em jogo, mulherengo, mas marido adorável e amantíssimo; "um porreta", na definição de um companheiro de farra. Vadinho morre precocemente. Passado o período inconsolável, Flor (agora com a anuência da mãe) casa-se com o farmacêutico Teodoro, o oposto de seu primeiro marido: honesto, fiel, respeitoso. Sobretudo sistemático: sexo às quartas e sábados, aos sábados com direito a repique; um lugar para cada coisa e cada coisa em seu lugar; gavetas de roupas íntimas etiquetadas, como na farmácia ("meias do Sr. Teodoro", "cuecas do Sr. Teodoro", etc.). A vida de Flor corria calma, quando começa a aparecer-lhe o espírito de Vadinho, pelado, a tentá-la. Ela tenta resistir-lhe, mandá-lo de volta para o lugar de onde veio por meio de um trabalho de candomblé, mas acaba sucumbindo a seus encantos: afinal, dizia-lhe ele, eram casados nas duas leis. Assim, muito garbosa, Flor andava pelas ruas de Salvador de braço dado com seus dois maridos: o circunspecto Teodoro e Vadinho, como sempre, pelado.[2]

Freud explica: os dois maridos representam o *id* e o superego. Flor, caminhando feliz no meio deles, evoca um sucedâneo da *virtus in medio*: cada um em seu *kairós,* isto é, em seu momento oportuno.

Essa parafernália filosófica inicial é para introduzir e harmonizar uma dicotomia da comunicação: informalidade *versus* formalidade. Obviamente o código verbal de Vadinho era informal, para não dizer obsceno – e o de Teodoro, formal e pudico.

A geração atual, sobretudo a juventude, prima pela informalidade. Na vestimenta, usando um *jeans* (preferencialmente de *griffe*), vai-se a qualquer lugar; a comunicação acompanha: a propriedade vocabular cede tranquilamente a vez à gíria na comunicação oral e aos "bjs", "vc", "rsrsrs" dos *Twitters*. Entretanto, nem mesmo os jovens conseguem esquivar-se de situações que exigem formalidade: casamentos, sessões solenes, audiências com superiores hierárquicos, entrevistas para obtenção

---

[1] BILAC, Olavo. Dualismo. In: *Poesias*. 25. ed. Rio de Janeiro-São Paulo-Belo Horizonte: Livraria Francisco Alves, 1954. p. 286.
[2] CF. AMADO, Jorge. *Dona Flor e seus dois maridos.* São Paulo: Companhia das Letras, 2008.

de emprego, serviço militar obrigatório, desfiles, congressos, conferências, liturgias. Nessas ocasiões, obrigatoriamente muda a roupa e a comunicação.

Isto é: voltando à metáfora de Dona Flor, estamos diante de dois níveis de comunicação, a informal e a formal, sem demonizar nenhuma delas. A virtude está no meio, não em uma improvável simbiose, mas no uso de cada nível na situação que lhe for pertinente.

Protocolo, cerimonial e etiqueta são categorias de comunicação formal.

A palavra "protocolo", por meio do latim medieval *protocolllum*, vem do grego tardio *protókollon,* primeira colagem de cartas que trazem diversas indicações que as autenticam *(protos é primeiro e kolla é goma)*. Uma das evoluções desse significado etimológico é "conjunto de normas reguladoras de atos públicos, especialmente nos altos escalões do governo e na diplomacia".[3]

Cerimonial é o planejamento de uma solenidade concreta, tendo em vista as normas reguladoras estabelecidas pelo protocolo. Etimologicamente, deriva do adjetivo latino *"caerimonialis*, e – 'relativo às cerimônias religiosas', religioso, consagrado pela religião".[4] As celebrações religiosas têm uma marcação rígida: daí a posterior generalização do significado da palavra cerimonial.

Etiqueta é o modo de comportar-se e comunicar-se das pessoas envolvidas em um evento; é o *script* dos participantes. A etimologia prende-se ao francês *etiquette* (ant. *estiquette*), pequeno pedaço de papel escrito afixado a um pacote para identificar seu conteúdo. Durante o Absolutismo na França, para que não fossem infringidas as normas de conduta do palácio, era entregue aos visitantes um cartão escrito – uma *etiquette* – com as indicações do comportamento a ser adotado.[5] Tudo indica que o étimo original seja o grego *stíkhos*, no sentido de linha escrita ou verso.[6]

O protocolo é o código de regras que norteia o cerimonial e estabelece a ordenação hierárquica das autoridades, suas prerrogativas, privilégios e imunidades. Por exemplo, as normas oficiais do cerimonial público preveem uma ordem de precedência: o Presidente da República presidirá sempre a cerimônia a que comparecer; em sua ausência, presidirá o Vice-Presidente. Os Ministros de Estado presidirão as solenidades promovidas pelos respectivos ministérios, etc.

O cerimonial é um recorte das normas protocolares aplicado a um evento específico. Assim, um cerimonialista que organizar a composição da mesa de um banquete deverá observar a regra das precedências: estando presentes o Governador

---

[3] Cf. HOUAISS, Antônio et al. *Dicionário Houaiss da língua portuguesa.* Rio de Janeiro: Objetiva, 2001, verbete "protocolo".
[4] Cf. Ibidem, verbete "cerimonial".
[5] Cf. MORENO, Cláudio. *Sua língua.* Disponível em: <http://wp.clicrbs.com.br/sualingua/2009/04/30/etiqueta/>. Acesso em: 14 dez. 2010.
[6] BAILLY, A. *Dictionnaire grec-français.* Paris: Hachette, 1989, verbete *"stíkhos".*

do Estado, o Prefeito Municipal e o Presidente da Câmara, deverá situá-los na ordem do maior para o menor.

A etiqueta constitui a conduta e o nível de comunicação que deverão ser praticados pelos participantes do evento. Prevê, por exemplo, o uso acertado dos copos e talheres em um banquete oficial e uma linguagem elevada e correta.

1. Importância do Protocolo, Cerimonial e Etiqueta

Protocolo, cerimonial e etiqueta não são acessórios dispensáveis, enfeites. No terreno das relações humanas, são eles que garantem a cordialidade, o respeito mútuo, a boa convivência. Aos eventos de qualquer natureza, conferem ordem e beleza, evitando que se tornem caóticos.

Carlos Takahashi, secundando o cerimonialista Murilo Antunes Alves, considera o cerimonial semelhante ao céu visto à noite, no qual os astros convivem em perfeita harmonia, cada qual em sua órbita, de acordo com a sua densidade. Se imaginarmos as autoridades como astros e o poder de gravidade de cada um como sua precedência, perceberemos que astros mais densos atraem os de menor densidade. Não há colisões, pois há uma lei, uma ordem, uma regra que garante a harmonia entre eles. Assim é o cenário criado pelo cerimonial.[7]

O mesmo se pode dizer da etiqueta e das boas maneiras. Célia Ribeiro fala da preocupação que já existe nas universidades com os modos dos jovens egressos, que terão de enfrentar o mercado de trabalho. "Alguns não se preocupam, outros não tiveram uma boa educação."[8] Por isso, as escolas procuram patrocinar-lhes cursos de boas maneiras.

A Escola Superior de Propaganda e Marketing (ESPM) de São Paulo, por exemplo, ofereceu, em 2010, sob iniciativa do curso de Relações Internacionais e da área de Recursos Humanos, com a organização e planejamento do conteúdo de Tatiana Benite e Givaldo Fontes da Cruz, um curso intitulado "Cerimonial e Protocolos em Eventos", ministrado pelos consultores Kelly de Jesus Messias dos Santos e Carlos Koji Takahashi.

---

[7] TAKAHASHI, Carlos. *Os 3 B's do cerimonial*. p. 14.
[8] RIBEIRO, Célia. *Boas maneiras & sucesso nos negócios*. 4. ed. Porto Alegre: L&PM, 1993. p. 13.

O mesmo vem acontecendo nas empresas, porque "na competição do mercado de trabalho, entre dois candidatos com igual capacitação técnica, tem maiores chances aquele com boa apresentação e trato agradável".[9]

Levar em conta a etiqueta e as regras de conduta não caracteriza prática esnobe, arrogante, mas procedimento recomendável na convivência corporativa. Além do mais, a globalização inseriu o Brasil no mundo, e as exigências empresariais mudaram, passando a valorizar, mais do que nunca, as boas maneiras.

Para ser bem-sucedido no mundo corporativo atual, não basta ter uma boa faculdade, um belo curso de especialização e ótimos empregos no currículo. Há certas coisas que não se aprendem nem nos melhores cursos de pós-graduação. Traquejo para cultivar amizades, uma postura elegante, bons hábitos, uma rede de relacionamentos preciosa – esses são instrumentos essenciais para galgar os degraus do sucesso no mundo dos negócios.[10]

Nas relações humanas e empresariais, para o proveito de todos, há um código de ética implícito, que se traduz em boas maneiras. Por exemplo, são essenciais:

- ser pontual;
- não faltar aos compromissos assumidos;
- marcar reuniões em horários convenientes para as partes envolvidas;
- não monopolizar a fala por muito tempo para demonstrar erudição gratuita;
- respeitar, em eventos no estrangeiro, os costumes do país anfitrião;
- saber dizer "não" quando necessário;
- não fazer promessas mirabolantes, criando falsas expectativas;
- usar de sinceridade, sem quebrar a cordialidade;
- não furar filas;
- ser conciso e objetivo nas palestras;
- falar com correção, mas com naturalidade;
- não usar palavrões e excesso de gírias;
- se for preciso demitir alguém, fazê-lo com objetividade, mas com discrição e sensibilidade;
- cultivar relações com a mídia, sem perder a privacidade;
- preservar a verdade e a moderação no relacionamento com a imprensa, evitando o patético e o sensacionalismo;

---

[9] Idem.
[10] COSTA, Roberto Teixeira da; SANCOVSKY, Susanna. *Nem só de marketing...* São Paulo: Conex, 2005. p. 10.

- preparar-se adequadamente para as entrevistas com a imprensa, colocando-se sempre em sintonia com os interesses da empresa que representa ou da qual é funcionário;
- atender prontamente aos telefonemas;
- dar retorno quando for solicitado;
- ler e-mails, memorandos, cartas, etc. e responder a todos;
- anotar e repassar recados;
- lembrar-se de datas comemorativas e fazer as saudações e cumprimentos pertinentes;
- saber fazer renúncias para poder trabalhar em equipe;
- ouvir todas as partes, atribuindo o devido valor a cada uma delas, acatando a opinião pertinente de todos os envolvidos, se estiver na posição de líder;
- ser ecologicamente correto;
- decorar os ambientes com sobriedade;
- ao esquecer o nome do interlocutor, perguntar-lhe novamente com simplicidade e naturalidade;
- nunca revelar segredos;
- jamais aceitar qualquer tipo de suborno;
- se for fumante, usar o "fumódromo";
- vestir-se adequadamente para cada ocasião;
- planejar com antecedência eventos e festas, assim como enviar convites com a devida antecipação;
- não criar inimizades por conta de política, religião ou futebol;
- manter a ética nas redes sociais;
- evitar saudações com beijos e abraços:

O cumprimento deve ser um aperto de mão firme e de preferência em pé, reforçado com um contato olhos nos olhos. Esse gesto pode ser muito significativo. Se a mão não é firme, denota insegurança; se a mão está úmida, transparece tensão. Oferecer apenas as pontas dos dedos pode parecer uma atitude de desprezo, e apertar demais a mão é grosseria. O cumprimento ideal deve ser um aperto de mão firme e completo. Essas regras rígidas, ditadas por livros de etiqueta, não se alteraram numa sociedade moderna e menos formal.[11]

---

[11] Ibidem, p. 141.

2.
CERIMONIAL, MITO E RITO

Pela etimologia, como foi dito, a palavra cerimonial está ligada à religião: vem do adjetivo latino *caerimonialis,e*, que quer dizer *relativo às cerimônias religiosas, religioso, consagrado pela religião*.

Em verdade, as solenidades hodiernas organizadas de conformidade com um cerimonial são um sucedâneo dos ritos religiosos primitivos, que tinham por função reviver e presentificar os mitos.

Mito é uma história paradigmática. O grego arcaico tem três termos para designar "verbo", no sentido de "palavra": *épos, logos e mythos*. *Épos* designa aquilo que é falado com a voz; *logos* é o que é pensado pelo entendimento; *mythos* remete àquilo que realmente aconteceu no passado, é a palavra-fato, "é autorrevelação do ser num sentido venerando que não distingue o 'verbo' do ser".[12]

Entre os povos primitivos, o mito é um relato de origem. Diz como a realidade total ou as realidades parciais vieram a existir, graças às façanhas dos entes sobrenaturais. Por exemplo, segundo o mito cosmogônico polinésio, no princípio existiam as águas e as trevas. Então "Io, o Deus Supremo, separou as Águas mediante o poder do pensamento e de suas palavras, e criou o Céu e a Terra. Disse ele: 'Que as águas se separem, que os Céus se formem, que a Terra seja!'".[13]

As palavras cosmogônicas são criadoras, detêm um poder sagrado. Repetidas nos ritos, reiteram o ato criador, transportam os homens para o tempo sagrado da *arqué*, quando os deuses tudo criaram. Assim, aquilo que aconteceu *ab origine* pode ser repetido pelo poder dos ritos. O rito é a reiteração e a presentificação do mito.

Para as sociedades primitivas, não só o mundo total, mas todas as realidades humanas tiveram origem no sagrado, são míticas; os ritos que concernem a elas são a intervenção do sagrado na vida cotidiana. Por meio deles são revelados os modelos exemplares das atividades humanas significativas (alimentação, casamento, trabalho, educação, arte, sabedoria, etc.), porque os mitos são os paradigmas dessas atividades. Bem observadas, todas as atividades cotidianas são miméticas, transmitidas pela cultura e obedientes a um ritual: levantar-se do sono, higienizar-se, tomar a primeira refeição (que também segue um ritual), sair de casa para o

---

[12] GRASSI, Ernesto. *Arte e mito*. Trad. Manuela Pinto dos Santos. Lisboa: Livros do Brasil [Enciclopédia LBL]. p. 74.
[13] ELIADE, Mircea. *Mito e realidade*. Trad. Pola Civelli. São Paulo: Perspectiva, 1972 [Coleção Debates]. p. 33.

trabalho, trabalhar (que igualmente é ritualístico), voltar a casa, almoçar (que tem seu rito), voltar ao trabalho, retornar a casa, jantar, ver televisão, deitar-se, dormir. No dia seguinte, levantar-se...

Conhecer e recitar o mito implica conhecer a origem das coisas e, consequentemente, poder dominá-las. Como o mito não é mental, mas factual, o conhecimento que se tem dele por meio do rito não é intelectual, mas vivencial. Por isso, quando se "vive" o mito atualizado no rito, fica-se "impregnado pelo poder sagrado e exaltante dos eventos rememorados ou reatualizados".[14]

O pensamento mítico não é exclusividade do homem primitivo. Subsiste no homem moderno, helenizado e racionalista, e parece pertencer à essência do ser humano. O homem de hoje também necessita impregnar-se do sagrado e sentir-se exaltado com a ascensão proporcionada pelo rito. Consegue-o por meio do cerimonial. Quem não se emociona e não sente um "transporte" para esferas mais altas, ao assistir a um casamento, uma procissão religiosa, uma liturgia, uma parada militar, ou a troca da guarda do palácio de Buckingham, a qual atrai diariamente milhares de curiosos? Esses acontecimentos são sempre festivos.

Os gregos, que, antes de se tornarem racionalistas, foram "míticos", contavam o tempo pelas festas religiosas. Isso porque para eles a festa não era apenas uma alegre comemoração comunitária ou uma cerimônia religiosa habitual. "Era [...] a data e o lugar em que se festejavam as mais altas realizações dos homens" e, nesse sentido, fazia história, "o que não acontece com o simples 'dia comemorativo'."[15] Nossas festas hodiernas estão muito mais para o nominalismo; são apenas dias comemorativos, cujo conteúdo foi obnubilado pelo ponto facultativo, feriado, feriadão. Contudo, se, apesar desse reducionismo, a etiqueta, o cerimonial e o protocolo continuam persistindo hieráticos nessas ocasiões, é porque nas festas hodiernas ainda subjaz o caráter iniciático e ascensional que toca o homem pelas emoções.

Vistos dessa forma, os eventos solenes regidos por um protocolo, um cerimonial e uma etiqueta adquirem novo significado e importância, pois remetem àquele "algo mais" que de outra forma não poderia ser abarcado por nossa vã filosofia, nem teria meios de se fazer comunicação.

Santo Tomás, interpretando o pensamento cristão, identifica esse "algo mais" com a posse da vida eterna e a visão beatífica, anseio de todo homem:

> [...] nesta vida, ninguém pode contentar perfeitamente seu desejo, e criatura alguma sacia o anseio do homem; só Deus o sacia e o excede infinitamente. Por isso, o ser humano não descansa senão em Deus. Santo Agostinho disse:

---

[14] Ibidem, p. 22.
[15] GRASSI, op. cit., p. 21.

'Tu, Senhor, nos fizeste para ti e inquieto está nosso coração enquanto não repousa em ti'.[16]

Ao homem secularizado, não religioso, a arte, em especial a poesia, é uma forma privilegiada de apreensão desse sagrado, que, embora ele não o admita, é essencial a sua realização como pessoa. Eduardo Oyakawa, falando do poeta alemão Hölderlin, destaca o poder sacralizante da palavra poética, na época moderna, despovoada de deuses:

Os poetas padecem em uma época marcada pela ausência dos deuses, mas são eles os portadores de uma vigorosa esperança porque, em seu canto, se vislumbra um novo começo, o regresso à pátria perdida.

Na comunhão com as deidades, soerguem-se os inopinados cantos daqueles que possuem a dimensão do eterno e trazem ao convívio terrestre a palavra em tudo produtora de vida e sentido.[17]

Teologia à parte, o fato é que todo homem anseia por uma elevação – ou, como queria Platão, tem saudade dessa elevação, que sua alma conheceu antes de ser aprisionada no corpo. Pois bem: as solenidades, sagradas ou profanas, orquestradas por um cerimonial e regidas por um protocolo, são a oportunidade que ele tem de realizar esse anseio profundo.

3. EXEMPLOS DE CERIMONIAIS E SEUS SIGNIFICADOS

3.1. Filmografia

No filme "Maria Antonieta", de Sofia Coppola,[18] a jovem Maria Antonieta, princesa da Áustria, sai de seu país rumo à França, para ser a esposa do Delfim francês. Na fronteira, damas francesas despojam-na de suas roupas e pertences, tornam a vesti-la à francesa, para que ela não leve para sua nova pátria nada do que usava na antiga. A cena da desnudação e vestição é ritualística. A partir daí, estabelece-se um contraste entre a informalidade de seu antigo modo de viver na

---

[16] OFÍCIO DIVINO. *Liturgia das horas.* V. IV. São Paulo: Vozes, Paulinas, Paulus e Ave-Maria, 1999. p. 489.
[17] OYAKAWA, Eduardo. *A espiritualidade da palavra:* Martin Buber e Friedrich Hölderlin. São Paulo: Stilgraf Artes Gráficas e Editora Ltda., 2010. p. 139-140.
[18] MARIE Antoinette. Direção: Sofia Coppola. Intérpretes: Kirsten Dunst; Jason Schwartzman; Rip Torn; Judy Davis; Asia Argento; Marianne Faithfull. Distribuidora: Columbia Pictures EUA, 2006.

Áustria e as convenções da corte francesa: a metáfora dos dois maridos de Dona Flor. Em Versalhes, a princesa tem de obedecer à mais rígida etiqueta. Não tem licença de vestir-se sozinha ao levantar-se do sono, porque há um cerimonial a ser observado, com privilégios e prerrogativas: a dama de condição mais elevada é que tem direito de colocar-lhe a primeira peça, e assim sucessivamente, tudo com precisão e lentidão hierática.

Qual o significado dessas normas? Sem dúvida, uma "elevação". A rainha é a presença do sagrado, talvez de Nossa Senhora, no imaginário cristão. Assim, a ela todas as honras. Desempenhar a função de vesti-la e desvesti-la não é um dever subalterno, mas uma alta e disputada honraria.

No filme "Regresso a Howard's End",[19] Ruth Wilcox, em seu leito de morte, deixa uma casa de campo (Howard's end) como herança a sua amiga Margaret Schlegel, mas seus filhos resolvem ocultar o fato e a herdeira não fica sabendo de nada. Entretanto, o viúvo, Henry Wilcox, muito rico, casa-se com Margaret, de modo que o desejo da falecida se cumpre.

Margaret é educada e formal, mas tem uma irmã, Helen, fora dos padrões aristocráticos, "socialista", libertária, que engravida solteira, um escândalo para a época. Habilmente Margaret consegue que o marido aceite sua irmã e o sobrinho bastardo morando com eles, e tornam-se uma família feliz e tranquila: regressam a Howard's end.

A história se desenvolve numa sequência de contrastes entre comportamentos e falas aristocráticos e informalidade, às vezes grosseria, porque há um entrecruzar-se de classes sociais: a metáfora dos maridos de Dona Flor. O casal aristocrático Henry e Margaret contraponteiam com os pobres e vulgares Leonard Bast e Annie, sobretudo em uma festa campestre oferecida pelos primeiros, em que Annie se embriaga e dá escândalo.

Margaret e Henry relacionam-se como se tivessem por trás de si uma rígida etiqueta, que os faz parecer superficiais, *dandies*. O final feliz, contudo, com o acolhimento de Helen e seu filho, mostra sua dimensão de profundidade.

Tudo se passa num clima edwardiano, como uma série de pinturas neoclássicas. O enfoque cerimonialístico tem a função de conferir leveza aos acontecimentos às vezes trágicos, às vezes irônicos, convidando a ver a vida com complacência.

"Amor sem escalas"[20] trata de um tema bem atual: a crise financeira e o corte de gastos com empregados. Ryan Bingham é um executivo contratado por empre-

---

[19] HOWARD'S end. Direção: James Ivory. Intérpretes: Vanessa Redgrave; Emma Thompson; Anthony Hopkins; Helena Bonham Carter. Inglaterra, 1992.
[20] UP IN the air. Direção: Jason Reitman. Roteiro: Jason Reitman e Sheldon Turner. Intérpretes: George Clooney; Anna Kendrick; Vera Farmiga. EUA, 2009.

sas em crise, que necessitam dispensar funcionários, mas não querem fazê-lo por si mesmas. Devido a sua profissão, Bingham passa a vida voando de cidade em cidade, acumulando milhas. A rotina faz que tudo em sua vida seja ritual. Assim, hospeda-se nos hotéis e faz amor com Alex, que também passa a maior parte do tempo longe de casa, voando a trabalho (o casal agenda seus encontros em trânsito por *notebook*). Vai à empresa solicitante, faz o trabalho, depois táxi, aeroporto, *check-in*, e de volta para o ar.

Para executar sua função, Bingham criou um "cerimonial". Chega sem ser anunciado com a pasta de executivo, fecha-se em uma sala reservada e começa a chamar as pessoas. O ritual tem três etapas: começa pelo anúncio da dispensa. Em seguida, Bingham transforma o fato negativo em positivo: o recém-desempregado pode aproveitar aquele momento único para mudar sua vida para melhor, ter um bom recomeço. Vem então a terceira etapa: Bingham entrega ao dispensado, como cortesia, um manual que ensina como proceder dali para a frente para encontrar o sucesso, recomendando-lhe uma leitura atenta.

Bingham tem sempre respostas prontas e bem ensaiadas. Faz seu trabalho metodicamente e não se comove com a reação das pessoas despedidas, que vão do conformismo à revolta, à ameaça de suicídio ou de homicídio contra ele.

O filme merece uma reflexão mais profunda sobre o sentido da vida, que aqui não cabe fazer. Mas em termos de cerimonial e protocolo, mostra como o ritualismo pragmático e sem elevação pode embrutecer as pessoas.

No filme "A Rainha",[21] a soberana inglesa Elizabeth II tem de enfrentar um impasse: por ocasião dos funerais da Princesa Diana, obedecer às rígidas normas protocolares e ser antipática com o povo, ou transgredi-las e manter a simpatia popular. Aconselhada por seu Primeiro-Ministro recém-eleito, Tony Blair, ela adota a segunda opção. Essa quebra de protocolo significou comparecer ao sepultamento de Diana e pronunciar um discurso elogioso à princesa morta.

Elizabeth, em determinado momento, explica que sobrepõe o protocolo às manifestações de afeto, porque foi educada assim. Significa que o comportamento cerimonioso que se exige dos nobres e para com os nobres é uma manifestação de respeito à instituição que eles representam. Instituição que o povo preza. Os cerimoniais exibidos no filme caminham nesse sentido.

Antes de começar seu governo, Tony Blair recebe uma investidura, que lembra a de um cavaleiro medieval. Ajoelha-se diante da Rainha e ela lhe faz o seguinte convite: "Recai sobre mim, como sua soberana, o dever de convidá-lo a ser o Primeiro-Ministro e formar um governo em meu nome". Ele, aceitando, responde:

---

[21] THE QUEEN. Direção: Stephen Frears. Intérpretes: Helen Mirren e Michael Sheen. Inglaterra, 2006.

"Sim". Em seguida, a Rainha lhe oferece a mão direita para beijar. Depois, todas as vezes que vai ter com ela, para prestar-lhe contas de seu governo e receber alguns conselhos, Blair tem de ser solenemente anunciado como Primeiro-Ministro, transpor a porta do salão e parar. Em seguida, faz uma vênia discreta e a Rainha vem a seu encontro, estendendo-lhe a mão.

Curiosidade do enredo: o funeral da Princesa Diana adotou o cerimonial que estava reservado para a Rainha-Mãe, com a substituição de alguns Chefes de Estado por personalidades do mundo da arte e da moda.

3.2 A família real no Brasil

Laurentino Gomes[22] trata de forma agradável e jornalística, porém séria e documentada, a "fuga" (é assim que ele considera) da família real portuguesa para o Rio de Janeiro e sua permanência em terras brasileiras de 1808 a 1821. Nos momentos oportunos, descreve alguns rituais da corte.

Há um estranhamento inicial: o contraste entre a pompa da corte excessivamente numerosa que aqui aportou e a tacanhice da colônia. Conforme a moda europeia, os nobres usavam casacas de veludo, sapatos de fivela, meias de seda, perucas, em completo desacordo com o calor tropical do Rio de Janeiro – que era então uma cidade precária, cheia de aventureiros, traficantes de escravos, tropeiros, negociantes de ouro e diamantes, marinheiros e comerciantes da Índia.[23]

A corte portuguesa no Brasil, em comparação com os padrões europeus, vivia de forma precária, em virtude das condições incipientes da Colônia. Mas D. João, o Príncipe Regente, era alvo de todas as honrarias: honra-se ao Rei como se honra a Deus.

Cada navio que entrava no porto disparava em sua homenagem 21 tiros de canhão, que eram respondidos pelos fortes da barra.[24] Nas ruas do Rio de Janeiro, obedecendo ao protocolo, os homens deviam ajoelhar-se e tirar o chapéu em sinal de respeito, diante dele e da família real.[25] Sua coroação, em 1818, aconteceu com pompa e circunstância, dentro do que era possível fazer no Rio de Janeiro de então:

> No dia da coroação, o rei D. João VI usava um manto de veludo escarlate coberto com fios de ouro. Como havia feito ao chegar ao Rio, em 1808, caminhou novamente do Paço até a Capela Real, acompanhado pelos membros da nobreza e os embaixadores estrangeiros. Depois do juramento

---

[22] GOMES, Laurentino. *1808*. São Paulo: Editora Planeta do Brasil, 2007. p. 201.
[23] Cf. Ibidem, p. 141.
[24] Cf. Ibidem, p. 162.
[25] Cf. Ibidem, p. 181.

exibiu-se pela primeira vez de cetro e coroa. Os príncipes, seus filhos, estenderam a mão sobre o missal, prometendo-lhe obediência. A cerimônia foi seguida pelos vivas da multidão concentrada em frente ao Paço Real, pelas salvas de canhões e pelo repique ininterrupto dos sinos das igrejas. Festas populares, corridas de touros, desfiles militares, espetáculos de música e dança tomaram conta da cidade durante toda a semana.[26]

Os costumes dos habitantes da colônia também são contemplados. Veja-se esta descrição de uma família que ordenadamente caminha para assistir à missa, em séquito hierárquico, como manda o protocolo. A descrição é do viajante inglês Alexander Caldcleugh, que esteve no Rio de Janeiro entre 1819 e 1822:

> Logo cedo o dono da casa se prepara para ir à igreja, e marcha, quase sem exceção, na seguinte ordem: primeiro, o senhor, com seu chapéu alto, calças brancas, jaqueta de linha azul, sapatos de fivela e uma bengala dourada. Em seguida, vem a dona da casa, em musselina branca, com jóias, um grande leque branco na mão, meias e sapatos brancos; flores ornamentam seus cabelos escuros. Em seguida, vêm os filhos e filhas, depois as mulatinhas favoritas da senhora, duas ou três, com meias e sapatos brancos; o próximo é um mordomo negro, com chapéu alto, calças e fivelas; por fim negros dos dois sexos, com sapatos, mas sem meias, e vários sem um nem outro. Dois ou três garotos negros, mal cobertos com alguma roupa, fecham a fila.[27]

Relatam-se também casos pitorescos, em que o protocolo foi modificado, quebrado ou abolido.

Ao chegarem à Baía de Guanabara, as damas da corte, inclusive a princesa e suas filhas, desembarcaram de cabelos raspados ou curtos, ou de turbantes, devido à infestação de piolhos que tiveram de enfrentar durante a travessia do Atlântico. Pois bem: as mulheres do Rio de Janeiro, pensando que essa era a última moda na Europa, passaram a cortar seus cabelos e a usar turbantes também[28]. O ser humano, sobretudo do sexo feminino, é um animal mimético...

D. João era gordo, calmo e lento; Carlota Joaquina era magra, hiperativa, vivaz e voluntariosa. Exigia dos homens, sob ameaça e às vezes execução de chicotadas, que sempre lhe prestassem as homenagens de rua: tirar o chapéu e ajoelhar-se. Os

---

[26] Ibidem, p. 300-301.
[27] CALDCLEUGH, A. *Travels in South America during the years of 1818-20-21;* containing an account of the present state of Brazil, Buenos Ayres, and Chile. Londres: John Murray, 1825, p. 64 apud GOMES, Laurentino, op. cit., p. 226-227.
[28] Cf. GOMES, Laurentino. *1808*. São Paulo: Editora Planeta do Brasil, 2007. p. 145.

estrangeiros não costumavam submeter-se ao ritual. Foram tantas as reclamações, que D. João acabou isentando-os de qualquer gesto de deferência à família real.[29]

Em uma recepção no Palácio de São Cristóvão, a princesa vestiu-se como uma cigana, dentro de uma camisola pregada com alfinetes, com os cabelos despenteados, em fúria, atestando a ausência de um cabeleireiro e de um camarista entre seus serviçais.[30]

Em 1817, quando houve uma tentativa frustrada de instalar o regime republicano em Recife, os revolucionários tomaram uma decisão pitoresca: aboliram os pronomes de tratamento (Vossa Excelência e similares), porque indicavam hierarquia ou autoridade de algumas pessoas sobre outras; o tratamento "senhor" foi substituído por "patriota".[31]

3.3 O beija-mão

D. João VI no Brasil passou à história como um rei benevolente e paternal. À noite, abria as portas do palácio São Cristóvão, residência real, e, acompanhado da família, recebia os súditos, que vinham beijar-lhe a mão. Era um costume da realeza já abolido na Europa, mas conservado por D. João no Brasil. Às vezes o acontecimento durava sete horas, cansando a todos. Um autor anônimo e misterioso, que se subscrevia APDG, descreve a cerimônia com detalhes:

> Quando o sinal é dado para a abertura do salão real, a banda de música da corte, no seu costume muito antigo, começa a tocar e toda a cena assume uma aparência muito importante. Os nobres caminham em fila para dentro do salão, um após outro, em passos lentos. Quando chegam a alguns passos do trono, inclinam-se profundamente. Em seguida, avançam mais um pouco, ajoelham-se e beijam a mão do soberano, que a estende para todos os seus súditos com ar verdadeiramente paternal. Feito isso, os nobres repetem a mesma homenagem em direção à rainha e a cada um dos membros da família real. Por fim, saem em fila pela outra porta, na mesma ordem em que entraram.[32]

O clima protocolar e solene é evidente. No imaginário cristão, honrar o rei é honrar a Deus. Ao beijar a mão do soberano, os súditos tinham direito de fazer-lhe pedidos e louvores, como se faz a Deus. Segundo a historiadora Maria Odila Leite da Silva Dias, citada por Laurentino Gomes,[33] "A corte e o poder real fascinavam

---

[29] Cf. Ibidem, p. 181.
[30] Cf. Ibidem, p. 297.
[31] Cf. Ibidem, p. 289.
[32] Cf. Ibidem, p. 201.
[33] Cf. Ibidem, p. 138.

-nos como uma verdadeira atração messiânica: era a esperança de socorro de um pai que vem curar as feridas dos filhos."

3.4 Um outro beija

Entre 1893 e 1897, viveu no arraial de Canudos (norte da Bahia) uma população de sertanejos simples e atrasados, em regime teocrático, sob a guia do beato Antônio Conselheiro. O escritor Euclides da Cunha imortalizou-os em sua obra-prima, *Os sertões*. Acusados de perturbar a ordem e ameaçar a República recém-proclamada, foram combatidos e exterminados pelo Exército brasileiro. O dia a dia dessas pessoas era ritualístico. O ritual mais extravagante era o beija das imagens, o qual acontecia todas as tardes. Célia Mariana Franchi assim o descreve:

> À tarde, o sino tocava chamando para as rezas. Interrompia-se o trabalho, o povo reunia-se sob a "latada" ou derramava-se pela praça. Homens para um lado, mulheres para o outro, ajoelhavam-se e rezavam rosários e ladainhas. O "beija" das imagens era o remate obrigatório das preces: Antônio Beatinho, o altareiro, tomava primeiramente um crucifixo, contemplava-o extaticamente, beijava-o e passava-o para o fiel mais próximo, que adotava o mesmo procedimento, e assim sucessivamente, com toda a multidão; depois vinha uma Virgem Santa, em seguida o Bom Jesus e todas as outras imagens existentes ali. A multidão, a partir de um certo momento, entrava em transe, gritando, chorando, escabujando...

De repente, o silêncio. O Conselheiro abeirava-se de uma mesa e começava a pregar...[34]

O ritual feticista fazia intercomunicarem-se as neuroses individuais, que se somavam num transe coletivo, propício à disseminação e reforço do fanatismo pelo chefe.

3.5 A Semana Euclidiana

Falando de Euclides da Cunha, vêm à mente os cerimoniais da Semana Euclidiana, realizada anualmente de 9 a 15 de agosto, desde 1912, na cidade de São José do Rio Pardo, Estado de São Paulo.

---

[34] SILVA, Célia Mariana Franchi Fernandes da. *Os sertões mais curto*. São Paulo: Nankin, 2006. p. 73-74.

Euclides da Cunha viveu três anos em São José do Rio Pardo (1898-1901), durante os quais dirigiu os trabalhos de reconstrução da ponte sobre o Rio Pardo e escreveu a maior parte de *Os sertões*. Depois de sua morte trágica, abatido em troca de tiros com o amante de sua mulher, os amigos de São José começaram um culto em sua memória, germe das Semanas Euclidianas, neste ano de 2011 em sua 99ª versão.

A essa Semana acorrem estudantes, professores e intelectuais de todo o Brasil e de alguns outros países, para palestras, conferências, ciclos de estudos, mesas-redondas, tudo de alto nível. A avaliação de tudo quanto se faz são as provas da Maratona Intelectual Euclidiana, em três níveis – fundamental, médio e superior –, no último dia.

A culminância da Semana é a Conferência Oficial, proferida por intelectual de projeção, sempre no dia 14 de agosto. Márcio Lauria, que já cumpriu duas vezes essa missão, propôs a imagem do que seria "o conferencista ideal dessa sessão que, sobrepondo-se aos modismos e comodismos, se repete ininterruptamente desde o final dos anos trinta"[35]:

> A situação exigiria, creio eu, orador de idéias a um tempo claras e profundas; ostentando conhecimento apreciável da vida e da obra euclidiana; com capacidade, porém, de expô-lo com singeleza de iniciante e firmeza que só a longa experiência da tribuna acaba proporcionando. Um orador com arroubos capazes de prender com a força evocativa do verbo os menos cultos, com um senso de medida, contudo, que não escandalizasse os doutos. Que falasse verdades agudas sobre Euclides e sobre o Brasil, sem que nem as mais duras palavras afrontassem a tradição local ou ferissem as disparidades de opiniões dos que aqui comparecessem, irmanados apenas pelo euclidianismo.[36]

O "euclidianismo" é o referencial que mitifica e ritualiza toda a Semana. Testemunha Cármen Trovatto Maschietto:

> A comemoração euclidiana é um ritual cívico e é também uma festa: desfile, conferências, ciclos de estudos, competições intelectuais, artísticas e esportivas, exposições e apresentações de arte, feiras, bailes, recepções, coquetéis, jantares e romarias. Cada solenidade possui um ritual próprio, com objetivos, atores e espectadores especiais. O clima de festa prevalece durante

---

[35] LAURIA, Márcio José. *Ensaios euclidianos*. Rio de Janeiro: Presença, 1987 [Coleção Atualidade Crítica]. p. 114.
[36] Idem.

toda a semana, período em que a cidade suspende seu cotidiano, vivendo momentos especiais.[37]

Embora com roupagens modernas, nessa sequência de festividades estão latentes o mito e o rito, sobretudo na romaria à cabana onde Euclides escrevia *Os sertões* e de onde dirigia os trabalhos de reconstrução da ponte. Essa cabana de zinco e sarrafos, recoberta por uma redoma de vidro, é um memorial. A ela acorrem riopardenses e participantes da Semana Euclidiana em romaria, todo dia 15 de agosto (último da Semana), data da morte de Euclides da Cunha. "A romaria é uma visitação obrigatória, é como uma promessa ou peregrinação que euclidianos fazem questão de cumprir" – e São José do Rio Pardo é o "lugar sagrado", onde Euclides viveu e onde se "realiza o ritual de sua imortalização".[38]

A Semana está cristalizada, mas não é estática. Nos últimos anos, foram introduzidos uma abertura e um encerramento performáticos e também ritualísticos, no Recanto Euclidiano, à margem do Rio Pardo, onde estão o túmulo de Euclides, a ponte metálica e a cabana de zinco. Alguns ex-maratonistas, hoje professores dos ciclos de estudos, criaram um ritual atípico: numa das noites da Semana, sobem ao morro do Cristo Redentor que sobranceia a cidade e, em clima byroniano, leem trechos da obra de Euclides, tocam violão e cantam, embalados por vinho do Porto.

Essas festividades têm alto poder de emulação, comunhão e comunicação. Os intelectuais que vão uma vez a São José costumam tornar-se habituais. Recebendo convite para voltar, não recusam. Estudantes de nível médio ou superior que comparecem a primeira vez à Maratona costumam voltar outras vezes e depois incorporar-se ao grupo de professores dos ciclos de estudos. A continuidade é, em grande parte, garantida pelo poder comunicador e agregador dos rituais.

3.6 Liturgia do casamento

A TV Globo, no horário nobre das 21 horas, transmitiu em 2010 uma novela que agradou a gregos e troianos: *Passione*, de Sílvio de Abreu. Uma das personagens, a jovem Fátima, vai casar-se. Tímida, temendo enfrentar olhares curiosos, diz à mãe que deseja apenas a cerimônia civil. Ao que Felícia, a mãe, retruca enfática: "meu sonho é ver você vestida de noiva, a música, a marcha nupcial, vou chorar de emoção!". Facilmente convence a filha a casar-se na igreja, o

---

[37] MASCHIETTO, Cármen Cecília Trovatto. *A tradição euclidiana:* uma ponte entre a história e a memória. São Paulo: Editora Arte & Ciência, 2002. p. 72.
[38] Ibidem, p. 82.

que no fundo era o desejo dela, sobretudo porque entraria no recinto pelo braço de seu reencontrado pai.

Fátima é um ícone da juventude hodierna. Os jovens, principalmente as moças, apesar do peso da modernidade, sonham com o casamento "na igreja", vestido de noiva, pompa e tudo o mais. Além da sensação de segurança que o casamento religioso confere (é indissolúvel), satisfaz a um anseio da alma. Não se trata apenas de um acontecimento social, mas daquele *plus*, do toque sagrado, que está latente em todos os rituais. O cerimonial do casamento não é apenas sentimental; a emoção é mais profunda, advinda do alto poder de comunicação da liturgia. É a alegre e sobrenatural celebração do amor e da vida.

M. e D., jovens e belos, casaram-se na Basílica Nossa Senhora da Conceição, em uma cidade do interior do Estado de São Paulo. A igreja é muito bonita. Estava decorada sem excessos e com bom gosto.

Depois de se ouvir rápida preleção, entrou pela nave central, da porta até o altar, o cortejo nupcial: a mãe levando o noivo M., o séquito dos pais e padrinhos, todos elegantemente trajados.

Precedida por um casal de pajens mirins, pelo braço do pai, em último lugar entrou a noiva D., esplendente como uma rainha, ao som do Cântico dos Cânticos:

> *Busquei o amor da minha vida,*
> *Busquei-o sem o encontrar,*
> *Encontrei o amor da minha vida,*
> *Abracei-o, não o deixarei jamais.*

M. recebeu D. diante do altar, com um beijo. A leitura da Bíblia iluminou o acontecimento, colocando o matrimônio dentro do plano divino de amor e propagação da vida: os jovens Tobias e Sara, da descendência dos santos patriarcas de Israel, não quiseram casar-se como os pagãos. Por isso, antes de se deitarem, puseram-se a orar e disse Tobias: "Vós sabeis, Senhor, que não é por paixão que tomo esta minha irmã,[39] mas com intenção pura, só pelo desejo de ter filhos, pelos quais vosso nome seja bendito pelos séculos dos séculos"... "Tende misericórdia de nós, Senhor, e fazei que juntos cheguemos a uma ditosa velhice".[40]

Feita a homilia pelo padre, M. e D. responderam afirmativamente a três questionamentos: casavam-se de livre e espontânea vontade? Prometiam um ao outro

---

[39] No sentido de mulher pertencente ao mesmo povo de Israel.
[40] *Rito do matrimônio.* 4. ed. São Paulo: Paulinas, 1972. p. 77-78.

amor e fidelidade por toda a vida? Dispunham-se a receber com amor os filhos que Deus lhes confiasse e a educá-los na lei de Cristo e da Igreja?

A seguir, primeiro o noivo M., depois a noiva D. pronunciaram as solenes palavras do consentimento matrimonial, palavras sagradas e criadoras que os tornaram marido e mulher: "Eu, M., te recebo, D., por minha mulher, e te prometo ser fiel na alegria e na tristeza, na saúde e na doença, amando-te e respeitando-te todos os dias de minha vida". "Eu, D., te recebo, M., por meu marido, e te prometo ser fiel na alegria e na tristeza, na saúde e na doença, amando-te e respeitando-te todos os dias de minha vida". Ratificado pelo sacerdote esse compromisso solene, feito diante dos parentes e amigos que lotavam a Basílica, M. e D. trocaram alianças, dizendo um ao outro palavras de amor: "Recebe esta aliança em sinal do meu amor e da minha fidelidade".[41] Abençoados pelos pais, M. e D. atravessaram de braços dados a nave principal da Basílica, do altar à porta, embalados por um canto de amor...

A alegria explodiu num banquete de bodas. Música, comida, bebida, dança, confraternização. Os amigos de M. erguiam-no nos braços. As amigas de D. rodeavam-na, erguiam-na, percorriam a festa a sua frente, "vendendo" seu sapato. E M. e D., desde então, têm sido felizes...

O ritual litúrgico-sacramental tem um diferencial entre todos os outros cerimoniais: está inserido no referencial da fé. Dentro desse referencial, os sinais, ações e palavras que o compõem são normativos e imutáveis, referidos à Santíssima Trindade e portadores de salvação e santificação:

> Na celebração sacramental, ações e palavras estão estreitamente ligadas. Com efeito, ainda que as ações simbólicas já sejam em si mesmas uma linguagem, é necessário que as palavras do rito acompanhem e vivifiquem essas ações. Inseparáveis como sinais e ensinamento, as palavras e as ações litúrgicas o são também porquanto realizam o que significam.[42]

Na economia sacramental, pois, está-se diante da mais alta forma da palavra criadora, do Verbo que é ser, palavra-coisa, palavra-fato.

Há dois modos de entender uma liturgia: com fé – e nesse caso o que nela acontece é real e leva à experiência do sagrado; sem fé – e nesse caso o que nela ocorre é teatral[43] e leva à experiência estética. Em ambos os casos, há elevação do espírito.

---

[41] Cf. Ibidem, p. 56-58.
[42] CNBB. *Compêndio do catecismo da igreja católica*. São Paulo: Loyola, 2005, nº 238. p. 83.
[43] No sentido grego de "contemplável", "assistível", "visível".

4.
Algumas normas protocolares e seus possíveis significados

Existe decreto federal para regulamentar as cerimônias públicas no Brasil. Trata-se certamente de um reflexo do *plus* que as autoridades representam e que o povo preza. Uma cerimônia oficial, com hasteamento da Bandeira, Hino Nacional, parada militar, continências, discursos, faz presente a Pátria e desperta sentimentos elevados em todos os participantes e espectadores.

Euclides da Cunha, em 1905, subiu o Purus como chefe da parte brasileira da expedição mista brasileiro-peruana de reconhecimento desse rio. Marleine Paula Marcondes e Ferreira de Toledo, secundando Euclides, relata o seguinte episódio acontecido durante essa expedição, para testemunhar o valor patriótico de um símbolo e de um cerimonial:[44]

> Era uma tarde de julho de 1905. Os expedicionários brasileiros, nove apenas, depois do naufrágio do batelão, tinham atingido a duríssimas penas a foz do Cavaljani, último galho do Purus que era preciso ainda subir para completar a empreitada. Os homens estavam rotos, doentes, cansados e famintos. Euclides temia que não continuassem. Passou a noite em claro. Na manhã seguinte exortou-os ao patriotismo, a mais um extremo sacrifício. Debalde. Foi quando os expedicionários peruanos acampados em frente, bem nutridos, animados e sadios, hastearam a bandeira peruana na popa de uma canoa, para seguir em frente. Euclides não precisou dizer nada, diante da eloqüência do símbolo: os brasileiros aprumaram-se, hastearam o nosso pavilhão e aprestaram-se a partir...[45]

E Euclides da Cunha conclui:

Em segundo a nossa bandeira, que jazia, enrolada, em terra, aprumou-se por seu turno em uma das canoas, patenteando-nos aos olhos "as promessas divinas da esperança!" E partimos, retravando, desesperadamente, o duelo formidável com o deserto...[46]

---

[44] Se em nossa geração pragmática, cibernética e depressiva isso não quer dizer nada, significa que é preciso recuperar, sem exageros, esses sentimentos e manifestações, porque eles ajudam a construir a unidade de um povo e a consciência nacional.
[45] TOLEDO, Marleine Paula Marcondes e Ferreira de. A Amazônia de Euclides da Cunha. In: *Cultura euclidiana*. edição 2 da revista cultural da 98ª Semana euclidiana. São José do Rio Pardo, 2010. p. 8.
[46] CUNHA, Euclides da. *Obra completa*. V. I. Rio de Janeiro: Nova Aguilar, 1995. p. 582.

CAPÍTULO 4 • • • • • • • • • • • • A COMUNICAÇÃO E O PROTOCOLO, O CERIMONIAL E A ETIQUETA

O cerimonial público no Brasil é regido pelo Decreto Federal nº 70.274, de 9 de março de 1972.[47] Quase quarenta anos exigem naturalmente adaptações, a serem feitas convenientemente pelos cerimonialistas, enquanto esse decreto não receber a necessária atualização. Como é a regra de cerimônia oficial, os eventos particulares também deverão subordinar-se a ela, quando estiverem presentes, em caráter oficial, as autoridades públicas.

O cerimonial público está organizado segundo a norma da precedência, isto é, da condição daquele que, por importância, deve estar em primeiro lugar,[48] ou deve vir antes de outro. Precedência significa preferência, primazia, prioridade. A precedência define os critérios "para colocação de autoridades e/ou personalidades; composição e plano de mesas; citações em discursos; filas de cumprimentos protocolares ou não; assinaturas; banquetes; congressos; cerimônias com pessoas sentadas (ou em pé), etc".[49]

Alguns exemplos:

- A Bandeira Nacional tem precedência sobre outras bandeiras. Assim reza o Art. 28 do Capítulo I: "Quando várias bandeiras são hasteadas ou arriadas simultaneamente, a Bandeira Nacional é a primeira a atingir o tope e a última a dele descer".

- Na posse do Presidente da República, os cumprimentos obedecem às seguintes normas de precedência: Art. 45 do Capítulo II: "No mesmo dia [da posse], o presidente da República receberá, em audiência solene, as Missões Especiais estrangeiras que houverem sido designadas para sua posse". Art. 46 do Capítulo II: "Logo após, o Presidente receberá os cumprimentos das altas autoridades da República, que para esse fim se hajam previamente inscrito".

- Em caso de falecimento do Presidente, os primeiros procedimentos para o sepultamento obedecerão à seguinte ordem de precedência: Art. 81 do Capítulo VII: "As cerimônias religiosas serão realizadas na câmara ardente [Salão de Honra do palácio Presidencial] por Ministro da religião do Presidente falecido, depois de terminada a visitação pública." Art. 82: "Em dia e hora marcados para o funeral, em presença de Chefes de Estado estrangeiros, dos Chefes dos Poderes da Nação, Decano do Corpo Diplomático, dos representantes oficiais dos Chefes de Estado estrangeiros designados para as cerimônias e das altas autoridades da República, o

---

[47] Cf. TAKAHASHI, Carlos. *Os 3 B's do cerimonial*. p. 38 e segs.
[48] Cf. HOUAISS, Antonio et al. *Dicionário Houaiss da língua portuguesa*. Rio de Janeiro: Objetiva, 2001, verbete "precedência".
[49] TAKAHASHI, op. cit., p. 22.

Presidente da República, em exercício, fechará a urna funerária. Parágrafo único: A seguir, o Chefe do Gabinete Militar da Presidência da República e o Chefe do Gabinete Civil da Presidência da República cobrirão a urna com o Pavilhão Nacional." Art. 83: "A urna funerária será conduzida da câmara ardente para a carreta por praças das Forças Armadas".

Igualmente presidida pela precedência, há uma normatividade para as formas de tratamento cerimonioso. Uma lembrança pitoresca a esse respeito: Célia Mariana Franchi Fernandes da Silva, ao começar sua conferência de abertura da Semana Euclidiana de 1996, para driblar a gramática e o protocolo, optou pelo seguinte vocativo:

> Boa noite.
> Prezadíssimas autoridades aqui presentes, a quem respeito muito, por quem rezo todos os dias, como manda São Pedro: sintam-se todas saudadas por mim, cada qual com seu pronome de tratamento adequado[50].
> Afinal, havia autoridade de todo o tipo, o que era um complicador...

A Gramática prevê o seguinte:

- Vossa Excelência é usado para os mais altos dignitários;
- Vossa Senhoria para pessoas de cerimônia;
- Vossa Magnificência para reitores de universidades;
- Vossa Majestade para reis;
- Vossa Alteza para príncipes;
- Vossa Santidade para papas;
- Vossa Eminência para cardeais;
- Vossa Excelência Reverendíssima para bispos e arcebispos;
- Vossa Reverendíssima para sacerdotes em geral.[51]

O *Manual de redação da Presidência da República* preceitua o tratamento de Vossa Excelência para as seguintes autoridades:

- do Poder Executivo: Presidente da República; Vice-Presidente da República; Ministros de Estado; Governadores e Vice-Governadores

---

[50] *Conhecimento, evocação, imitação, Euclides, Renan, etc.* Conferência proferida pela professora Célia Mariana Franchi Fernandes da Silva, na Câmara Municipal de São José do Rio Pardo, na sessão solene de abertura da Semana Euclidiana de 1996, em 9 de agosto.
[51] Cf. CUNHA, Celso; CINTRA, Lindley. *Nova gramática do português contemporâneo.* Rio de Janeiro: Nova Fronteira, 1985. p. 283.

- de Estado e do Distrito Federal; Oficiais-Generais das Forças Armadas; Embaixadores; Secretários-Executivos de Ministérios e demais ocupantes de cargos de natureza especial; Secretários de Estado dos Governos Estaduais; Prefeitos Municipais.
- do Poder Legislativo: Deputados Federais e Senadores; Ministros do Tribunal de Contas da União; Deputados Estaduais e Distritais; Conselheiros dos Tribunais de Contas Estaduais; Presidentes das Câmaras Legislativas Municipais.
- do Poder Judiciário: Ministros dos Tribunais Superiores; Membros de Tribunais; Juízes; Auditores da Justiça Militar.[52]

Todos os pronomes de tratamento, embora se refiram ao receptor e sejam semanticamente de segunda pessoa, levam o verbo à terceira pessoa. Explica-se: quando se trata uma autoridade por Vossa Excelência, não se fala diretamente com ela, mas com a "excelência" (substantivo abstrato que significa "qualidade muito superior") dela. A concordância, pois, é feita com esse substantivo, que, como todos os substantivos, é terceira pessoa.

O tratamento indireto dirigido a autoridades civis, militares e religiosas repousa no mesmo princípio que norteia todo cerimonial: está-se diante de um *plus*. A pessoa física revestida de autoridade, não por si mesma nem em virtude de seus méritos pessoais, mas por força da investidura, ascende na meritocracia e deve ser alvo de toda a deferência.

O filme "A Rainha" tem uma passagem elucidativa a esse respeito. O mestre de cerimônias da realeza explica a Tony Blair que não se pode dar as costas à Rainha; por isso, ao retirar-se da sala de audiências, deve fazê-lo andando de costas, sempre voltado para ela. Isso porque não se está diante da pessoa humana de Elizabeth – mas da "Presença", substantivo de sentido absoluto, sem qualificativos.

A palavra "Presença" sugere algo mais alto que se torna manifesto. Portanto tem de ser tocado com respeito e deferência. Quando se trata com a Rainha, fala-se com a "majestade" (substantivo abstrato que significa "sublimidade") de que ela está investida em virtude de seu múnus.

E assim por diante.

À semelhança do Governo Federal, o Estado de São Paulo também tem um decreto que regulamenta o cerimonial público para seu território. É o Decreto 11.074, de 5 de janeiro de 1978. No Artigo 16 do título DA REPRESENTAÇÃO, está previsto o seguinte:

---

[52] Cf. LUKOWER, Ana. *Cerimonial e protocolo.* São Paulo: Contexto, 2009. p. 77-78.

Em cerimônias oficiais em que autoridades estaduais fizerem uso da palavra, a ordem dos discursos seguirá a ordem inversa de precedência dos respectivos oradores, isto é, usará da palavra, em primeiro lugar, a autoridade de menor hierarquia e, subsequentemente, os demais oradores até o de precedência mais alta, cabendo ao Governador encerrar a solenidade, se a ela estiver presente.[53]

Ordenação facilmente compreensível: a última e definitiva palavra tem de ser da autoridade mais alta. Mandam o bom-tom e o bom-senso que esses discursos não sejam demasiadamente extensos. Um fato curioso a esse respeito, testemunhado por R. F. S., em São José do Rio Pardo, por volta de 1950: Ademar de Barros era Governador do Estado. Em visita oficial a São José do Rio Pardo, foi homenageado com um banquete. Os discursos precederam à comida, seguindo a ordem protocolar. Quando chegou sua vez, o Prefeito, Aurino Vilela de Andrade, sacou do bolso um maço alentado de folhas. O Governador Ademar antecipou-se à fala, tomou-lhe as folhas, embolsou-as e disse: "Obrigado. Em casa eu leio." Sendo a mais alta autoridade presente, ele tinha direito de quebrar o protocolo...

5. Algumas regras de etiqueta: boas maneiras

Ter boas maneiras ou agir de acordo com a etiqueta não significa falta de naturalidade ou esnobismo. Significa, em primeiro lugar, ter respeito com o outro, tratando-o com deferência. Acresce que o mundo globalizado exige um comportamento de tendência universal, obediente a certos padrões, sob pena de ruídos na comunicação.

Cada ocasião exige a resposta pertinente, nas atitudes, gestos, vestuário, linguagem, conversas, assuntos, comidas e bebidas. Entretanto existem normas gerais de bom comportamento, para ocasiões rotineiras.

Por exemplo:

No automóvel, se é o homem quem dirige, a esposa senta-se a seu lado, à direita. No táxi, ambos no banco de trás, o marido fica à direita, a mulher, à esquerda; é o homem quem abre a porta para a mulher entrar e sair.

Em uma escada, o homem sobe na frente e desce atrás da mulher. Se houver espaço suficiente, podem subir e descer lado a lado. Pessoas idosas podem precisar de ajuda: deve-se auxiliá-las com discrição, pois algumas não gostam de ser ajudadas.

---

[53] Ibidem, p. 122.

Ao atender telefonemas, deve-se dizer o nome e não o número. É elegante que a pessoa que faz o telefonema, ao ser atendida, em primeiro lugar se identifique. O telefone é um ótimo auxiliar para recados rápidos; deve-se falar com voz clara e pausada. Quem fez a ligação é quem desliga.

Ao entrar num restaurante, o homem vai à frente da mulher, ou a seu lado, se há espaço. É o homem quem puxa a cadeira para a mulher sentar-se. Quando há "Maître", é ele quem vai à frente, em seguida o homem e depois a mulher. O homem indica o lugar para a mulher, que se senta ajudada pelo garçom. Os cardápios são distribuídos para o homem e a mulher; cabe ao homem transmitir o pedido e tudo o mais que a mulher precisar. Cuidado para não colocar os cotovelos na mesa! Se vier um casal amigo para cumprimentá-los, o homem deve levantar-se. No acerto da despesa, não há necessidade do clássico "dez por cento", se já vier na conta (em visita a amigos, fins de semana, campo, praia, gratifica-se aos criados de acordo com a posição social da família, ou seja, dos anfitriões). Ao sair do restaurante, a mulher vai à frente, ou lado a lado com o homem; cabe ao homem pedir capa e guarda-chuva e também abrir a porta de saída.

Num salão, o homem sempre se levanta para receber uma xícara de café, chá, etc., que alguém lhe estende. Quando dois homens se encontram, ambos levantam-se para cumprimentar-se. Havendo grande diferença de idade, o mais velho pode não levantar-se, mas pede simpaticamente desculpas por sua atitude. No teatro, o homem vai à frente à procura de cadeira; na saída, é a mulher quem vai à frente.

Quando alguém parte, convém ser atencioso, mas não ficar colado ao viajante. Talvez ele queira dizer alguma coisa em particular a um dos presentes e ficará constrangido em não poder fazê-lo, sem tomar a terceira pessoa pelo braço, afastando-se ambos do grupo. Caso não seja possível ficar até o momento da partida, deve-se dar um pretexto razoável, deixando o viajante com os melhores votos de uma boa viagem.

Não devolver um livro emprestado é ato de pouca cortesia. Deve-se fazê-lo no estado em que foi recebido. Devolve-se tudo o que não nos pertence, mesmo que o valor seja insignificante.

Quando se comete uma *gaffe*, o recomendável é deixar que ela caia por si só. Tentar corrigir o que se fez ou disse é pior. Sendo a *gaffe* de outra pessoa, deve-se ajudá-la a mudar de conversa, a sair do constrangimento.

Não se deve ter acanhamento de carregar pacotes na rua. Se for para uma senhora, então, é indesculpável não carregá-los.

Ao receber dinheiro, deve-se contar a soma discretamente diante da pessoa que entregou: é possível erro contra ou a favor. Se for cheque, é necessário certificar-se de que está em ordem.

Todo marido deve, principalmente em público, tratar com deferência sua mulher, e vice-versa. Havendo desentendimento, não recorrer nunca à opinião de terceiros, porque é constrangedor. Estando ambos em casa de amigos, mesmo que não se deem bem, devem ser gentis. A delicadeza é imperiosa.

Se alguém for íntimo de um chefe de governo, sacerdote, embaixador, etc., e ocupar cargo elevado, deve-se dar-lhe tratamento respeitoso, evitando piadas e brincadeiras.

"Eu": quando há um grupo de pessoas do qual fazemos parte, é sempre melhor dizer: fulano, beltrano e eu. É gentil colocar-se modestamente no fim da enumeração. Exceções: o patrão diz: "Eu e meu secretário"; o Bispo diz: "Eu e o padre"; o General diz: "Eu e meu ajudante de ordens".

O guarda-chuva é abrigo contra o mau tempo, nunca uma arma de guerra. Como o do homem é normalmente de cabo curvo, deve ser dependurado no braço esquerdo, ou, então, seguro na mão direita, sem que sua ponteira agrida o próximo.

Ao falar, gestos são permitidos, mas com discrição, para dar ênfase e expressividade.

Não se deve apontar ninguém com o dedo. É permitido apenas quando é absolutamente necessário, mas é preciso tomar cuidado para não esbarrar em outra pessoa.

Falar alto não é argumento. Deve-se falar com clareza. Numa discussão, não se deve abafar a voz do parceiro; bons argumentos convencem mais.

Não se deve cuspir, seja onde for. A regra é usar o lenço com discrição. A escarradeira é indispensável somente para os enfermos.

Não se deve pôr a mão nos bolsos da calça; é feio e deselegante. Quando está frio, há os bolsos do sobretudo ou mesmo do paletó.

Quando resfriado, é preferível assoar-se a continuar fanhoso, com o nariz carregado e fungando. É recomendável fazê-lo antes de ir à mesa. Em mesa íntima, é melhor pedir licença, ir assoar-se fora e voltar em seguida, do que procurar conter-se.

Se não for possível evitar o bocejo, convém levantar-se e dar uma volta, afastando-se por um momento do grupo.

Assobiar é fazer pouco caso do próximo que está conversando ou calado. Pode-se assobiar quando se estiver sozinho.

O lenço foi feito para silenciar, quanto possível, o espirro. Não é fácil, mas pode-se tentar evitar o espirro colocando o dedo bem no centro do lábio de cima, apertando-o nessa região.

Ao tossir, deve-se levar o lenço à boca para abafar o som e evitar a saliva.

CAPÍTULO 4 • • • • • • • • • • • • A COMUNICAÇÃO E O PROTOCOLO, O CERIMONIAL E A ETIQUETA

As gírias podem ser usadas na intimidade ou em sociedade, quando dão mais sabor ao que se conta. Devem ser evitadas diante de pessoas mais velhas ou de maior cerimônia.[54]

Etc., etc., etc.

Assim como o protocolo e o cerimonial, as boas maneiras preceituadas pela etiqueta não são *despicienda* (desprezáveis). Diz a "regra de ouro" do Evangelho: "Como quereis que os outros vos façam, fazei também a eles".[55]

Boas maneiras significam respeito ao outro e manifestam o caráter de quem as pratica: *agere sequitur esse,* o agir segue o ser, o que supõe um alto valor ético.

Com os cuidados apontados e outros que o próprio bom-senso indica, a Comunicação flui com muito mais espontaneidade e eficiência.

---

[54] Cf. CHEDID, Maria Cândida Gonzaga. *Manual de boas maneiras e etiqueta.* Disponível em: <http://www.portalbrasil.net/etiqueta/normasbasicas.htm>. Acesso em: 10 dez. 2010.
[55] Lc 6, 31. In: *A Bíblia de Jerusalém.* São Paulo: Paulinas, 1993

Capítulo 5
A Comunicação Humana e a Personalidade

Os homens admiram a altura dos montes, as imensas ondas do mar, as vertiginosas correntes dos rios, a latitude interminável do oceano, o curso dos astros, e se esquecem do muito que têm de admirar em si mesmos.
(Confissões de Santo Agostinho)

A Comunicação humana é uma forma de comportamento, uma resposta a um estímulo. Esses estímulos podem ocorrer externamente, ou dentro do indivíduo. Externos ou internos, produzem um impacto no sistema nervoso, sensações visuais, auditivas, tácteis, gustativas, orgânicas, etc. O indivíduo está continuamente *avaliando* os impactos, ainda que, muitas vezes, não repare estar agindo dessa maneira. Fundamentados na avaliação do impacto dos estímulos, reagimos falando, rindo, ruborizando-nos, ou não agindo abertamente. Essas reações servem, por sua vez, como novos estímulos e esses estímulos provocam impactos, são avaliados, etc. e *toda a sequência estímulo-impacto-avaliação-resposta continua incessantemente e pode ocorrer na fração do tempo que gastamos para descrevê-la.*[1]

Toda avaliação humana depende dos "afetores", *tudo quanto, de qualquer forma, pode afetar o comportamento humano.*[2] Os afetores são os hábitos, preconceitos, experiências, habilidades, estado fisiológico-emocional, gostos e idiossincrasias, educação, fatores da hereditariedade, atitudes, etc., em uma palavra, tudo quanto se inclui no conceito de *personalidade*. Sendo a Comunicação humana comportamento, e estando o comportamento ligado à personalidade individual, parecem-nos indispensáveis para a compreensão da Comunicação humana alguns conhecimentos sobre personalidade.

---

[1] HANEY, W. V. *Communication:* patterns and incidents. Illinois: Richard Irwin, Inc.,1960.
[2] Idem.

1.
QUE É PERSONALIDADE?

Conta-se que, nos alfarrábios de Leonardo da Vinci, onde ele escrevia suas lucubrações, vez por outra encontrava-se uma frase perdida: "Scrivi, Leonardo, che cosa è anima?". Essa insistência do grande homem em perguntar-se "o que era a alma" tem sido interpretada como ato de contrição individual, humildade da sabedoria perplexa diante de si mesma, pois *nada há mais triste do que ser homem e não se saber o que é o homem.*[3]

Muita perplexidade perdura na ciência, diante do problema da personalidade, embora já exista uma Psicologia da Personalidade muito desenvolvida, que estuda a substância, a estrutura e o desenvolvimento da vida psíquica do indivíduo.

Duas correntes procuram equacionar a personalidade: a primeira considera personalidade *atributo,* e a segunda, *relação.* De acordo com a primeira concepção, define-se personalidade como o produto das disposições naturais, das inclinações hereditárias, das influências psico-físicas do ambiente, da educação, com a ajuda da própria vontade. Para a segunda corrente, personalidade é a reação do indivíduo ao papel que lhe *é* imposto pelo grupo.

Na personalidade-atributo, a Comunicação humana é decisiva. Ninguém é inteligente *para uso interno.* As faculdades intelectuais precisam aparecer, comunicar-se. Criaturas amargas consideram-se injustiçadas "por não lhes serem reconhecidas qualidades que dizem possuir".[4] Na maioria das vezes, essas pessoas *pensam* ter qualidades; a avaliação individual é feita com exagero. Há, entretanto, casos em que a ausência de Comunicação humana impossibilita que as qualidades individuais se revelem. É a *projeção* dessas qualidades que importa na vida social e na realização individual. A personalidade não apenas *depende* da Comunicação humana, ela é a própria Comunicação humana em ação: *somos aquilo que comunicamos.*

Na personalidade-relação, reação do indivíduo ao papel que lhe é imposto pelo grupo, essa resposta é essencialmente comunicativa, isto é, reagiremos de determinada forma, e essa forma, seja ela qual for, será sempre uma Comunicação humana: "Falamos sobre personalidade como expressão psicológica individual, embora, na maioria das vezes, a personalidade seja como um equivalente da auréola social do indivíduo, a espécie de impacto que a projeção da individualidade causa nos *outros*".[5]

---

[3] CIKLIC, P. *El hombre y su personalidad.* Buenos Aires: Club de Lectores, 1958.
[4] Idem.
[5] FIRTH, R. *Human types:* an introduction to social anthropology. Londres: Thomas Nelson & Sons, 1957.

Tudo quanto revela a personalidade pertence à Comunicação humana. A avaliação humana, porém, carregada de afetividade, pode produzir o "efeito de auréola". Quando simpatizamos com alguém, todas as suas qualidades aparecem-nos iluminadas, enquanto somem na penumbra os defeitos. A recíproca é verdadeira: o "efeito de sombra" opera em sentido oposto. Quando antipatizamos, todos os defeitos individuais surgem-nos sombrios, ofuscando as qualidades.

Outra dificuldade na avaliação da personalidade está nos *referentes*. Dizemos:

— Que mulher bonita!

A ideia de "beleza" está *em relação a* nossa experiência anterior, a nossos padrões, os quais variam de indivíduo para indivíduo.

A Psicologia emprega diferentes sistemas com o objetivo de avaliar a personalidade. Em geral, selecionam-se aspectos da personalidade por meio de questionários de dificuldades pessoais, tendências de liderança, grau de extroversão ou introversão, etc.

Woodworth e Marquis (1959) estabelecem doze pares de traços primários – positivos e negativos – e suas combinações seriam o fundamento para centenas de dimensões possíveis de personalidade. Nenhum traço pode ser alterado sem modificar o conjunto. Comparem-se, por exemplo, estas duas personalidades:

Pedro é enérgico, confiante, verboso, *frio,* irônico, inquisidor e persuasivo. Paulo é enérgico, confiante, verboso, *afetivo,* irônico, inquisidor e persuasivo. Apenas um traço se modificou: Pedro é *frio,* enquanto Paulo é *afetivo* e essa mudança de *um* traço afeta a significação de *todos* os demais. Uma pessoa *fria* e enérgica é diferente de outra *afetiva* e enérgica.

Essa interação dos traços da personalidade faz a avaliação da personalidade extremamente controvertida.

2. CARACTEROLOGIA

Deixa-me aparecer, como quero ser.
(Goethe)

Na Caracterologia, os critérios de avaliação diferem de autor para autor.

Para Jung, são dois os tipos básicos de personalidade: extrovertido e introvertido – conforme os indivíduos atribuam mais importância à vida social (externa), ou à vida íntima (interna). Para o extrovertido, tem mais valor tudo quanto venha de fora, enquanto para o introvertido os valores humanos repousam dentro do indivíduo e é sua vida interna que vale.

Spranger baseou-se no critério dos valores espirituais predominantes, classificando os homens em quatro tipos fundamentais:

1. O tipo econômico – para quem importam mais os valores econômicos.
2. O tipo religioso – em que toda sua tendência é para o misticismo e a religiosidade.
3. O tipo estético – cuja escala de valores está em íntima ligação com a arte, a beleza, etc.
4. O tipo social – que se aproxima do extrovertido de Jung, por viver "virado para fora".

Essa classificação de Spranger é adotada por Erich Fromm, o qual introduz, como novidade, o homem de *orientação mercantil*, para quem o importante não é "ser" e, sim, "parecer ser".[6]

Bem conhecida é a teoria da *fisiognomonia*, de João Gaspar Laváter, filósofo, poeta e teólogo protestante, nascido em Zurique, em 1741, segundo a qual os traços físicos do indivíduo revelam seu temperamento, sem que haja praticamente referências à constituição interna. Desse modo, as qualidades, defeitos e inclinações do homem são determinadas pelas feições do rosto, dando-se-lhe a conhecer o caráter pelo exame de sua fisionomia.

Muito difundida é também a Caracterologia de Kretschmer (1888-1964). Para ele, quatro são os tipos constitucionais básicos:

1. Pícnico (caracterizado "por um corpo de contornos externos bem arredondados e amplas cavidades corporais, ao qual está geralmente associada uma personalidade ciclotímica" – Houaiss –; *gordo*);
2. Leptossômico ou leptossomo (de corpo delgado, normalmente ligado a uma personalidade esquizotímica; longilíneo; *magro*);
3. Atlético (de corpo bem desenvolvido, a que se associa, comumente, uma personalidade epileptoide; *médio*);
4. Displásico ou displástico (corpo que não se encaixa em *nenhum padrão regular* e ao qual geralmente se associa uma personalidade ciclotímica).

---

[6] FROMM, E. *Análise do homem*. Rio de Janeiro: Zahar Editores, 1961.

Kretschmer baseia-se nos padrões da biotipologia popular, no folclore de todas as nações, na literatura: o diabo sempre foi magro; D. Quixote, longilíneo. De outro lado, Momo não podia deixar de ser gordo, assim como Sancho. A associação entre tipos constitucionais e traços de personalidade já não vem, contudo, sendo considerada nas modernas teorias sobre personalidade.

Sharpin e Uris fazem do trabalho a base da classificação dos tipos humanos:

1. Obstinado – diz sempre "não", dificilmente muda seus pontos de vista; é o homem considerado "duro".
2. Vagaroso – é o ruminante por natureza; custa-lhe começar as coisas, e raramente se entusiasma.
3. Sensível – leva tudo para o lado pessoal; o mundo gravita em torno de sua sensibilidade.
4. Tímido – caracteriza-se pela pouca iniciativa, esmaga-se com qualquer crítica.
5. Ousado – é o convencido, o discutidor, o entusiasmado.

São muitas e variadas as classificações dos psicólogos, dos biotipologistas e de estudiosos de algumas outras áreas. Desde Aristóteles, com os tipos *nobre, covarde, desconfiado,* etc., os critérios raramente coincidem. São os integrados e os desintegrados, de Jaensch, os especulativos, artísticos, ativos, de Bechterev, os caudilhos, santos e heróis, de Max Scheller até os respiratórios, musculares, digestivos e cerebrais, da Escola Francesa.

Todas essas classificações deixam de pé o velho problema do conhecimento da personalidade. Os comportamentistas procuram uma solução, pela observação dos sinais exteriores da personalidade, por meio da Comunicação humana.

"O corpo e seus fenômenos" – escreveu Gandhi – "representam veículo para a expressão da personalidade". Pensamentos, desejos e sentimentos manifestam-se não apenas como pensamentos conscientes, mas, também, como ações e reações, movimentos e gestos *expressivos.* Todo indivíduo se põe inteiro em suas ações, e interpretando-as, avaliando-as, podemos *receber* a *projeção* da sua personalidade.

A personalidade *comunica-se* no trabalho, em que podemos verificar se o indivíduo é dinâmico, débil, apático, concentrado, reflexivo, seguro, perseverante, etc. Algumas empresas entregam questionários a seus supervisores, solicitando-lhes observar seus subordinados no trabalho. Exemplo de um:

1. O que o impele a trabalhar?
2. Ao iniciar uma tarefa, costuma traçar seus próprios planos, ou prefere ser conduzido?

3. O esforço do trabalho produz-lhe alegria ou desgosto?
4. Que fatores retardam ou apressam seu trabalho?
5. Perante as dificuldades, persiste ou persevera?
6. Como enfrenta o imprevisto?

No trabalho, a personalidade *comunica-se* com mais *autenticidade,* e o Comportamentismo baseia-se na convicção de existir ligação muito forte entre o comportamento *externo* e a vida *interior* da criatura humana. O homem em ação entrega-se a sua verdadeira natureza e descobre seu verdadeiro "Eu".

Na seleção de seus profissionais, as empresas costumam associar traços de personalidade a tipo de inteligência. Detectar *a inteligência de maior potencial* do candidato pode ser fator decisivo no sucesso da contratação. Se a organização está procurando, por exemplo, alguém cuja especialidade seja comunicar-se por meio das palavras, terá de selecionar um candidato com elevada *inteligência verbal e linguística*. O tabloide *Metro*, na ed. n. 909, ano 4, de 6 de outubro de 2010, p. 4 do caderno "Metroeducação", arrola, além da *inteligência verbal e linguística*, as seguintes:

- *inteligência lógico-matemática*: capacidade de lidar com relações e padrões, com gosto por números e problemas. Prefere computar, organizar, questionar, usar símbolos e descobrir funções;
- *inteligência visual-espacial*: capacidade de trabalhar com imagens, mapas e modelos, com preferência por formas, cores e tamanhos. Prefere traçar diagramas, pintar, esculpir ou modelar e organizar ambientes;
- *inteligência rítmico-musical*: habilidade em lidar com sons, ritmos e volumes. Gosto por sons, timbres e melodias. Prefere cantar, assoviar, tocar instrumentos;
- *inteligência corporal-cinestésica*: tendência de comunicar-se por meio do corpo. Pessoa com essa vocação aprecia movimentar-se e fazer coisas. Prefere dramatizar, praticar esportes, dançar, executar coreografias e fazer mímicas;
- *inteligência interpessoal*: habilidade em lidar com o ser humano, com grande capacidade de lidar com as emoções alheias. Prefere fazer amigos, auxiliar colegas a resolver conflitos. Gosta de organizar, distribuir, trabalhar em grupo, liderar;
- *inteligência intrapessoal*: capacidade de se autoconhecer e autogerenciar seu projeto de vida, as emoções e a aprendizagem. Uma pessoa possuidora dessa inteligência tem predisposição para analisar as próprias forças e fraquezas. É atraída por intuições, fantasias, memórias e sonhos. Estabelece metas, faz planos, clarifica valores e crenças;

inteligência naturalista: capacidade de se relacionar com o meio ambiente e o cosmos. A pessoa gosta de assuntos ecológicos. Tende a cuidar de jardins, flores e animais de estimação e a colecionar elementos do mundo vegetal e mineral.

Assim, o indivíduo que escolher a profissão considerando não apenas os ganhos financeiros, mas sobretudo o pendor para o cargo, a partir de seu tipo de inteligência e personalidade, por certo terá sucesso. Também a empresa que leva em consideração esse binômio inteligência-personalidade e adota técnicas de seleção de pessoal que o contemple, entre outros, terá muito mais oportunidade de acertar na seleção.

3. Projeção da personalidade

> *All the world's a stage*
> *And all the men and women merely players; They have their exits*
> *and their entrances: And one man in his time plays many parts*
> (Shakespeare, "As you like it")

3.1 Maneira de vestir

Alguns tipos revelam seus desequilíbrios pela maneira de vestir. É comum vê-los com o peito coberto de "medalhas", envergando chapéus de papel de jornal, com a desenvoltura de embaixadores em recepções solenes. Vestem-se dessa maneira porque se julgam generais e almirantes, orgulham-se dessas medalhas e crachás, como se fossem verdadeiros, e não fazem mais do que *projetar* a personalidade, que pretendem ter, por meio do recurso da indumentária.

O homem se veste como deseja ser, o que explica moços austeramente vestidos e velhos trajados com leveza e colorido.

Acreditam os americanos que a personalidade de um homem se revela no padrão da gravata, enquanto os italianos alardeiam que basta reparar na maneira como fazem o nó. Todos os povos têm trajes típicos que revelam aspectos da psicologia nacional. O chapéu imenso dos mexicanos não constituirá afronta e abrigo, projetando uma personalidade em que audácia e descontração andam de mãos dadas? Não se percebe na espetaculosidade do traje gaúcho, o sangue espanhol atrevido e fanfarrão? O vaqueiro nordestino veste-se de couro para enfrentar a caatinga, e para revelar *dureza*.

A pudicícia das solteironas (grupo já em extinção, pelo menos com as características dos séculos passados) transparece nas blusas de gola alta, e todo um manual de Psicologia das religiões poderia ser escrito acompanhando-se a evolução da batina surrada do vigário sertanejo às vestes de arminho dos arcebispos.

A roupa faz parte da personalidade e, muitas vezes, o indivíduo acaba integrando-se no traje que veste, como acontece com os militares. Fenômeno idêntico vem sendo observado nos Estados Unidos, em certas profissões, em que uma consciência de classe é adquirida pela identidade do traje. Muitas fábricas procuram chegar ao "espírito de equipe" por meio do uniforme. Donald Laird relatou casos curiosos de aumento de produtividade industrial como consequência direta na melhoria da apresentação de trajes de operárias. Reconhece-se a categoria do hotel pela maneira de apresentar-se do porteiro; do restaurante, pelo *smoking* do *maître*; da empresa de ônibus, pelo uniforme do motorista.

O homem revela-se com as modificações que introduz em sua maneira de vestir. Terno (com colete ou sem ele), gravata são tentativas de projeção de personalidade madura, em contrapartida às camisas e aos *shorts* multicores, possíveis responsáveis pela fama de imaturidade dos norte-americanos. Não teriam sido os excessos de cosméticos e perfumes os responsáveis pelo clichê universal da francesa? Repare-se na palheta do "Zé Carioca" revelando ao mundo o "espírito", o "jeitinho" brasileiro, forma vulgar de imediatismo.

A roupa ajuda a fixar as primeiras impressões. Mesmo errôneas, as primeiras impressões costumam gravar-se indeléveis no espírito. Por essa razão, todo manual de vendas, todas as agências que preparam pessoal para o mercado de trabalho recomendam o apuro no vestir como condição de sucesso. Outros vão mais longe: fazem da indumentária condição de sucesso *na vida.*

A jornalista Heloísa Noronha, escrevendo para a Agência UOL, citou a consultora Priscila Seijo, professora da Universidade Salgado de Oliveira (Salvador, BA), para mostrar que, atualmente, a imagem pessoal é mais importante que a beleza:

> Embora haja certo padrão que eleja a magreza como bela, por exemplo, as pessoas têm uma noção subjetiva da beleza. Já a imagem é uma preocupação constante com a aparência e fruto de julgamentos à primeira vista. E isso acontece principalmente no plano profissional.

Assim, diz Priscila, quando dois candidatos, ou candidatas, com experiência e habilidade equivalentes, disputam a mesma vaga de emprego, o consultor de recursos humanos certamente escolherá aquele, ou aquela, que estiver mais bem vestido, ou cuja aparência for melhor. "Não podemos ser hipócritas", argumenta ela. "O mundo trata melhor quem se trata melhor. Isso vale desde para a conquista de uma promoção no emprego até o atendimento no banco ou em uma loja".

Quanto à moda, cujas exigências nos bombardeiam a todo instante, é preciso exercer um discernimento, diz Priscila, porque em alguns ambientes de trabalho "seguir a última tendência pode soar como futilidade. O ideal é adequar a personalidade e o estilo com o da empresa. Se o *pink* está na moda, uma advogada, por exemplo, não precisa usar um terninho nessa cor, mas pode modernizar o *look* com um acessório ou um lenço *pink*".

Já a *personal stylist* Fernanda Resende, da dupla que produz o blog "Oficina de estilo", chama a atenção para os cuidados básicos de higiene pessoal, porque a imagem que se comunica é também a imagem do local onde se trabalha – e funcionários ou funcionárias com unhas sujas, raiz do cabelo por fazer, roupa amassada transmitem impressão negativa sobre a empresa. "Nós vivemos a era dos serviços e dos resultados. As empresas querem que os funcionários expressem sua competência", completa Fernanda.[7]

Observam os psicólogos que, na maioria das vezes, vestimo-nos como "gostaríamos de ser", e não como somos. Ao vestirmo-nos, revelamos alguns aspectos de nossa personalidade e, por isso, a indumentária e a forma de envergá-la constituem elementos de Comunicação humana; podem contribuir para sua *autenticidade*.

— Sou um homem simples!

Essa afirmação poderá ser desmentida pela cor das meias, pela marca da camisa ou pelo corte do terno.

Ao escolher e comprar uma roupa, o homem revela o grau de civilização, os valores de sua ética individual, sentimentos, fantasias e gosto pessoal. Muitos balconistas de lojas de departamento desenvolvem notáveis conhecimentos empíricos sobre a personalidade individual pela observação que lhes faculta a profissão que exercem. Mesmo depois que a indústria de roupas feitas reduziu (e está a eliminar) a importância dos alfaiates, a multiplicidade dos cortes, os ajustes obrigatórios e um sem-número de pormenores contribuem para fazer do traje *em série,* traje individual.

Há os que se vestem com franqueza, como há os que se vestem dissimuladamente; há os cuidadosos e os negligentes; os humildes e os vaidosos; os puritanos e os libertinos. Montaigne, por exemplo, não se conformava com o talhe das calças masculinas de sua época, o qual, em lugar de esconder, dava relevo à forma do sexo. Atribuía a esse fato a licenciosidade dos costumes, algo semelhante ao que sucederia mais tarde, na época de Luís XIV, com a exibição dos seios das damas da corte. Gilberto Freire, ao tentar explicar a oposição de Rio Branco às pretensões de efetivação no Itamarati do famoso escritor Euclides da Cunha, àquela altura seu adido, sugere que o Barão gostava

---

[7] NORONHA, Heloísa. *Corpolatria é resultado do momento histórico.* Disponível em: <www.uol.com.br>. Acesso em: 22 jan. 2011.

de acercar-se de pessoas de boa aparência, elegantes, o que decididamente não era o caso de Euclides, homem simples, despreocupado da aparência.[8]

3.2 Maneira de andar

O presidente da companhia ouviu passos no corredor. Mandou chamar a secretária:

— Quem foi que passou por aí? Instantes depois, ela volta:

— Um moço que trabalha na Contabilidade...

— Quero conhecê-lo!

Foi assim que Stanley C. Allyn começou a subir na National Cash Register Co. e vinte e poucos anos mais tarde se sentava na cadeira do presidente que o quisera conhecer por ter ouvido seus passos:

— Um moço que anda como você tem de ser alguma coisa na vida![9]

A maneira de andar identifica-se com a pessoa, a ponto de podermos reconhecer amigos e familiares apenas ouvindo seus passos.

Peter Ciklic (1958) relaciona maneiras de andar que, para ele, revelam traços primários da personalidade:

– Andar pouco vivo e lento – temperamento fleumático.

– Andar vivo e inquieto – temperamento colérico e bilioso.

– Andar pesado, de quem mal levanta os pés do chão – tristeza, depressão, pessimismo.

– Andar tropeçado – medo.

– Andar firme, de passos largos – vontade firme e energia.

– Andar leve e débil – fraqueza.

– Andar afetado, quando os joelhos se levantam em excesso – orgulho.

– Andar simétrico em demasia – mediocridade.

No Brasil, é comum comparar-se as mentalidades de São Paulo e Rio de Janeiro, pela maneira de andar de paulistas e cariocas.

O melhor meio de andar é com ombros, tronco e cadeiras formando linha reta, a cabeça ligeiramente para trás, os braços balançando ligeiramente e os pés retos, avançando bem adiante do resto da pessoa.[10]

---

[8] FREIRE, Gilberto. *Ordem e progresso.* 4. ed. Rio de Janeiro: Record, 1990, p. CL.
[9] LAIRD, D. A.; LAIRD, E. C. *Psicologia practica de los negócios.* Barcelona: Ediciones Omega, 1959.
[10] Idem.

3.3 Outras formas de projeção da personalidade

"Os olhos são o espelho da alma", e até hoje, a maioria das pessoas tem prevenção contra quem, ao conversar, não fixa o interlocutor. Por menos científica que seja a convicção, continua-se a atribuir maus sentimentos a quem não nos olha de frente.

Olhos serenos pertencem a otimistas; apagados, aos tristes.

Morder as unhas é sinal de nervosismo e pode ser manifestação de sovinice.

— É tão miserável que rói as unhas!

A maneira de cumprimentar contribui para a projeção de certos traços da personalidade. A mão toda aberta demonstra desconfiança. Um aperto de mão é *franco e cordial*. Andar de punhos cerrados revela obstinação; e têm rugas entre os olhos as pessoas enérgicas e decididas.

Certa vez, o Presidente Lincoln, depois de receber determinado visitante, chamou seu secretário e recomendou-lhe:

— Não quero mais conversa com esse homem!

O secretário, surpreso com a atitude do Presidente, homem reconhecidamente tolerante, quis saber:

— Por que, presidente?

— Não gostei da cara dele!

— Mas, presidente... O pobre do homem tem culpa da cara que tem?

A resposta de Lincoln foi incisiva:

— Depois dos 40 anos, nós somos responsáveis por nosso rosto!

Basta algum senso de observação para concordar com Lincoln: a biografia individual vai sendo escrita nas rugas do rosto, à medida que o tempo passa. Alguns psicólogos afirmam que o rosto muda; basta rever os antigos retratos de diversas fases de nossa vida.

— Mas, sou eu mesmo?

A maneira de falar revela aspectos de nossa personalidade individual, seja pelas entonações de voz, seja pela variedade de tons. Há modos de falar claros, convictos, confusos, obscuros, doces, suaves, ásperos, brutais, simpáticos, melodiosos, monótonos, antipáticos, repugnantes. Há pessoas que falam com paixão; outras, com frieza. Encontra-se o *falar afetado* nos dois extremos das categorias sociais, possivelmente motivado pelas mesmas razões de fatuidade. Uma voz entre dentes é dissimulada ou ameaçadora, ao passo que a voz bem articulada demonstra espírito precavido, prudente. Falar aos gritos demonstra franqueza extrema ou extrema falta de educação; já a articulação vacilante – essa maneira de falar descontrolada, ora para cima, ora para baixo – revela emotividade.

A maneira de falar revela o homem. A *preocupação em usar palavras inusitadas, ou frases arcaicas, de encontrar formas fraseológicas raras é sinal de satisfação intelectual consigo mesmo, de caráter ridículo e insuportável.*[11]

4. A PERSONALIDADE DO HOMEM DE EMPRESA

> *O progresso técnico de tal maneira adiantou-se a nossa habilidade de viver bem com os outros, que falhamos em reconhecer que o nosso futuro social e o nosso progresso material dependem de nossa disposição e habilidade de resolver o problema de trabalhar e viver com os outros, harmoniosamente.*
> (Bertrand R. Canfield)

As empresas modernas podem ser consideradas sob duas formas: *a sombra engrandecida de um homem*, ou *comunidade de trabalho*. Seja qual for o ponto de vista adotado, a empresa tem sua *personalidade* perante os públicos que, no conjunto, compõem a Opinião Pública.

Se dizemos que a empresa "X" é conservadora, enquanto a empresa "Y" é progressista, nossos padrões de avaliação dependem do conservadorismo ou do espírito progressista de seus dirigentes. Se, na cúpula, situam-se homens conservadores, apegados à rotina e às tradições, a "imagem" da empresa será conservadora, rotineira, tradicional. Se constituem a Direção homens de espírito revolucionário, capazes de inovações constantes, a "imagem" da empresa passa a ser projetada de maneira inteiramente oposta, e definiremos a empresa como progressista, inovadora, revolucionária.

A "imagem" da empresa na Opinião Pública depende não apenas da cúpula, mas também de cada elemento humano que lhe seja ligado.

Essa *projeção* da personalidade da empresa, sua imagem, constitui matéria das Relações Públicas, importante capítulo da Comunicação humana. O profissional

---

[11] CIKLIC, P. *El hombre y su personalidad*. Buenos Aires: Club de Lectores, 1958.

de Relações Públicas procura construir uma boa "imagem" da corporação a que serve, esforçando-se em criar um clima de receptividade para ela, pois acredita, como Eric Johnson, que "mais cedo ou mais tarde, as empresas serão julgadas pela Opinião Pública".

No meio competitivo em que vivem, as empresas procuram, por meio das Relações Públicas, reconstituir o elo humano, que sempre existiu, entre produtor e consumidor. Antigamente, o consumidor conhecia pessoalmente o produtor e, ao adquirir a mercadoria, o contato era direto. Nas discussões sobre qualidade e preço impregnava-se de humanidade o comércio: eram criaturas humanas, em contato pessoal, para resolver assuntos de interesse comum. Hoje, adquire-se a mercadoria sem que ela se ligue a nada humano. O produtor é objetivo, distante, isento de afetividade. Ao adquirir um teodolito nacional, a ninguém ocorrerá a ideia de conhecer seu fabricante e discutir com ele as vantagens da compra.

As Relações Públicas objetivam manter em bases *humanas* os negócios humanos, e deve-se, em grande parte, ao esforço dos profissionais de Relações Públicas o desenvolvimento de uma nova mentalidade empresarial, em que o fator humano na produção supera o "Deus ex machina" da Revolução Industrial.

Empresa é *gente* e, pela Comunicação humana, é possível o entendimento e a integração entre os indivíduos que a constituem.

5.
PERSONALIDADE INDIVIDUAL E PERSONALIDADE DA EMPRESA

Todo homem deve ter plena liberdade de escolher por si mesmo seu trabalho. Não se deve exercer sobre ele a menor coação ou violência. De outro modo, seu trabalho não trará benefício nem para ele nem para os demais.
(Oscar Wilde, "A alma do homem")

Ao entrar na empresa, o novo empregado sofre um impacto sobre sua personalidade, ao mesmo tempo em que exerce um impacto sobre a personalidade da empresa. Há recíproca e dupla influência, do empregado sobre a empresa, e da empresa sobre o empregado. Na maioria das vezes, o impacto da empresa é muitas vezes superior. São raríssimos os casos de homens com personalidade capaz de modificar a personalidade das empresas em que ingressam. O normal é a acomodação, a adaptação do homem à empresa.

É cada vez mais difícil, em qualquer sociedade industrial, a *escolha* do trabalho, de acordo com a inclinação pessoal. O novo empregado entra na organização porque precisa trabalhar e somente a prática irá demonstrar se o que vai fazer corresponde a sua vocação.

A influência da empresa sobre o empregado pode provocar deformações em sua personalidade, desde que a *racionalização* procurou apenas equacionar o problema da produtividade em termos de adaptação do homem à máquina. No auge do entusiasmo pela racionalização, afirmava-se que, para a produtividade, o melhor operário seria o mais estúpido. A caricatura de Carlitos em "Tempos Modernos" provocou reações em todo o mundo, propiciando ambiente favorável à completa reformulação do problema da produtividade nas empresas. Todavia, mesmo essa reformulação, que passou a considerar o homem o fator mais importante na produção, não pôde fugir às exigências dos processos de "produção em massa" e da "linha de montagem", os quais forçam o homem a uma adaptação, que pode ser contrária a sua natureza.

A deformação da personalidade individual na empresa tem como consequência o desajustamento, responsável por atritos, que as Relações Humanas no trabalho procuram resolver. As soluções, quase sempre, não passam de paliativos, pois a origem do desajustamento reside na concepção moderna de trabalho.

Esse desajustamento faz que seja bastante difícil a convivência harmoniosa do elemento humano nas empresas. O tipo de orientação mercantil de Fromm (1961) bem pode ser uma reação individual ante a necessidade de integração em meio hostil. O homem de empresa é levado a preocupar-se muito mais com sua personalidade-projeção do que com sua personalidade-atributo; *parecer ser é* mais importante do que *ser*.

A rigidez dos horários, normas e regulamentos, a rotina e a burocracia, a convivência diária com as mesmas pessoas, fazendo as mesmas coisas, o ambiente sempre igual impregnado dos choques emocionais entre subordinados e superiores, a competição de todos os dias e de todas as tarefas, todos esses fatores pesam sobre a personalidade, e o trabalho perde em espontaneidade e transforma-se em obrigação pesada, oferecendo cada vez menos compensações.

Nesse meio, o homem é forçado a moldar uma personalidade projetiva e, como consequência, por força do hábito, essa personalidade projetiva acaba se integrando de tal maneira a sua personalidade profunda a ponto de submetê-la ou simplesmente dissolvê-la. Então, passa o homem a realizar o ideal do Werther de Goethe: a *ser* aquilo que *parecia ser.*

Na empresa moderna, o que conta é a personalidade projetiva individual, é o *homem em ação* do Comportamentismo. Constituímos, cada vez mais, uma "sociedade de empregados", desde que a propriedade das empresas vai sendo "democratizada" nos regimes liberais do Ocidente, ou "socializada" nos povos comunistas.

Nessa "sociedade de empregados", o homem não tem alternativa, senão dedicar-se à projeção favorável de sua personalidade.

Essa necessidade de *comunicar-se bem*, pode não aparecer no início de uma carreira; ninguém se preocupa muito com a personalidade de um auxiliar de escritório. Todavia, essa personalidade projetiva individual passa a ter maior importância, na medida em que ocorre a ascensão na escala hierárquica. As habilidades ou deficiências individuais, na Comunicação humana, vão aparecendo, cada vez com maior intensidade, de modo que determinem o fracasso ou o sucesso na profissão.

Ao entrar na empresa, a falta de *performance* nos atos comunicacionais pode não significar nenhum *handicap* para o novo empregado. Mas, chegará, com certeza, um momento em sua carreira, em que o conhecimento das regras da boa comunicação se fará indispensável: certos cargos de chefia dependem da capacidade de comunicação oral e, se o empregado não tem essa habilidade, ou não se preocupou em adquiri-la, esse fato lhe impossibilita o acesso.

Em outros tempos, as empresas ofereciam oportunidade para que o individualismo se afirmasse. A agressividade de Vanderbilt impregnou as estradas de ferro que construiu, da mesma forma que a personalidade contraditória de Rockefeller deixou marcas indeléveis no comércio internacional do petróleo.

A competição acirrada pela conquista de mercados, a aceitação universal da motivação humana no sucesso da empresa, e toda uma biblioteca moderna sobre novas concepções de administração vêm contribuindo para o desaparecimento do individualismo nas empresas.

Hoje existe um esforço de integração de indivíduos de personalidades diversas em objetivos comuns. Esse esforço vai ao extremo de modificar certos aspectos da personalidade individual: o empregado vai aprendendo a conviver com seus companheiros. Nesse aprendizado, a Comunicação humana é imprescindível, pois realiza, no indivíduo, o que as Relações Públicas fazem na empresa: *promovem sua aceitação social.* O indivíduo passa a ser aceito pelo grupo, na medida em que vai aprendendo a comunicar-se melhor.

Embora, à primeira vista, *parecer ser* afigure-se-nos muito mais fácil do que *ser,* na prática, concluiremos que *não poderemos parecer ser o que não somos.* A advertência de Lincoln de que "ninguém consegue enganar a todos todo o tempo" aplica-se à Comunicação humana. A personalidade *projetada* deve corresponder à personalidade *real.* Mesmo que me seja possível comunicar ao grupo uma "imagem" superior à capacidade que tenho, minha verdadeira medida irá se definindo por meio dos meus atos.

O que se aprende na Comunicação humana é a projeção *mais fiel* da própria capacidade, que terá sempre o valor de sua *autenticidade.* O candidato José Serra, ao agradecer a todos que nele votaram, conduzindo-o ao segundo turno na disputa presidencial de 2010, empenhou-se em passar ao público a imagem do homem sincero, com uma única cara (embora feia para muitos, segundo ele), sem nada para esconder. Falando assim, esperava preservar os antigos eleitores e conquistar novos para o segundo turno. Na Comunicação humana, nada vale projetar uma imagem mentirosa do indivíduo. Esse fato desencoraja os que procuram descobrir na técnica da Comunicação humana o segredo do sucesso pela construção de uma personalidade artificial. A Comunicação humana projeta a personalidade real, sublinhando defeitos e qualidades.

Esse raciocínio vale, sem muitas alterações, até aproximadamente a década de 1980 do século XX, porque, a partir do surgimento da chamada "geração Y", o jovem empregado busca perseguir seus interesses, sua especialidade, sem muita atenção ao perfil da empresa, tanto é verdade que seu ciclo de atuação nela raramente ultrapassa os sete anos. Vai de uma corporação a outra, sem complexo de culpa, sempre à procura da realização pessoal.

Além do mais, está ocorrendo violenta mudança na distribuição da força de trabalho nas empresas: as habilidades das gerações passadas não estão sendo transmitidas para essa nova geração, intitulada "Geração Y", constituída pelos jovens que completaram 20 anos depois do ano 2000. São jovens que saíram da cultura digital e esperam remuneração e ambiente de trabalho diferentes dos habituais.

Para as empresas mais velhas (por exemplo, as seguradoras), o treinamento deve ser feito como um aprendizado no longo prazo – enquanto a Geração Y busca progresso na carreira e *feedback* rápidos.

Esses jovens da Geração Y "crescem em uma cultura digital que se distingue pelo compartilhamento imediato de informação. Têm perfil multitarefa e não veem a diferença entre trabalho e lazer. Valorizam frequentemente a liberdade, inovação, velocidade, em lugar de mais estabilidade e segurança", dizem Michael A. Costonis e Rob Salkowitz, do *New York Times*.[12] São consumidores de tecnologia e não empregados que a utilizam: para eles todas as conquistas digitais (*e-mails*, mensagens instantâneas, *blogs*, redes sociais) têm de estar sempre à disposição, dentro do trabalho e fora dele, na sala de reunião ou na praia, para conseguir informações, comunicar-se com os amigos, organizar a agenda pessoal e trabalhar. Esse fato cria uma relação de trabalho menos hierarquizada e mais integrada.

As empresas tradicionais têm, irremediavelmente, de encontrar uma forma de adequar-se a essa nova geração. Uma providência importante é acionar o departamento de Recursos Humanos, para estabelecer uma ponte entre as expectativas da empresa e a imersão na tecnologia digital. Enfim, é preciso descobrir novas formas de entusiasmar os jovens.

---

[12] Cf. artigo "Empresas têm de se adaptar à geração y", publicado pelo jornal *Folha de S. Paulo*, 27 jun. 2010, seção Empregos, p. 2.

6.
ELEMENTOS DE AUTOANÁLISE

Conhece-te a ti mesmo.
(Inscrição no Templo de Delfos)

Durante muitos anos acreditava-se na hereditariedade como fator decisivo na inclinação individual por determinada profissão. Essa crença não foi partilhada na Psicologia moderna, mais propensa a acreditar na eficiência do aprendizado. Assim, qualquer homem tem o potencial necessário ao exercício de qualquer profissão; é o aprendizado o fator decisivo na adaptação do indivíduo ao trabalho.

Na administração de empresas existe confiança no aprendizado, como demonstram as vultosas importâncias destinadas aos investimentos no setor de treinamento de pessoal. Baseia-se essa confiança nos bons resultados dos variados métodos de treinamento. Há um bem antigo, conhecido no Brasil pelas iniciais TWI – "Training Within Industry" (Treinamento Dentro da Indústria).

O TWI nasceu e desenvolveu-se nos Estados Unidos, nos primórdios da Segunda Guerra Mundial, quando a mobilização maciça obrigou os empresários a um esforço inédito, visando à renovação de quadros. O TWI realizou maravilhas e, embora admitindo erros, o saldo favorável foi evidente pela continuidade da aplicação do método em tempo de paz.

O TWI baseia-se no princípio de que é possível preparar trabalhadores especializados, em grupos, e com extrema rapidez. Por isso, reforça o ponto de vista daqueles que colocam o aprendizado em plano superior à vocação. Um mesmo antagonismo separa psicólogos modernos em duas correntes: os que atribuem à hereditariedade preponderância na formação da personalidade e os que acreditam ser o meio ambiente mais importante.

Os dois pontos de vista têm sua parte de verdade. A personalidade humana realiza uma síntese individual entre os fatores genéticos e sociais, da mesma forma que a produtividade do trabalhador dependerá do equilíbrio entre vocação e aprendizado.

Na Comunicação humana, o indivíduo pode possuir uma tendência inata a comunicar-se bem, como pode aprender a desenvolver essa habilidade. Em qualquer hipótese deverá começar por uma autoanálise.

Estudada pelo Prof. Wayne Thompson (1957), da Universidade de Michigan, a autoanálise preparatória ao estudo da Comunicação humana compreende:

1. Conhecimentos gerais.
2. Ajustamento.
3. Precisão de pensamento.
4. Maneira de ouvir.
5. Maneira de ler.
6. Maneira de falar.
7. Maneira de escrever.

Cada um desses pontos focaliza um aspecto da personalidade individual, que necessita ser *verificado* pelo levantamento das qualidades e dos defeitos do potencial individual de Comunicação humana.

6.1 Conhecimentos gerais

A frase de John Donne "Nenhum homem é uma ilha" é hoje axioma da Psicologia Social. A sociedade moderna tende a empolgar o indivíduo, e a grande luta dos últimos tempos está sendo travada entre o esforço de afirmação da individualidade e as pressões sociais, que procuram diluir o indivíduo na sociedade humana.

O progresso nos instrumentos de Comunicação em massa chegou a ponto de fazer que o milagre da transmissão da imagem a distância passasse quase despercebido e a televisão fosse aceita com absoluta naturalidade. Vivemos imersos em um oceano profundo de Comunicação, do qual não temos para onde fugir, sem que a informação nos alcance, domine e influa. Isso acontece tanto na América do Norte, onde se esboçam reações contra o conformismo da "oneness", quanto em Cuba ou na China, em que os dogmas estaticistas são inculcados no indivíduo desde cedo, apesar de a China, atualmente, adotar uma hipereconomia de mercado em suas relações com o mundo.

Nenhum homem é uma ilha, porque não pode viver *fora* de tudo quanto acontece a seu redor. É forçado a saber, quase no mesmo instante (senão no mesmo instante), do acidente automobilístico na esquina mais próxima ou do ataque de grupos extremistas ao mais remoto ponto do globo. Não é impunemente que mergulhamos nessa catadupa de informação, e qualquer pessoa é capaz de emitir opinião sobre a última vitória do futebol e sobre a mais recente conquista da biociência. Os conhecimentos gerais do homem de nível mental médio devem ser bem superiores, hoje, aos desse mesmo homem no passado, por força do impacto diário, permanente, obsessivo dos instrumentos de Comunicação em massa.

CAPÍTULO 5 • • • • • • • • • • • A COMUNICAÇÃO HUMANA E A PERSONALIDADE

Esses conhecimentos podem abraçar diversos campos de atividade intelectual, desde aqueles indispensáveis a quem fez um bom curso básico, até os que denunciam essa curiosidade de atualização com o que acontece no mundo, forma de participar na sociedade humana universal. Recomenda o Prof. Thompson que se organize um questionário com a finalidade de facilitar, a cada um, a autoanálise de seus conhecimentos gerais. O questionário que propomos é bem diverso do original, dadas as diferenças notórias entre o Brasil e os Estados Unidos e a mudança de hábitos da população no decorrer do tempo.

Bases para a construção de um questionário sobre conhecimentos gerais

1. V. lê pelo menos um jornal todos os dias?
2. Quais as seções que prefere no jornal que lê?
3. Qual seu editorialista preferido?
4. Cite o nome de, pelo menos, três articulistas que considera influentes.
5. Costuma ter, pelo menos uma vez por semana, uma conversa ou uma reunião de debates sobre assuntos que considera relevantes?
6. Quantas horas por semana costuma ouvir rádio e ver televisão?
7. Sabe os horários dos jornais falados no rádio e na televisão?
8. Procure citar, de memória, os três acontecimentos internacionais e os três acontecimentos nacionais que mais lhe despertaram a atenção, nesses últimos três meses.
9. Se pudesse votar para a escolha do "homem do ano", no mundo, a quem escolheria, e por quê? A quem indicaria, no Brasil?
10. Pode citar um argumento contra a prioridade de Pedro Álvares Cabral como descobridor do Brasil?
11. Além do café, V. pode citar três produtos importantes para nosso comércio de exportação?
12. Identifique as seguintes siglas:

OAB	UNA
UNESCO	OTAN
CACEX	FMI
OMC	ALADAA

6.2 Ajustamento

Em toda Comunicação humana há emissão e recepção: alguém envia e alguém recebe. O processo assemelha-se ao rádio e à televisão. O emitente direciona sons e imagens, que o receptor capta. Tanto na emissão, quanto na recepção, é indispensável a claridade do som ou da imagem, para que o processo se complete. Na Comunicação humana é essencial a inteligibilidade da mensagem, isto é, que ela seja clara e compreensiva na emissão e na recepção. Se não o for na emissão, o receptor não compreenderá a mensagem, ou não chegará sequer a percebê-la. A mesma coisa acontecerá se a recepção não for fiel. Em ambos os casos, é indispensável a sintonia do receptor com o emissor; é indispensável que emissor e receptor estejam *bem ajustados*. Mal ajustado, o emissor remete mal e os sons vêm carregados de interferências; mal ajustado, o receptor capta mal e distorce os sons, que passam a ser ininteligíveis.

O ajustamento é condição de efetividade na Comunicação humana. Assim como o transmissor de rádio mal ajustado não é capaz de emitir sons bem modulados, o emissor humano desajustado prejudica, ou mesmo impossibilita, a Comunicação humana efetiva. Basta, muitas vezes, um momento de furor, para que nos vejamos impossibilitados de falar; queremos falar, mas nada conseguimos, a não ser bufar e grunhir. De maneira idêntica, a emoção é a maior inimiga da audição. Quando nos emocionamos, deixamos de ouvir – cessam os estímulos exteriores diante da total concentração de nossa afetividade dentro de nós mesmos.

Se esses pequenos, fortuitos e passageiros desajustamentos prejudicam nossa capacidade de Comunicação, pode inferir-se que o desajustamento, sendo por suas próprias características, fixo e repetido nos mesmos pontos, falseia, distorce, confunde e impossibilita a Comunicação humana. O desajustado comunica-se na medida de seu desajustamento. Se é agressivo, sua Comunicação vem carregada de agressividade; se é um regressivo, nunca se sabe se está falando sério; se estamos diante de uma dessas vítimas da fixação, toda a sua Comunicação virá viciada pelo preconceito, pela ideia preconcebida, pelo pensamento fixo.

É imperioso para a efetividade da Comunicação humana o ajustamento individual e social do emissor e do receptor: *individual,* pela necessidade de o indivíduo ajustar-se consigo mesmo, e *social,* dada a exigência do ajustamento do indivíduo à sociedade. Desajustados não se comunicam. Sua dialética assemelha-se às linhas paralelas que jamais se encontram. Pode haver *expressão* nesse diálogo absurdo, jamais Comunicação humana.

Bases para a construção de um questionário sobre ajustamento

1. V. gosta *mesmo* de viver?
2. Como se sente em uma festa quando o convidam para exibir suas habilidades?

3. Já perdeu as estribeiras em uma discussão? Quantas vezes, nesses últimos três meses?
4. Considera patrão uma palavra antipática?
5. Em sua profissão, qual a atividade de que mais gosta? E a de que menos gosta?
6. *O mundo é ingrato. Viver é lutar.*
   Há males que vêm para bem.
   Qual desses três ditados populares V. considera mais de acordo com sua maneira de pensar?
7. Cite, em um minuto, dez coisas irritantes.
8. Considera a ausência de cumprimento de um seu amigo razão bastante para um rompimento definitivo com ele?
9. Qual sua reação quando o contradizem perante terceiros?
10. V. costuma divertir-se à custa dos outros?

6.3 Precisão de pensamento

A maioria das pessoas tem um nível deficiente de precisão de pensamento.

John Dewey preocupou-se em descrever a maneira pela qual as pessoas pensam; e a Psicologia ainda hesita em definir o processo do pensamento humano.

É possível, pela Comunicação humana, chegar-se a um grau razoável de precisão de pensamento, mas fazer dessa precisão elemento de predisposição ao estudo da Comunicação humana, parece-nos uma daquelas ordenações incumpríveis, que são uma constante em alguns compêndios norte-americanos de Administração.

Qualquer autoanálise em torno de nossa precisão no pensar afigura-se-nos desanimadora, tal a precariedade de nossos conhecimentos sobre o que venha a ser o pensamento. A organização de um questionário implicaria a confirmação de que nosso pensamento é vário, difuso; nossas opiniões, na maioria fluidas, e nossos raciocínios, bem distantes da desejável lógica. Entretanto, atendendo à necessidade de acompanhar o método de exposição do Prof. Thompson, selecionamos algumas das perguntas que ele inclui em seu questionário sobre precisão de pensamento.

1. V. é supersticioso mesmo quando a razão lhe indica não haver qualquer base nessa superstição?
2. V. costuma generalizar, tomando por base apenas um exemplo?
3. V. admite que seus preconceitos interfiram em suas avaliações?

4. Costuma inventar motivos para justificar certos atos de que intimamente se envergonha?
5. Inclina-se a acreditar que os problemas acabam resolvendo-se pelo simples curso dos acontecimentos?
6. V. forma opiniões à primeira vista?

6.4 Maneira de ouvir

Em geral, preferimos falar a ouvir, embora a sabedoria popular insista em que "o silêncio é de ouro". Preferimos falar porque, falando, estamos transmitindo nossas ideias, enquanto ouvindo, apenas abrimos nossa mente ao pensamento dos outros.

Falando, somos importantes, pois constituímos o centro das atenções gerais. Ouvindo, deixamos de o ser e dissolvemos nossa personalidade no grupo, que constitui a audiência. Talvez, por essa razão, a audição seja tão negligenciada: ouvimos mal e nossa assimilação pelos ouvidos é baixa percentualmente, não alcançando mais de 30%. Mesmo essa percentagem, duas semanas após a audição, costuma baixar de 50%.

A verificação de nossa maneira de ouvir tem a virtude de chamar a atenção para um dos mais úteis artifícios de Comunicação humana: é ouvindo que aprendemos.

Bases para a construção de um questionário sobre audição

1. Para ouvir uma palestra, V. costuma sentar-se nas primeiras filas?
2. V. ouve em posição firme, ou descansa o corpo?
3. Costuma tomar notas enquanto ouve?
4. V. é capaz de reconhecer, pela voz, seus amigos, mesmo a alguma distância?
5. Depois de uma aula, é capaz de fazer um resumo do que ouviu, sublinhando os pontos que lhe pareceram mais importantes?
6. Quanto tempo por dia dedica a ouvir seus subordinados?
7. V. compreende com rapidez o que lhe dizem?
8. Qual a última vez que foi a um otorrinolaringologista?
9. Já aconteceu alguém lhe pedir para diminuir o volume do rádio?
10. Seu pensamento costuma voar enquanto V. ouve?
11. Pequenos ruídos podem perturbar sua atenção?
12. Alguém já lhe disse que V. fala alto ou baixo demais?

6.5 Maneira de ler

A leitura ocupa cada vez mais tempo do homem moderno. Comumente, ao falar-se em leitura, o homem de empresa pensa em livros e reage.

— Eu não tenho tempo para ler!

Na verdade, cada um de nós, seja qual for seu trabalho, necessita ler muita coisa: *e-mails*, memorandos, cartas, circulares, relatórios, manuais de instrução, folhetos e toda uma infinidade de veículos de Comunicação humana.

A maneira de ler deve ser analisada individualmente, pois, pela leitura, é possível aperfeiçoar-se a capacidade de Comunicação humana. Sabemos, por exemplo, que a velocidade da leitura pode ser aumentada, sem perda da compreensão. Maior rapidez na leitura significa notável economia de tempo para o homem de empresa, o qual passa a ter maior disponibilidade para dedicar-se a outras tarefas.

A Pedagogia moderna dedica especial atenção ao aprendizado da leitura, aceitando o princípio de que da eficiência e da boa orientação desse aprendizado depende grande parte do progresso intelectual do indivíduo. Os velhos métodos de ensino de leitura foram responsáveis por legiões de sérias incompatibilidades com esse veículo essencial à aquisição de conhecimentos, e inúmeras pessoas *não gostam* de ler porque nunca *aprenderam a ler*.

Bases para a construção de um questionário sobre leitura

1. Que livro V. está lendo no momento?
2. Costuma ler no ônibus?
3. Já experimentou contar quantas palavras lê no espaço de um minuto?
4. Preocupa-se em ter luz suficiente quando lê?
5. Está habituado a ler na cama?
6. Já lhe aconteceu "ler uma coisa e compreender outra"?
7. Em quanto tempo V. lê seu jornal favorito?
8. V. mexe com os lábios quando lê?
9. Acontece muitas vezes ter de voltar ao princípio de uma linha que V. já havia lido?
10. V. se cansa facilmente com a leitura?
11. Se o material de leitura é muito difícil V. costuma parar, de vez em quando, para assegurar-se de estar acompanhando e compreendendo o pensamento do autor?
12. V. escolhe um local para ler, longe de ruídos e distrações?

6.6 Maneira de falar

Há os que falam aos arrancos, como se as palavras fossem extraídas à força do aparelho fonador; há os que, ao falar, sobem e descem as modulações, com a versatilidade de certas músicas modernas, em que há excesso de dissonância e quase nenhuma harmonia; há os que *embrulham* as palavras, para torná-las apenas sons sem significação; há os que falam, mantendo a boca quase fechada, e as palavras conseguem escapar de entre os lábios, furtivas como fugitivos de uma prisão; há os que falam muito baixo ou muito alto, precisando de um amplificador de som, no primeiro caso, assombrando e aturdindo no segundo; há os que falam tão devagar, que somos levados à sonolência quando os ouvimos, e há os que falam tão depressa, que acabamos impossibilitados de distinguir palavras nas cascatas de sons que se sucedem como a fúria das corredeiras dos rios; há os que têm voz fina, grossa, rouca, estridente, brutal, infantil, enfim, sendo a Comunicação humana *individual,* sob nenhum outro aspecto ela é tão *individual* quanto na maneira de falar.

Bases para a construção de um questionário sobre a maneira de falar

1. V. é facilmente compreendido quando fala?
2. Fala pouco, demais, ou *na medida?*
3. Costuma traduzir satisfatoriamente seus pensamentos em palavras, que transmite aos outros, e por eles é compreendido?
4. Tem dificuldade em articular certas palavras?
5. Fala muito devagar, ou muito depressa?
6. Quantas vezes já falou em público?
7. Preocupa-se com as mãos quando fala?
8. Já ouviu sua voz em um aparelho de gravação? Qual a impressão?
9. Já aconteceu algumas vezes V. "perder o fôlego" ao falar?
10. Pronuncie em voz alta as seguintes palavras:

ESPERTO	COZINHAR	MÃE
BRASIL	BEIJO	FEIJÃO
TRÁGICO	JUÍZO	MANHAS
MORRER	VEJA	ASSESSORAR
SIMPLICIDADE	MENINO	CARVÃO
FAZER	COLÉGIO	BENJAMIN

6.7 Maneira de escrever

Marleine Paula Marcondes e Ferreira de Toledo chama a atenção para a dificuldade de redigir, que frustra muitas pessoas, as quais não conseguem passar ao papel as ideias que lhes fervilham no cérebro. A causa é que "não conseguem organizar as ideias antes de transpô-las para o papel". Às vezes falam bem, porque a fala utiliza recursos extralinguísticos – mas não conseguem o mesmo desempenho na escrita, que tem um código mais exigente e não pode contar com esses recursos extralinguísticos.[13]

O estilo é o homem e é na maneira de escrever que o estilo mais se revela. Muitas vezes, tudo quanto conhecemos de uma pessoa é o que ela escreve; pelo estilo, *vemos o homem*. O homem de empresa, queira ou não queira, vive às voltas com a necessidade de comunicar-se *por escrito*.

Que pensaremos de um funcionário que nos solicita, por escrito, uma "lissencia" para tratamento de "çaúde"?

Todos os anos, por ocasião dos exames vestibulares, professores vêm, pelos jornais, pela *internet*, lamentando a ignorância dos candidatos no domínio da linguagem escrita. Erros de grafia e sintaxe acumulam-se nas provas. Dentro das empresas, as comunicações escritas constituem setor de atritos e, por vezes, desajustamentos, porque, em geral, o homem que trabalha negligencia a redação e batalha para esconder a ignorância.

— Não tenho tempo para aprender!

É a escusa mais comum, quando o homem de empresa não faz "blague":

— Quem escreve minhas cartas é minha secretária! Outros argumentam não necessitarem em absoluto transformar-se em *intelectuais* para gerir negócios, o que não passa de distorção da necessidade que temos de escrever todos os dias memorandos – manuscritos ou em *e-mails* – cartas, relatórios ou simples recados.

A luta para *esconder a ignorância* é muito mais árdua do que a luta para *aprender a escrever*.

Bases para a construção de um questionário sobre redação

1. V. sabe distinguir um pleonasmo de uma metáfora?
2. Qual a diferença no uso de uma vírgula e de um ponto e vírgula?
3. Para que serve um asterisco?

---

[13] TOLEDO, Marleine Paula Marcondes e Ferreira de. *O ato de redigir*. São Paulo: Nankin, 2003, p. 13.

4. O que distingue um período simples de um período composto?
5. Qual a pronúncia correta dos seguintes vocábulos?

ALAMO	GRACIL
BOEMIA	INTERIM
DECANO	MAQUINARIA
ESPECIME	PROTOTIPO
EXODO	RUBRICA

6. Quantos tempos tem um verbo?
7. Qual o feminino das seguintes palavras?

ABADE	PROFETA
CÔNSUL	SACERDOTE
MAESTRO	VARÃO
PAVÃO	VILÃO
POETA	FREI

8. Qual o plural dos seguintes compostos:

CIRURGIÃO-DENTISTA	BANANA-MAÇÃ
COUVE-FLOR	MANGA-ESPADA
ÍTALO-BRASILEIRO	RELÓGIO-PULSEIRA
CLARO-ESCURO	VICE-PRESIDENTE
BEIJA-FLOR	

9. Quais os numerais ordinais correspondentes aos seguintes numerais cardinais?

QUARENTA	SEISCENTOS
CINQUENTA	OITOCENTOS
OITENTA	NOVECENTOS
DUZENTOS	QUATROCENTOS
TREZENTOS	UM MILHÃO

10. Em quantas partes se divide a Sintaxe?

São três os principais objetivos desta autoanálise:

1. Encorajarmo-nos a fazer uma avaliação crítica de nós mesmos.
2. Ajudarmo-nos, por meio da formulação de questões, a fazer uma análise, embora elementar, de algumas das habilidades mais empregadas na Comunicação humana.
3. Oferecer uma base para a formulação de objetivos específicos de aperfeiçoamento da capacidade individual de Comunicação humana.

Depois de completos os questionários, o Prof. Thompson propõe que a autoanálise se faça na seguinte disposição:

1. *Conhecimentos gerais*
   a. Minha melhor qualidade é...
   b. Minha maior necessidade de melhoria é...
   c. Minhas outras necessidades são...
2. *Ajustamento*
   a. Minha melhor qualidade é...
   b. Minha maior necessidade de melhoria é...
   c. Minhas outras necessidades são...
3. *Precisão de pensamento*
   a. Minha melhor qualidade é...
   b. Minha maior necessidade de melhoria é...
   c. Minhas outras necessidades são...
4. *Maneira de ouvir*
   a. Minha melhor qualidade é...
   b. Minha maior necessidade de melhoria é...
   c. Minhas outras necessidades são...
5. *Maneira de ler*
   a. Minha melhor qualidade é...
   b. Minha maior necessidade de melhoria é...
   c. Minhas outras necessidades são...
6. *Maneira de falar*
   a. Minha melhor qualidade é...
   b. Minha maior necessidade de melhoria é...
   c. Minhas outras necessidades são...

7. *Maneira de escrever*
   a. Minha melhor qualidade é...
   b. Minha maior necessidade de melhoria é...
   c. Minhas outras necessidades são...

William James escreveu em 1899: "Os homens costumam usar apenas uma pequena parte das faculdades que em realidade possuem". O estudo da Comunicação humana pode ser considerado básico para a eficiência pessoal, se considerarmos eficiência "usar as próprias finalidades, de modo a produzir resultados ótimos com um mínimo de desgaste e tensão humanas". A ascensão a responsabilidades maiores depende mais do aperfeiçoamento de si mesmo do que da habilidade técnica em fazer funcionar uma máquina. E lembra Laird (1959) a advertência de Andrew Carnegie: "V. não consegue empurrar ninguém escada acima, se a própria pessoa não quiser subir".

A conclusão a extrair-se da autoanálise do Prof. Thompson é a de que *a responsabilidade integral pelo aperfeiçoamento da capacidade de Comunicação humana está no próprio indivíduo* e, sem sua cooperação decidida e integral, será impossível o progresso.

Capítulo 6
A Comunicação Empresarial

1.
O QUE É UMA EMPRESA

O termo empresa padece (ou desfruta) de muita generalidade. Em princípio designa qualquer empreendimento para a realização de um objetivo. Nesse sentido, por exemplo, as navegações portuguesas dos séculos XV e XVI constituíram empresas notáveis. Esse significado generalíssimo evoluiu, no jargão comércio-industrial, para "organização econômica, civil ou comercial, constituída para explorar determinado ramo de negócio e oferecer ao mercado bens e ou serviços".[1] Nessa acepção, pode-se falar de empresa fornecedora, empresa permissionária, empresa comercial, empresa prestadora de serviços, empresa industrial, etc. Concretamente: metalúrgicas, fábricas de todo tipo, escolas, hospitais, clínicas médicas, planos de saúde, organizações financeiras, supermercados, lojas de departamentos, seguradoras, supermercados, *free-shops*, concessionárias de veículos automotores, estabelecimentos comerciais de grande, pequeno e médio porte – para citar apenas alguns exemplos.

Existem empresas individuais, porém o mais comum é que as empresas constituam uma sociedade hierarquizada.

Unir-se uma comunidade em vista de uma finalidade comum, sob uma chefia unificadora, é algo inerente à natureza humana: nenhum homem é uma ilha, o homem é um animal social, o homem é um animal mimético...

Em 1623, acometido por grave doença, o metafísico poeta inglês John Donne refletia sobre a proximidade da morte, em *Devotions upon emergent occasions*: "Nenhum homem é uma ilha, inteiramente isolado, todo homem é um pedaço

---

[1] *Dicionário Houaiss da língua portuguesa*. Rio de Janeiro: Objetiva, 2001.

de um continente, uma parte de um todo".² Isto é: o homem está subordinado à complementaridade em seu ser e em seu agir, o que justifica e torna necessária a divisão de trabalho.

No século IV a.C., Aristóteles já afirmava essa complementaridade, ao dizer que "o homem é um animal social", por ser naturalmente carente e necessitar de coisas e pessoas para alcançar sua plenitude.³

A imitação é também, segundo Aristóteles, uma marca do homem. Luísa Severo Buarque de Holanda, da UFRJ, observa na poética o caráter discente da mimese aristotélica:

O ser humano, que é inicialmente o mais mimético dentre os animais miméticos, se tornará o animal verdadeiramente mimético, se for notado que o seu mimetismo está necessariamente ligado ao aprendizado.⁴

Roberto Mallet, na esteira de René Girard, acrescenta que, além da cognição, também o desejo humano é mimético:

O homem não imita apenas comportamentos e noções, ele imita também os desejos de seus modelos. [...] o desejo é [...] triangular. Um homem não deseja em linha reta, mas através de um mediador, que aponta para esse homem o objeto que deve ser desejado [...] O objeto do desejo não é predeterminado no indivíduo humano, o desejo não tem sua origem na individualidade, pois que senão seria fixo, seria instinto.⁵

Para René Girard, o desejo está radicado no ser do homem, de modo que o fato de desejar sem objeto específico é uma *falta de ser* ontológica:

O sujeito espera que o outro lhe diga o que deve ser desejado a fim de adquirir esse ser [que lhe falta]. Se o modelo, que já parece dotado de um ser superior, desejar alguma coisa, só pode tratar-se de um objeto capaz de conferir uma plenitude de ser ainda mais total. Não é através de palavras, mas por seu próprio desejo que o modelo designa ao sujeito o objeto supremamente desejável.

---

² Cf. MARTINI, Marcus de (da Universidade Federal de Santa Maria). *John Donne:* considerações sobre sua vida e obra. Disponível em: <http://www.periodicos.ufsc.br/index.php/fragmentos/article/viewFile/8597/8000>. Acesso em: 1º nov. 2010.
³ Cf. Projeto phronesis. Disponível em: <http://projetophronesis.wordpress.com/2009/01/10/o-homem-e-um-animal-social-aristoteles/>. Acesso em: 1º nov. 2010.
⁴ HOLANDA, Luísa Severo Buarque de. *Anais de filosofia clássica*, v. 2, n. 3, 2008, p. 36. "Poetas e filósofos segundo Aristóteles". Disponível em: <http://www.ifcs.ufrj.br/~afc/2008/LUISA.pdf>. Acesso em: 1º nov. 2010.
⁵ MALLET, Roberto. *Convívio*. "O desejo mimético". Disponível em: <http://www.grupotempo.com.br/tex_desejo.html>. Acesso em: 1º nov. 2010.

CAPÍTULO 6 • • • • • • • • • • A COMUNICAÇÃO EMPRESARIAL

Retornamos a uma ideia antiga, cujas implicações são talvez desconhecidas; o desejo é essencialmente mimético, ele se calca sobre um desejo modelo; ele elege o mesmo objeto que esse modelo.[6]

No trabalho corporativo, a gerência faz o papel de modelo; estabelece as metas que devem ser "desejadas" pelos funcionários da empresa – e o sucesso do trabalho empresarial está estribado no caráter gregário e mimético do ser humano.

Dentro desse referencial, a comunicação é importantíssima. Aristóteles já se antecipava, ao constatar que a natureza social do homem se manifesta na linguagem, portanto na comunicação:

> [...] o homem é o único entre os animais que tem o dom da fala.[...] a fala tem a finalidade de indicar o conveniente e o nocivo, e portanto também o justo e o injusto; a característica especifica do homem em comparação com os outros animais é que somente ele tem o sentimento do bem e do mal, do justo e do injusto e de outras qualidades morais, e é a comunidade de seres com tal sentimento que constitui a família e a cidade (Política, I, 1253b, 15).[7]

A comunicação empresarial tem, pois, toda a relevância, pois seu funcionamento adequado é a garantia do bom andamento dos trabalhos corporativos, sobretudo nesta época de grandes progressos e mudanças advindos da tecnologia.

As circunstâncias hodiernas exigem das empresas um perfil conveniente. A ciência e a tecnologia avançam de tal forma que é impossível datar suas conquistas e pretender estar em dia com elas por intermédio de sua divulgação. Existe um intervalo de tempo entre as descobertas, invenções e produtos acabados e a sua divulgação; intervalo que é incessantemente preenchido por novas descobertas, invenções e produtos. Por isso, é impossível dizer, por exemplo, que a última palavra em música digital de bolso seja o MP4, quando já saiu o MP5; este, por sua vez, provavelmente já está obsoleto, apenas seu substituto ainda não chegou ao mercado e à mídia. Engana-se quem pretende estar em dia com os carros novos, trocando o seu a cada ano, pois, enquanto o mercado apresenta um modelo como o último tipo, com toda a certeza já existe outro mais acabado e moderno no forno... Quer dizer, existe uma defasagem entre a corrida vertiginosa do mundo da ciência e sua disponibilização prática.

---

[6] GIRARD, René. *La violence et le sacré*. Paris: Éditions Bernard Grasset, 1972. cap. VI, *Du désir mimétique au double monstrueux*, p. 204-5 apud MALLET, Roberto. *Convívio*. "O desejo mimético". Disponível em: <http://www.grupotempo.com.br/tex_desejo.html>. Acesso em: 1º nov. 2010.

[7] Cf. Projeto phronesis. Disponível em: <http://projetophronesis.wordpress.com/2009/01/10/o-homem-e-um-animal-social-aristoteles/>. Acesso em: 1º nov. 2010.

Essa defasagem operacional tem reflexos na sociedade, ocasionando uma obsolescência aderente que desemboca num impulso de inovar a todo custo, de sair da estagnação, de estar em dia. Daí a febre de renovação, de atualização, de aperfeiçoamento da modernidade.

O mundo empresarial não pode fugir às exigências de inovação em todos os setores, sob pena de obsolescência. Além da otimização do pessoal e do desempenho, do trabalho e da produção, tem de descobrir novas performances para a comunicação.

2. Importância da Comunicação Empresarial

Tomasi e Medeiros,[8] apoiados em Pimenta[9] e Cahen,[10] caracterizam a comunicação empresarial como a soma de todas as atividades comunicacionais da empresa: relações públicas, jornalismo, assessoria de imprensa, *lobby*, propaganda, promoções, pesquisa, *endomarketing e marketing*. Devem-se acrescentar as atividades de comunicação interna, isto é, da gerência com os funcionários, em mão dupla, e dos funcionários entre si.

A comunicação nas empresas pode organizar-se de forma centralizada ou descentralizada. No primeiro caso, todas as atividades ficam sob a responsabilidade de um único executivo; no segundo, são distribuídas pelas unidades organizacionais. A comunicação centralizada tem a vantagem de fornecer à empresa o controle de todas as atividades comunicacionais; já a comunicação descentralizada confere às unidades maior adaptação a suas necessidades peculiares. O primeiro tipo é mais conveniente às pequenas empresas; o segundo, às maiores.

As modernas empresas não podem relegar a segundo plano a comunicação interna e externa. Elencam-se algumas das justificativas apresentadas por Maurício Tavares:

> Não basta que as organizações tenham produtos e serviços de qualidade. Elas precisam trabalhar melhor sua imagem no mercado. [...] Cabe à empresa criar e manter um ótimo relacionamento com os seus públicos de interesse. [...] A comunicação empresarial integrada (interna, institucional e de marketing) pode ser considerada um diferencial, quando bem planejada.

---

[8] TOMASI, Carolina; MEDEIROS, João Bosco. *Comunicação empresarial*. 3. ed. São Paulo: Editora Atlas, 2010. p. 55-56.
[9] PIMENTA, Maria Alzira. *Comunicação empresarial*. 4. ed. Campinas, SP: Alínea, 2004. p. 99.
[10] CAHEN, Roger. *Comunicação empresarial*. 10. ed. Rio de Janeiro: Best Seller, 2005. p. 29.

[...] O comportamento do consumidor vem se alterando em relação às ações de comunicação. [...] As crises de imagem vêm aumentando a cada dia no âmbito das organizações.[11]

As microempresas e as empresas individuais podem prescindir de um departamento específico para a comunicação, mas não podem prescindir da comunicação. Quer dizer: é possível que o gerente ou o dono, por exemplo, exerça também o papel de comunicador.

O psiquiatra Dr. F.C.N., por exemplo, é dono, gerente e comunicador de uma empresa individual de terapia mental (GEA: Grupo de Estudos Analíticos). Tem uma central de atendimento na cidade onde reside, no interior do estado de São Paulo, e filiais em três outras cidades vizinhas; quando vê conveniência, acopla seu trabalho ao de psicólogos.

Seu diferencial é a forma de comunicação e atendimento. Uma secretária dá plantão constante na central; por meio de um celular, comunica-se com os pacientes, atendendo a seus chamados, repassando-os para o psiquiatra, marcando consultas na cidade que for mais conveniente para as duas partes, e relembrando individualmente, na véspera, as consultas anteriormente agendadas. Essa primeira comunicação é o passo inicial, indispensável para a realização e eficiência das consultas.

O tratamento, salvo necessidades imprevistas, tem a marcha seguinte: feito o primeiro atendimento individual, com os pertinentes retornos, o paciente é inserido em um grupo, de acordo com o critério do Dr. F.C.N., o qual se baseia, entre outros dados, no tipo de medicação. Há grupos em todas as cidades atendidas, também para facilitar a locomoção de pacientes de outras cidades da vizinhança não visitadas pelo médico.

A empresa é itinerante: um Nissan X Terra chega ao consultório de determinada cidade trazendo o psiquiatra, a secretária, as fichas das consultas individuais e comunitárias previamente agendadas na central, receituário e demais pertinências (*notebook* não: a preferência é dada à informalidade e intimidade das fichas anotadas à mão com esferográfica).

Feitos os atendimentos particulares, começa algo até certo ponto inédito em matéria de psiquiatria-psicoterapia – e comunicação: F.C.N. reúne-se com um grupo de mais ou menos doze pacientes, o número que comporta a sala. Um a um são chamados a manifestar-se, na maior liberdade, dizendo de seu estado, melhoras, pioras, expectativas, tendo inclusive a possibilidade de interferir na fala dos outros. F.C.N. é o condutor e o mediador da comunicação e das ricas trocas que então

---

[11] TAVARES, Maurício. *Comunicação empresarial e planos de comunicação*. São Paulo: Editora Atlas, 2007. p. 2.

ocorrem. Conforme a conveniência, dá explicações científicas em linguagem acessível a leigos. Conforme o que vê e ouve, mantém a medicação ou faz os ajustes pertinentes. Cada paciente recebe uma palavra de apoio, incentivo ou correção, em discurso estratégico.

O diferencial dessas sessões é que a farmacoterapia se une com naturalidade à psicoterapia, sem maior ônus para os pacientes e sem orientações conflitantes, já que um só e o mesmo é o orientador. A continuidade das sessões (uma por mês, com direito a retorno, se for preciso) estabelece laços e torna algo que poderia ser doloroso em acontecimento prazeroso, de paz, encorajamento mútuo e camaradagem. Nota dez em matéria de comunicação.

O exemplo é válido, como já se disse, para as empresas pequenas ou individuais. Para as empresas maiores, contudo, a comunicação não pode constituir uma atividade ocasional, mas sistêmica, isto é, tem de ser preparada por um departamento. Caracteriza-se pela continuidade; não se limita a ações individuais, mas conecta-se a um sistema implantado e está subordinada aos altos escalões da empresa.

Argenti[12] ressalta a importância da comunicação empresarial sistemática, elencando quatro argumentos:

- Em primeiro lugar, vivemos numa época em que a informação viaja em grande velocidade, em virtude dos avanços tecnológicos.
- Em segundo lugar, o público está mais exigente com relação às empresas, porque está mais bem informado sobre as questões empresariais. Por isso, não consome os produtos se não tiver informações sobre a empresa.
- Em terceiro lugar, o *design* tem grande importância para o público de hoje. Assim, espera-se um padrão alto nas comunicações das empresas.
- Em quarto lugar – o que é mais relevante e requer uma gerência de comunicação –, as organizações estão cada dia mais complexas, contando às vezes com milhares de funcionários, e não conseguirão desempenho satisfatório se não contarem com um departamento específico para cuidar da comunicação.

Com efeito, na atualidade não é mais admissível gerir empiricamente uma empresa, sob pena de prejuízos; é necessária uma administração científica, conforme já propunha Fayol, ao afirmar que "a administração deveria ser vista como

---

[12] ARGENTI, Paul A. *Comunicação empresarial*. Trad. Adriana Rieche. 4. ed. Rio de Janeiro: Elsevier, 2006. p. XII.

uma função separada das demais funções da empresa", considerando o trabalho dos gerentes "distinto das operações técnicas da empresa".[13]

Assim sendo, como nos demais setores da empresa, na comunicação há necessidade de uma divisão de trabalho e de uma gerência: é preciso estabelecer seções e interligá-las num todo.

Tempos atrás, a comunicação empresarial resumia-se à função de relações públicas, para atender os públicos externos. Seu trabalho era mais ou menos impedir que a imprensa chegasse perto demais da empresa:

Como um míssil Patriot, projetado para parar mísseis inimigos durante a guerra, o antigo profissional de RP deveria proteger a empresa contra publicidade ruim, em geral fazendo uma leitura positiva de notícias prejudiciais.[14]

Com o aumento do tamanho e das especificidades da empresa, esse profissional começou a abarcar outras funções, como preparar discursos, relatórios e boletins, o que indicava a necessidade de uma divisão de trabalhos.

Hoje a comunicação empresarial requer a ação orquestrada de vários profissionais, sob um mesmo comando e orientação. São os profissionais de Relações Públicas, Propaganda e Marketing, de Ciências Humanas, de Comunicação Social e os jornalistas.

Necessita, também, para alcançar sucesso, capacitar, recapacitar, reciclar seu pessoal, promovendo cursos *in company* ou correndo atrás de empresas especializadas (existem muitas e boas no mercado) no assunto. A Aberje (Associação Brasileira de Comunicação Empresarial), por exemplo, possui um *site*, com oferta de cursos, fóruns, encontros, simpósios, congressos, tudo para agilizar e facilitar a vida das pessoas físicas e jurídicas envolvidas profissionalmente com a comunicação.

Dois exemplos:

1. Curso da Aberje, que, em um único dia (das 9 às 18 horas), expõe e submete a debates o tema *Como avaliar campanhas e meios de comunicação interna*, a partir dos seguintes objetivos e programa:

Objetivos

- *Apresentar metodologias de pesquisa e suas aplicações*
- *Aprofundar o conhecimento na construção de questionário*
- *Discutir possibilidades de avaliação dos meios de comunicação*

---

[13] MAXIMIANO, Antonio Cesar Amaru. *Introdução à administração*. 6. ed. revista e ampliada. São Paulo: Atlas, 2007. p. 58.
[14] ARGENTI, op. cit, p. 50.

- *Capacitar o comunicador a gerenciar pesquisas*

Programa
Metodologia qualitativa

- *Grupos de discussão*
- *Pesquisa de observação*
- *Entrevistas em profundidade*

Metodologia quantitativa

- *Amostras probabilísticas*
- *Amostras não probabilísticas*

Métodos de abordagem

- *Pessoal*
- *Telefônica*
- *On-line*
- *Autopreenchimento*

Elaboração de questionário

- *Perguntas de perfil*
- *Perguntas fechadas*
- *Perguntas abertas*
- *Pré-codificação / codificação*
- *Tipos de escalas*

Avaliação dos meios de comunicação e campanhas

- *Meios digitais - portais / enews / intranet*
- *Revista*
- *Boletim / jornal interno*
- *Mural / quadro de avisos*
- *Campanhas*
- *Comunicação face a face*
- *Avaliação da comunicação geral*

Atributos para avaliar

- *Conteúdo - interesse / atualização / pertinência*
- *Textos - clareza / objetividade / apresentação*
- *Projeto gráfico - diagramação / fotos / cores / tamanho*
- *Forma de distribuição - papel / digital / painel / empresa / casa*
- *Periodicidade - diária / semanal /mensal / bimestral*

Análise dos resultados

2. Curso Internacional de Comunicação Empresarial, em parceria com a Syracuse University, NY, planejado para o mês de abril de 2011.

O programa, a ser ministrado em São Paulo, tem corpo docente internacional, composto por renomados professores dos Estados Unidos e Canadá, num total de 90 horas de aula. A programação é a seguinte:

- Tendências internacionais em comunicação empresarial.
- Gestão de reputação corporativa.
- Conquistando o comprometimento dos funcionários com comunicação interna.
- Oportunidades em *social media*.
- Mensuração e avaliação da comunicação corporativa.
- Comunicação em tempos de crise.

Em síntese: A Aberje coloca à disposição dos interessados farto material (colunas, agendas de cursos, memória empresarial, centro de memória e referência, livraria, comitê de sustentabilidade, acervo de *cases*, monografias para consultas, etc.) para introduzir os profissionais corporativos e individuais em avançadas e modernas técnicas de comunicação. Esse é um exemplo, pois outras associações e empresas similares vêm oferecendo programas congêneres.

Além disso, as empresas colocam à disposição do consumidor serviços de *e-marketing,* que lhe criam amplas possibilidades de escolha na hora de decidir por um serviço ou outro. Tudo, entretanto, planejado com muito critério por setores especializados em Relações Públicas, Propaganda, Marketing, Assessorias Especializadas, sempre com o olho nos concorrentes, a fim de tentar superá-los.

3.
ABRANGÊNCIA DA COMUNICAÇÃO EMPRESARIAL

Maurício Tavares entende comunicação empresarial como

> A comunicação existente entre a "organização" (empresas privadas, empresas públicas, instituições, etc.) e os seus públicos de interesse: cliente interno ou funcionário da organização, fornecedores, distribuidores, clientes, *prospects*, mídia e a sociedade em geral.[15]

Essa conceituação já estabelece a abrangência da comunicação empresarial: comunicação interna e externa (ou institucional), incluindo a comunicação de propaganda e *marketing*. O entrosamento entre esses segmentos é essencial para o estabelecimento de uma comunicação integrada, indispensável na atualidade. A comunicação empresarial não pode ser mais um conjunto fragmentário de atividades, mas deve constituir um processo integrado, cujos participantes (profissionais especializados) trabalhem em comunhão. Além disso, é preciso que todos os públicos participem do processo comunicacional: o público interno deve estar informado sobre o que se divulga externamente, o público externo deve saber dos procedimentos internos, a sociedade em geral deve manter-se informada sobre ações internas, externas e de *marketing*.

4.
COMUNICAÇÃO INTERNA

A comunicação que acontece dentro da empresa se faz entre seções, entre funcionários de uma mesma seção, entre chefes, entre funcionários e chefes diretos (supervisores e gerentes) e indiretos (diretores e presidentes).

É a comunicação da empresa com o público interno, ou, mais exatamente, com os públicos internos: dentro de uma organização há o dono, o presidente, os diretores, os gerentes, os responsáveis pelos diversos departamentos, os executivos, os operadores de máquinas, os responsáveis pela cozinha e limpeza, entre outros.

---

[15] TAVARES, Maurício. *Comunicação empresarial e planos de comunicação*. São Paulo: Editora Atlas, 2007. p. 11.

Wilson da Costa Bueno alerta para o perigo de considerar o público interno como monolítico:

> Será razoável acreditar que se podem reunir todos os funcionários de uma organização num mesmo grupo?
> Com certeza, não. Há diferenças significativas entre as pessoas que participam do ambiente interno das organizações e, ao se proporem produtos, ações e estratégias para interagir com elas, é fundamental ter esse fato em mente.[16]

Se essa diversidade não for levada em conta, haverá "ruídos" na comunicação. Não se pode, por exemplo, resumir toda a comunicação interna a um jornal entregue a funcionários de todos os níveis. É preciso levar em conta os diferentes perfis dos públicos envolvidos e diversificar os canais de comunicação de acordo com as características detectadas. Poderão assim ser usados, entre outros, conforme a conveniência: publicações internas (*house organs:* boletins, jornais e revistas), memorandos, circulares, relatórios, rádio interna, murais, telefonia interna, *intranet*, entrevistas, reuniões e eventos.

As grandes empresas não podem prescindir de uma *intranet* — rede interna, fechada e exclusiva, com acesso apenas para os funcionários, quase sempre liberado somente no ambiente de trabalho e em computadores registrados na rede.

É uma versão particular da *internet*, que pode ou não estar conectada a ela. Presta-se a troca de informação, mensagens instantâneas, fóruns e sistemas de gerenciamento de *sites* ou serviços *on-line*.

Uma *intranet* pode conectar empregados de uma empresa que trabalham em escritórios diferentes. Além disso, facilita a logística de pedidos, pelo fato de interligar diferentes departamentos de uma mesma empresa em uma mesma rede.[17]

Reuniões e eventos têm a possibilidade de agregar e promover relacionamentos entre a totalidade dos públicos internos. São muito oportunos para estabelecer a comunhão entre todos os públicos e "valorizam" os funcionários, o que é vital para o bom desempenho da empresa. Por exemplo: M.F.S. integra o quadro de funcionários da limpeza de uma EMEF (Escola Municipal de Educação Fundamental), no interior do Estado de São Paulo. Recentemente participou, em igualdade de condições, de uma reunião com o Prefeito sobre as metas e inovações a serem implantadas naquela empresa. Sentiu-se valorizado por ser informado e consulta-

---

[16] BUENO, Wilson da Costa, op. cit., p. 85. BUENO, Wilson da Costa. *Comunicação empresarial:* políticas e estratégias. São Paulo: Saraiva, 2009. p. 9.
[17] Cf. <http://teteraconsultoria.com.br/blog/o-que-e-intranet/>. Acesso em: 4 nov. 2010.

do a respeito de decisões relevantes; consequentemente cresceram seu interesse e desempenho.

Para a *Harvard business review on effective communication*, uma reunião empresarial tem seis funções:

> Do modo mais simples e elementar, uma reunião define a equipe, a unidade ou o grupo; [...] é um lugar onde o grupo revê, atualiza e acrescenta ao que ele já conhece, como um grupo; [...] ajuda cada indivíduo a entender a meta coletiva do grupo e o modo como seu trabalho e o de todos pode contribuir para o sucesso do grupo; [...] cria em todos os presentes um compromisso com as decisões tomadas e com os objetivos perseguidos; [...] é a única ocasião em que o supervisor, gerente, ou o executivo é efetivamente percebido como o líder da equipe, mais do que o alto funcionário ao qual os indivíduos reportam-se; [...] é uma arena de status, [...] a única ocasião em que os membros têm oportunidade de descobrir sua posição relativa.[18]

Os eventos (culturais, esportivos, sociais, de vendas, palestras, *workshops,* congressos) têm o diferencial de ampliar a esfera dos relacionamentos e quebrar a rotina dos afazeres diuturnos; propiciam uma rara oportunidade de encontro e fortalecem a comunhão entre as pessoas envolvidas. Por exemplo, a mesma EMEF, onde M.F.S. presta serviços, participou em julho p.p. de uma festa "junina" que reuniu todas as EMEFs da cidade na praça central. Houve entrosamento e cooperação de professores, funcionários, alunos, pais, com um saldo altamente positivo para todas as escolas.

Um departamento de comunicação interna deve contar com os seguintes profissionais:

- um profissional com formação em Relações Públicas, para dirigir, controlar e avaliar os veículos de comunicação interna, os eventos, as pesquisas e o gerenciamento das possíveis crises.
- um profissional com formação em propaganda e *marketing*, para criar material institucional e promocional interno, como *folders,* cartazes, logomarcas de eventos e desenvolver o *layout* de *intranet* e *site* da empresa.
- um profissional com formação em jornalismo, para assessoria de imprensa, jornalismo empresarial, *clipping* de notícias e *house organ.*
- uma secretária executiva com formação em Ciências Humanas, para contatos gerais, organização de reuniões, teleconferências, visitas, agendas, etc.

---

[18] *Comunicação nas empresas / Harvard business review.* Trad. Marylene Pinto Michael. Rio de Janeiro: Campus, 2001. p. 31-34.

- um estagiário formado ou cursando a faculdade de Comunicação Social, para apoiar os profissionais anteriormente citados, ao mesmo tempo em que ele próprio adquire conhecimentos e experiência prática.[19]

Embora nos tempos hodiernos nenhum desses profissionais possa prescindir de conhecimento e prática de informática, é necessário também um especialista na matéria, para apoio, aconselhamento e resolução de problemas. C.M.F.S., redatora de *releases* e apostilas de uma empresa de reforço pedagógico de uma cidade do interior de São Paulo, viu-se em apuros quando seu computador travou, com todo o material imprescindível para os trabalhos e comunicações do dia. Providencialmente a empresa contava com A.M.F.S., *expert* em informática, que conseguiu, por intermédio da rede, acessar os dados da máquina defeituosa – sem o que toda a programação estaria prejudicada, uma vez que no interior (como na capital...) o socorro técnico demora a chegar.

A comunicação interna aprimorada é diretamente responsável pelo desempenho satisfatório da empresa e pela consecução de seus objetivos. A meta das empresas é conseguir o certificado ISO (International Organization for Standardization), que prova que são empregadas as regras dessa Organização, as quais minimizam a saída de produtos finais com defeito e garantem o reconhecimento internacional desses produtos. Para alcançar essa meta, é necessário envolver todos os empregados no processo e incentivá-los à consecução e conservação desse certificado.

Nesse aspecto, a comunicação é essencial, qualquer que seja o modelo organizacional da empresa.

As empresas industriais, por exemplo, têm à disposição dois modelos de organização de trabalho. O mais antigo é o modelo taylorista-fordista. Para Frederick Winslow Taylor, engenheiro americano (1856-1915), não é preciso trabalhar pesado nem sob pressão, mas com inteligência. Taylor optou pela especialização do trabalho: propôs uma organização sistemática e hierarquizada dos trabalhadores, de forma que cada um desenvolvesse uma atividade específica no sistema produtivo da indústria. Implantou um sistema de pagamento por quantidade, quer dizer, por peças produzidas, o que fazia os rendimentos do trabalhador aumentar na proporção de sua produtividade.

O também americano Henry Ford (1863-1947), dono de uma indústria automobilística (e pioneiro nessa atividade), levou à frente as ideias tayloristas e criou a linha de montagem para gerar grandes produções:

---

[19] Cf. TAVARES, Maurício. *Comunicação empresarial e planos de comunicação*. São Paulo: Editora Atlas, 2007. p. 15-17.

> Peças padronizadas e trabalhador especializado [...] O produto é dividido em partes e o processo de fabricá-lo é dividido em etapas [...] Cada pessoa e cada grupo de pessoas [...] têm uma tarefa fixa dentro de uma etapa de um processo predefinido. A divisão do trabalho implica a especialização do trabalhador.[20]

A comunicação interna é essencial a esse processo. A linha de montagem, por ser repetitiva, acaba inibindo a criatividade e o interesse do trabalhador: existe, pois, o perigo do descaso e de peças mal construídas. Por isso, o trabalhador deve manter-se incessantemente motivado e vigilante quanto à qualidade de seu trabalho. Entra aí o papel da comunicação. É necessário, em primeiro lugar, que haja troca de informações entre os trabalhadores de cada etapa do processo para prevenir eventuais falhas. É preciso, sobretudo, que os trabalhadores de todas as etapas sejam levados ao interesse pessoal pela empresa, a compartilhar sua missão, sua visão, suas metas – e a gerência tem de manter a comunicação com eles numa via de mão dupla e de forma atrativa. A comunicação com os funcionários, para ser eficiente, além da exatidão, requer beleza: o público interno rejeita o amadorismo e sente-se menosprezado com quadros de aviso sem diagramação, jornal da empresa mal editado, vídeo feito sem profissionalismo.

O segundo modelo, inverso do fordismo, é japonês: o toyotismo, criado na fábrica da Toyota, após a Segunda Guerra Mundial.

O toyotismo caracteriza-se pela plurivalência da mão de obra, ao contrário da especialização do taylorismo-fordismo. Investe na educação e qualificação dos trabalhadores, no sentido de torná-los aptos a diversos tipos de atividade produtiva (a começar pelo próprio preparo dos trabalhadores, já se vê a necessidade de comunicação). O controle de qualidade se faz em todas as etapas do processo produtivo. Os produtos finais são personalizados, de acordo com o gosto dos clientes.

O toyotismo está alicerçado no sistema *Kanban-JIT*.

JIT, *just in time*, significa "no tempo oportuno", "na hora certa", isto é, a demanda e utilização dos materiais de produção são sincronizadas com a aquisição de suprimentos.

O processo de trabalho utilizado para atingir o *Just-in-time* é o *Kanban*. A palavra japonesa *kanban* significa etiqueta ou cartão. O *kanban* é um pequeno cartão colocado num contêiner de peças para montagem, que funciona como uma encomenda interna feita a um posto de trabalho e como guia de remessa quando acompanha o material encomendado. Desta forma, o kanban é uma ordem de

---

[20] MAXIMIANO, Antônio César Amaru. *Introdução à administração*. 6. ed. revista e ampliada. São Paulo: Atlas, 2007. p. 56-57.

fabrico que circula permanentemente no processo da produção, acompanhando o fluxo dos materiais no sentido a jusante e voltando sozinho a montante logo que os materiais são consumidos. Assim, o posto de trabalho a jusante comanda o posto de trabalho a montante.[21]

Se o processo anterior gerar peças defeituosas, o processo seguinte deve parar a linha. Quando ocorre essa falha, a peça defeituosa é levada de volta ao processo anterior. O processo anterior produz somente tantas peças quantas forem apanhadas pelo processo posterior. Se o processo posterior varia sua tomada de materiais em termos de tempo e quantidade, o processo anterior deverá estar preparado para ter disponível a quantidade requerida.[22]

É fácil perceber a necessidade absoluta de comunicação no toyotismo. Não se pode praticar o *Just-in-time* se não houver perfeita sinergia entre operadores e fornecedores – o que se obtém com mais eficácia por intermédio de um responsável pela comunicação. As etapas do *kanban*, para sincronizar-se, exigem atenta e ininterrupta troca de informações, a jusante e a montante. Nesse caso é preciso encontrar o canal conveniente, uma vez que a voz ou a escrita podem não se coadunar com as circunstâncias do trabalho (ruídos de máquina, impossibilidade momentânea de fixar a atenção na leitura, por exemplo).

O canal adequado é que possibilitará que a mensagem "chegue ao receptor-alvo no momento oportuno, com a intensidade e frequência desejadas".[23] Talvez, no caso do *kanban*, um código não verbal, de luzes e cores, obtenha melhor sucesso.

As empresas devem investir pesado na comunicação interna. Afinal, os que nela trabalham são os primeiros responsáveis por seu sucesso. É absolutamente necessário que a empresa não só os mantenha bem informados, mas também crie entre eles um clima de interesse, de forma que se sintam colaboradores, mais do que apenas funcionários.

Esse clima de interesse é essencial para as empresas, sobretudo nos momentos de crise, dos quais nenhuma empresa está livre. Constitui crise um acontecimento desfavorável e inesperado que desestabiliza uma organização e compromete, ainda que temporariamente, sua imagem e reputação diante de seus públicos de interesse. Nem sempre pode ser prevista ou evitada, porém, uma vez instalada, é uma situação emergencial que demanda providências ágeis e eficientes.

---

[21] Cf. <http://www.cev.pt/servicos/informacao/kanban.htm>. Acesso em: 10 set. 2010.
[22] Cf.<http//www.metodista.br/ppc/revista-ecco-01/gestão-estoque-na-cadeia-suprimentos>. Acesso em: 10 set. 2010.
[23] SCHULER, Maria (Coord.). *Comunicação estratégica*. São Paulo: Atlas, 2004. p. 105 apud TOMASI, Carolina; MEDEIROS, João Bosco. *Comunicação empresarial*. 3. ed. São Paulo: Editora Atlas, 2010. p. 21.

Consideram-se como crises, por exemplo, a saída para o mercado de produtos defeituosos, suspeita ou denúncia de corrupção de diretores ou funcionários, descontentamento dos empregados com o salário, ameaça de greve, defeito nas máquinas, desfalques, falências, escândalos. Nesses momentos, a comunicação interna cumpre missão muito importante.

Todos os esforços devem ser envidados para prevenir uma crise. Entretanto, uma vez que surgiu, a primeira providência interna será convocar o grupo de crise, analisar a situação, resolver e dar andamento às ações mais urgentes. Aconselha-se, para uso interno:

> Relacionar as necessidades de recursos financeiros, materiais e humanos; [...] elaborar, se for o caso, e dirigir ações de ajuda voluntária; [...] aceitar as decisões das autoridades governamentais; [...] como aconteceu? Onde aconteceu? Por que aconteceu? Com quem? Quando? Etc. São algumas das muitas perguntas que devem ter respostas claras, precisas e rápidas; [...] durante toda a crise, é fundamental manter informados todos os públicos de interesse da empresa, principalmente os diretamente envolvidos, sobre tudo o que a empresa fizer para solucionar a crise, indenizações, etc.[24]

5. Comunicação externa, propaganda e *marketing*

A comunicação externa, ou institucional, dirige-se aos públicos externos. Seu objetivo é divulgar informações sobre as metas, práticas e ações institucionais da empresa. Nesse aspecto, a comunicação deve manter-se fiel à verdade, sem abandonar, entretanto, a retórica conveniente para construir, manter e melhorar a imagem e reputação da empresa perante seus públicos.

As mesmas especialidades exigidas para o departamento de comunicação interna são as para o departamento de comunicação institucional.

Requer-se, primeiramente, um profissional com formação em Relações Públicas, que deverá responder pelo relacionamento entre a empresa e seus públicos. Cleuza G. Gimenes Cesca, citando a ABRP (Associação Brasileira de Relações Públicas), dá a definição oficial de Relações Públicas:

---

[24] TAVARES, Maurício. *Comunicação empresarial e planos de comunicação*. São Paulo: Editora Atlas, 2007. p. 55-56.

É o esforço deliberado, planificado, coeso e contínuo da alta administração para estabelecer e manter a compreensão mútua entre a organização e todos os grupos aos quais está ligada, direta ou indiretamente.[25]

Esses grupos com quem a empresa tem de relacionar-se, nesse caso, são os seus públicos externos.

Público não é multidão nem massa. Multidão, massa e público, explica Cleusa G. Gimenes Cesca, são tipos diferenciados de agrupamentos humanos espontâneos.

A multidão constitui um grupo de pessoas com contiguidade física, em que o indivíduo abdica de sua faculdade crítica e subordina sua consciência individual à coletiva: passa a pensar e agir por impulso e sugestão. São, por exemplo, os espectadores de grandes *shows*, jogos de futebol, imprevistos de rua, etc.

A massa é um grupo de pessoas não necessariamente unidas por contiguidade física, de diferentes níveis culturais, sociais e econômicos, que não abdicam da consciência individual em favor da coletiva, e agem não por sugestão ou impulso, mas por força do objeto que lhes conquistou a atenção. São, por exemplo, os receptores anônimos dos *mass media*: rádio, televisão, jornal, *internet*.

Público é um agrupamento espontâneo de pessoas, com ou sem contiguidade física, defrontando-se com uma controvérsia; nesse agrupamento, há predomínio da crítica e reflexão para chegar a uma opinião coletiva: as pessoas agem racionalmente, discutem suas opiniões, mas estão dispostas a fazer concessões e compartilhar de experiências alheias.[26] Cada centro de interesse pode constituir um público diferenciado. Com relação a uma empresa, por exemplo, pode haver os seguintes públicos externos: compradores, vendedores, consumidores dos produtos finais, imprensa, outras empresas associadas, concorrentes, organizações financeiras, etc. O profissional de Relações Públicas deverá ter habilidade para conseguir de cada público um juízo ou desempenho favorável à empresa.

Cesca propõe um programa de procedimentos para o profissional de Relações Públicas: divulgar a empresa entre os consumidores, abrir a empresa para programa de visitas, responder a todas as perguntas dos consumidores, oferecer produtos honestos a preços justos, veicular propagandas honestas, treinar pessoas para atender os consumidores que se sentirem lesados, ouvir com atenção as reclamações dos consumidores, garantir ao consumidor a qualidade do produto que ele adquiriu – sob pena de devolução, atender às pretensões dos consumidores reais e potenciais.[27]

---

[25] CESCA, Cleuza G. Gimenes. *Comunicação dirigida escrita na empresa – teoria e prática*. 4. ed. revista, atualizada e ampliada. São Paulo: Summus, 2006. p. 19.
[26] Cf. Ibidem, p. 20-22.
[27] Cf. Ibidem, p. 83-85.

Tavares atribui também ao profissional de Relações Públicas a promoção de eventos institucionais (sociais, desportivos, ambientais, etc.), o desenvolvimento de pesquisas, o gerenciamento de crises, a ouvidoria e a assessoria de comunicação em geral (apoio aos porta-vozes, assessores de imprensa).[28]

O departamento de comunicação externa deverá ter também um profissional com formação em jornalismo, para desempenhar as seguintes funções: assessoria de imprensa, jornalismo empresarial, fornecimento de textos jornalísticos e *release* para veículos impressos e eletrônicos.

Os jornalistas deverão manter os públicos anteriormente referidos informados daquilo que ocorre na empresa; são os responsáveis pelas publicações em jornais, revistas, boletins, videojornais e mídia eletrônica. Como quer Francisco Viana,

> O jornalista é um profissional que trabalha com os fatos e as suas contradições. Essa é a sua matéria-prima. A forma como vai escrever, como vai encadear os elementos da narrativa, está associada à sua visão de mundo e ao seu talento nessa arte sensível que é a persuasão.[29]

O jornalista, pois, pela ética da profissão, deve ater-se à verdade – o que não impede em seus textos a ênfase na função persuasória da linguagem. Suas relações com a mídia devem orientar-se por essa pauta.

A posição é válida também nos momentos de crise. Nessas ocasiões duas atitudes são necessárias: em primeiro lugar, não deixar o jornalista externo sem retorno quando procura informações sobre o problema, porque ele poderia sentir-se no direito de publicar sua visão da matéria, alegando ter procurado a empresa e não ter obtido resposta; em segundo lugar, o departamento de jornalismo da empresa deve adiantar-se à imprensa externa, dando sua versão dos fatos:

> As fontes devem, portanto, interferir na matéria, se tiverem explicações plausíveis. Muitas pautas negativas, algumas que poderiam desestabilizar a diretoria de uma organização, principalmente de empresas estatais ou da administração pública, são amenizadas ou neutralizadas pela pronta ação de fontes credenciadas. Essa ação implica prestar amplos esclarecimentos. Desmentir, se for o caso, ou admitir quando o fato é irreversível, informando as providências tomadas. Ignorar uma pauta pode significar para o jornalista o medo da empresa em se explicar, o que supõe culpa. Essa culpa presumida exacerba a apuração do jornalista e transforma uma matéria, às

---

[28] Cf. TAVARES, op. cit., p. 61.
[29] VIANA, Francisco. *Comunicação empresarial de A a Z*. São Paulo: CLA Editora, 2004. p. 159.

vezes fria, em uma grande pauta. Ou seja, a reportagem toma uma dimensão que não precisaria tomar.[30]

O departamento de jornalismo precisa transformar a mídia em parceira, porque a imprensa externa pode divulgar fatos positivos ou negativos sobre a empresa, enfatizando uns ou outros: as empresas não têm controle sobre ela. Contudo, sem abrir mão dos princípios éticos, é possível, com diplomacia, mantendo a transparência, administrar o relacionamento com a mídia e evitar divergências.

A comunicação externa exige também um profissional com formação em Publicidade, ou Propaganda e *Marketing*.

O *marketing* de uma empresa

> É um processo administrativo de produto, serviço, preço, distribuição e comunicação, que visa identificar e satisfazer às necessidades e aos desejos dos clientes internos e externos de uma organização, cuidando da sua imagem, gerando lucros e orientando-a para futuros e novos mercados.[31]

Nesse aspecto, a comunicação é essencial, sobretudo no processo de criação, manutenção e aprimoramento da imagem da empresa, a qual será responsável por sua reputação.

A imagem de uma empresa está diretamente ligada a sua identidade. A identidade é formada pelas percepções públicas, quer dizer, é o conceito que o público (ou os públicos) tem da empresa, advindo de seus atos de comunicação. O reflexo da identidade é a imagem da empresa: se a identidade inspirar confiança, a imagem será positiva; do contrário, será negativa. A reputação de uma empresa constrói-se ao longo do tempo, pela sucessão de imagens positivas ou negativas.[32]

Quando a imagem de uma organização se alinha perfeitamente com sua identidade, está criada uma reputação sólida. Sempre respeitando a ética, os comunicadores especializados em *marketing* têm grande responsabilidade em construir essa reputação, usando o poder persuasório da linguagem em todas as mídias, ou promovendo eventos pertinentes. A revista *ABOUT*, de setembro de 2010, elenca as 50 empresas que desenvolveram as melhores campanhas de publicidade na primeira década do século XXI e obtiveram, consequentemente, o aprimoramento de sua imagem e reputação. Aleatoriamente, algumas delas: Sadia, no setor de ali-

---

[30] TOMASI, Carolina; MEDEIROS, João Bosco. *Comunicação empresarial*. 3. ed. São Paulo: Editora Atlas, 2010. p. 45.
[31] TAVARES, Maurício. *Comunicação empresarial e planos de comunicação*. São Paulo: Editora Atlas, 2007. p. 75.
[32] Cf. SILVA NETO, Belmiro Ribeiro (Coord). *Comunicação corporativa e reputação*. São Paulo: Saraiva, 2010. p. 4-5.

mentos; Fiat, automóveis; Skol e Pepsi, bebidas; Ministério da Saúde, campanha de combate à AIDS; Natura e Boticário, cosméticos.[33]

Parte importante do *marketing* são as marcas e logomarcas, que devem ser criadas e mantidas. A marca é um sinal identificador que remete ao objeto e enseja sua avaliação com rapidez e pouco esforço. Assim, a avaliação de uma empresa pode ser otimizada por sua marca. É o que acontece, por exemplo, com a Coca-Cola, de projeção mundial por causa da marca.

A marca é uma espécie de janela pela qual o público enxerga a empresa[34] e só sobrevive se diz a verdade, isto é, se seu significante corresponde a seu significado: no termo logomarca, o primeiro elemento (logo) é grego e significa palavra; assim, uma marca está sempre a falar da empresa.

O projeto de construção de uma marca constitui o *branding*. Essa palavra inglesa remete ao ato de marcar um animal a ferro e fogo;[35] para Philip Kotler, que prefacia Alice M. Tybout e Tim Calkins, "Branding é muito mais do que dar nome a uma oferta. [...] é [...] 'viver a marca'. A marca torna-se a plataforma completa para planejar, desenhar e entregar valor superior aos clientes-alvo da empresa".[36]

Para Mário E. René Schweriner, uma marca pode adquirir dimensão "espiritual", transformando-se num fetiche. Dá a esse processo de sacralização das marcas o nome de "brandscendência", num híbrido bem construído de *branding* e transcendência: muitas pessoas cujo sentido último da vida é materialista "buscam uma transcendência pelo consumo, perfazendo uma dimensão espiritual expressa em marcas de prestígio, que substitui ou complementa as experiências religiosas tradicionais".[37]

O comunicador com formação em Publicidade ou Propaganda e *Marketing* tem de perceber o que o público-alvo espera encontrar na comunicação para fornecer-lhe exatamente isto: proporcionar-lhe aquilo que ele espera que lhe ofereçam, contemplando todas as mídias.

Às vezes, uma mídia serve de isca para as outras. C.M.F.F.S., moradora de uma pequena, mas informatizada, cidade do interior do Estado de São Paulo, tinha em mente adquirir um *netbook*. Parece que a empresa *Dell* adivinhou suas intenções, porque no momento oportuno lhe enviou pelo correio tradicional um *folder* atraente com preços atrativos – e um 0800. C.M.F.F.S. telefonou, recebeu informações claras e detalhadas – e logo em seguida um *e-mail*, com todas as ofertas e

---

[33] Revista *ABOUT*, ano XXII, n. 907, p. 8 e segs., set. 2010.
[34] SILVA NETO, Belmiro Ribeiro, op. cit., p. 18.
[35] Cf. ibidem, p. 29.
[36] TYBOUT, Alice M.; CALKINS, Tim (Orgs.). *Branding*. Trad. Ailton Bomfim Brandão. São Paulo: Editora Atlas, 2006. p. VII.
[37] SCHWERINER, Mário E. René. *Brandscendência*. São Paulo: Saraiva, 2011. p. XII.

as mais diversas formas de pagamento. C.M.F.F.S. só resistiu porque, inoportunamente, no mesmo momento, surgiu uma "prioridade mais prioritária".

As redes sociais não podem ser ignoradas, bem como os jogos eletrônicos: a propaganda e as marcas devem ser aí inteligentemente inseridas.[38]

Atualmente há tendência generalizada de alocar os astros do momento em campanhas publicitárias, em todas as mídias. Nesse aspecto, é preciso agir com cautela, porque a imagem da empresa ou do produto ficará ligada ao *superstar* ou a sua personagem – o que pode ser positivo ou negativo.

O caderno "Ilustrada" do jornal *Folha de S. Paulo*, de 1º de outubro de 2010, trouxe a seguinte manchete: "Globo garante a anunciante que Gerson não é criminoso".

Gérson é personagem da novela "Passione", transmitida às nove horas, horário mais badalado da rede Globo. É corredor de *stock-car*, representado por Marcello Antony. Tem uma perversão sexual armazenada em seu computador, não se sabe o quê. A Goodyear, patrocinadora da personagem, interpelou a Globo, legitimamente preocupada com sua imagem. A emissora garantiu a Rui Moreira, diretor de *marketing* da empresa, que "o que Gérson faz de tão misterioso no computador não é algo ilegal, é tratável e é algo do cotidiano" e que "ele terminará 'Passione' como um vencedor". Garante que "Gerson não é um vilão, apenas tem problemas".

Gérson usa o carro e o uniforme da Goodyear. Quando sofreu um acidente e teve depressão, a empresa colocou-se a seu lado, passando uma imagem de solidariedade: "Sabíamos que teria altos e baixos", diz Rui Moreira. "Discutimos [com a Globo] que não fosse nada que prejudicasse a imagem da marca. Percebemos que a recaída [na depressão] seria uma oportunidade para mostrar o quanto a Goodyear apoia as pessoas."

A comunicação externa exige ainda três tipos de profissionais:

- um profissional com formação nas três áreas – Relações Públicas, Jornalismo e Publicidade – o qual será o assessor de comunicação para gerenciar e coordenar esses setores.
- uma secretária executiva, com formação em Ciências Humanas, para apoiar todas as áreas da comunicação externa, cuidando da organização de reuniões, teleconferências, visitas, agendas, viagens, etc.[39]
- um técnico em Informática – como na comunicação interna – para assessorar os profissionais anteriormente citados.

---

[38] Cf. o capítulo "A comunicação na era da informática".
[39] Cf. TAVARES, Maurício. *Comunicação empresarial e planos de comunicação*. São Paulo: Editora Atlas, 2007. p. 61-62.

6.
VÁRIAS FRENTES DE BATALHA

A comunicação empresarial, sugerem Nassar e Figueiredo, é uma verdadeira guerra com muitas frentes de batalha.[40] A boa imagem da empresa vai depender do bom desempenho em todas essas frentes. Se uma delas falha, o resultado é um desgaste:

> Uma propaganda realizada por competente agência pode resultar em fracasso se o lado cidadão, ético da empresa vai mal. De nada adianta propaganda, se a assistência técnica e o atendimento ao consumidor, por exemplo, não está (sic) bem.[41]

Em uma cidade do interior do Estado de São Paulo, uma velha senhora, de posses medianas, tendo tomado a fila preferencial, dirigiu-se a um dos caixas de conceituado banco para receber seus proventos de pensão e aposentadoria. O funcionário tratou-a com impaciência. Estribada na inimputabilidade que lhe conferem as cãs, ela repreendeu-o severamente, advertindo-lhe que deveria ser mais respeitoso. É o caso típico de uma "marca" famosa sendo desmoralizada pelo mau atendimento ao consumidor.

Por outro lado, em outra pequena cidade do mesmo Estado, outra senhora precisou acessar os serviços de telefonia fixa para migrar de um plano para outro. Foi atendida por uma funcionária de suma delicadeza, que lhe prestou todas as informações pedidas. Alguns dias depois, a mesma funcionária lhe deu um retorno, comunicando, com a mesma delicadeza, que no momento não era possível fazer a migração. Apesar do insucesso, não ocorreu à usuária fazer nenhum tipo de reclamação... O que prova que houve ganho nessa frente de batalha e que habilidade nas relações humanas é um grande trunfo para os comunicadores das empresas.

E há os incríveis e desgastantes *telemarketings*. As operadoras têm de fazer seu papel, mas esse procedimento precisa ser revisto. M.F.S., 19 anos, portador de distúrbio psíquico, tem em seu nome uma conta bancária, no mesmo conceituado banco da referida senhora idosa, para recebimento de benefício de seu falecido pai. A conta bancária só tem essa finalidade: é uma espécie de "cofrinho", mas foi descoberta pelo cartão de crédito... e veio *telemarketing*. M. atendeu ao telefone e

---

[40] NASSAR, Paulo; FIGUEIREDO, Rubens. *Comunicação empresarial*. São Paulo: Brasiliense, 2006. p. 20.
[41] TOMASI, Carolina; MEDEIROS, João Bosco. *Comunicação empresarial*. 3. ed. São Paulo: Editora Atlas, 2010. p. 57.

quase entrou em crise diante da insistente inconveniência da garota do outro lado da linha. É outro exemplo em que a mesma "marca" famosa perde prestígio, já que não é possível evitar o boca a boca posterior. Derrota nessa frente de batalha.

Frente de batalha muito importante é o bom uso da língua portuguesa. Os níveis de linguagem podem variar, de acordo com o teor do texto ou o público-alvo, mas não se podem admitir textos gramaticalmente incorretos.

Em "O colocador de pronomes", conto de *Negrinha*, Monteiro Lobato satiriza o purismo gramatical, mas satiriza também o mau uso da sintaxe portuguesa: Aldrovando Cantagalo era profundo conhecedor do idioma e batalhador pela causa gramatical. Fazendo uma *blitz* pelas placas comerciais de Itaoca, topou com: "Ferra-se cavalos". Interpelou o proprietário da ferraria, pedindo-lhe que corrigisse o solecismo, num diálogo cheio de culta comicidade:

> — O sujeito sendo "cavalos", continuou o mestre, a forma verbal é "ferram-se" – "ferram-se cavalos"!
> Ao que lhe objetou o ferreiro:
> — V. S. me perdoe, mas o sujeito que ferra cavalos sou eu, e eu não sou plural. Aquele "se" da tabuleta refere-se cá a este seu criado. É como quem diz Serafim ferra cavalos – Ferra Serafim cavalos. Para economizar tinta e tábua abreviaram o meu nome, e ficou como está: Ferra Se(rafim) cavalos. Isto me explicou o pintor, e entendi-o muito bem.[42]

Mutatis mutandis há muitos "Ferra-se cavalos" nos textos de propaganda hodiernos, escritos ou falados: "Fulano vai estar se apresentando", "aluga-se apartamentos", "vendas à prazo"...

Ou uma placa mal distribuída, numa cidade do interior paulista:

> "Drogas matam Jesus
> Salva."

Ou o anúncio de cabeleireiro em outra cidade do interior paulista:

> "Corto cabelo e pinto."

Ou as "Pracas do Brasiu" do "kibeloco": "Ultilidades", "Essio", "Jesus ele está com migo".[43]

Todo comunicador precisa dominar a técnica de bem falar-escrever:

---

[42] LOBATO, Monteiro. O colocador de pronomes. In: *Negrinha* [Obras Completas de Monteiro Lobato, 1ª série, literatura geral, v. 3]. São Paulo: Editora Brasiliense, 1951. p. 128.
[43] Disponível em: <http://kibeloco.com.br/platb/kibeloco/>. Acesso em: 8 nov. 2010.

Seja o texto um romance, um conto, uma reportagem, uma entrevista, um poema, um relatório, uma descrição de processo, uma monografia. Não importa. Esses e todos os outros tipos de redação exigem, além do conhecimento do assunto, domínio de formas apreensíveis por meio do estudo e da prática cotidiana.[44]

João Bosco Medeiros conta um grande segredo a quem quiser produzir bons textos: "dicionários, gramáticas, livros de redação sobre a mesa".[45] Assim se podem evitar os vícios e alcançar as qualidades da boa linguagem: correção, precisão, concisão, clareza, elegância, coesão, coerência, lógica, originalidade, expressividade, harmonia.

Bom desempenho aos comunicadores empresariais!

---

[44] TOLEDO, Marleine Paula Marcondes e Ferreira de. *O ato de redigir*. 2. ed. São Paulo: Nankin Editorial, 2007. p. 14.
[45] MEDEIROS, João Bosco. *Correspondência – técnicas de comunicação criativa*. 19. ed. São Paulo: 2008. p. 34.

Capítulo 7
Os Obstáculos à Comunicação Humana

> *Se existisse correspondência exata, ponto por ponto, entre símbolos físicos e conceitos mentais, não existiriam falhas na Comunicação humana. Os homens poder-se-iam compreender uns aos outros como se lessem as respectivas mentes.*
> ("Syntopicon" – Great Books)

Toda a precariedade da Comunicação humana reside em dois obstáculos fundamentais: a Personalidade e a Linguagem. A Comunicação humana é essencialmente individual e, sendo individual, é afetada pela personalidade, o que torna problemático o significado.

A Linguagem sempre foi imperfeita. Bacon refere-se ao caráter diabólico da Linguagem, afirmando que as palavras "atiram tudo à confusão, e afundam a humanidade em vãs e falazes controvérsias sem fim"![1] Hobbes acreditava que a Linguagem "embaraça a mente em uma rede de palavras";[2] Locke tem dúvidas sobre a Ciência, devido a suas "palavras difíceis ou mal aplicadas, com pouco ou nenhum significado, confundidas com profundos conhecimentos e altas especulações".[3]

O ideal do Esperanto e de todas as linguagens universais origina-se da inadequação da Linguagem como instrumento de Comunicação entre os homens. Os teólogos consideram a Comunicação direta *atributo dos anjos,* por isso a Comunicação humana continuará a depender da personalidade individual, como fonte, e da linguagem, como instrumento.

Com o objetivo de estabelecer uma sistemática no estudo dos obstáculos à Comunicação humana, vamos dividi-los em dois grandes grupos:

1. Obstáculos devidos à personalidade.
2. Obstáculos devidos à linguagem.

Os obstáculos devidos à personalidade nascem dos preconceitos, educação, hereditariedade, meio, experiências individuais, estado fisiológico e emocional de

---

[1] BACON, F. *Advancement of learning*. Chicago: William Benton, Publisher – Encyclopaedia Britannica, Inc., 1952.
[2] HOBBES, T. *Leviathan*. Chicago: William Benton, Publisher – Encyclopaedia Britannica, Inc., 1952.
[3] LOCKE, J. *Ensayo sobre el entendimiento humano*. México: Fondo de Cultura Económica, 1956.

todos os envolvidos, inclusive os relativos à atenção individual, capacidade de concentração, etc. São os seguintes:

1. Autossuficiência.
2. Congelamento das avaliações.
3. Diferença entre os aspectos objetivos e subjetivos do comportamento humano.
4. O vício de deixar-se levar mais pelos *mapas* do que pelos *territórios*, a *"geografite"*.
5. Tendência à complicação.

A Linguagem antepõe inúmeras dificuldades à efetividade da Comunicação humana: a polissemia, os pleonasmos, os exageros, as negativas que afirmam e as afirmativas que negam, as graduações, os rodeios, as gírias, as tentativas frustradas de chegar-se à univocidade, e toda a complexidade do significado. Outros obstáculos à Comunicação humana provenientes da Linguagem são:

1. Confusão entre:
    a. fatos e opiniões.
    b. inferências e observações.
2. Descuido nas palavras abstratas.
3. Desencontros.
4. Indiscriminação.
5. Polarização.
6. Falsa identidade baseada em palavras.
7. Polissemia.
8. Barreiras verbais.

1. AUTOSSUFICIÊNCIA

Declaram-se os únicos sábios... nada sabem com certeza...
Mas, como nada sabem, pretendem tudo saber.
(Erasmo de Rotterdam, "Elogio da loucura")

"Autossuficiência" é má tradução do que Haney (1960) chama em inglês: "Allness". Deriva de dois princípios falsos:

1. É possível saber-se *tudo* sobre alguma coisa.
2. O que eu sei, inclui *tudo quanto* existe sobre o assunto.

Os cursos do Prof. Irving Lee, na Universidade de Columbia, iniciavam-se com a demonstração da falácia do "saber-tudo", da autossuficiência em qualquer assunto. Convidava seus alunos a discorrer sobre um pedaço de giz. Provocavam-se debates, e o professor orientava os alunos a focalizar os mais diversos aspectos do tema escolhido. Horas depois, os alunos estafados, restava uma infinidade de coisas a serem ditas ainda a respeito do simples pedaço de giz...

Qualquer pessoa tem fórmulas perfeitas para resolver os problemas nacionais, e é capaz de emitir opiniões sobre tudo quanto existe no mundo, da criação de ostras no Japão ao sistema de governo dos esquimós. Vemos a convicção com que o articulista do jornal expõe a maneira de resolver o problema da inflação brasileira, e a certeza do ministro em saber como o país encontrará mais petróleo. A pátria é salva, todos os dias, em todas as barbearias, em todos os "bares", "restaurantes", praças e esquinas do Brasil, por um sem-número de pessoas convencidas de terem encontrado a *pedra filosofal* na Política, nas Finanças, na Administração, em todos os setores da atividade humana.

Agassiz costumava entregar a seus novos assistentes um pequenino peixe e dava-lhes duas semanas para que lhe apresentassem monografias a respeito. Findo o prazo, não se dignava a ler sequer os trabalhos apresentados: — Em duas semanas não é possível saber-se coisa alguma a sério sobre este peixe! Dou-lhes mais um mês!

Vivemos afirmando nossa sabedoria, e estamos satisfeitos com nossos conhecimentos, esquecendo o aforismo de que *o sábio é aquele que quanto mais sabe, sabe do quanto mais lhe resta a saber.*

Nosso conhecimento é superficial. Na vida moderna, a divisão de trabalho limitou bastante a área do conhecimento profissional e o especialista é definido como alguém que "sabe cada vez mais de cada vez menos", a ponto de, um dia, chegar à perfeição de "saber tudo sobre coisa nenhuma".

Sabedoria e humildade andam de mãos dadas. São inseparáveis. Nossas convicções estão sempre "na razão inversa de nossos conhecimentos".[4]

A Linguagem é responsável pela autossuficiência. Somos levados a extremos, por nossa capacidade de afirmar, e, por isso, nossas avaliações tomam a parte pelo todo, repetindo o poema de John Saxe sobre os seis professores cegos do Industão e a definição de um elefante: cada um o definiu de acordo com a parte do corpo do animal que as suas mãos tocavam.

---

[4] RUSSEL, B. *História da filosofia ocidental*. São Paulo: Companhia Editora Nacional, 1957.

Se, entretanto, julgássemos apenas o todo pela parte, as consequências da autossuficiência não seriam tão más; apegamo-nos à *pior parte* e, por ela, consideramos o todo.

Referimo-nos a um homem *que bebe,* abstraindo todos os seus demais traços: que seja bom, tolerante, emotivo, sempre disposto a ajudar o próximo, culto – nada importa.

Nos cursos de Comunicação humana costumamos pedir aos alunos que *visualizem* alguns vocábulos, como, por exemplo: francesa – soldado italiano – banqueiro, etc... É quase sempre a pior parte que surge na visualização.

Julgar o todo pela parte é uma das consequências da "autossuficiência" de nossas avaliações sobre nossos semelhantes.

— Antônio é um bom sujeito!

— Luiz é um animal!

— Sei perfeitamente o que estou dizendo!

— Desafio quem saiba mais do que eu a respeito de...

São algumas das infinitas maneiras de confessarmos "autossuficiência".

Outra consequência daninha dessa "ilusão de ótica mental" sobre a extensão de nossa sabedoria é a *intolerância* quanto aos pontos de vista alheios.

Essa intolerância ameaça o mundo com uma Terceira Guerra Mundial. O ideal da coexistência pacífica entre povos está cada vez mais distante. Na prática, é a "indignação sagrada" de uns contra outros, as verdades de uns transformando-se nas mentiras de outros. Intolerantes, fechamo-nos a tudo que não esteja de acordo com nosso ponto de vista. Apegamo-nos às nossas opiniões, como se fossem dogmas, e dividimos a humanidade em duas partes: os que estão certos, porque pensam de acordo com nossas ideias, e os que estão errados, porque não pensam de acordo com nossas ideias.

A decência, o civismo e o progresso nacional estão com nosso partido político, cabendo ao alheio a desonestidade, o imediatismo e a hecatombe.

Dentro de qualquer empresa encontramos indícios de intolerância: o chefe de vendas atribui todos os males ao chefe de propaganda, o qual lhe paga na mesma moeda. A empresa divide-se em pequenos grupos intolerantes, "igrejinhas", que atribuem a si próprios todas as virtudes, e aos outros grupos, todos os defeitos: o *in-group* e o *out-group* dos antropólogos sociais.

O católico não admite que o ateu se divorcie, e o ateu não se satisfará até exterminar a última crença em um Deus. O agricultor demonstra por "A" mais "B" que toda a riqueza nacional se concentra nas mãos dos industriais, enquanto os industriais se levantam contra o protecionismo dos governos aos agricultores. O Comércio reclama estar sendo sufocado pela ganância do Fisco, ao mesmo tempo em que o Fisco acusa o Comércio de sonegação de impostos. O capitalista não se conforma com cada nova reivindicação salarial do operário, ao passo que o operário se insurge contra qualquer lucro que vá para o bolso do capitalista. Em cada setor da vida social encontramos intolerância, que prejudica, distorce, falseia, altera, modifica, impossibilita quase o entendimento entre os homens.

A intolerância leva-nos ao "emparedamento" – barreiras que construímos em torno de nós mesmos para proteger nossas opiniões, nossos hábitos, nossa *maneira de viver*. Lemos os jornais que refletem nossos pensamentos; nas emissoras de rádio, ouvimos mais os comentaristas que concordam conosco; preferimos, na televisão, os programas que reforçam nossos pontos de vista; frequentamos os ambientes em que estamos certos de encontrar pessoas iguais a nós, cujas ideias coincidam com as nossas, enfim, cada vez levantamos mais altas as muralhas que nos isolam do mundo exterior, considerando *mundo exterior* tudo quanto não nos seja simpático, ou de acordo conosco.

São nossos preconceitos que norteiam a seleção de fatos, pessoas e depoimentos, com o objetivo de mostrar ao mundo que *somos nós que estamos com a razão*. Esse "emparedamento" leva-nos, na audição de uma conferência, a *fechar os ouvidos* a todos os argumentos que nos pareçam contrários a nossas convicções, e a abri-los, escancarados, às ideias que já tínhamos.

Para a Comunicação humana, a autossuficiência, com todas as suas consequências, significa obstáculo por vezes intransponível: *é impossível para qualquer pessoa começar a aprender o que ela julga que já sabe.*[5] O sucesso do aprendizado depende da disposição em se admitir que não se sabe. Isso é tão difícil, que um eminente educador, Gilbert Highet, ressuscitou o princípio socrático da sabedoria *potencial* capaz de ser despertada em qualquer indivíduo: "Ensinar é recordar", escreve Highet, como quem pede ao aluno a atitude lobatiana de "fazer de conta que já sabia o que vai ficar sabendo".

A Comunicação humana esbarra sempre contra essa muralha do "eu já sei", e como o que *eu sei é* o certo, é o justo, pouca esperança resta a quem procura persuadir-me do incerto e injusto.

Haney (1960) recomenda, para corrigir a "autossuficiência", desenvolver uma humildade sincera, estribada na convicção de que *ninguém nunca poderá saber tudo sobre qualquer coisa*.

---

[5] SÊNECA, L. A. *Cartas morales a Lucilio*. Barcelona: Editorial Ibéria, 1955.

"Ser consciente da própria ignorância é o primeiro passo para a sabedoria", escreveu Disraeli. Precisamos abrir a mente às mensagens do mundo exterior. Devemos desconfiar sempre que nos sentirmos completamente seguros de nossos conhecimentos sobre determinado assunto. Stuart Chase cita Chester Bowles, e seu livro "Ambassador's Report":

> Depois de três semanas na Índia, pareceu-me fácil escrever um livro sobre esse país, mas, depois de dezoito meses, comecei a perceber que quase tudo quanto já escrevera a respeito da Índia estava irremediavelmente errado. E, à medida que permanecia no país, cada vez mais me parecia difícil escrever um livro idôneo sobre a Índia.

É essencial, na Comunicação humana, realizar o "culto do etc.". Por mais sábios, minuciosos e profundos, caberá sempre a nossos conhecimentos a lucidez de um etc. Até no mais formal dos governos, o "etc." adquiriu foros de nobreza. Os documentos oficiais da Inglaterra começam com estas palavras:

"Elizabeth the second, by the grace of God of the United Kingdom of Great Britain and Northern Ireland and of her other realms and territories queen, head of the Common-wealth Defender of the Faith, etc., etc."

Devemos nos esforçar por evitar confundir a parte com o todo. Sabemos como é difícil o conhecimento da personalidade: sócios separam-se depois de anos de convívio diário e o casamento indissolúvel é vítima de incompatibilidades que costumam surgir depois de uma longa vida em comum. Quem suspeitaria o tirano na placidez do subordinado que assume um posto de chefia?

O respeito à personalidade impõe cautela e equilíbrio a nossas avaliações. Na Comunicação humana, o julgamento parcial, produto direto da "autossuficiência" é um engano a corrigir: não seria mais humano deixar de acreditar que tudo conhecemos, e estamos aptos a julgar todas as pessoas?

Ao avaliar alguém ou alguma coisa, é indispensável a consciência de que *a parte que V. conhece pode não ser representativa do todo.*

Essa humildade de espírito encoraja a curiosidade sadia, a vontade de aprender, de ouvir, de intercambiar ideias, de enriquecer o patrimônio intelectual. É condição de superação da "autossuficiência" e de seu cortejo de intolerâncias, emparedamentos e avaliações parciais. Humildade é a *virtude que nos dá o sentimento de nossa fraqueza,* e para a Comunicação humana devemos partir do reconhecimento das deficiências que somente nosso esforço pode sobrepujar.

2. CONGELAMENTO DAS AVALIAÇÕES

Na medida em que se tem mais espírito, acha-se que há mais homens originais. As pessoas comuns não encontram diferenças entre os homens.
(Pascal)

Em 1940, Alberto era meu colega na Faculdade de Direito. Admirava-o pela inteligência, pela autenticidade. Encontro-o vinte anos depois. É deputado, e toda a sua vida gira em torno da política. Surpreendo-me, irrito-me, desencanto-me, quando percebo que, embora continue brilhante, Alberto perdeu toda a autenticidade; age calculadamente, e cada ato possui complicadas ilações políticas que o preocupam. Como é possível uma pessoa mudar tanto?

Estou em uma fazenda no Araguaia. Às margens do rio, não tenho outra preocupação senão pescar. Levanto-me cedo, subo no barco e "esqueço da vida". Certo dia, chega à fazenda um doutor Arnaldo. Fazemos excelente camaradagem. Ele também é pescador. Tem gênio alegre, gosta de anedotas e vez por outra abusa de sua garrafinha de aguardente, nas longas noites que passamos juntos na "espera". Anos depois, de visita ao foro de Porto Alegre, surpreendo-me ao encontrar o doutor Arnaldo presidindo a sessão do júri local. Minha primeira reação: – Imagine! Esse camarada é juiz!

Apresenta-se, em meu escritório, um novo empregado. Contrato-o. Passam-se os meses e observo seu progresso; é pessoa esforçada e procura abrir seu caminho. Meses depois, recebo um telefonema. É de um amigo:

— Vi ontem que Fulano trabalha com V. Achei que devia preveni-lo. Abra os olhos com esse camarada! Ele *avançou* na caixa de minha Companhia...

Vemos uma pessoa na rua.

— Não é o Irineu?
— É... É ele mesmo!
— É um comilão!
— Comilão?
— Eu o vi comer sozinho dois frangos e "rebater" com um pernil!
— Não pode ser! O Irineu é ioguim!

— O Irineu "ioguim"? Essa não!

Em uma reunião social somos apresentados a diversas pessoas:

— V. conheceu a esposa do Comendador?
— Conheci.
— Ela não é a Albertina, que trabalhava na "Casa do um e noventa e nove"?
— É...
— Imagine! Quem diria! Uma menina de balcão nestas alturas!
— V. conhece o novo presidente do Banco do Brasil?
— O filho do Nhozinho? Dei muitos trocados para ele comprar picolé...

Pequenas histórias, casos, incidentes, farrapos de conversas, comentários avulsos, cada um de nós é inesgotável repositório de *avaliações congeladas,* baseadas em que *as pessoas não mudam.* E não apenas as pessoas, mas as coisas, todas as coisas!

— Voltei à minha cidade natal depois de tantos anos! A mesma vidinha! As mesmas comadres falando da vida alheia, e o mesmo burrinho postado no Largo da Matriz...

São apreciações *poéticas,* distantes da realidade, como certos comentários jornalísticos: "É um novo 1930! Então, como agora, vivia o Brasil a confusão de um regime recém-instalado, em meio a uma crise de autoridade sem verdadeiros líderes populares; vinham de todos os lados ameaças de subversão da ordem pública."

A *história não se repete.* Constitui ilusão a crença de que poderá acontecer hoje o que aconteceu ontem, quando as circunstâncias nos parecem iguais. As circunstâncias *não são iguais:* "não se pisa duas vezes nos mesmos rios, pois outras águas estão sempre fluindo".

O problema das *avaliações congeladas* na Comunicação humana é a ressurreição da multimilenar disputa entre Heráclito e Parmênides: *tudo* muda contra *nada* muda. Essa competição, a Filosofia já a resolveu há muito tempo. Parmênides acreditava que as palavras tinham um significado constante, enquanto hoje se admite, com Heráclito, não existirem duas pessoas que, "empregando a mesma palavra, tenham a mesma ideia em sua mente".

As pessoas mudam. As coisas mudam. Os bebês fazem-se crianças; as crianças, adolescentes; os adolescentes, jovens; os jovens, adultos; os adultos, velhos e assim por diante. Embora se admita que certas tendências do homem se manifestam na criança, é fora de dúvida que um homem não é mais uma criança. Somente a mutabilidade não muda no homem; somente a inconstância é constante.[6]

As avaliações congeladas *passam por cima* das mudanças que se operam nas pessoas, nos grupos, nas coisas. A cada dia que passa, o tempo, as circunstâncias, todos os afetores trabalham nosso corpo e nossa mente. Imitamos até os lagartos, mudando a própria pele...

As piores avaliações congeladas, as que mais nos podem prejudicar, não são aquelas que fazemos dos outros, mas as que fazemos *de nós mesmos*.

— Eu não tenho jeito para desenho!

— Eu não gosto de números!

— Eu não sei mandar!

Acreditamos piamente que somos "assim", que somos "isto" ou "aquilo", por mais que a vida nos ensine, por meio da experiência, que na maioria das vezes não somos o que acreditamos ser, não fomos o que queríamos ter sido, e é possível que não sejamos o que esperamos ser.

A busca de alguma coisa permanente "é um dos instintos mais profundos que levam os homens à Filosofia".[7] Deriva-se do desejo de refúgio contra o perigo e a própria religião fascina o homem por oferecer-lhe a permanência de duas maneiras: Deus e a imortalidade da alma. Agarramo-nos à hora presente, no desejo infantil do enamorado de fazer que o mundo pare em certos instantes de beatitude e amor. As avaliações congeladas pertencem a nossos preconceitos e à insegurança em que vivemos.

Para corrigir as avaliações congeladas, Haney (1960) recomenda aplicar o processo do "quando?". Com ele teremos consciência da mutabilidade permanente das coisas: cada situação nova é *diferente* da situação anterior. Hábitos arraigados podem ser superados, como nos demonstra qualquer pessoa que tenha abandonado o fumo. A Comunicação humana, por ser *humana*, não aceita o dogma e prega a tolerância como objetivo supremo da convivência entre os homens, repetindo o apelo de Quintus Aurelius Symmachus, no século quarto:

> Por que havemos de ser sempre inimigos uns dos outros, uma vez que olhamos todos para as mesmas estrelas, habitamos transitoriamente o mesmo planeta e respiramos sob o mesmo céu?

Se, filosoficamente, a avaliação congelada é daninha, não o é menos na psicologia individual: força a personalidade a aceitar avaliações injustas, quando

---

[6] AQUINO, T. *Summa theologica*. Chicago: William Benton, Publisher – Encyclopaedia Britannica, Inc., 1952.
[7] RUSSEL, B. *História da filosofia ocidental*. São Paulo: Companhia Editora Nacional, 1957.

não cruéis. Se nada muda, voltamos às origens do despotismo. Geneticamente, ficamos na hereditariedade; politicamente, caímos no exame da cor do sangue das criaturas humanas para legitimar o Poder; administrativamente, deveríamos destruir a ideia do aprendizado, considerando a sociedade com aquela utópica segurança medieval, que a acreditava imutável e eterna, porque *emanava de Deus*.

Aceitando que tudo muda, fugimos ao risco das controvérsias seculares sobre a "natureza humana", deixando Hobbes e Rousseau em paz, para aceitar como manifesto da *natureza humana* apenas sua permanente mudança. Não há nisso nenhum niilismo ético; o homem é suficientemente sábio para aplicar, em sua existência diária, os princípios da moral mais compatível com o equilíbrio entre *sentimento e razão*. Se somos *ainda* meio-anjo e meio-demônio, como se queixava o poeta, nada mais natural do que nos portarmos ora como anjo, ora como demônio. Nossa esperança está nesse *"ainda"*; a experiência acabará imprimindo à mutável natureza do homem mais anjo e menos demônio.

As pessoas, as coisas e os acontecimentos mudam. O processo do "quando?" ensina a sublinhar as diferenças *no tempo* entre pessoas, coisas e acontecimentos.

Aquele empregado *desviou* determinada importância, mas *quando* foi isso? Muitas vezes ficamos sabendo que já se passaram muitos anos depois da ação reprovável. Ao erro sucedeu a vergonha, e muitos anos de trabalho honrado. Por que despedi-lo agora?

Para evitar as avaliações congeladas devemos, a cada instante, perguntarmo-nos *quando* aconteceram as coisas que nos comunicam.

Em junho de 1961, a *Folha de S. Paulo* publicou a seguinte notícia:

> Terremoto em Lisboa: 40 mil mortos.
>
> Um terrível terremoto reduziu ontem a cinzas a maior parte da cidade. Ao mesmo tempo, um gigantesco maremoto destruía as docas e todos os navios ancorados no porto. Os incêndios que se declararam em toda parte, na infeliz cidade, ainda não foram dominados hoje. Uma espessa cortina de fumaça envolve a cidade.
> Milhares de corpos esmagados e queimados jazem sob ruínas. Os sobreviventes começaram corajosamente a salvar aqueles que ainda podem ser salvos. As autoridades avaliam que 30 mil a 40 mil pessoas pereceram no desastre.

O serviço de informação do jornal recebeu diversos telefonemas, assim como a redação teve de atender inúmeros pedidos de informações de cidadãos assustados com a catástrofe, ou sinceramente aflitos com o destino de parentes e amigos residentes em Lisboa, embora a notícia fosse um excerto de *O Jornal do Mundo*, datado de 2 de novembro de 1755.

A Linguagem influi para que as avaliações congeladas se multipliquem. Sob esse aspecto, a gramática parece-nos tentativa de obstinados em dar forma ao que é informe pela sua própria essência; a Linguagem está em permanente transformação e os vícios de linguagem de hoje podem ser as virtudes da sintaxe de amanhã.

3.
Comportamento humano:
aspectos objetivos e subjetivos

> *Nem sempre se pode classificar um homem, com justiça, pelo que faz. Este pode observar as leis e ser desprezível. Pode, ao contrário, desobedecer as leis e ser magnífico. Pode ser mau, sem nunca ter feito nada de mau, como também pode cometer um crime contra a sociedade e alcançar, mediante esse delito, sua verdadeira perfeição.'*
> (Oscar Wilde)

Erich Fromm ao introduzir em sua caracterologia o tipo de "orientação mercantil" faz um libelo contra o *mercado da personalidade* e conclui, com amargura, um estudo sobre o peso com que atributo e relação entram no sucesso pessoal: *"o sucesso depende, em grande parte, de quão bem a pessoa sabe vender-se no mercado, de quão bem sabe fazer sua personalidade impressionar o público"*.[8]

Estima que o homem moderno se sente, ao mesmo tempo, *o vendedor e a mercadoria a ser vendida no mercado* e afirma que "se as vicissitudes do mercado são os juízes do valor da gente, desaparece o sentimento de dignidade e brio". Considera a vacuidade – ausência de qualquer finalidade específica não suscetível de modificação – premissa da orientação mercantil, e prega que a personalidade mercantil deve ser livre de qualquer individualidade. Nega o sentimento de identidade individual, desde que *cada um depende absolutamente da maneira pela qual os outros o encaram, o que o obriga a conservar-se representando o papel em que logrou sucesso uma vez.*

Essa revolta do psicanalista alemão, depois cidadão norte-americano, tem, a nosso ver, dupla raiz: na personalidade do autor e em sua possível crença wildiana na transcendência da arte e do artista.

---

[8] FROMM, E. *Análise do homem*. Rio de Janeiro: Zahar Editores, 1961.

É de prever-se o impacto da civilização norte-americana sobre a formação de Fromm, ex-estudante de Sociologia e Psicanálise, sem o curso de Medicina, em Heildelberg, Frankfurt e Munique. Os alemães têm demonstrado, ao longo da História, tendência à fixação de valores e seus regimes políticos sempre foram mais favoráveis ao totalitarismo. Para um alemão, mesmo contrário a ideologias totalitárias, a competição, a luta pela vida, de acordo com os padrões liberais norte-americanos, não poderia deixar de chocar. O choque transparece na insistência de Fromm em ironizar as conceituações de venda, produto e mercado que, em seu caso pessoal, devem ter-lhe custado penosos conflitos. A mudança para a América certamente obrigou-o *a vender sua mercadoria* – e o sacrifício deixou marcas profundas em sua sensibilidade. Ironiza o homem mercantil, ironizando-se, e compensa-se retratando, a seu modo, o homem norte-americano, que, como de costume, lhe retribui a crítica com a fama e a fortuna.

Fromm demonstra uma formação wildiana, na crença de que "um artista não se incomoda com tudo quanto se diga dele; como artista verdadeiro, crê em si mesmo, de modo absoluto, porque ele é ele próprio, de modo absoluto".[9] "O padrão popular é de tal índole, que nenhum verdadeiro artista a ele poderá ajustar-se", e a arte "jamais deveria procurar ser popular; o público é que, ao contrário, deveria esforçar-se por tornar-se artista".[10] Para Fromm cada homem deveria *ser o que é*.

A orientação mercantil, ainda que exista com cores carregadas, não chega à anulação da individualidade. Se um homem *vive* como um santo, *comporta-se* a vida inteira como um santo e *morre* como um santo, *é* um santo – ou pelo menos, o *foi para nós* que acompanhamos sua vida. Afirmar que se agitavam em seu coração desejos pecaminosos e instintos bestiais, que o faziam um celerado, embora agisse como um santo, é entrar no terreno das suposições.

Que outros padrões existem para avaliar uma personalidade senão seu comportamento, suas ações, *o que* o indivíduo faz e *como o faz*?

O Comportamentismo ensina outras formas de penetrar nos arcanos da motivação humana, sem a luz mórbida do inconsciente, do "id" e de outras palavras tenebrosas com que Freud retorna à concepção de Hobbes sobre o homem e sua brutal condição humana, "a condition of war of every one against every one". Se continuamos aferrados à introspecção como instrumento único de conhecimento da personalidade humana, arriscamo-nos a reincidir nos erros que Ruth Benedict e Margareth Mead apontaram: o absurdo de julgar as sociedades primitivas pelos padrões das sociedades civilizadas, julgando os outros por nós mesmos.

Solomon Asch (1960) denuncia com veemência essas caricaturas com que a Psicologia tenta substituir os retratos do homem.

---

[9] WILDE, O. A alma do homem. In: *Páginas escolhidas*. Rio de Janeiro: Editora Getúlio Costa, 1945.
[10] Idem.

O tipo de orientação mercantil de Fromm é uma *caricatura,* e não um *retrato.* A Comunicação humana baseia-se na concepção da personalidade *projetiva,* na evidência de que, na sociedade humana, o homem precisa *vender* sua personalidade. Nada há de pernicioso em uma venda, definida como *o esforço consciente de aceitação social.* "Venda", diz o Prof. Marcos Pontual, "é a arte, poder ou habilidade de influenciar os outros a aceitarem nosso ponto de vista". *Vender uma ideia é* fazê--la aceitável para nosso semelhante, que a adquire, conscientemente. *Vender* uma personalidade é fazê-la *socialmente aceitável,* capaz de integrar-se no grupo e não isolar-se nas velhas "torres de marfim" em que, supunha-se, os homens de personalidade deviam refugiar-se para não mesclar-se à plebe, porque o homem era *um todo completo em si mesmo.*[11]

A beleza da sociedade mercantil que Fromm (1961) profliga está na necessidade de *vender* ideias e não de *impô-las.* O homem é um ser social, vive e comporta-se de acordo com a sociedade em que vive, mas, em qualquer circunstância, deve agir conscientemente, sabendo o que está fazendo, cônscio de que vive e luta em um mercado competitivo, em que *competência* não é artigo de consumo interno, mas algo para ser *demonstrado* na prática. Os sentimentos de dignidade e brio, em lugar de desaparecerem, surgem com maior luz, pois o liberalismo oferece oportunidades de autorrealização a todos os homens. Uma sociedade de homens livres, que *competem,* é muito mais briosa e digna do que uma sociedade de escravos que se *submetem.* A individualidade está na necessidade de aceitação social e no imperativo de demonstrar competência. É próprio do homem a necessidade de *reconhecimento,* e nenhum sistema social oferece maiores possibilidades de reconhecimento individual do que o liberalismo.

O comportamento humano não pode ser interpretado em termos de preto e branco. Nem sempre o que se *exterioriza* nesse comportamento é o que existe *subjetivamente.* Mas, desses estados transitórios fazer-se permanência, há considerável distância.

As aparências podem enganar, e assim também as evidências. Nessa ordem de considerações não chegamos a lugar nenhum. O que se procura na Comunicação humana é a *coincidência* entre a personalidade *subjetiva,* a que *existe* interiormente, e a *objetiva,* que se *manifesta* exteriormente.

Da mesma forma que o significado é inseparável do contexto, a personalidade está ligada ao comportamento, à sua *reação individual* e ao *meio social.*

Por meio da Comunicação humana, a personalidade deixa de ser cogitação filosófica de iniciados, impregnando-se do pragmatismo característico da civilização industrial e tecnológica em que vivemos.

---

[11] Idem.

4. "GEOGRAFITE"

> *O ânimo do homem é de tal maneira esculpido, que muito mais lhe agrada a ficção do que a verdade*
> (Erasmo)

Em 24 de fevereiro de 1958, a revista *Newsweek* publicou um anúncio da Quaker State Metals Co. Esse anúncio, parafraseado no Brasil, contava a seguinte história:

> Um homem vivia na beira da estrada e vendia cachorros quentes. Não tinha rádio e, por deficiência da vista, não podia ler jornais, mas, em compensação, vendia bons cachorros quentes.
> Colocou um cartaz na beira da estrada, anunciando a mercadoria e ficou por ali, gritando quando alguém passava:
>
> — Olha o cachorro quente especial!
>
> E as pessoas compravam.
> Com isso, aumentou os pedidos de pão e salsichas, e acabou construindo uma boa mercearia.
> Então, mandou buscar o filho, que estudava na Universidade, para ajudá-lo a tocar o negócio, e alguma coisa aconteceu. O filho veio e disse:
>
> — Papai, o senhor não tem ouvido rádio? Não tem lido jornais? Há uma crise muito séria e a situação internacional é perigosíssima!
>
> Diante disso, o pai pensou:
>
> — Meu filho estudou na Universidade! Ouve rádio e lê jornais, portanto, deve saber o que está dizendo!
>
> E então reduziu os pedidos de pão e salsichas, tirou o cartaz da beira da estrada, e não mais ficou por ali, apregoando seus cachorros quentes. As vendas caíram do dia para a noite, e ele disse ao filho, convencido:
>
> — V. tinha toda a razão, meu filho, a crise é muito séria!

Essa história ilustra o que denominamos "geografite". Sofre de "geografite" o indivíduo que se impressiona mais com os *mapas* do que com os *territórios*. Os *mapas* correspondem aos sentimentos, imaginações, palpites, hipóteses, pressentimentos, preconceitos, inferências. *Territórios* são os objetos, as pessoas, as coisas, os acontecimentos.

A credulidade é dos mais fascinantes mistérios da personalidade. Suas raízes estão muito próximas da sugestionabilidade e outros aspectos obscuros do comportamento humano.

Martin Gardner narra dezenas de exemplos de credulidade humana, como estas fantásticas teorias sobre o nosso planeta:

1. "A Terra é plana", do Reverendo Wilbur Glenn Voliva.
2. "A Terra é oca e aberta nos polos", de Marshall B. Gardner.
3. "A Terra é oca e vivemos no seu interior", de Cyrus Reed Teed.

De Voliva, cita-se a impressionante declaração: — "Em uma batalha mental, sou capaz de reduzir a migalhas qualquer homem do mundo!".[12]

Do livro de Cyrus R. Teed consta este trecho: "O cosmos inteiro é semelhante a um ovo. Vivemos na superfície interna da célula e dentro do ovo estão o Sol, a Lua, as Estrelas, os Planetas e os Cometas. Que existe do lado de fora? Absolutamente nada".

As histórias dos discos voadores mantêm-se em evidência, com altos e baixos na popularidade, desde 24 de julho de 1947, quando Kenneth Arnold viu sobre o monte Rainier, no Estado de Washington, *nove objetos circulares, formados em cadeia diagonal, deslocando-se em alta velocidade*.[13] Contam-se às dezenas as *incursões* de discos voadores aos céus do Brasil. Em nenhuma cidade ou vilarejo deixaram eles de ser vistos por alguém. Indivíduos e multidões, homens, mulheres e crianças, pessoas de todas as idades e condições sociais, viram *os discos voadores*, e estão dispostos a testemunhar de público suas experiências, embora apenas um dentista de Santos tenha declarado haver voado num disco.Varginha, no sul de Minas Gerais, tornou-se a capital dos ETs, esses simpáticos seres extraterrestres. Moradores da cidade, centro da região produtora de café, dizem ter visto objetos voadores não identificados (neste caso, naves espaciais de uma civilização extraterrestre). Com isso, a cidade ficou famosa, e passou a receber elevado número de turistas. Num tempo não muito distante, sacerdotes hindus transportaram-se para as mais altas montanhas, na expectativa de escapar ao "fim do mundo". Nos Estados Unidos,

---

[12] GARDNER, M. *Manias e crendices em nome da ciência*. São Paulo: Ibrasa, 1960.
[13] Idem.

na Itália, em diversos países, não se passa um ano sem que surjam "iluminados" e seus discípulos a entregarem-se a mortificações, na convicção do fim do mundo. Muitas seitas religiosas têm nascido desses movimentos frustrados de credulidade pública. Muitos foram os que se angustiaram com a chegada da *virada do milênio*, sob a crença, baseada em profecias, de que o mundo chegaria ao fim.

No Brasil, tivemos, desde Antônio Conselheiro e Padre Cícero, até um livro sobre discos voadores escrito por um idôneo ex-comandante da Aviação Civil; incluem-se na lista os *milagres* do Padre Donizetti e do mineiro Arigó, este capaz de fazer qualquer operação cirúrgica em minutos, sem olhar para o paciente, utilizando-se de simples faca de cozinha. Relatos e bibliografia sobre o assunto são muito ricos na atualidade.

O fascínio que sobre nós exerce o *sobrenatural* reflete-se em uma série de obstáculos à efetividade da Comunicação humana, todos eles classificáveis sob a denominação genérica de "geografite", a tendência de irmos mais pelos *mapas* do que pelos *territórios*.

A permanência do prestígio da Grafologia e da Astrologia é algo digno de consideração. Muitas revistas femininas mantêm seções de Grafologia, e os principais jornais trazem predições astrológicas. Há pessoas que não saem de casa sem antes consultar o horóscopo.

Todos os fins de ano os astrólogos fazem profecias, religiosamente acreditadas por milhões de pessoas. Igualmente, em épocas especiais, como eleições, a palavra de uma vidente mineira é levada muito a sério por centenas de pessoas. Quando morre uma *personalidade mundial*, erguem-se as louvações:

— Acertou em cheio!

Nada mais certo do que predizer a morte de personalidades mundiais. Afinal, todos nós morremos...

Um ex-presidente vive convencido de que morrerá como Lincoln, à bala. Outro homem público, candidato diversas vezes à Presidência da República, está convicto de ser a reencarnação de Dom Pedro I.

Os horóscopos são redigidos por mestres em generalizações, e se adaptam a quaisquer pessoas, em qualquer tempo:

> Gêmeos – (21 de maio-20 de junho)
> Semana em que, devido à influência benéfica dos astros, seus problemas se resolverão de forma a satisfazê-lo. Não terá quase com que se preocupar. Dedicando-se, com maior interesse, a seus negócios comerciais ou profissionais, encontrará maior satisfação, e não terá tempo para lastimar-se da monotonia de sua vida. Dia de sorte, 17. Cor favorável, azul-piscina.

Peixes – (20 de fevereiro-20 de março)
Muita monotonia... Pouca disposição para assumir qualquer compromisso, mesmo os de ordem social. O mais conveniente é, tendo possibilidades, tirar férias. Um pequeno passeio, entretanto, poderá modificar completamente sua visão das coisas.

A Filosofia preocupa-se com o imaginário e o real. No espírito do homem comum, essas lucubrações deixam grandes áreas de confusão mental.

Envolvemo-nos em qualquer tipo de sugestão. Andam em voga "pulseiras magnéticas", destinadas à cura, desde a dor de cabeça até a pressão alta. Milhares de pessoas, de variados estratos sociais, usam-nas.

A Comunicação humana pede uma *atitude positiva* diante da vida. Por atitude positiva queremos expressar uma forma de equilíbrio na avaliação individual das coisas, dos acontecimentos e das pessoas. Não vivemos mais nas cavernas, e devemos nos esforçar para nos comportarmos como civilizados. Civilização implica atitude racional, em que a razão seja capaz de controlar ou, pelo menos, de orientar as emoções e sentimentos.

Essa atitude mental positiva esbarra na dinâmica da mente do homem: o pensamento é um fluxo contínuo, em permanente conspiração *contra* as capacidades de percepção e concentração. John Dewey (1958) procura distinguir esse fluir incontrolado e inconsequente do ato consciente e ordenado de refletir. Pensando ou refletindo, vivemos *sonhando acordados;* daí ao risco de "fazer de conta", a distância é pequena. A imaginação divaga, e acabamos norteando nossos atos muito mais pelos mapas-sonho do que pelos territórios-realidade.

Durante a Segunda Guerra Mundial, na Inglaterra, realizaram-se pesquisas sobre o estado de tensão emocional dos habitantes de Londres, em plena "blitzkrieg". Alta porcentagem dos entrevistados suportava a quase intolerável tensão, convicta de que as bombas não lhes cairiam em cima; achavam que isso só aconteceria em bairros distantes, ou nas casas vizinhas, mas, nunca em seu bairro, e em sua própria casa.

Essa *minimização* é inseparável de seu oposto, a *maximização,* a crença emocional de que todos os males acabarão desabando sobre a própria pessoa. É o que explica o fatalismo dos que dizem:

— Sou um homem *marcado!*

É difícil dizer-se qual a mais comum, minimização ou maximização, uma vez que se alternam no espírito humano, que varia de crises de euforia a crises de abatimento.

Uma série de fatores fisiológicos, psíquicos e sociais contribui para essas alternativas de humor, as quais alteram a acuidade do processo da Comunicação humana: ou estamos muito felizes, ou demasiado sucumbidos.

A alta burguesia moderna marcha para a destruição com a mesma serenidade com que os nobres franceses acabaram nas guilhotinas, e *não acredita* em uma revolução social.

As pessoas abastadas de Cuba, até o último instante, não acreditavam no comunismo de Fidel Castro.

No conflito ideológico que separou a União Soviética dos Estados Unidos, muitos confiavam em que lhes seria possível manter uma *terceira posição*. Pesquisas de opinião mostram, em diferentes regiões do mundo, que largas percentagens das populações acreditam *que não haverá guerras*.

Não há perigo de transformações sociais violentas no Brasil. O avião em que viajamos não cai, nem é em nosso país que vão despencar as bombas atômicas. Lembremo-nos: Deus é brasileiro.

Contra os riscos da "geografite", recomenda-se a atitude de São Tomé.

— Deixe-me ver!
— Mostre!
— Onde está?

A atitude positiva pode contrabalançar a inclinação à credulidade, ao exagero e à distorção.

5. TENDÊNCIA À COMPLICAÇÃO

> *Uma vez que alguém defina determinado problema como complexo, sua inclinação será invariavelmente a de procurar uma solução através de técnicas complexas.*
> (Wiixiam V. Haney)

Demonstrando uma tendência humana, que constitui obstáculo à efetividade da Comunicação, Haney (1960) revive o problema dos nove pontos:

CAPÍTULO 7 • • • • • • • • • • • OS OBSTÁCULOS À COMUNICAÇÃO HUMANA

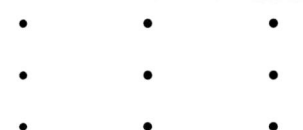

O objetivo é desenhar quatro linhas retas que passem pelos nove pontos, sem tirar o lápis do papel, podendo cruzar as retas sem repeti-las, sem passar sobre elas o lápis de novo.

A maioria das pessoas visualiza esses nove pontos como um quadrado, e se encontra diante de uma solução impossível, pois restringe as linhas aos limites do quadrado imaginado, e não pensa em traçar linhas por fora. Se V. – como a maioria das pessoas – imagina o quadrado, a solução não será encontrada e, provavelmente, suas quatro linhas retas acabarão assim:

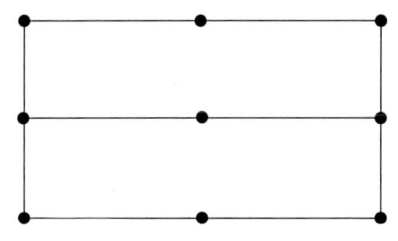

Talvez, V. faça também esta tentativa:

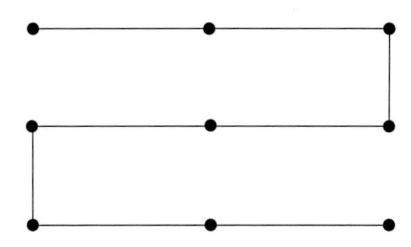

Nesses casos, terá traçado *cinco* retas, e não quatro. Desde que V. deixe de raciocinar em termos de quadrado, a solução vem facilmente:

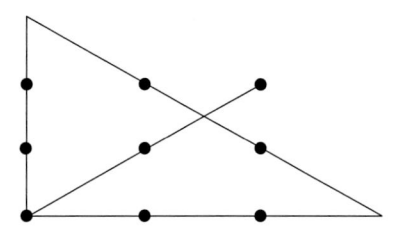

Essa experiência demonstra "a tendência do indivíduo a *restringir seu* ponto de vista do problema",[14] a ver um *quadrado* onde existe liberdade de raciocínio, tornando o problema insolúvel. Essa tendência a complicar, nós a percebemos examinando as mais sérias instituições humanas.

A Matemática é a fonte principal da crença na verdade *exata*, entretanto Pítágoras, *matemático puro*, deixou para a posteridade as seguintes regras da ordem religiosa que formou:

1. Abstenha-se de favas.
2. Não apanhe o que caiu.
3. Não toque em galo branco.
4. Não parta o pão.
5. Não passe por cima de uma ripa.
6. Não atice o fogo com ferro.
7. Não coma de uma broa de pão inteira.
8. Não apanhe uma grinalda.
9. Não se sente sobre uma medida de um quarto.
10. Não coma coração.
11. Não ande pelas estradas.
12. Não deixe que as andorinhas se aninhem no telhado de sua casa.
13. Não deixe a marca da panela nas cinzas do fogão.
14. Não olhe ao espelho ao lado de uma luz.
15. Não deixe a marca do seu corpo impressa no lençol, ao levantar-se da cama.

É fácil imaginar-se a complicação que consistia para os matemáticos puros, discípulos de Pítágoras, lotarem suas mentes de raciocínios exatos e obrigarem seus corpos a regras tão disparatadas. Novas proposições deixaram de ser descobertas porque o filósofo se abaixou para apanhar a régua que lhe caíra das mãos...

Hume escreveu que era muito comum intrometerem-se os filósofos no terreno dos gramáticos, e embarcarem em disputas de palavras, "enquanto imaginam manter controvérsias do mais profundo interesse e importância". Com o respeito que inspiram as cogitações dos grandes metafísicos, não se pode deixar de pensar em Hume diante do *invariável-indivisível* e do *variável-divisível* de Platão, ou na distinção entre *matéria* e *forma*, de Aristóteles. A tendência à complicação explica o cipoal de palavras da Filosofia, muralha chinesa a esconder o conhecimento. Bacon

---

[14] HANEY, W. V. *Communication*: patterns and incidents. Illinois: Richard Irwin Inc., 1960.

duvidava da possibilidade de alguém compreender, um dia, o que fossem "causa primeira não causada", ou "primeiro motor não movido"; os *filósofos manipulam os infinitos com a tranquila segurança com que os gramáticos manejam os infinitivos.*[15]

O Escólio I da Ética de Spinoza reza:

> Vê-se, pois, que, mesmo que sejam concebidos dois atributos como realmente distintos, isto é, um sem auxílio do outro, não podemos concluir daí, entretanto, que eles constituam dois seres, isto é, duas substâncias diferentes, porque é da natureza da substância que cada um de seus atributos seja concebido por si; uma vez que todos os atributos que ela possui existiram ao mesmo tempo nela, e que um não pode ser produzido por outro, mas cada um exprime a realidade ou o ser da substância. Não é, portanto, absurdo, referir vários atributos a uma mesma substância; ao contrário, na natureza, nada há de mais claro do que isto: cada ser deve ser concebido sob certo atributo e a realidade ou ser que possui é proporcional ao número de atributos que exprimem a necessidade, ou, por outro, a eternidade e a infinidade; e, consequentemente, também isto: o ser absolutamente infinito deve ser necessariamente definido (como se disse na Def. VI) o ser que é constituído por uma infinidade de atributos cada um dos quais exprime certa essência eterna e infinita. Se se perguntar agora qual é o sinal que nos permite reconhecer a diversidade das substâncias, leiam-se as proposições seguintes: mostram elas que não existe na Natureza senão uma única substância e que esta é absolutamente infinita, o que torna escusada a procura de tal sinal.

A própria ideia da Divindade reduz-se a um *aglomerado de atributos quase puramente verbais.*[16] O conjunto dos atributos metafísicos imaginados pelo teólogo é somente confusa reunião de pedantes adjetivos. O verbalismo passa a ocupar o lugar da Visão da realidade. "Deus é a causa primeira e possui uma existência per si; é necessário e absoluto, absolutamente ilimitado, infinitamente perfeito: é uno e único, espiritual, metafisicamente simples, imutável, eterno, onipotente, onisciente, onipresente".[17]

A Teologia se presta à complicação extrema das razões e dos conceitos. Na primeira parte da "Summa theologica", Tomás de Aquino dedica um capítulo à linguagem dos anjos, considerando estas cinco questões:

---

[15] BACON, F. *Advancement of learning*. Chicago: William Benton, Publisher – Encyclopaedia Britannica, Inc., 1952.
[16] OGDEN, C. K.; Richards, I. A. *El significado del significado*. Buenos Aires: Editorial Paidos, 1954.
[17] JAMES, W. *Principies of psychology*. Chicago: William Benton, Publisher, Encyclopaedia Britannica, Inc., 1952.

1. Falam os anjos entre si?
2. Fala o anjo inferior com o superior?
3. Algum anjo fala com Deus?
4. É a língua dos anjos limitada pelo fator distância?
5. É a conversa, de um anjo com outro, do conhecimento de todos os demais!

Em "A cidade de Deus", Santo Agostinho dedica inumeráveis páginas a temas extremamente complicados:

Livro 9º

Cap. IX: Podem os homens, por intercessão dos demônios, granjear a amizade dos deuses?

Cap. XXI: A que ponto o Senhor quis descobrir-se aos demônios?

Livro 11º

Cap. VII: Como eram os primeiros dias que tiveram, segundo a narração, manhã e tarde antes da criação do Sol?

Livro 12º

Cap. XII: Que responder aos que pretextam haver tardado a criação do homem?

Cap. XV: O ser Deus sempre Senhor supõe haja existido sempre criaturas que senhorear. Como se há de entender hajam sempre existido as criaturas, sem ser coeternas com o Criador?

Livro 13º

Cap. XI: Pode alguém ser ao mesmo tempo vivente e morto?

Livro 14º

Cap. XXIII: Haveria, no paraíso, libido no ato da geração?

Não há proveito na leitura de autores obscuros pois, "isto de pensar, a seu propósito, aquilo que não pensaram, ou que teriam podido pensar se houvessem pensado em alguma coisa, é um pouco vão e tão arriscado que é bem melhor pensar diretamente por conta própria".[18]

Montaigne, por diversas vezes, em seus "Ensaios", refere-se *à arte de complicar o que é simples e de obscurecer o que é claro*. Fala de vãs sutilezas que nos lembram as

---

[18] FAGUET, E. *Arte de ler.* Salvador, BA: Livraria Progresso Editora, 1958.

poesias concretistas modernas: "Na antiga literatura grega deparamos com poemas em forma de ovo, de bola, de aro, de machadinha, obtidos mediante a variação das medidas dos versos que se encurtam ou se alongam para, em conjunto, representar tal ou qual imagem".

A Psicologia Social e a Antropologia têm estudado os tabus, complexo sistema de proibições, que pesam sobre os membros das diferentes tribos. A existência dos tabus em todas as sociedades primitivas confirma a universal tendência à complicação. O mundo em que vive o selvagem é repleto de tabus. Não existe um ato de sua vida em que não entre complicado formalismo.

A mulher hindu não pode pronunciar o nome do marido. Fala dele como "o senhor", "o pai de família", ou "o homem de casa". Se ela apenas *sonha* com o nome do marido, será um pecado, que a conduzirá a um fim desastroso. Entre os habitantes de Niassa do Norte, se a mulher chama o marido por seu nome próprio, ele considerará o ato portador de azar, capaz até de afetar seus poderes de concepção. Uma mulher *kaffir* não pode nem sequer pensar nos nomes dos parentes do marido e as zulus, se pronunciam o nome do marido, podem ser condenadas por feitiçaria.[19]

A crença quase universal nas bruxas criou na Inglaterra, em meados do século XVIII, uma das mais complicadas profissões – a de *descobridor geral de bruxas*, para o exercício da qual era indispensável possuir certa caderneta que se obtinha diretamente do diabo...

As superstições continuam bem vivas, apesar do progresso científico, na totalidade das nações. Há superstições sobre todas as coisas, fatos e pessoas que existem na terra. O próprio Freud não escapou à influência dos livros dos sonhos, complicação onírica que vem de longe para atormentar o espírito do homem. Os sonhos proféticos inundam as narrativas históricas, embora "os homens contem quando acertaram, mas não quando erraram".[20] Os sonhos simples de todo dia são classificados em manuais especializados e analisados *cientificamente* pelos psicanalistas.

Sonhar com água clara é presságio de boa saúde; com água turva, é morte de parentes ou amigos. Receber uma bofetada em sonhos quer dizer muita paz e concórdia no casamento, mas sonhar com cadáver que ressuscita é aviso de traição. Perder dinheiro em sonhos anuncia bons negócios, assim como ser enforcado indica sucessos nos empreendimentos. Não é bom sonhar com mariposas, mulheres vestidas de negro, nuvens, crianças, pavões, ratos, rãs e salsichas. Quem sonha que é enterrado vivo, pode estar certo de que o espera grande miséria,

---

[19] FIELDING, W. J. *Estranhas superstições e práticas de magia.* São Paulo: Editora Assunção, s/data.
[20] BACON, F. *Advancement of learning.* Chicago: William Benton, Publisher – Encyclopaedia Britannica, Inc., 1952.

mas, em compensação, se sonhar que enlouqueceu, fique seguro de que receberá grandes benefícios.[21]

Alunos do Instituto Peixoto Gomide, de Itapetininga, São Paulo, registraram em 1961, algumas complicadas superstições regionais:

> Quem empresta sal na sexta-feira, dizem que é lobisomem. Quando um caboclo mata um porco e este fica de língua de fora, fica certo de que em breve matará outro. Quando morre uma pessoa nos arredores da casa, no dia seguinte vêm moradores e jogam a água do pote, porque acreditam que a alma da pessoa vem tomar água à noite. Na noite de São João, é costume descascar laranja, parti-la e depois colocá-la no sereno; é crença que o santo vêm benzê-la, durante a noite; a seguir, chupam-na. Quando um gato está roncando não se deve deixar a criança chegar perto, porque, senão, pega o ronco do gato. Quando se está formando uma nuvem de chuva, fazem-se três cruzes na direção da nuvem e a seguir rezam-se três Ave-Marias; assim, a chuva não cai. Quando o fogo da lenha faz barulho, a pessoa que deseja ficar rica deve recitar:
> 'Dinheiro, dinheiro,
> Dinheiro no cofre,
> Peixe no covo
> E tatu no mundo'.

Na tendência à complicação, personalidade e linguagem estão juntas, e contribuem para agravar o problema. Os homens complicam as coisas, mesmo quando se trata de sistematizar o pensamento lógico. Para Maritain, por exemplo, os objetos de pensamento se dividem em:

> *incomplexos re et voce*
> *incomplexos re non voce*
> *complexos re non voce*
> *complexos re et voce*

Alguns termos silogísticos denominam-se *suppositio distributa, copulata, disjuncta e disjunctiva;* e cumpre distinguir entre objeto de conceito e conceito objetivo, e termos categoremáticos de termos sincategoremáticos. Os silogismos classificam-se em entimemas, epiqueremas, sorites e *syllogismus cornutus,* este último, nome científico do dilema – argumentação de duas pontas.

---

[21] LENORMANT, F.; MAURY, A. et al. *Las supersticiones antiguas y modernas.* México: Editorial México, 1946.

Por essa tendência, John Dewey acusa a Filosofia de ser, "em grande parte, apenas a exibição de uma terminologia complicada".[22]

Certas doutrinas místicas continuam adotando as herméticas terminologias que, em diversos países e em todos os períodos da história da humanidade, constituíram a característica maior da fé religiosa, assunto de iniciados. Eis algumas considerações sobre raças, publicadas nos jornais de São Paulo pela Sociedade Teosófica Brasileira:

> Devemos esclarecer que já existem seres trabalhando na face da Terra para coisa mais longínqua ainda que é o futuro sistema. As sub-raças finais de todas as Raças-Mães se sucedem quase e quanto mais para o fim da Ronda, tal fenômeno se fará com maior rapidez, por isso mesmo interpenetrando-se umas nas outras a partir do seu número de ordem.

O restante da exposição está repleto de termos vernáculos, de mistura com palavras hindus: Purusha, Prakriti, Atmã, Budi, Manas, "Equilibrante", Kama-Manas, Atlante, "Arcos ascendentes e descendentes", Períodos de Pravritti-Marga e Nivritti-Marga, "raças finalizantes da Ronda", Shaka, Puskaro, "loto de mil pétalas", etc.

Complicamos tudo: da religião ao trabalho, das constituições políticas aos códigos de ética. Muitas vezes, surpreendemo-nos ao descobrir a doçura de uma pessoa a quem não procurávamos por entendê-la prepotente. Determinadas tarefas que se nos afiguram complexas e difíceis revelam-se, na prática, exatamente o oposto. Pessoas há que passam a vida amarguradas, diante da impossibilidade de alcançar seus desejos, sem, no entanto, *mover uma palha* para alcançá-los: a ideia da impossibilidade lota a mente, de maneira a desestimular qualquer ação. Napoleão costumava dizer que somos nós que fazemos os impossíveis, e Clement Grandcour ensinava que o verdadeiro chefe é aquele capaz de extrair possíveis, do impossível.

Os encantos da convivência social podem ser totalmente estragados com as complicações da etiqueta (ver o capítulo "A Comunicação e o protocolo, o cerimonial e a etiqueta").

Os políticos são mestres em complicar as coisas, como esta declaração de um líder gaúcho ao responder quais as suas convicções sociais:

> — As minhas convicções são as de um democrata que deseja que a democracia incorpore a liberdade e a segurança econômica ao patrimônio de suas franquias jurídicas e conquistas políticas!.

Complicar é também uma forma de esconder a ignorância.

---

[22] DEWEY, J. *A filosofia em reconstrução*. São Paulo: Companhia Editora Nacional, 1958.

Tendemos a complicar tudo quanto não compreendemos. Daí, a importância do conhecimento da Comunicação humana para simplificar a complexidade de nossas relações humanas, quase sempre desnorteantes na burocracia.

A burocracia sozinha constitui complicação capaz de impossibilitar o entendimento e a compreensão entre os homens.

6. Obstáculos devidos à Linguagem

> *A linguagem é indefinidamente variável em suas formas... A parábola bíblica da torre de Babel mostra-nos a transcendência desta variedade paradoxal que transforma um meio de comunicação em meio de incompreensão.*
> (Juan Cuatrecasas)

Os obstáculos à Comunicação humana devidos à linguagem, como vimos, são oito:

1. Confusão entre:
   a) fatos e opiniões.
   b) inferências e observações.
3. Descuido nas palavras abstratas.
4. Desencontros.
5. Indiscriminação.
6. Polarização.
7. Falsa identidade baseada em palavras.
8. Polissemia.
9. Barreiras verbais.

6.1 Confusão entre fatos e opiniões

> *Todo tema relativo à linguagem deve levar uma recomendação: maneje com cuidado!*
> (Stuart Chase)

Que é um fato e que é uma opinião?

Fato é acontecimento; é coisa ou ação feita. Opinião é modo de ver, é conjetura; é, conforme Platão, "qualquer tópico de controvérsia".

O menino caiu da bicicleta. É um fato. Aconteceu. Vimos. Ele caiu diante de nossos olhos.

O menino não estava acostumado a andar de bicicleta e por isso caiu. É uma opinião. Conjeturamos.

O fato é um só: o menino caiu da bicicleta.

As opiniões podem ser muitas:

— Caiu porque não estava acostumado a andar.

— Caiu porque ficou com medo de um automóvel que vinha em sentido contrário.

— Caiu porque se sentiu mal etc...

Podemos negar um fato: o menino *não caiu* da bicicleta. Se caiu, e nós afirmamos que não, contrapomos a um acontecimento uma conjetura e, pior, uma conjetura falsa:

— Todos nós vimos que o menino caiu da bicicleta.

Aqui estão as evidências: a bicicleta com a roda torta, o menino machucado na perna, sendo assistido na rua, as marcas da bicicleta no chão, um pouco de sangue que escorreu do pequeno ferimento do menino, o testemunho de todas estas pessoas que viram o acidente, e o próprio depoimento do menino, o qual confirma ter caído.

— Não. Ele não caiu.

Argumentos:

1. Não o vi cair.
2. Ele sempre andou muito bem de bicicleta e não podia cair.
3. Já estava machucado antes de subir na bicicleta.
4. O sangue do chão não é dele.
5. A roda foi entortada por alguém interessado em provar que ele caiu da bicicleta.
6. As pessoas que viram o acidente não prestaram bem atenção: ele *saltou* da bicicleta.
7. O menino está mentindo ao dizer que caiu da bicicleta.

Dizer-se que contra fatos não há argumentos não corresponde bem à realidade. Podemos agarrar-nos de tal maneira a nossas opiniões que, *para nós,* elas acabam transformando-se em *fatos;* deixamos de distinguir, entre nossas ideias, as que traduzem fatos e as que significam opiniões.

As opiniões podem ser refutadas por fatos:

1. O fato de V. não ter visto o menino cair, não significa que o menino não caiu.
2. A opinião de que o menino sempre andou muito bem de bicicleta não exclui o fato de haver sofrido uma queda.
3. O fato de o menino já estar machucado na perna não impossibilita outro: o de ter ele se machucado de novo.
4. O laboratório de análises pode provar se o sangue é do menino. As indicações científicas permitem total margem de segurança.
5. A opinião de que a roda foi entortada por alguém é contraditada por fatos:
    a. muitas pessoas viram a roda bater de encontro ao muro, e entortar.
    b. muitas pessoas viram, antes do acidente, o menino andando de bicicleta, o que seria impossível se a roda já estivesse torta.
6. A opinião de que o menino *saltou* da bicicleta não é aceita pelas testemunhas; todas elas confirmam que não houve salto, houve queda.
7. A opinião de que o menino está mentindo ao dizer que caiu da bicicleta é desmentida pelos fatos anteriores.

V. poderá contra-argumentar:

1. O fato de eu não ter visto o menino cair também não significa que o menino não caiu.
2. O fato de o menino sempre ter andado muito bem de bicicleta também não o impossibilita de ter caído.
3. Somente um médico poderá dizer se o menino já estava machucado.
4. A ciência não pode indicar com certeza a proveniência do sangue: é sua opinião contra minha opinião e, portanto, da mesma forma que existe uma possibilidade de o sangue lhe pertencer, existe outra de não lhe pertencer.
5. Examinemos as contradições sobre a roda entortada:
    a. duvido que alguém possa observar uma roda entortar-se no lapso de tempo que medeia entre o choque e a queda, que não aceito.

      b. eu não disse que a roda já estava torta: poderia alguém entortar a roda, *depois que o menino saltou da bicicleta,* com a intenção de fazer-nos acreditar que o menino houvesse *caído.*
6. As testemunhas podem estar enganadas: todos podem enganar-se.
7. Os fatos anteriores não invalidam meus argumentos. Conheço o menino e sei que é mentiroso; é provável que tenha procurado fazer "exibição": saltou da bicicleta "de mau jeito", e, percebendo que todos pensaram haver ele caído, afirmou uma queda que não houve.

A essa altura, é possível que, entre as pessoas que assistiram à queda do menino, já exista alguém começando a duvidar se efetivamente o menino caiu.

— É verdade! Aquilo não me pareceu queda. O senhor deve estar certo: ele saltou da bicicleta ou, pelo menos, quis saltar e caiu de mau jeito...

— Para ser franco, acho que não prestei muita atenção na hora da queda, ou do salto...

Formam-se partidos:

— Absolutamente! Esse menino caiu da bicicleta tão certo como dois e dois são quatro!

— Eu vi o menino cair na minha frente e quase me atropelou!

— Eu também conheço o menino, e ele não é mentiroso!

Algum tempo depois, fatos e opiniões misturam-se.

— Mas, afinal, o menino caiu ou não caiu da bicicleta?

— Caiu!

— Não caiu!

— Caiu!

Um fato pode ser *considerado* uma opinião. Uma opinião pode *transformar-se* em fato. Existe algo mais perigoso na Comunicação humana do que nos convencermos de que nossas suposições *aconteceram,* ou de que os acontecimentos não passaram de suposições? E se são os outros que contrapõem a nossos *fatos* suas *opiniões,* considerando *opiniões* os *fatos* porque são nossos, e *fatos* as *opiniões* porque são seus?

A renúncia do Sr. Jânio Quadros presta-se à demonstração da confusão entre fatos e opiniões.

A 25 de agosto de 1961, o ex-presidente dirige proclamação ao povo, em que, a certa altura, afirma: "A mim, não falta a coragem da renúncia".

No mesmo dia, todos os jornais brasileiros tiram edições extras, anunciando a renúncia de Jânio. Durante os poucos dias que medeiam entre a renúncia e o embarque para a Europa, a renúncia é focalizada pela imprensa falada e escrita e, depois que o ex-presidente embarca, inúmeros porta-vozes ocupam as colunas dos jornais e os horários da TV e do Rádio para tentar explicar a renúncia. Surgem versões desencontradas, agravadas pela disparidade dos depoimentos das poucas testemunhas. Os órgãos de divulgação comentam a renúncia, até que um jornalista qualquer se impressiona por um trecho apocalíptico da proclamação:

> Sinto-me, porém, esmagado. *Forças terríveis* levantam-se contra mim e me intrigam e infamam até com a desculpa de colaboração.

O ex-presidente não fazia senão repetir, sob outra forma, a carta-testamento de Getúlio Vargas:

> Mais uma vez, *as forças e os interesses contra o povo* coordenaram-se novamente e se desencadeiam sobre mim.

Esse jornalista chega à opinião de que o ex-presidente *não renunciou;* Jânio foi obrigado a renunciar.

Estamos diante de uma opinião contra um fato:

Fato: Jânio *renunciou.*

Opinião: Jânio *não renunciou.*

Argumentação inicial: Jânio *não renunciou; foi obrigado a renunciar.*

Quem é obrigado a renunciar, renuncia? Sim. Então, Jânio renunciou. Não. Não renunciou. Foi *obrigado* a renunciar. Obrigado, ou não, o *fato é* que renunciou. Não renunciou. Foi obrigado a renunciar.

Argumento: Quem é obrigado a renunciar e renuncia, renunciou. Contra-argumento: Quem *é* obrigado a renunciar, *não renuncia.*

Como não renuncia? Tanto renunciou, que não é mais presidente da República!

Contra-argumento: Renunciar e ser obrigado a renunciar são coisas diferentes.

Argumento: Absolutamente! A renúncia *é* um *fato* incontestável!

Contra-argumento: Em sua *opinião!* Em minha *opinião,* Jânio não renunciou. Foi obrigado a renunciar!

Argumento: Mas, estou citando um *fato:* Jânio renunciou!

Contra-argumento: Estou expondo outro *fato:* Jânio *não* renunciou. Foi obrigado a renunciar.

Vamos ao dicionário e encontramos:

> Renunciar – desistir de; deixar voluntariamente a posse de.

Argumento: Jânio *desistiu* de ser presidente da República, logo, *renunciou!*

Contra-argumento: Jânio *não deixou voluntariamente* a posse da Presidência da República, logo não renunciou!

Duvida-se do fato que nos parecia irretorquível: *renunciou* ou *não renunciou?*

Argumento: V. dizia que Jânio foi obrigado a renunciar.

O que quer dizer *obrigar?*

Voltamos ao dicionário:

> Obrigar – *Pôr na obrigação, no dever;* mover; impelir; incitar; *forçar; constranger;* sujeitar.

Argumento: Jânio *foi posto na obrigação,* no dever de renunciar, diante de sua incapacidade para governar o país!

Contra-argumento: Jânio *foi posto na obrigação.* A própria palavra explica: foi *forçado,* constrangido a renunciar! Jânio foi *deposto!* Que quer dizer depor?

> Depor = *despojar* de cargo ou dignidade; perder; *deixar;* abdicar; *largar...*

Argumento: Jânio foi deposto! Largou, deixou a Presidência!

Contra-argumento: Jânio foi deposto! Foi *despojado* do cargo!

Argumento: Se renunciar é deixar *voluntariamente* a posse de alguma coisa, é impossível alguém ser *obrigado a* fazer ou deixar de fazer *voluntariamente* alguma coisa!

Que quer dizer voluntário?

> Voluntário = que procede espontaneamente; derivado da vontade própria; em que não há coação.

Argumento: Onde não há coação, há espontaneidade. Logo, ninguém obrigou Jânio a renunciar! Por definição, ninguém pode ser obrigado a renunciar! Renúncia é deixar voluntariamente!

Contra-argumento: Jânio não renunciou! Foi *obrigado* a renunciar!

Poderíamos continuar por toda a eternidade nesse debate sem fim. Jânio renunciou, ou não renunciou?

Poderíamos raciocinar de uma forma:

Renunciar é desistir.

Jânio desistiu.

Logo, Jânio renunciou.

Ou poderíamos raciocinar de outra forma:

Renunciar é deixar voluntariamente a posse de alguma coisa.

Jânio não deixou voluntariamente a posse do Governo.

Logo, Jânio não renunciou.

Ou podemos ainda fazer uma variação:

Se renunciar é desistir, Jânio renunciou, mas, se renunciar é deixar voluntariamente a posse de alguma coisa, Jânio não renunciou, porque foi obrigado a deixar o Governo.

O emprego do verbo *renunciar* tem tais implicações afetivas que, na impossibilidade de conhecer a *motivação* do ex-presidente, ninguém pode assegurar que ele tenha *renunciado.*

Discutiam-se *opiniões,* embora cada interlocutor pensasse discutir *fatos: deixar o Governo é* acontecimento evidente, *renunciar ao Governo é* tópico de controvérsia.

A Linguagem está repleta de armadilhas e estamos constantemente referindo-nos a *fatos* como se emitíssemos opiniões, e vice-versa. A Comunicação humana exige a sabedoria de distinguir uma coisa da outra.

Fatos não se discutem. Opiniões são tópicos de controvérsia. Se vamos discutir fatos, cairemos nos sofismas, nos argumentos falsos que tudo deturpam.

Hitler, Stalin e todos os ditadores do século passado eram mestres em fazer de suas opiniões, fatos. O episódio do "Lyssenkismo", na União Soviética, constitui exemplo de *opiniões* que se transformam em *fatos.*

Lyssenko, biólogo membro do Partido Comunista, colocou-se ao lado de Lamarck, defensor da teoria da transmissão dos caracteres adquiridos, contra Mendel, autor, na Genética, da teoria da mutação dos genes. De 1948 em diante, passou a ser um dos papas da Biologia Soviética, atacando os defensores de Mendel como "reacionários e decadentes, rastejando aos pés do capitalismo ocidental". Foi pupilo dileto de Stalin, recebeu a Ordem de Lenin e foi feito Herói da União Soviética. Em sua opinião, os genes não existiam, e o meio ambiente produzia mutações nas plantações e nos homens, as quais seriam *transmitidas* permanentemente às gerações posteriores. Julian Huxley considerava-o um analfabeto, mas seu império na Biologia Soviética prolongou-se até 1953. Nesse ano, escrevendo para o Pravda um exaltado necrológio de Stalin, revelou que este o ajudara a preparar sua famosa conferência de 1948 contra os mendelianos. "O camarada Stalin encontrava tempo para a detalhada análise dos mais importantes problemas da Biologia." Era a confissão pura e simples de que Lyssenko fizera da *opinião* de Stalin contra o mendelismo o *fato* de que os caracteres adquiridos são transmissíveis. Caiu em desgraça e demitiu-se da direção da Academia de Ciências Agrícolas. Foram reeditadas as obras do biólogo Vavilov, o qual morrera havia tempos na Sibéria, condenado por ter sido mendeliano puro. Mendel demonstrara a não transmissão dos caracteres adquiridos: se V. aprende a falar alemão, seu filho não nasce falando alemão. Lyssenko *congelara* o progresso da Genética em seu esforço de subserviência a um ditador, empenhado em moldar o mundo de acordo com o marxismo-leninismo. Uma *opinião* política transformara-se em um *fato* científico.

6.2 Confusão entre inferências e observações

Jamais aceites alguma coisa por suposição.
(Disraeli)

Inferir é deduzir pelo raciocínio. Observar é olhar atentamente. À primeira vista, parece impossível confundir coisas tão diferentes. Todavia, a confusão entre inferências e observações é dos mais comuns obstáculos à efetividade da Comunicação humana.

As afirmações devidas a inferências e observações são extremamente difíceis de serem distinguidas, porque *a estrutura da Linguagem não oferece qualquer indicação de diferença.*[23]

Na frase *Pedro é gastador,* não existe nada capaz de indicar tratar-se de inferência ou observação.

Certas línguas primitivas podem ser consideradas, sob alguns aspectos, muito mais *precisas* do que a maioria das línguas modernas. Índios norte-americanos possuem palavras diferentes para expressar locuções como estas:

1. Estar andando a cavalo rumo a algum lugar.
2. Estar andando a cavalo vindo de algum lugar.
3. Estar andando a cavalo sem destino. etc...

Alguns filólogos procuram dar à Linguagem a precisão que ela não tem, conforme podemos sentir quando nos encontramos diante da necessidade de distinguir uma inferência de uma observação. Não existem diferenças gramaticais, sintáticas, ortográficas ou de pronúncia entre elas. Até mesmo os tons e as inflexões da voz transmitem idêntico grau de certeza ao traduzirem uma observação e uma

---

[23] Haney, W. V. *Communication:* patterns and incidents. Illinois: Richard Irwin Inc., 1960.

inferência. Entretanto, o que *vimos* com nossos próprios olhos e o que *deduzimos* por força do raciocínio são coisas diferentes.

Ao vermos o carro de um amigo diante de casa, *inferimos* que ele está em nossa casa, e pode acontecer que realmente ali se encontre. Ao vermos um amigo entrar em nossa casa, todavia, *o grau de probabilidade* de que ele ali esteja é incomparavelmente maior. Esse grau de probabilidade é uma das formas de distinguir inferência de observação. Em geral, as inferências são *menos prováveis* do que as observações.

Vemos um casal de braços dados. Como os dois usam anel na mão esquerda, *inferimos* que ali estão marido e mulher.

    a. As inferências nos oferecem certezas *relativas*.

    b. As observações nos oferecem certezas *absolutas*.

A distinção não é certa. Sabemos quão enganadores são nossos sentidos.

Podemos ter assistido ao casamento e confundir as feições do casal, tempos depois, confundindo-o com outro.

Nossas observações são relativas, como nossas inferências.

Determinada senhora pede a um detetive particular para seguir o marido, desconfiada que ele não lhe é fiel. O fato de o detetive suspeitar do marido fará que lhe pareça prova de infidelidade qualquer outra mulher com quem ele se mostre em público. Uma inferência pode influenciar uma observação:

> Contaram-me que Lun-Fo era ladrão. Encontramo-nos na rua. Pareceu-me ladrão. Estendeu a mão para cumprimentar; era a mão de um ladrão. Trocamos algumas palavras, e sua maneira de falar era a maneira de falar de um ladrão. Quando se foi, observei o seu andar: era andar de ladrão.

Por essa historieta, nunca ninguém saberá com certeza se Lun-Fo era ladrão.

Ao atravessarmos uma rua, observamos de um lado e do outro se não vem automóvel. Dessa observação inferimos que podemos atravessar a rua sem perigo, o que pode ou não acontecer.

A observação nem sempre vem antes da inferência. Pode vir *antes, ao mesmo tempo,* ou *depois*.

Observamos Augusto entrar em uma loja.

Inferimos que ele vai comprar alguma coisa.

Entramos na loja e *observamos* Augusto diante do balcão de camisas.

Inferimos que ele está comprando uma camisa.

Não pode acontecer que Augusto esteja apenas trocando uma camisa que ganhou? (e cujo número de colarinho não lhe serve?)

As inferências *deveriam* ser confirmadas pelas observações – o que nem sempre é possível.

Sherlock Holmes tornou imortal o método dedutivo na investigação criminal, o qual lhe permitia identificar e capturar criminosos apenas por meio de inferências. É preciso não esquecer que Sherlock Holmes nunca passou, ele próprio, de uma inferência nascida no cérebro de seu criador, o romancista inglês Conan Doyle.

Observamos Augusto encaminhar-se para um loja. *Inferimos* que vai entrar. *Observamos* que não entra. *Inferimos* que desistiu.

Observações e inferências podem não ser exatas. Augusto não se encaminhava para a loja e, portanto, não desistiu; não podia desistir de alguma coisa que não tencionava fazer.

Nossas dificuldades na Comunicação humana começam quando tratamos nossas inferências como observações e vice-versa.

É sempre o *grau de certeza* que nos pode ajudar a distinguir uma coisa de outra. Embora se admita possibilidade de erro na observação, parece-nos racional atribuir à inferência uma possibilidade maior.

Haney (1960) indica algumas diferenças entre observações e inferências:

1. As observações somente podem ser feitas *depois* de observadas.

As inferências podem ser feitas *a qualquer momento.*

2. As observações devem ficar *dentro dos limites* do que foi observado, e não passar daí.

As inferências *não têm limites,* ou se têm, são os limites de nossa imaginação.

3. As observações *só podem ser feitas pelo observador* – pela pessoa que observou.

As inferências podem ser feitas *por qualquer pessoa.*
As observações estão mais próximas das *certezas* e as inferências, das *probabilidades.*

A dificuldade maior existe em nós, porque habitualmente confundimos nossas observações com nossas inferências. O processo é mais ou menos o seguinte:

1. Fazemos uma inferência.
2. Esquecemos que a fizemos.
3. Deixamos de tomar em consideração o *risco* que toda inferência envolve.
4. Passamos a agir, baseando-nos na *possibilidade* como se fosse *certeza.*

Sob certas circunstâncias, essa maneira de pensar e agir oferece resultados positivos. Mas, em geral, tomar as inferências por observações pode fazer de nós detestáveis exemplares da espécie humana, autossuficientes e pretensiosos.

Convém classificar as probabilidades de nossas inferências, antes de aceitá-las. Por exemplo, a inferência de que a Terra continue a girar amanhã, em torno de seu eixo, é *extremamente provável,* enquanto é *extremamente improvável* que o Sol seja destruído amanhã.[24]

O grau de probabilidade ajuda-nos a aceitar os riscos, guardando um justo senso de medida.

— Levo o guarda-chuva poque pode chover!
— Não viajo de avião!
— Vou obter um aumento de ordenado no fim do mês!
— Mudei-me para São Paulo porque o Rio vai ser destruído por um maremoto!

Cada uma dessas sentenças possui, em grau menor ou maior, determinado risco. São *inferências* e é tão absurdo deixar de viajar de avião, como começar a gastar dinheiro por conta do aumento que se *vai obter* no fim do mês.

Inferimos que a próxima inspiração de ar não será venenosa, que amanhã cedo continuaremos em nosso emprego, que determinada notícia do jornal é certa, que as pessoas que nos aconselham são bem intencionadas, que ao voltarmos para casa nossa esposa preparou o jantar, que assistiremos a um filme ao entrarmos no cinema, que chegaremos a nosso destino se dermos o endereço ao *chauffeur* de táxi, etc. Viver é inferir, e enlouqueceríamos se não tomássemos com naturalidade nossas inferências. Toda e qualquer criação artística envolve inferência: um quadro a óleo, uma sinfonia, uma escultura. Os riscos não devem constituir surpresas e nem devem ser exagerados. E isso, só o conseguiremos, se nos preocuparmos em distinguir nossas inferências de nossas observações.

A leitura de um jornal é uma sucessão de inferências, a partir da que presume que o jornal publica fatos, coisas que aconteceram, notícias sobre pessoas reais, etc.

Houve, há tempos, um crime de morte em São Paulo; crime sem qualquer sensacionalismo, fruto de simples discussão. Um jornal publicou a seguinte notícia:

MORTO PELO PORTEIRO DO PRÉDIO EM QUE MORAVA
No saguão do prédio nº____ da rua _____, às 2h20 de ontem, A. H. B. (29 anos; solteiro, lá residente, apt. 61) foi morto a ca-

---

[24] HANEY, W. V. *Communication:* patterns and incidents. Illinois: Richard Irwin Inc.,1960.

nivetadas pelo porteiro daquele edifício, J. B. S. (54 anos, solteiro, rua _____, Santo André).

Conforme foi esclarecido pelas testemunhas, A. ali chegou em seu carro, acompanhado de um homem e duas mulheres, com os quais procurou entrar no prédio, sendo entretanto barrado pelo porteiro. Houve discussão entre ambos, e A., acompanhado de uma das mulheres, dirigiu-se a outra entrada do edifício, na rua _____, n.º _____, onde, com o consentimento do zelador, subiu a seu apartamento com a mulher, enquanto o outro casal esperava no carro.

Meia hora depois, deixou o edifício pela porta da rua e, à passagem, ameaçou agredir o porteiro, partindo em seguida com o auto. Retornou cerca de meia hora depois e foi tirar satisfações com o porteiro. Discutiram e entraram em luta corporal, durante a qual J. B. atingiu-o por três vezes com um canivete.

Ora, a leitura desperta-nos a ideia de que provavelmente o jovem quis forçar a entrada no edifício onde residia, com o propósito de divertir-se com sua companheira eventual e mais um amigo, também acompanhado. É possível que, em se tratando de prédio residencial familiar, o porteiro tivesse instruções expressas para barrar a entrada de pessoas *suspeitas* de transformarem seus apartamentos em bordel. Deve ter dito ao jovem que sua entrada, naquelas condições, não seria possível. Por sua vez, o jovem não se conformou em ser barrado diante da companheira e do amigo; quem sabe não teria bebido, considerando-se que eram 2h20 da madrugada? Deve ter levantado a voz e dito alguns desaforos ao porteiro. Este, por mais calmo e educado que fosse, depois de sucessivas provocações (ele voltou duas vezes), pode ter perdido a paciência; talvez o jovem o houvesse agredido primeiro. Para defender-se, desfecha uma série de golpes com o canivete de picar fumo de rolo.

Essa versão é reforçada pelas fotografias: o jovem tem amplas costeletas e aparência de *play boy*; o porteiro é um velho nordestino de olhos mansos.

Estamos diante de uma inferência típica, que vamos transformando em observação *dentro de nossa mente,* pelo poder da imaginação. Ficaríamos surpresos se um dia viéssemos "a saber que o rapaz aparecera na portaria do edifício com a irmã, o marido desta e a noiva; que a irmã estava no primeiro mês de gravidez e se sentiu mal; que ele se ofereceu para levá-la até o apartamento, enquanto o cunhado e a noiva iam buscar um médico, que ao entrarem no saguão, o porteiro – que havia bebido – agrediu o rapaz, perguntando-lhe se não sabia da proibição da entrada de "mulheres" no edifício".

Diante da notícia, podemos extrair inúmeras inferências. A primeira nasceu da observação das fotografias. Simpatizamos com as feições do nordestino – que nos pareceu vagamente familiar. Implicamos com o comprimento das costeletas do moço.

Mas, e se ele fosse gaúcho? No Rio Grande do Sul é comum o uso de costeletas compridas. Não podem ser falsos os olhos mansos do nordestino? O assassino profissional que vimos, certa noite, em Recife, tinha aparência de mansidão extrema...

Baseando-nos na notícia do jornal, não temos ali o mínimo necessário a alicerçar um ponto de vista idôneo. Formamos opiniões com base em inferências extraídas dos parcos, confusos e contraditórios elementos que vêm no jornal.

Podemos distinguir inferência de observação por meio de quatro pontos:

1. Observei *eu mesmo* o que estou falando?
2. Minhas afirmações não estão indo além do que eu mesmo pude observar pessoalmente?
3. Quando lido com inferências importantes, faço uma escala das probabilidades?
4. Quando me comunico com os outros rotulo minhas inferências como tais e peço aos outros que rotulem as suas?

6.3 Descuido nas palavras abstratas

Toda definição feita acerca de uma palavra é vã; é um mau método partir das palavras para definir as coisas.
(Ferdinand de Saussure)

Típico da Comunicação humana é o descuido no emprego das palavras abstratas. Nos tempos de escola primária ensinavam-nos que as palavras designativas dos seres, em geral substantivos, podiam ser:

concretas	—	cavalo
abstratas	—	beleza
próprias	—	Pedro
comuns	—	mesa

Travou-se polêmica entre os linguistas soviéticos, que se intitulam a si mesmos *progressistas,* e os linguistas norte-americanos, qualificados de *reacionários.*

Stuart Chase afirma que a maioria dos conflitos humanos – sociais e políticos – não são mais do que o resultado da imperfeição da língua, que *impede os homens de se entenderem.* Carecem de significado palavras como pátria, nação, humanidade, lei, progresso, comunismo, massas, trabalho, capital, fascismo, Wall Street, etc...²⁵ Vai tão longe quanto Schopenhauer, para quem "os pensamentos morrem no mesmo instante em que se encarnam em palavras".

Boguslavski insurge-se contra Chase e parte de três concepções da palavra:

1ª concepção: A palavra seria um *sinal puro,* totalmente à margem da realidade.

2ª concepção: A palavra seria um *reflexo* da realidade no cérebro do homem.

3ª concepção: A palavra seria *livre criação* da consciência, fora da realidade objetiva.

Ao primeiro caso, contrapõe o princípio da impossibilidade do pensamento sem palavras. Um *sinal puro,* à margem da realidade, não constituiria palavra.

Aceita a segunda concepção. Quem fala no rio Volga não o tem dentro da cabeça, mas ali possui um *reflexo,* vinculando a palavra Volga a uma realidade exterior.

Refuta a terceira concepção, contrapondo à tese de que os conceitos precedem as coisas o princípio de que as coisas precedem os conceitos. Não há conceito sem uma coisa que o anteceda e é da coisa que deriva o conceito; portanto, a palavra não pode nascer livremente na consciência do homem, fora da realidade objetiva.

As palavras não são meros rótulos arbitrários, conforme Chase, e nem simples sons mecânicos. As palavras expressam todos os conceitos e todos os pensamentos. O idealismo semântico, ao declarar que os conceitos gerais são ilusões, nega que o mundo seja cognoscível, e passa a ser uma filosofia contrária ao pensamento humano.²⁶

Para Lênin, as palavras eram predominantemente gerais; todavia, há recursos na Linguagem para especificar até ao máximo extremo de rigor, permitindo a rigorosa individualização. Podemos referir-nos à ideia geral de MESA, e podemos particularizar a mesa à qual nos referimos, se dissermos:

> Os livros estão em cima da mesa, a terceira à esquerda de quem entra na sala dos professores.

É indubitável, diz Boguslavski, que estamos ligando a palavra geral *mesa* a uma coisa em particular: aquela única e exclusiva *mesa*. É uma conclusão reacionária dizer-se que a língua não serve para expressar os pensamentos dos homens.²⁷

A Comunicação humana é uma atividade que objetiva alcançar o entendimento entre os homens por meio da Linguagem. Somos levados a admitir que, embora *as coisas não sejam palavras,* há um nexo entre a *palavra* e a *coisa* a que a palavra se refere.

---

²⁵ CHASE, S. *Power of words.* Londres: Phoenix House, 1955.
²⁶ SPIRKIN, A. G. et al. *Pensamiento y lenguaje.* Montevideo: Ediciones Pueblos Unidos, 1958.
²⁷ Idem.

O niilismo da significação de Stuart Chase deriva do sentido niilista da ética moderna, cujo código de valores tem sido dissecado pela Psicologia e pela Sociologia, a ponto de fazer-nos acreditar em uma *conspiração contra a dignidade humana*.[28] Nesse aspecto, o marxismo-leninismo contribuiu bastante para negar os valores espirituais do homem, e é curioso que um linguista soviético tenha atacado o niilismo ocidental, defendendo a correspondência entre palavras e coisas e admitindo que podem ser expressos, pelas palavras, todos os conceitos, todos os pensamentos, todas as coisas. É possível morrer pela *pátria*, considerando-se *pátria* o reflexo de uma realidade objetiva do soldado, a *aldeia*, por exemplo, onde nasceu e onde vivem ainda seus velhos pais.[29]

Pode acontecer que a atitude soviética houvesse feito parte de uma estratégia política, em que as palavras representavam realidades objetivas. Os comunistas obedecem *à linha justa*, tortuosa e oportunista, que coloca a ideia de justiça em uma conotação complexa. O Partido Comunista é a *vanguarda do proletariado*: palavras sonoras a que falta conteúdo. Molotov, aos 71 anos, pelo crime de defender Stalin, foi expulso do Partido Comunista por *obstinação dogmática* – jogo de palavras tão engenhoso quanto a *deposição consentida* do Sr. Jânio Quadros.

Na dificuldade de estabelecer correspondência entre palavras e coisas, as conclusões de Chase são perigosas numa época de dúvidas e de esforço obstinado para a destruição de crenças. Na Itália, acaba de ser eleito um governo de *centro-esquerda;* na ONU, discute-se há alguns anos o verdadeiro significado da palavra *agressão;* as companhias de seguro alimentam controvérsias sobre o que quer dizer *explosão;* no Brasil, no Parlamento e na Imprensa não se entendem os grupos *nacionalistas*, e o Papa João XXIII defendia a predominância do *Trabalho* sobre o *Capital*.

Que querem dizer todas essas palavras?

Quando Kruschev e Johnson falavam em *Democracia* estavam os dois falando da mesma coisa? Que é *Capital* e que é *Trabalho?* Haverá coisa mais relativa do que um *contrarrevolucionário?* Por que defendia Hegel uma *Ideia Absoluta?* Chegaram os sociólogos a um acordo sobre *Opinião Pública?* Que quer dizer o jornal quando afirma que o *povo* está revoltado? No que consiste *Livre Empresa?* O que existe atrás da palavra *Liberdade?*

Ferdinand Peroutka afirma que, na democracia do século XIX, "as palavras adquiriram respeitabilidade e peso moral". Com ingentes esforços, os termos foram precisamente definidos e transformaram-se em transportadores confiáveis do que continham. O significado sério das palavras, correspondendo de perto à realidade, foi obra de gerações. Os termos eram dignos de confiança, pois os indivíduos

---
[28] ASCH, Solomon. *Psicologia social*. São Paulo: Companhia Editora Nacional, 1960.
[29] SPIRKIN, A. G. et al., op. cit.

tinham-se até mesmo sacrificado por causa de um conteúdo... A propaganda dos ditadores alimenta-se dos restos dessa respeitabilidade das palavras, da força de sua existência social. Baseia-se na crença de que, ao ouvirem uma palavra, as pessoas ainda acreditarão que ela é suportada pela realidade como antes. Só mesmo isso tornou possível Mussolini dizer: "Um mito não precisa ser uma realidade...". Dentro do território da ditadura, as palavras não têm mais significação indubitável. Fórmulas que têm um sentido místico estão aparecendo: a ditadura é a única verdadeira democracia, o ataque é defesa, a vítima de um ataque é um agressor, a liberdade é a privação da liberdade e a privação da liberdade é a liberdade. A agressão russa à Hungria foi apontada como um ato de soberania húngara. No ápice da pirâmide da desonestidade, alteia-se Adolf Hitler, que, tendo feito matar vários milhões de pessoas, disse: "Graças a Deus, eu sempre evitei perseguir meus inimigos".[30]

Os desonestos referem-se à *honestidade,* os grandes corruptos defendem a *moralidade pública.* Talvez surja um Fradique Mendes[31] trágico para escrever um novo dicionário pelo método confuso de definir as palavras por seus antônimos.

Paz é uma palavra tão boa, que é conveniente suspeitar dela. Tem tido e tem uma grande variedade de sentidos para uma grande diversidade de homens. Se assim não fosse, não "concordariam" tão prontamente e tão universalmente com ela. *Isso ocorre com qualquer palavra boa – é usada por todos, e atrás dela ocultam-se muitas ideias políticas.*[32]

Eis algumas *palavras boas* de uso corrente em nossa língua:

Povo	Espoliação
Partido	Remessa de lucros
Reformas de base	Salário-mínimo
Capital estrangeiro	Nacionalista
Renúncia	Forças armadas
Desenvolvimentismo	Progressista

A Sabedoria de Salomão advertia, há milhares de anos, que *de palavras insignificantes nascem grandes demandas,* e Balzac lamentava: "nenhum código e nenhuma instituição humana podem prevenir o crime moral de quem mata com uma palavra". Em 1945, as forças contrárias à ditadura de Vargas foram derrotadas por uma palavra inventada por um político esperto: "marmiteiro".

---

[30] PEROUTKA, F. *Manifesto democrático.* Belo Horizonte: Editora Itatiaia, 1960.
[31] Personagem de Eça de Queirós, do livro *Correspondência de Fradique Mendes.*
[32] WRIGHT MILLS, C. *As causas da próxima guerra mundial.* Rio de Janeiro: Zahar Editores, 1961.

Palavras como *conjuntura nacional, desenvolvimentismo, governo de austeridade* e outras têm tido influência considerável no destino do país, sem possuírem significado preciso: "Milhares de homens deixam-se matar por palavras que jamais compreendem".[33]

Como a palavra é *metade de quem a pronuncia e metade de quem a escuta,* definindo as palavras abstratas *antes* de utilizá-las, damos um passo no caminho do entendimento entre os homens. A maioria dos conflitos humanos nasce efetivamente do emprego descuidado de palavras abstratas.

De que adianta reunir a Associação Comercial para estabelecer um *lucro razoável* nas operações mercantis antes de chegar-se a um acordo sobre o que venha a ser *lucro razoável?*

Talvez seja bem mais fácil governar um país, em que a legislação exija das palavras *correspondência* com os significados. Começaríamos pelos partidos, pedindo a definição *precisa* de social-democrata, trabalhista, social-trabalhista, democrata-cristão, republicano, libertador, peemedebista, petista, peessedebista, socialista...

Atrás de uma *palavra* nem sempre está uma *coisa*. Palavras não são coisas; são *representações* de coisas, quase sempre específicas e, por isso, difíceis de serem transmitidas, com fidelidade, de uma cabeça para outra.

Não resolveremos nossos problemas com palavras, ou modificando seus nomes. Antes de morrermos por uma palavra, será útil procurar saber o que ela significa. Definindo as palavras, antes de discuti-las, perceberemos que, ou estamos de acordo ou pensamos em coisas diferentes, embora lhes emprestemos a mesma forma.

6.4 Desencontros

Os homens gostam de extraviar-se.
(Leibnitz)

Os organismos policiais vêm-se dedicando a uma nova técnica de identificação de criminoso, "retrato falado", cuja autenticidade se baseia nas descrições dadas por testemunhas ou vítimas. Um desenhista especializado vai delineando as linhas e o formato do rosto, a maneira de pentear, e todos os detalhes, até que todos se põem de acordo sobre a semelhança do desenho e do criminoso. Os jornais costumam apresentar comparações que impressionam entre "retratos falados" e os criminosos depois de capturados.

---

[33] LE BON, G. *As opiniões e as crenças.* São Paulo: Companhia Brasil Editora, s/data.

A descrição de um animal, extraída *ipsis literis* da Enciclopédia Britânica, foi entregue a quatro desenhistas para que a reproduzissem, *sem que fosse permitido a nenhum deles recorrer a outra fonte de identificação senão o mencionado tópico*. Como resultado, nosso popular "tamanduá-bandeira" foi desenhado de quatro maneiras diversas, em nenhuma delas aproximando-se do original. Quando se pensa na seriedade com que é preparado o material de redação para a famosa enciclopédia, pode duvidar-se da verossimilhança dos "retratos falados". Vejamos de que forma concebemos os seguintes traços:

- testa estreita,
- cabelos ondulados,
- orelhas grandes,
- olhos castanhos,
- maxilar inferior largo,
- dentes bonitos,
- nariz comprido.

Qual o comprimento necessário para que eu considere um nariz comprido? Não dependerá meu padrão do comprimento do meu próprio nariz? Qual a altura de um homem alto? Uma criança, quando é pequena para a sua idade? Para quem tenha vivido no Amazonas, será grande o rio Paraná? Que é um prédio alto para quem mora em São Paulo e em São José do Rio Pardo?

Existe uma linguagem dos sentimentos, subjetiva, e uma linguagem da razão, objetiva. *Nada chega ao intelecto sem passar primeiro pelos sentidos.* As palavras vêm até nossa mente impregnadas de subjetividade; há sempre algo *nosso* na mais racional das ideias.

A prova mais simples de nossa afetividade com as palavras consiste na leitura dos títulos das notícias de qualquer jornal. *Sentiremos,* por uma forma de sentir *nossa,* individual, nosso interesse maior por um título do que por outro.

Para exemplo, extraímos alguns títulos da edição de 10 de março de 1962 (proposital a manutenção de exemplo tão antigo), do jornal *Folha de S. Paulo*, os quais classificamos, de acordo com o critério de nossa afetividade, em dois tipos:

Títulos que não despertam afetividade:

1. Modificações no trânsito esperam conserto.
2. Álfaro Siqueiros condenado a oito anos de prisão (Não conhecemos Álfaro Siqueiros).
3. Gordon falará sobre "Aliança para o Progresso".
4. Fidelistas e comunistas atacam o governo peruano.

Títulos que despertam afetividade:

1. Tentou roubar um vestido para a noiva.
2. Faleceu o homem mais rico da Espanha.
3. Bebê nasceu no elevador.
4. Curadora de menores condena espetáculos de *striptease*.

Todos esses títulos vêm a nosso conhecimento mais ou menos carregados de afetividade. Depois de feita a seleção, em uma segunda leitura, sentimos que o menos afetivo deles – o referente a Álfaro Siqueiros, de quem nunca havíamos ouvido falar – impregnou-se de afetividade quando, lendo a notícia, soubemos tratar-se de um pintor famoso.

As palavras são *individuais,* quanto à significação, por serem afetivas. Nossos padrões variam. Mais do que isso, mudam. Podemos hoje achar que a Praça da República em São Paulo é muito grande, até conhecermos a Praça Paris, no Rio de Janeiro. Conhecendo-a, qualificaremos de pequena a Praça da República, deixando o adjetivo "grande" para a Praça Paris. Se amanhã, entretanto, estivermos na Praça de São Pedro, em Roma, nossa concepção de *praça grande* deverá ser novamente reestudada: a Praça da República passará a ser minúscula, a Praça Paris pequena, e grande será a Praça de São Pedro.

Nessa hipótese, como é possível um italiano recém-vindo de Roma e um carioca que jamais tenha saído do Rio de Janeiro discutirem o tamanho da Praça Paris, se a palavra *grande* tem para cada interlocutor significado diferente?

Os *desencontros* acontecem na Comunicação humana quando não se compartilha o *significado* das palavras:

1. As mesmas palavras significam coisas diferentes.
2. Palavras diferentes significam coisas iguais.

Democracia para um *comunista* significa algo totalmente diverso do que significa para um *democrata*. Quando um sacerdote católico se refere à *moral* estará referindo-se à *moral* de um livre pensador?

Fulton Sheen pergunta: de que adiantou aos homens matarem Deus, quando o vazio deixado por seu desaparecimento é preenchido por novas ideias – *novas ideias que são novamente Deus com outras denominações* .[34]

---

[34] SHEEN, F. J. *Angústia e paz.* Rio de Janeiro: Livraria Agir Editora, 1959.

John Dewey (1958) revolta-se contra psicólogos e sociólogos que mudam os nomes de velhas noções e princípios do passado, mostrando-os como novidades, ou descobertas, mediante o artifício de os apresentarem sob nomes diferentes.

Nas discussões acirradas é comum estarem os interlocutores em acordo; ou não se ouvem reciprocamente, dada a paixão dos argumentos, ou estão divididos apenas por um fenômeno de *significação não compartilhada*. O desencontro é inevitável.

Palavras abstratas não significam coisas concretas. Os grandes desajustes mundiais são agravados por simples causas de Semântica e não de Política.

A respeito da palavra "livre empresa", conhecemos esta opinião: "A livre empresa, como a imaginaram (economistas competentes e convincentes), jamais existiu em parte alguma."

A afirmativa é de James Burnham, um dos mais apaixonados teóricos do Capitalismo norte-americano. Se para Burnham a livre empresa, como a imaginaram economistas competentes e convincentes, *jamais existiu em parte alguma,* por que continua como dogma do "sistema americano de vida"?

Um selvagem, que jamais tenha visto um avião, não poderá discutir com um turista as vantagens e as desvantagens das viagens aéreas. Não é menos evidente que um homem de empresa não possa discutir, com um político, a participação nos lucros. Para o homem de empresa, participação nos lucros quer dizer que seus trabalhadores passarão a subtrair uma parte do que lhe pertence; se ganhava 1.000, passará a ganhar 900, algo de concreto que lhe afeta pessoalmente as finanças. Para o político, participação nos lucros significa excelente *slogan* para ser defendido em praça pública, perante milhares de operários, os quais correspondem a milhares de votos.

É possível um debate objetivo, ou apenas honesto, sobre *participação nos lucros,* com esses interlocutores?

Os desencontros nascem das dificuldades que a própria Linguagem apresenta.

Imaginemos o seguinte diálogo:

Interlocutor 1: Amanhã gostaria de ir ao campo!

Interlocutor 2: Estive ontem na casa da Antonieta...

Interlocutor 1: O Corinthians está jogando uma enormidade!

Interlocutor 2: Antonieta está com um filho homem!

Interlocutor 1: Se o Ronaldo, o Fenômeno, jogar, eu tenho de ir, e ninguém me segura em casa...

Interlocutor 2: O filho da Antonieta está namorando uma garota de programa, imagine!

Poderíamos continuar indefinidamente esse diálogo, que se prolongaria como duas linhas paralelas sem jamais se encontrarem – caricatura daquilo que convencionamos chamar de "conversação".

Faguet (1958) diz que nenhum povo, como o francês, perde tanto tempo em reuniões para conversar sobre coisa alguma. A observação atinge a todos os povos. A arte da conversação pertence hoje ao Passado.

Qualquer mesa-redonda na Televisão revela homens lúcidos, quando considerados individualmente, portando-se com agressiva irracionalidade. Anotamos as seguintes conclusões a que chegaram políticos, professores universitários e homens de empresa sobre o tema de integração social dos países hispano-americanos:

1. Portugal e Espanha não são Estados totalitários (a expressão deixou de ser definida).
2. Fazer qualquer coisa por ideologia, sem interesse pessoal, é coisa do passado.
3. As ditaduras são daninhas como a catapora, e o Comunismo, como a Peste Negra.
4. A América Latina é o último baluarte da Cristandade.
5. É mais difícil a América Latina render-se à influência do Socialismo do que a Europa, devido a sua maior unidade espiritual.
6. Por ser menos dividida espiritualmente, a América Latina poderá ter um denominador comum mais facilmente.
7. O liberalismo quis uniformizar as políticas locais de todos os povos, como faz hoje a Social Democracia.
8. Existe na América Latina uma falta de preparação para o exercício da Democracia.
9. Não se devem aceitar formas políticas incompatíveis com as realidades nacionais.
10. O princípio da autodeterminação é justo, com a ressalva de que não pode ser considerado como tal aquele que se apoia em uma autodeterminação viciada.

Os *desencontros* são onipresentes nas Comunicações em grupo e surgem, obrigatoriamente, nas Comunicações entre duas pessoas.

As conclusões apontadas não são, na maioria, pertinentes ao tema da integração social dos países hispano-americanos. Note-se que as conclusões 5 e 6 são contraditórias, enquanto outras constituem o contrário do que homens de responsabilidade poderiam defender em público, como, por exemplo, a de número 2.

Todos os dias estamos nos envolvendo em *diálogos impossíveis*. Um aparelho de gravação proporciona momentos de hilaridade quando registra conversas informais repletas de opiniões disparatadas, frases sem sentido, pensamentos truncados, histórias interrompidas.

A palavra é divina, mas o uso que fazemos dela justifica os grandes taciturnos da história.

Antes de uma Comunicação, é preciso verificar efetivamente se temos alguma coisa a comunicar; caso contrário, imitaremos a Agência Nacional que, em sua "Voz do Brasil", obstinava-se em comunicar:

> Aviso aos navegantes!
> (PAUSA)
> Não há aviso aos navegantes!

Na raiz dos desencontros está a inclinação psicológica para a expressão oral, como simples "desabafo". O importante é falar, embora não haja sobre o que, nem por quê. Por isso, falamos, e são raros os homens, como Chesterton, capazes de *compartilhar o silêncio* de seus melhores amigos.

As consequências mais comuns dos desencontros são os *acordos* e os *desacordos aparentes*.

Dois homens discutem. Chegam a um acordo. Despedem-se. Cada um vai para seu lado, convencido de que *ficou tudo acertado*. Surpreender-se-ão, no dia seguinte, fazendo exatamente o contrário do que o outro esperava.

Distinguem-se duas categorias de desencontros:

1. Desencontros conscientes.
2. Desencontros inconscientes.

O pior cego é aquele que não quer ver e, diz Sêneca (1955), *não se pode ensinar coisa alguma àquele que já sabe.*

Muitas vezes, como decorrência de uma atitude, o desencontro é total: nosso interlocutor recusa-se a compreender-nos.

Consciente ou inconsciente, os desencontros costumam ser provocados por um receio natural de *não parecermos inteligentes como nos consideramos*. Por esse receio, não insistimos na clareza e acabamos falando do que não entendemos a quem não nos compreende.

Detestamos admitir que não compreendemos. O *perguntador* é antagonizado pela audiência. Fazemos questão de demonstrar nossa acuidade mental: como *pegamos* as coisas com facilidade, insistimos em *antecipar* os pensamentos dos outros. Usamos e abusamos das expressões:

— Já sei onde V. quer chegar!
— Já sei o que V. vai dizer!
— Não diga mais nada!

Na realidade, somente a pseudociência telepática poderia adivinhar os pensamentos alheios. Antecipar o que nosso interlocutor vai dizer, além de *exibição*, é caminho certo para os *desencontros*.

O líder nasce quando aprende a dizer: "Não sei!". A Comunicação humana faz-se efetiva quando admitimos *não haver compreendido* alguma coisa. Precisamos aprender a utilizar, *com naturalidade,* frases como estas:

— Poderia fazer o favor de repetir?

— Desculpe, mas creio que não compreendi muito bem o que o senhor quis dizer!

— Posso repetir com minhas palavras o que acaba de dizer, para ver se compreendi direito?

A *paráfrase* é dos raros medicamentos contra a doença crônica dos desencontros. Quando conseguirmos colocar, *em nossas palavras,* as ideias dos outros, haverá pouca margem de dúvida de que estamos compartilhando o significado, de que *estamos nos entendendo.*

Haney (1960) recomenda fazerem-se perguntas, em cada uma das seguintes situações:

1. Quando o que V. ouviu ou leu não forma sentido.
2. Quando achar que existe interpretação diferente da que lhe ocorreu.
3. Quando sente que alguma coisa não se adapta ao conhecimento que V. tem sobre o assunto.

É por meio de perguntas que a criança enriquece seu patrimônio intelectual, e à curiosidade devemos o progresso mental do homem. Certas inibições prejudicam a aquisição de conhecimentos. Constrangidos ou envergonhados de perguntar, assimilamos mal e tornamos precário qualquer aprendizado. Caímos no desencontro, no desperdício de tempo que constituem as conversações vazias.

O quê? Como? Quando? Onde? Por quê? são balizas contra os desencontros na Comunicação humana.

6.5 Indiscriminação

Sob certas condições, os homens reagem tão poderosamente a ficções, quanto o fazem a realidades, e em muitos casos, eles mesmos ajudam a criar as próprias ficções às quais reagem.
(Walteh Lippmann)

Clichê é uma chapa metálica onde está reproduzida uma imagem em relevo. Em sentido figurado, são os *retratos gravados em nossa mente*.[35]

Vamos pensar juntos nas imagens que estas palavras despertam:

Toureiro

Lisboa

Coronel

Motorneiro

Prefeito

Maestro

Gaúcho

Fátima

Copacabana

Cada evocação é individual; *é exclusiva e diferente* da evocação de outra pessoa. Essa diferença vai desde a proximidade entre duas pessoas que, à evocação de *toureiro*, pensem no famoso Dominguin (embora as imagens de Dominguin sejam individuais e possam variar da lembrança de um retrato à simples idealização de um Dominguin desconhecido), até a distância entre a imagem de um "coronel" do interior e um "coronel" do exército, ou entre a evocação de Nossa Senhora de Fátima e a Princesa Fátima, da Casa Real Brasileira.

O clichê é nosso padrão e manifesta-se como reação mental e instantânea a cada palavra ou grupo de palavras:

Homem alto

Mulher feia

Casa branca da serra

Dia de jogo no Estádio do Pacaembu.

---

[35] LIPPMANN, W. *Public opinion*. Nova York: Macmillan Co., 1950.

A leitura de qualquer poema desperta um punhado de *retratos gravados* em nossa mente:

> Cheguei. Chegaste. Vinhas fatigada
> E triste, e triste e fatigado eu vinha.
> Tinhas a alma de sonhos povoada,
> E a alma de sonhos povoada eu tinha...
> E paramos de súbito na estrada
> Da vida: longos anos, presa à minha
> A tua mão, a vista deslumbrada
> Tive da luz que teu olhar continha.
> Hoje, segues de novo... Na partida
> Nem o pranto os teus olhos umedece,
> Nem te comove a dor da despedida.
> E eu, solitário, volto a face, e tremo,
> Vendo o teu vulto que desaparece
> Na extrema curva do caminho extremo.
> (Olavo Bilac, "Nel mezzo del camin...")

Vejamos os "clichês", que despertam a leitura de alguns trechos de boa prosa:

1. "A mameluca tentou por diferentes vezes livrar-se das mãos do rapazito, esperneando como possessa. As mãos de José, porém, pareciam, pela dureza e pelo peso, manoplas fundidas de propósito para esmagar um gigante. Demais, José havia posto um pé no pescoço da Chica, e com ele comprimia-lhe o gasnete, tirava-lhe a respiração, afogava-a sem piedade.

A estrada estava deserta. Os moradores do povoado, de ordinário madrugadores, por infelicidade da caseira de Timóteo dormiam mais nesse dia do que tinham por costume. Além disso, as casas mais próximas da venda ficavam ainda a distância, sendo todas, como então eram, muito espalhadas. E a circunstância, tirando toda esperança de pronto socorro, animou José a prolongar o suplício para o qual podia dizer-se estava preparado por diuturno hábito.

Depois de alguns minutos, sentiu Timóteo subirem-lhe enfim às faces os restos do equívoco brio e gritou, sempre de longe:

— Você quer matar-me a Chica, José?
— Deixe ensinar esta cabra, seu Timóteo. Ela nunca viu homem, e por isso anda aqui feito galinha de terreiro, ou peru de roda, metendo medo a todos estes papa-siris dos Afogados.

Assim dizendo, José montava-se literalmente na mameluca, e dava-lhe com os restos da raiz da gameleira, já sem serventia. A faca, que minutos antes reluzia em uma de suas mãos, estava agora atravessada na boca do matuto, em quem o ignóbil vendeiro parecia ver, não uma figura humana, mas uma visão infernal que o ameaçava, a ele também, não com igual pisa, mas com a morte, que para ele era mil vezes pior. De repente José colheu o ímpeto, pôs-se de pé e inquiriu de si para si:

— E o meu cavalo?

Correu incontinente à margem e soltou um longo assobio, que atroou a solidão mal desperta; a margem estava; erma, e só o silêncio respondeu ao seu chamamento. Tornou ao pátio onde alguns vizinhos, finalmente atraídos pelos gritos, ao princípio furiosos, depois rouquenhos, e por último cansados e quase imperceptíveis da moribunda mulher banhada em sangue tratavam de restituí-la à casa."

(Franklin Távora, "O Cabeleira")

2. "Então começou a minha vida de milionário. Deixei bem depressa a casa de Madame Marques – que, desde que me sabia rico, me tratava todos os dias a arroz-doce, e ela mesma me servia, com o seu vestido de seda dos domingos. Comprei, habitei o palacete amarelo, ao Loretto: as magnificências da minha instalação são bem conhecidas pelas gravuras indiscretas da Ilustração Francesa. Tornou-se famoso na Europa o meu leito, de gosto exuberante e bárbaro, com a barra recoberta de lâminas de ouro lavrado, e cortinados dum raro brocado negro, onde ondeiam bordados e pérolas, versos eróticos de Catulo; uma lâmpada, suspensa no interior, derrama ali a claridade láctea e amorosa de um luar de verão.

Os meus primeiros meses ricos, não o oculto, passei-os a amar – amar com o sincero bater do coração de um pajem inexperiente. Tinha-a visto, como numa página de novela, regando os seus craveiros à varanda: chamava-se Cândida; era pequenina, era loira; morava em Buenos Aires, numa casinha casta recoberta de trepadeiras; e lembrava-me, pela graça e pelo airoso da cinta, tudo o que a Arte tem criado de mais fino, frágil Mimi, Virgínia, ou Joaninha do Vale de Santarém.

Todas as noites eu caía em êxtase de místico, aos seus pés cor de jaspe. Todas as manhãs lhe alastrava o regaço de notas de vinte mil réis: ela repeli-as primeiro com um rubor, – depois, ao guardá-las na gaveta, chamava-me o meu *anjo Totó*.

Um dia que eu me introduzira, a passos sutis por sobre o espesso tapete sírio, até ao seu 'boudoir' – ela estava escrevendo, muito enlevada, de dedinho para o ar: ao ver-me, toda trêmula, toda pálida, escondeu o papel que tinha o seu monograma. Eu arranquei-lho, num ciúme insensato. Era a carta, a carta costumada, a carta necessária, a carta que desde a velha Antiguidade

a mulher sempre escreve; começava por *meu idolatrado* – e era para um alferes da vizinhança..."
(Eça de Queiroz, "O Mandarim")

3. " '— Senta aqui, é melhor.'
Sentou-se. 'Vamos ver o grande cabeleireiro', disse-me rindo. Continuei a alisar os cabelos, com muito cuidado, e dividi-os em duas porções iguais, para compor as duas tranças. Não as fiz logo, bem assim depressa, como podem supor os cabeleireiros de ofício, mas devagar, devagarinho, saboreando pelo tato aqueles fios grossos, que eram parte dela. O trabalho era atrapalhado, às vezes por desaso, outras de propósito para desfazer o feito e refazê-lo. Os dedos roçavam na nuca da pequena ou nas espáduas vestidas de chita, e a sensação era um deleite. Mas, enfim, os cabelos iam acabando, por mais que eu os quisesse intermináveis. Não pedi aos céus que eles fossem tão longos como os da Aurora, porque não conhecia ainda esta divindade que os velhos poetas me apresentaram depois; mas, desejei penteá-los por todos os séculos dos séculos, tecer duas tranças que pudessem envolver o infinito por um número inominável de vezes. Se isto vos parecer enfático, desgraçado leitor, é que nunca penteaste uma pequena, nunca puseste as mãos adolescentes na jovem cabeça de uma ninfa... Uma ninfa! Todo eu estou mitológico. Ainda há pouco, falando dos seus olhos de ressaca, cheguei a escrever Tétis; risquei Tétis, risquemos ninfa; digamos somente uma criatura amada, palavra que envolve todas as potências cristãs e pagãs. Enfim, acabei as duas tranças. Onde estava a fita para atar-lhe as pontas? Em cima da mesa, um triste pedaço de fita enxovalhada. Juntei as pontas das tranças, unidas por um laço, retoquei a obra alargando aqui, achatando ali, até que exclamei:

— Pronto!
— Estará bom?
— Veja no espelho.

Em vez de ir ao espelho, que pensais que fez Capitu? Não vos esqueçais que estava sentada, de costas para mim. Capitu derreou a cabeça, a tal ponto que me foi preciso acudir com as mãos e ampará-la; o espaldar da cadeira era baixo. Inclinei-me depois sobre ela, rosto a rosto, mas trocados, os olhos de uma na linha da boca do outro. Pedi-lhe que levantasse a cabeça, podia ficar tonta, machucar o pescoço. Cheguei a dizer-lhe que estava feia; mas nem esta razão a moveu.

— Levanta, Capitu!

Não quis, não levantou a cabeça, e ficamos assim a olhar um para o outro, até que ela abrochou os lábios, eu desci os meus, e...
Grande foi a sensação do beijo; ergueu-se, rápida, eu recuei até a parede com uma espécie de vertigem, sem fala, os olhos escuros".
(Machado de Assis, "Dom Casmurro")

As reações à leitura desses trechos são individuais, porque dependem de nossos clichês.

Os clichês resultam da experiência e do hábito, ou simplesmente da informação de que dispomos. As Relações Públicas preocupam-se com a *imagem* da empresa (como se verá em capítulo específico sobre o assunto). A Comunicação humana trata de transmitir uma imagem fiel da personalidade individual. Uma e outra objetivam *formar clichês* na mente coletiva e na mente individual. Nosso cérebro assemelha-se a uma estante repleta de escaninhos em que rotulamos as pessoas, as coisas e os acontecimentos: bom – mau; feio – bonito; útil – inútil, etc...

A indiscriminação ocorre quando falhamos em reconhecer variações, nuanças ou diferenças; quando não nos sentimos capazes, ou apenas não queremos distinguir, diferenciar coisas aparentemente iguais. Indiscriminação é, pois, *negligenciar as diferenças, enquanto se sublinham as semelhanças*.[36] Uma de suas consequências é a *classificação por categorias,* único recurso com que conta a mente para, de certa forma, organizar conhecimentos e experiências. Sem a possibilidade de catalogar, a mente envolver-se-ia em confusão. Catalogando, damos ordem a nossos conhecimentos.

Obstáculo à Comunicação humana é o abuso dos clichês, o excesso de indiscriminação em só ver as *semelhanças* sem levar em consideração as *diferenças.*

Pão, pão; queijo, queijo – costumamos dizer; no entanto, essa frase não tem o sentido que lhe emprestamos, visto que, embora seja evidente que pão é pão, haverá sempre diferenças entre um pão e outro pão, e um queijo e outro queijo.

Costumamos rotular de diferentes os *pães* e os *queijos* que não se adaptam a nossos escaninhos mentais.

O homem é autêntica máquina de rotular. Uma vez rotuladas as vivências, cercamo-nos de dogmas.

V. resolveu fazer-se amigo de um subordinado de que ninguém gosta. A gratidão dele foi procurar seu superior para *inventar histórias* a seu respeito. Passada a raiva, muito natural no caso, em que direção caminhará seu pensamento:

a. A vida é assim! A gente faz um bem e acaba levando um coice!

---

[36] HANEY, W. V. *Communication*: patterns and incidents. Illinois: Richard Irwin Inc., 1960.

b. É um pobre diabo, e por essas coisas não consegue ser amigo de ninguém...
c. Vou pensar num jeito de botar esse camarada *no olho da rua!*

Se sua reação é a da letra "a", V. está *indiscriminando* porque a vida *não é assim e nem sempre quem faz o bem acaba levando um coice.*

O abuso dos ditados populares, a crença de que a voz do povo é a voz de Deus contribuem para a indiscriminação como norma na Comunicação humana. É inegável a tendência a praticar a indiscriminação por pura preguiça mental: dá muito mais trabalho observar nos homens as diferenças do que as semelhanças.

No estudo da percepção, situa-se a peculiaridade da semelhança. Qualquer pessoa, em dia enevoado, poderá divertir-se *reconhecendo* formas e animais nas nuvens.

Somos capazes de criar um clichê de nós próprios, com tamanha profundidade, que nunca mais nos afastaremos dele. O mundo está cheio de moralistas, conservadores, e revolucionários, criaturas vivendo seus próprios clichês.

Monteiro Lobato ilustra a indiscriminação com a história do *engraçado arrependido:*

> Um mês depois encontraram-no pendurado duma trave, com a língua de fora, rígido.
> Enforcara-se numa perna de ceroula.
> Quando a notícia deu volta à cidade, toda gente achou graça no caso. O galego do armazém comentou para os caixeiros:
> — Vejam que criatura! Até morrendo fez chalaça! Enforcar-se na ceroula! Esta só mesmo do Pontes...
> E reeditaram em coro meia dúzia de 'quás' – único epitáfio que lhe deu a sociedade.

A literatura mundial está repleta de clichês. Constituem-nos os tipos universais de Dom Quixote, Sancho Pança, Fausto, Romeu e Julieta, Falstaff, Hamlet, Jean Valjean, Javert, Raskolnikov, o Padre Amaro, Brás Cubas, Sherlock Holmes, etc... Têm mais universalidade na proporção em que *exageram muito e omitem muito.* Ninguém é mais ciumento do que Otelo, mais falso do que Iago, e mais apaixonado do que Romeu.

A literatura influencia a formação de clichês, no que é ajudada pelo jornalismo. A Imprensa procura *acostumar* o leitor a preferir determinado jornal. Para isso, cada jornal tem *sua feição* de apresentar as coisas.

O Estado de S. Paulo publicou em março de 1962 editorial sobre a má publicidade na Imprensa, *capaz de conferir falsa periculosidade a delinquentes vulgares:*

> Felizmente, para a sociedade, porém, nunca se revelaram Hirohito, ou Quinzinho, dirigentes de bandos organizados, e muito menos demonstraram a capacidade de

fazer o que se lhes atribuiu: a exploração organizada do lenocínio, com a cobrança de taxas sobre dezenas de mulheres e ainda movimentação das alavancas de poderosas organizações rivais na distribuição de maconha. Por que, então, a triste notoriedade? Ao que parece, decorre esta de três razões principais [...] que têm origem comum a que se poderia dar a denominação de sede de notoriedade:

1ª) Pela polícia: a sede de notoriedade domina a um ou outro policial. 'Quinzinho', por exemplo, foi preso em certa época, tendo em seu poder uma porção de maconha que, em companhia de alguns comparsas, roubara de outros marginais que já a haviam subtraído de um fornecedor nordestino. 'Quinzinho' foi então descrito, num documento oficial, assinado por uma autoridade, como autêntico chefe da 'gang', versado em tráfico de maconha, 'rei do mercado' e outras coisas. Não era tal, mas sim um pequeno traficante 'varejista', como tantos outros. Residia num verdadeiro cortiço da Vila Buarque. Admita-se que uma autoridade, para 'mostrar serviço', exorbite na apresentação das características de um malfeitor. Consigne-se, porém, que essa prática errada pode dar, e dá, origem a duas outras consequências.

2ª) Pela imprensa: há jornais que dedicam páginas inteiras à crônica policial e nem sempre medem a exatidão do que se publica. Um exagero de autoridade policial surge ampliado nas publicações, tudo com vistas à conquista de leitores. O público é mal informado e tranquiliza-se com a prisão de um 'chefe de gang', quando muitas vezes os verdadeiros líderes do baixo-mundo gozam de próspera liberdade. E esse segundo erro dá origem a uma terceira atitude.

3ª) Pelo próprio delinquente: é fato suficientemente conhecido que os malandros, em geral, principalmente aqueles de voo curto, conformam-se com a publicidade de seus nomes, seus feitos, suas fotografias. Na presença de repórteres exageram, embriagam-se com suas próprias frases: no dia seguinte, no xadrez, embevecem-se com o 'cartaz'. Na oportunidade seguinte dobram a dose. E não raro, em liberdade, *tentam dar configuração real ao que disseram os jornais.*

As histórias em quadrinhos já causaram acidentes mortais entre crianças impressionáveis, desejosas de imitar os clichês de seus heróis favoritos. O cinema contribui para *cristalizar* os mais variados clichês. A juventude transviada é um produto emocional dos lares infelizes e da propaganda do cinema.

Apesar da evolução das concepções sobre Administração de empresas, o homem de negócios continua *tubarão,* clichê atribuído aos literatos e publicistas "que têm sucessivamente glorificado, sentimentalizado, malignizado, insultado e ridicularizado o homem de empresa, mas que raramente o têm compreendido".[37]

Um autêntico homem de negócios inglês, já em 1866, escrevia:

---

[37] MARROW, A. J. *Making management human.* Nova York: McGraw Hill, 1957.

> Atualmente, as cinco partes do mundo são voluntariamente nossas tributárias. As planícies da América do Norte e a Rússia são nossos campos de trigo. Chicago e Odessa são nossos celeiros; o Canadá e os Países Bálticos são nossas florestas. A Austrália alimenta nossos rebanhos de ovelhas, a América, nossos rebanhos de bovinos. Do Peru recebemos a prata, da Califórnia e da Austrália, o ouro. Os chineses cultivam para nós o chá, e das Índias Orientais nos vêm o café, o açúcar, as especiarias. A França e Espanha são nossos vinhedos, o Mediterrâneo é o nosso pomar; dos Estados Unidos, como de outras partes do mundo, vem nosso algodão.[38]

Poucos anos depois, Andrew Carnegie dizia nos Estados Unidos: "Os sessenta e cinco milhões de americanos de hoje poderiam comprar os cento e quarenta milhões de russos, austríacos e espanhóis, e depois de comprar a rica França, ainda sobrariam alguns trocados para adquirir a Noruega, a Suíça e a Grécia".

Depoimentos como esses, além dos literatos e dos publicistas apontados por Marrow, têm parte na responsabilidade do *clichê* do moderno "tubarão".

A palavra *judeu*, registrada nos dicionários com definições cruéis, foi motivo de intensos debates públicos: "A expulsão da inqualificável interpretação do termo judeu é o mínimo que a humanidade pode oferecer aos irmãos de seis milhões de criaturas que morreram, vítimas de uma falsa e perversa fábula antissemita que, durante anos, envenenou o espírito das gerações".[39]

Essas definições variavam desde *homem mau, avarento e negocista* até *usurário, pessoa de má índole, cruel, Satanás*. A campanha baseava-se em que os dicionários não podem nem devem ser veículos do ódio racial, manuseados pelos estudantes, pelos espíritos ainda em formação; o registro de interpretações humilhantes e pejorativas da palavra *judeu* é uma verdadeira injustiça contra o povo de Israel, povo que trabalha, sofre e luta há milênios em busca de um lugar ao sol.[40]

Guilherme de Figueiredo descreve outros clichês:

> Há tempos, um representante panamenho protestou porque aqui se usa "panamá" no sentido de alta negociata. A Grécia fez tais gestões junto à firma francesa que imprime o Larousse, que o sinônimo "grec" de ladrão, usado na França, foi suprimido em nome da Paz dos Povos. Em certas regiões do Sul do Brasil, baiano é pejorativo, porque baianos são infantes e não cavalariam». Já ouvi alguém, em São Paulo, usar "cariocada" como esperteza. E que dizer da expressão "ne-

---

[38] JEVON, S. The coal question. In: LEBRET, L. J. *Suicídio ou sobrevivência do Ocidente*. São Paulo: Livraria Duas Cidades, 1960.
[39] QUEIROZ Júnior. *Vocábulos no banco dos réus*. Rio de Janeiro: Editorial Copac, 1958.
[40] Idem.

gócio da china", que evidentemente chama de tolos quinhentos milhões *(hoje, um bilhão e quatrocentos mil)* de chineses? E de "judeu" como avarento, coisa de que acham graça os mais bem humorados e esclarecidos judeus do mundo? Na Venezuela, "português" é injúria. "Cabeça de turco", entre nós, é saco de pancada. "Exército do Pará" é o que ocupa no Rio de Janeiro os postos públicos, literários, artísticos, graças a pertinaz desejo de vencer. Se Creta fosse potência de primeira grandeza, a palavra cretino estaria condenada.[41].

Ainda sobre a palavra "judeu" escreve o Prof. Silveira Bueno:

> Trata-se de um conceito internacional, que não poderá ser destruído pela simples omissão da palavra nos dicionários. Compete aos judeus fazer desaparecer tal conceito, mudando seus modos de agir, de negociar. Enquanto forem sovinas, usurários, dirigentes de todos os movimentos de contrabando do mundo, especialmente no Rio e em São Paulo; da escravatura branca, a famosa Migdal; do tráfico de entorpecentes e, agora, através das poderosas companhias cinematográficas dos Estados Unidos, com obras, na sua quase totalidade, empenhadas na disseminação de todas as liberdades morais e imorais, atentando contra todas as bases cristãs da civilização ocidental, infelizmente e dolorosamente continuarão os conceitos a aparecer nos dicionários e em toda a literatura do mundo.[42]

Hitler poderia ter incluído esse trecho em seu "Mein Kampf", prova da virulência dos clichês no mais equilibrado dos espíritos.

Os americanos estão enfrentando em toda a América Latina, e provavelmente em todo o mundo, os efeitos de um clichê que eles mesmos criaram, por meio de programas de ajuda econômica mal orientados.

Solomon Asch rebela-se contra o clichê da natureza humana egoísta e má: "De Trasímaco a Maquiavel, os homens comprazem-se em proclamar, com mal dissimulado prazer, a doutrina do incurável egoísmo do homem e da maldade imanente da natureza humana".[43]

As Ciências Sociais estão muito longe de chegar a um acordo quanto às características da natureza humana. Oto Klineberg parafraseia Santo Tomás: "Seja o que for que a natureza humana inclua, uma característica fundamental e universal do homem é a sua mutabilidade, em face das condições culturais e sociais sob as quais ele cresce e se desenvolve".[44]

---

[41] Idem.
[42] Idem.
[43] ASCH, Solomon. *Psicologia social*. São Paulo: Companhia Editora Nacional, 1960.
[44] KLINEBERG, O. *Social psychology*. Nova York: Henry Holt & Co., 1954.

Estudos mais recentes concluem que "não há forma nenhuma de reação específica inerente ao humano como tal, e não existe natureza humana independente da estrutura existente no meio social".[45]

Nem por isso continua menos vivo o clichê da natureza humana, ora boa, ora má.

Povos, raças inteiras, todas as classes sociais sofrem a influência dos clichês, estimulando antagonismo entre brancos e negros, civis e militares, operários e patrões.

Os funcionários públicos são vítimas tradicionais da indiscriminação: "Certas repartições públicas são como sepulturas. Em cada porta dever-se-ia escrever: AQUI JAZ O SENHOR FULANO DE TAL".[46]

A Comunicação humana não transmite fatos imparciais, pois "as informações não possuem uma lógica própria, que resulte nas mesmas percepções e conhecimentos por parte de todas as pessoas".[47] São percebidas e interpretadas em termos das necessidades, emoções, personalidade e padrões cognitivos do receptor, o qual interpreta a mensagem em termos de sua experiência, convicções pessoais e *tende a agrupar aspectos característicos na experiência, de maneira a criar padrões.*[48]

Em 1920, Watson e Rayhon realizaram experiências de reflexos condicionados humanos com um garoto de pouco mais de um ano no "John Hopkins Hospital". Tratava-se de provocar-lhe uma reação de medo, colocando-o em contato com um camundongo. Como decorrência dessa observação, verificou-se um fenômeno no comportamento humano a que os experimentadores denominaram *generalização:* o menino tomou medo não apenas ao camundongo, mas também a coelhos, gatos, cachorros, qualquer animal de pelo, e até a inofensivos chumaços de algodão. Essa generalização das incitações emocionais explica muitos preconceitos e atitudes irracionais, como o ódio ao álcool – até a mais inocente consumação – por parte de um homem que, em menino, teve um pai alcoólatra.

Para corrigir a indiscriminação, são necessárias duas atitudes básicas:

1ª A atitude de reconhecer que não existem no mundo duas pessoas, dois fatos, duas coisas que sejam absolutamente iguais.

2ª A atitude de reconhecer seus próprios clichês.

Haney (1960) recomenda alinharmos noções universais e fazê-las seguir de uma interrogação específica:

---

[45] Idem.
[46] ALBALAT, A. *A Arte de escrever*. Lisboa: Livraria Clássica Editora, 1939.
[47] KRECH, E.; CRUTCHFIELD, R. S. *Theory and problems of social psychology*. Nova York: McGraw Hill, 1948.
[48] Idem.

Funcionário público é boa-vida. (Que funcionário?)

Mulher não deve dirigir automóvel.

(Que mulher?)

Comerciante é ladrão.

(Que comerciante?)

Político é demagogo.

(Que político?)

Ao tirarmos um clichê de nosso escaninho mental, é importante confrontá-lo com a *experiência nova* que estamos vivendo. Esse funcionário público, em que se diferencia de nosso clichê de funcionário público? Nesse político, quais as diferenças em relação à imagem em nossa cabeça?

Não há duas impressões digitais semelhantes em todos os seres humanos que vivem na Terra. Não são perfeitamente iguais as duas metades de um rosto. Portanto, como construir clichês agrupando pessoas, coisas e fatos *diferentes* sob classificações *semelhantes?*

Venceremos a indiscriminação toda vez que sublinharmos as diferenças e negligenciarmos as semelhanças. Os homens não se fabricam em série, como automóveis em linha de montagem.

6.6 Polarização

As coisas são ou não são; nada pode ser e não ser, ao mesmo tempo e no mesmo lugar.
(Aristóteles)

Para conceituar polarização *é necessário distinguir entre dois tipos de situação que aparentemente apresentem duas, e apenas duas alternativas.*[49] É preciso diferenciar a falsa da verdadeira dicotomia.

Exemplos de dicotomias verdadeiras:

1. Ou me caso, ou fico solteiro.
2. Ou vou para casa, ou fico aqui.
3. Ou recebo um aumento de ordenado, ou não recebo.

---

[49] HANEY, W. V. *Communication*: patterns and incidents. Illinois: Richard Irwin Inc.,1960.

As dicotomias verdadeiras caracterizam-se pelos termos *contraditórios* e *inconciliáveis*. Ninguém pode casar e continuar solteiro. É impossível *ir e não ir* ao mesmo tempo. Ou V. recebe, ou não recebe um aumento de ordenado.

Na dicotomia verdadeira, há contraditórios que se excluem. A presença do "ou" é justificada pela alternativa à decisão individual. Todavia, nem sempre é tão simples a distinção das alternativas entre *contraditórios* e *contrários*. Há *oposição* nos dois casos, mas não há *exclusão* nos contrários.

Exemplos de falsas dicotomias:

1. Os homens são altos, ou baixos.
2. Ou faz frio, ou faz calor.
3. Ou se é rico, ou se é pobre.

Nas falsas dicotomias, uma conciliação é possível. Há homens que não são nem altos, nem baixos; têm estatura mediana. Existem dezenas de gradações na temperatura e pode não fazer calor, nem frio. Riqueza e pobreza não são termos contraditórios, pois há uma classe média em inúmeros países.

Há polarização quando tratamos os *contrários*, como se fossem *contraditórios*. Polarização é a tendência a *reconhecer apenas os extremos, negligenciando as posições intermediárias*. Suas raízes encontram-se na maioria dos sistemas de ética que exerceram influência sobre o mundo moderno. O Cristianismo generalizou as palavras do Deus dos hebreus: *Quem não está comigo, está contra mim.* Durante séculos a Igreja procurou forçar uma decisão de todos os povos do mundo.

Católicos e pagãos, cristãos e hereges, fiéis e infiéis foram as dicotomias *falsas,* que se *transformaram em verdadeiras,* por influência do fanatismo, dividindo o mundo em duas facções inconciliáveis. Todas as ciências, que cuidam do homem ou da sociedade humana, têm contribuído para essa polarização, que pressiona uma escolha. A polarização não admite a *multiplicidade,* apenas a *dualidade.*

O homem é educado em um meio social que lhe impõe uma escolha entre o Bem e o Mal, o Justo e o Injusto, o Certo e o Errado, a Virtude e o Vício, a Salvação e a Condenação.

Politicamente, o homem encontrava-se, na década de 1960, diante de dois sistemas: "alternativa entre um Império mundial comunista e um Império americano".[50]

---

[50] BURNHAM, J. Pour la domination mondiale. In: LEBRET, L. J. *Suicídio ou sobrevivência do Ocidente.* São Paulo: Livraria Duas Cidades, 1960.

A insistência com que nos apegamos à expressão "mundo ocidental", atira para *o outro lado* dois terços da população da Terra, sob uma denominação genérica absurda, "mundo oriental". A economia moderna preocupa-se com os países desenvolvidos e os países subdesenvolvidos. Balandier reduz a área dos contraditórios, dividindo as nações em *zonas fracas e zonas fortes*. Esboça-se no Brasil um antagonismo entre o Sul e o Nordeste.

Lebret pergunta: Dividida como está, será a humanidade capaz de compreender, de modo mais realista e humano, a situação em que se acha? Será capaz de utilizar suas possibilidades técnicas para construir um mundo unido, sem eliminar as legítimas diferenças dos vários povos e sua liberdade?[51]

A resposta ao apelo do sacerdote é uma polarização: união sob o Capitalismo, ou sob o Marxismo.

O Capitalismo espera que o enriquecimento do povo elimine a luta de classes. O Marxismo prega a solução do problema, pela eliminação das classes burguesas.

A revolução cubana consumou-se por meio de uma falsa dicotomia. Os Estados Unidos "atiraram Cuba para a esfera de influência soviética, por defenderem os interesses de grupos norte-americanos".[52]

O problema do século XX foi a coexistência dos contraditórios.

A Comunicação humana sofreu e sofre o impacto desse conflito, e acompanhou todas as suas indecisões.

Somente um Jeová pode dividir a humanidade em bons e ruins, honestos e corruptos, feios e bonitos, amigos e inimigos, gênios e ineptos, luto e regozijo, simplicidade e luxo, polidez e grosseria, lucro e perda, nulidades e competências, valentes e poltrões, puros e viciados, jovens e velhos. Entre lentidão e rapidez existem estados intermediários, assim como entre ascensão e queda, querer e odiar.

A Comunicação humana não procura harmonizar pontos de vista ou encontrar denominador comum para os opostos; esforça-se para que se não negligenciem os intermediários.

Em tudo há muito mais do que dois aspectos; há dezenas, centenas, milhares. Jamais, em toda a vida, teremos tempo e inteligência para levantar *todos os* aspectos de qualquer questão.

Nas discussões, a polarização leva os interlocutores a extremos: é o *efeito de pêndulo*.

---

[51] LEBRET, L. J., op. cit.
[52] MILLS, C. Wright. *Listen, yankee*. Nova York: McGraw Hill, 1960.

Cena: Dois amigos se encontram tomando café no balcão de um restaurante. Começam a discutir o valor dos sindicatos, tema sobre o qual os dois são neutros.*

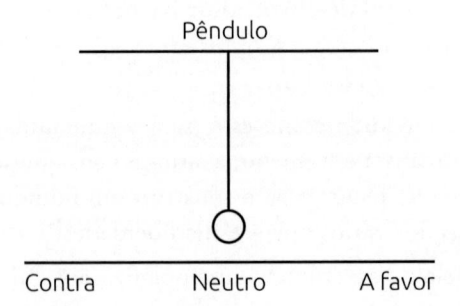

```
                    Pêndulo
        _____
                       |
                       |
                       |
                       O
        _____
         Contra      Neutro     A favor
```

(*) Adaptado de caso idêntico exposto por William Haney.

Pedro: V. viu os jornais? A Comissão Parlamentar de Inquérito está descobrindo muita sujeira. Acho que esses sindicatos estão cheios de ladrões!

(Paulo percebe que essa foi uma observação *fora da linha*. Desejaria recolocar o pêndulo na posição central, neutra, mas para *contrabalançar* faz uma observação também fora da linha, mas em direção oposta.)

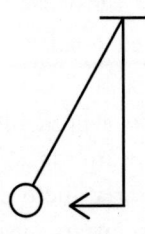

Paulo: Espere aí! Concordo que haja alguns sindicatos, ou pelo menos alguns dirigentes de sindicatos corruptos, mas a maioria deles tem sido de extraordinária ajuda para os operários! (Pedro acha que Paulo foi um pouco longe demais e precisa contrabalançar.)

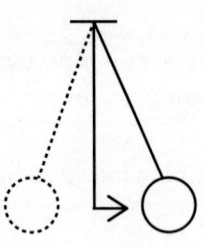

Pedro: O que V. quer dizer com extraordinária ajuda para os operários? Os sindicatos têm feito os operários ganharem mais, mas o que é que eles podem fazer com esse dinheiro? Ganham menos do que quando ganhavam a metade desse dinheiro.

E sabe por quê? Porque o dinheiro vem das empresas, e elas tiram-no do bolso dos operários, que são consumidores dos produtos que elas vendem, cada vez mais caro. E quem é que fica mudo enquanto essa exploração continua? Os sindicatos!

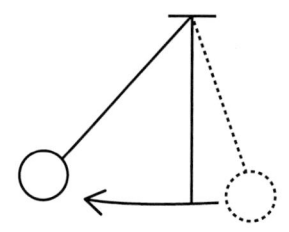

Paulo: Ora, e o que é que V. queria que os sindicatos fizessem? Mandassem matar os donos das empresas, pôr fogo nas fábricas? Isso só é demagogia!

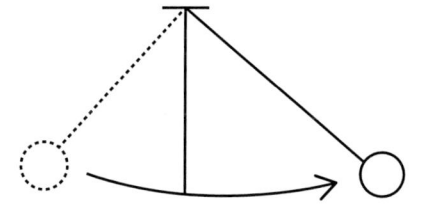

Pedro: V. está me chamando de demagogo? Escute aqui...

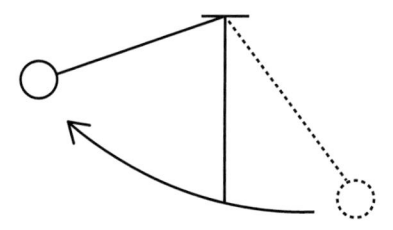

Os movimentos do pêndulo atingem amplitude extrema. Os interlocutores caem no debate inútil do "V. está completamente errado, e eu estou completamente certo".

A polarização pode ser considerada também efeito de uma causa quase que exclusivamente linguística. Há falta de termos intermediários em nossa língua. É muito fácil encontrar os antônimos:

Idêntico	....
Soberbo	....
Fácil	....
Manso	....

Econômico ....

Preto   ....

A experiência tornar-se-á mais difícil, colocando os antônimos nos extremos e abrindo espaço para algumas expressões intermediárias:

Fugaz	....	Duradouro
Secreto	....	Público
Civilizado	....	Selvagem
Branco	....	Preto
Fastidioso	....	Interessante
Riqueza	....	Pobreza

João não é pobre e não é rico. É remediado. Mais para rico? Mais para pobre? *Quanto* mais? Determinar com *alguma exatidão* a situação financeira de João passa a ser uma questão complexa.

Korzybski recomenda cautela com as palavras, se quisermos comunicá-las com exatidão:

1. Vera é uma aluna inteligente.
2. Vera parece uma aluna inteligente.
3. Vera resolve problemas de aritmética mais depressa do que qualquer outra menina de sua classe.

Apenas a terceira proposição oferece boa margem de fidelidade ao que desejamos comunicar.

A polarização foge aos referentes e aos contextos.

— Que acha V. de Alfredo?

— Um santo!

— E de Antônio?

— Um ladrão!

— V. conhece a Laura?

— Um anjo!

— Qual sua impressão sobre a irmã dela?

— Péssima!

Corremos para o polo oposto quando não podemos ficar no polo onde estamos. É necessário um esforço no sentido de estabelecer gradações. Precisamos aprender a distinguir contraditórios de contrários. Sempre que haja possibilidade de um meio-termo, não estamos diante de uma dicotomia verdadeira.

Lyautey recomendava a seus soldados:

— Não quero que falem de mim empregando ou-ou... Sempre que falarem de mim, usem e-e... Digam que sou bravo *e* tímido, justo *e* injusto, forte *e* fraco, orgulhoso *e* humilde!

As qualidades morais, os defeitos e as virtudes não se excluem. Cada homem é um pequeno universo com todas as suas potencialidades. Por que refugiar-se nos extremos, quando existe uma caminhada longa entre os opostos?

Devemos colecionar termos intermediários e quantitativos.

Na Comunicação humana, não podemos ser *extremistas.* Imitemos Napoleão, acreditando que *tudo quanto é exagerado, é insignificante.*

6.7 Falsa identidade baseada em palavras

Começamos falando como pensamos e acabamos
pensando como falamos.
(Wilbur Schramm)

"Coisas iguais a uma terceira são iguais entre si" pode ser verdade para as palavras de um silogismo, mas não necessariamente para a situação real:

Os comunistas são contra Mc Carthy.

Ora, Pedro é contra Mc Carthy.

Logo, Pedro é comunista.

Essa mera associação verbal é perene ameaça ao verdadeiro significado das coisas, dos atos, das situações e das pessoas. O truque consiste em encontrar uma característica, uma apenas, compartilhada pela vítima e um inimigo comum, e logo saltar à conclusão de que todas as demais características são idênticas. Como todos nós temos milhares de características iguais: sexo, peso, altura, cor dos olhos, raça, religião, ocupação, aptidões, atitudes, crenças, é brincadeira de criança encontrar uma, compartilhada por duas pessoas quaisquer, *ao menos para fazer cabeçalhos nos jornais;* com essa lógica monstruosa, é possível provar que *qualquer pessoa é culpada de qualquer coisa!*[53]

O problema da falsa identidade baseada em palavras é uma ameaça ao entendimento entre os homens pela força esmagadora dos veículos da Comunicação em massa, em que, seja por má fé, ignorância ou desídia, muitas vezes a *lógica monstruosa* de Chase é adotada:

Nada do que se vê num jornal pode hoje ser acreditado. A própria verdade se torna suspeita ao ser inserida nesse veículo poluído. A extensão real desse estado de falsa informação só é conhecida daqueles que estão em situação de confrontar fatos que são do seu conhecimento, com as mentiras do dia. Olho realmente com comiseração, a multidão dos meus concidadãos que, lendo jornais, vivem e morrem na crença de que souberam alguma coisa do que estava se passando no mundo do seu tempo.[54]

Jefferson propunha que os jornais fossem divididos em quatro seções:

A primeira seção seria muito pequena e conteria pouco mais que documentos autênticos e informações de fontes tais que o editor, de bom grado, arriscaria a sua própria reputação pela sua verdade. A segunda conteria aquilo que, depois de demorada consideração de todas as circunstâncias, seu julgamento concluísse ser provavelmente verdadeiro. A terceira e quarta seções seriam notadamente dirigidas àqueles leitores que preferissem obter falsidades pelo seu dinheiro, em vez do papel em branco que elas ocupariam.[55]

No Brasil travou-se polêmica entre *nacionalistas* e *entreguistas*. O sociólogo Guerreiro Ramos caracteriza o *entreguista* nos seguintes termos:

1. O entreguista não acredita no povo como *principal* dirigente do processo brasileiro.
2. Não acredita que o Brasil pode, com os recursos internos, resolver seus problemas, e tende a considerar o desenvolvimento brasileiro *essencialmente* dependente da entrada de capitais estrangeiros e da ajuda externa.
3. Acredita que o destino do Brasil está *invariavelmente* vinculado ao dos Estados Unidos.
4. *O entreguista contribui objetivamente com seu trabalho para o êxito de empreendimentos lesivos ao interesse nacional.*
5. *O entreguista não participa conscientemente, por seu trabalho, de nenhum dos esforços coletivos tendentes a promover a emancipação nacional.*[56]

---

[53] CHASE, S. *Power of words*. Londres: Phoenix House, 1955.
[54] JEFFERSON, T. *On democracy*. Nova York: D. Appleton – Century, Inc., 1946.
[55] Idem.
[56] GUERREIRO Ramos. *A crise do poder no Brasil*. Rio de Janeiro: Zahar Editores, 1961.

O que será uma pessoa que acredita no povo como *um dos principais dirigentes do processo brasileiro?* E que não acredita que o Brasil possa, com os recursos internos, resolver seus problemas, tendendo a considerar o desenvolvimento brasileiro *parcialmente* dependente da entrada de capitais estrangeiros e da ajuda externa? E que acredita estar o destino do Brasil *intermitentemente* vinculado ao dos Estados Unidos?

A identificação do entreguista com o traidor da pátria é, na melhor das hipóteses, exagero evidente, visto que não se pode admitir que todas as pessoas contrárias aos *nacionalistas* trabalhem pelo êxito de empreendimentos lesivos ao Brasil.

Pelo item 5º todos os indigentes, interditos, crianças, profissionais de diversas categorias podem qualificar-se como *entreguistas* porque nenhum deles *participa conscientemente por seu trabalho de nenhum dos esforços coletivos tendentes a promover a emancipação nacional.*

Quais serão esses esforços coletivos? Não seria conveniente organizar uma lista discriminatória de todos ou, pelo menos, dos mais importantes desses esforços? Sem uma especificação, qualquer pessoa, a qualquer momento, pode ser acusada de entreguista por não participar de um *esforço coletivo* tendente a promover a emancipação nacional.

— Pedro é excelente rapaz, muito honesto e trabalhador, mas é *negro...* (Tive um empregado negro vadio e atrevido.)

— Álvaro é bom pai de família, extremoso, dedicado, mas *bebe...* (Meu primo destruiu seu lar por beber demais.)

— Joana seria ótima administradora para nossa empresa, se não fosse *mulher...* (Mulher não dá para essas coisas.)

Um traço é suficiente para determinar a personalidade. Uma palavra determina nossas avaliações, crenças e atitudes. Nos regimes totalitários, uma palavra condena ou absolve qualquer criatura humana. O *revolucionário* de hoje será o *contrarrevolucionário* de amanhã. A força das palavras é tão considerável, que basta o emprego de termos bem escolhidos para fazer aceitar as coisas mais odiosas:[57] justiça é desigualdade e discriminação na "República" de Platão, e Taine observa que foi sob a invocação de *liberdade* e *fraternidade* que os jacobinos instalaram na França "um despotismo digno do Dahomey, um tribunal semelhante à Inquisição e hecatombes humanas idênticas às do antigo México"[58].

---

[57] LE BON, G. *As opiniões e as crenças*. São Paulo: Companhia Brasil Editora, s/data.
[58] TAINE, H. A. In: LE BON, G., op. cit.

6.8 Polissemia

> *Penso em uma palavra como um sinal que se move através de uma série de possíveis significações.*
> (Roy I. Johnson)

Santo Agostinho afirmava que *conseguimos expressar o que é concebido pela mente com grande precisão por meio das palavras*. Santo Tomás acredita haver uma *força de significação* que reside na própria palavra e escreve: "Embora aconteça em qualquer língua que palavras diferentes signifiquem a mesma coisa, sempre haverá uma que mais especialmente se refira a uma só coisa em particular: essa é a palavra que deve ter significação para os sacramentos".[59]

Os doutores da igreja acreditavam na Linguagem mágica, considerando a palavra instituição divina, objeto de uma *revelação*.

A Linguagem ideal seria aquela em que houvesse correspondência *exata* entre palavras e ideias, em que *uma só* palavra correspondesse integralmente a *uma só* ideia. Desde a mais remota Antiguidade, porém, a Linguagem embaraça a mente em uma *rede de palavras*.[60] Bacon, Locke, Berkeley e Hume preocupavam-se com as *traições* das palavras e, antes deles, Platão e Aristóteles tinham o cuidado de discriminar as ocasiões em que era necessário compreender apenas um ou diversos significados de cada palavra: "A palavra não é um cristal transparente e imutável; é a pele de um pensamento vivo e pode variar grandemente em cor e conteúdo, de acordo com as circunstâncias e o momento em que é usada".[61]

A palavra é o mensageiro da inteligência, mas pode enganar mesmo quando se esforça para expressar o pensamento.

A palavra engana porque a Linguagem é um *método puramente humano de Comunicação de ideias, emoções e desejos, por meio de um sistema de símbolos produzidos voluntariamente*.[62] A palavra engana porque "muitos objetos recebem nomes inadequados, seja por ignorância dos seus autores originais, ou porque sobrevém alguma mudança que perturba a harmonia existente entre o símbolo e a coisa simbolizada – entre o sinal e a coisa assinalada".[63]

---

[59] AQUINO, T. *Summa theologica*. Chicago: William Benton, Publisher – Encyclopaedia Britannica, Inc., 1952.
[60] HOBBES, T. *Leviathan*. Chicago: William Benton, Publisher – Encyclopaedia Britannica, Inc., 1952.
[61] WENDELL HOLMES, O. *The autocrat at the breakfast table*. Nova York: Signet Classics, 1961.
[62] SAPIR, E. La realidad psicobiológica de los fonemas. In: *Psicologia del lenguaje*. Buenos Aires: Editorial Paidos, 1952.
[63] BREAL, M. J. A. *Essai de semantique*. Paris: Librairie Félix Alcan, 1897.

CAPÍTULO 7 • • • • • • • • • • • Os Obstáculos à Comunicação Humana

As palavras enganam porque não significam nada por si mesmas. Só representam algo quando uma criatura humana faz uso delas.

Consideram-se as palavras como se tivessem poderes únicos e especiais, quando não passam de meros sons que simbolizam ideias.

Os povos primitivos identificavam as palavras com as coisas, de tal forma que algumas delas lhes pareciam mágicas. Até hoje fascina a origem supostamente divina da palavra e o mistério dos nomes.

Nos textos das pirâmides menciona-se um deus chamado Khern – a Palavra – o qual tinha aparência de ser humano. No princípio era o Verbo, diz o Gênesis, o que levou Santo Agostinho a considerar a palavra sabedoria e conhecimento primogênitos.

Para o homem civilizado, a palavra é a maneira de traduzir ideias ou pensamentos. A Linguagem é fato social, cujo sentido é transmitido e divulgado pela autoridade difusa do grupo. Essa função espontânea da vida social empresta à Linguagem seu caráter polissêmico, *o fato de manter uma multiplicidade de sentidos para cada vocábulo.*

Qualquer palavra tem diversas significações. Basta abrir o dicionário para constatar:

> Desencantar, v.t: tirar o *encanto* de; desenganar; desiludir: quebrar o *encanto* de; (fig.) encontrar ou achar (o que estava sumido).
> Linha, s.f. fio de Unha: qualquer fio de algodão, seda, etc.; fio metálico para o telégrafo ou o telefone; barbante com anzol para pesca; fila, fileira; limite; baliza; direção; o equador; sinal que acompanha uma letra para se distinguir de outra igual; (fig.) norma; regra; série de grau de parentesco em uma família; serviço regular de transporte ou comunicação entre dois pontos; série de palavras escritas ou impressas numa mesma direção; correção de maneiras ou procedimento; duodécima parte da polegada; estrada; via; aprumo ou gravidade; extensão, com uma só dimensão; traço; cordel (especialmente quando usado para alinhamento de obras várias); (Bras., Bahia) afloramento das rochas auríferas ou diamantíferas, filão; – de água: a seção que descreve a superfície da água em volta do navio; marca que se vê por transparência em certos papéis; – de corso (Bras.): linha de anzóis que os jangadeiros lançam ao mar para fisgar as cavalas enquanto a jangada corre; – de tuvo (Bras.): escola de instrução militar anexa a estabelecimentos civis, destinada a formar reservistas para o exército; – dianteira (Bras.) grupo de cinco jogadores que, no futebol, constituem os atacantes à meta adversária; – do caboclo (Bras. Rio de Janeiro): prática fetichista negra a que se misturam entidades da mítica ameríndia; – do Sertão (Bras.): linha dos fundos nas sesmarias; – média: grupo de três jogadores de defesa (no futebol), denominada também linha de halves; navio de –: grande navio de guerra; por uma –: por pouco; tropas

de –: as destinadas a formar um corpo de batalha; tirar – (Bras.) namorar; – pl. carta; fortificações; (Bras. Pernambuco) toadas rimadas que os feiticeiros cantam nas sessões de xangô.⁶⁴

A univocidade, sonho de linguistas, embora seja uma realidade na Matemática, deve continuar um sonho. O mais provável é que as palavras continuem a ter inúmeros significados.

A gíria contribui para que as palavras sejam *seres vivos* em permanente mutação. De nível especial de linguagem que é, com o decorrer do tempo, passa a expressão popular. Eis alguns exemplos de significados gaiatos assumidos por palavras graves, ao longo do tempo:

Abacaxi — Coisa que dá muito trabalho
Alto — Embriagado
Assinatura — Implicância
Banho — Vitória esmagadora
Bispo — Peru
Branca — Cachaça
Cadáver — Credor
Capela — Botequim
Caveira — Cabeça
Chorar — Filar
Cristo — Vítima
Escola — Casa de jogo
Filósofo — Descuidado
Fortaleza — Casa onde se apura o "jogo do bicho"
Gemer — Pagar
Gramático — Cavalo que corre na grama
Jeremias — Criança que chora de noite e pode despertar alarme
Justa — Polícia
Limpo — Sem dinheiro
Mano — Qualquer indivíduo
Ministro — Peru

---

[64] BUARQUE DE HOLLANDA, A. *Pequeno dicionário brasileiro da língua portuguesa*. Rio de Janeiro: Editora Civilização Brasileira, 1960.

Morar — Perceber
Navegar — Fugir apressadamente
Nuvem — Policial
Osso — Namorada
Pagão — Pessoa que paga
Pai — Delegado de polícia
Papa — História inventada para enganar alguém
Positivo — Cigarro de maconha
Pronto — Sem dinheiro
Relógio — O estômago
Sargento — O galo
Serviço — Feitiçaria por encomenda
Tesoura — Má-língua[65]

O significado é pessoal; depende dos *referentes* sempre individuais. Assim, o *tom* com que as palavras são ditas pode transformar seus significados.

Pronuncie-se, a sério:

— Pedro é inteligente!

E agora, dando um tom irônico à palavra inteligente:

— Pedro é inteligente!

Conforme o tom, *inteligente* significa *burro,* como *burro* pode significar *inteligente.*

A Polissemia não é especificamente um *obstáculo* à Comunicação humana; é uma *característica* inseparável das palavras que nos servem para expressar ideias, pensamentos ou emoções.

Toda Comunicação humana supõe uma análise e uma reconstrução. A Linguagem necessita de *organização* e *disciplina.* Os inumeráveis matizes da Linguagem "complicam a Comunicação das ideias, daí a necessidade de um domínio, de uma consciência da linguagem"[66].

É o respeito às palavras que a Comunicação humana procura ensinar quando se refere ao caráter polissêmico da Linguagem.

---

[65] NASCENTES, A. *A gíria brasileira.* Rio de Janeiro: Livraria Académica, 1953.
[66] BALLY, C. *El lenguaje y la vida.* Buenos Aires: Editorial Losada, 1957.

De onde vêm? Através de quantas dezenas de milhares de anos nos chegam? É respeito que sentimos diante das velhas palavras do "Elucidário, do Padre Viterbo", publicado e dedicado à "Sua Alteza Real – Príncipe do Brasil, D. João Nosso Senhor":

Aborbitar — Faltar à palavra
Acarvado — Aflito
Agasalhar-se (com uma mulher) — casar-se com ela
Balugas — Sapatos
Brizar — Embalar um menino
Buz — Beijo
Cabé — Junto
Caroável — Amado
Chaveiroso — Pequeno
Davandito — Dito antes
Desairo — Pobreza
Dessabença — Ignorância
Dulca — Dúvida (1266)
Empenoso — Alto
Farauto — Intérprete
Fermosentar — Dar formosura
Gabamentos — Elogios em boca própria (séc. XIV)
Gargantom — Comilão (séc. XIV)
Idoiros — Os que hão de ser
Lingoaraz — Falador (séc. XIV)
Maiorino — Juiz Supremo do Rei
Malfetria — Crime
Meninho — Menino (1345)
Perfia — Contenda
Placimento — Aprovação
Quequer — Tudo o que (1288)
Querençoso — Amoroso
Receança — Susto
Socedimento — Série de sucessos
Soffrença — Sofrimento

Talintosa — Mulher diligente

Tardinheiro — Vagaroso

Sentimos, com essas palavras velhinhas, idêntica maravilha experimentada pelo folclorista Renato Mendonça, lendo este trecho da "Rondônia", de Roquette Pinto:

> Ruas abrasadas de sol, ermas e faiscantes.
> Ia bater numa porta, quando vejo vir, serena e frágil, uma velhinha, magra, encanecida e morena, protegida por uma larga umbrela de cabo grosso, que os dedos mal sustinham.
> Pedi-lhe que tivesse a bondade de me informar onde morava o inspetor da alfândega.
>
> — Conheço o inspetor, mas não sei onde ele está assistindo ... não sei dizer...
>
> E foi andando pela rua erma e tórrida.
> Comenta o folclorista e escritor:
> Uma visão. "Onde ele está assistindo", a velhinha dizia como a gente antiga do Brasil. Falava a linguagem dos poetas mineiros do tempo da Inconfidência:
> "Eu, Marília, não sou nenhum vaqueiro
> Que viva de guardar alheio gado.
> Tenho próprio casal e nele assisto..."
> Aquele simples verbo exalava o perfume arcaico dos tempos coloniais.[67]

O respeito pelas palavras poderá fazer que cada um de nós aprenda a sabedoria de Joseph Conrad: "Deem-me a palavra certa, no tom certo e eu moverei o mundo".

6.9 As barreiras verbais

As palavras podem ferir mais que punhais; e o tom, mais que as palavras.
(Frederico da Prússia – em carta a Voltaire)

Um diálogo não é um duelo em que os adversários procuram ferir-se com palavras, como se fossem espadas ou floretes. Diálogo é a procura *a dois* de uma verdade.

A Linguagem não pode ser um sistema de Comunicação de todos contra todos. Na Comunicação humana todos precisam estar a favor de todos, procurando, pela significação *compartilhada,* a compreensão indispensável à vida social.

---

[67] MENDONÇA, R. *O português do Brasil.* Rio de Janeiro: Civilização Brasileira, 1936.

Barreiras verbais são obstáculos à efetividade da Comunicação humana, provocados por palavras e expressões *capazes de despertar antagonismos.*

Toda palavra vem carregada de *afetividade.* Sua significação é sempre subjetiva.

Há palavras *emocionais* que despertam reações afetivas nos indivíduos; ouvindo-as, eles não se podem mais comunicar, ficam inibidos e, mesmo que essa inibição dure segundos, é o bastante para prejudicar todo o processo da Comunicação humana.[68] Latifundiário, capitalista, judeu, efeminado, negro, etc. são palavras emocionais. Em nossa vida de todo dia, utilizamo-nos de expressões e palavras capazes de gerar antagonismos. Como chegar à *compreensão* partindo de antagonismos? Muitos antagonismos tornam-se irremediáveis, com a força das primeiras impressões. Organizamos uma lista de barreiras verbais contra o entendimento entre os homens. Estão agrupadas em gêneros que procuram dar sentido à exposição.

A. *Expressões que demonstram dúvida quanto à inteligência do interlocutor:*
1. V. está me compreendendo?
2. Está me ouvindo?
3. Está acompanhando o raciocínio?
4. Percebe?
5. Está claro?

B. *Expressões que se repetem excessivamente durante a exposição oral:*
1. É ou não é?
2. Vá vendo...
3. Vá ouvindo ...
4. Isto não é nada...
5. E tal e coisa...
6. Sabe como é...
7. Que é que V. acha?
8. Aí eu *peguei* e disse; ela *pegou* e disse...
9. Certamente, evidentemente, realmente, etc...
10. De sorte que...

A respeito da expressão "de sorte que", certo professor da Faculdade de Direito da Universidade de São Paulo a incluía em cada frase pronunciada. Os estudantes perceberam o sestro e passaram a organizar "bolos esportivos" com prêmios a quem

---

[68] NICHOLS, R. G.; STEVENS, L. A. *Are you listening?* Nova York: McGraw Hill, 1957.

acertasse quantos "de sorte que" seriam ditos pelo professor durante a aula. Seria possível, nessas condições, prestar atenção ao professor?

Qualquer palavra ou expressão repetida com exagero tende a transformar-se em *barreira verbal*. Pedimos certa vez a estudantes que apontassem defeitos em nossas exposições orais. Não tínhamos ideia de termos levantado uma barreira verbal pela repetição excessiva da palavra "óbvio". Aprendemos que as barreiras verbais são inconscientes e esta é uma das maiores dificuldades em sua correção, pois a cura começa quando se toma consciência da *doença*.

C. *Palavras que se referem a nacionalidades, raças, apelidos regionais, ou derivados:*
1. Judeu
2. Negro
3. Turco
4. Galego
5. Carcamano
6. Gringo
7. "Peixeiro"
8. Espanholada
9. Baianada
10. Negrada
11. Gauchada
12. Cariocada
13. Turcalhada
14. Bife

D. *Palavras que se referem depreciativamente a tipos regionais:*
1. Caipira
2. Arigó
3. Jacu
4. Cabeça-chata
5. Barriga-verde

E. *Palavras ou expressões que contêm indicações de credo político:*
1. Nacionalista
2. Entreguista
3. Comunista

4. Criptocomunista
5. Inocente útil
6. Fascista
7. Getulista
8. Janista
9. Ademarista
10. Janguista
11. Malufista
12. Collorista
13. Tucanista
14. Serrista
15. Lulista

F. *Certas exclamações que interrompem a exposição oral do interlocutor:*
1. Barbaridade!
2. Puxa vida!
3. Nossa!
4. É? (Há uma variação irritante: é, é?)
5. Não diga!
6. Legal!
7. Bidu!
8. Formidável!
9. Mas é incrível!
10. Só...

G. *Palavras e expressões excessivamente familiares:*
1. Primo
2. Meu irmão
3. Velhinho
4. Meu velho
5. Companheiro

O uso do *Você* e *Senhor* pode criar barreiras verbais. Emprega-se *senhor* em sinal de respeito, deferência, hierarquia, etc... Muitas pessoas formalistas não admitem que se lhes degrade o tratamento de *senhor* para *você*. Outras, desprendidas de formalismo, constroem suas *barreiras verbais* contra o tratamento de *senhor*, insistindo para serem chamadas por *você*.

H. *Palavras sérias ditas em tom jocoso:*
1. Comendador
2. Professor
3. Mestre
4. Poeta
5. Filósofo
6. Coronel
7. Comandante
8. Capitão
9. Chefe

I. *Palavras que fazem referência a defeitos ou características físicas:*
1. Gordo
2. Gorducho
3. Miúdo
4. Tampinha
5. Magriça
6. Dentinho
7. Gaguinho
8. Baixinho

Os apelidos constituem, sozinhos, poderosas *barreiras verbais* à Comunicação humana. Todo apelido é empregado para agredir, irritar ou diminuir as pessoas. O mau chefe compraz-se em *botar apelidos* em seus homens.

No interior do Ceará constitui mania apelidar os outros. "Rato de gaveta" foi a alcunha de um infeliz que se fechava em casa e só saía à noite, furtivamente, pelo pavor de lhe botarem apelidos...

J. *Certos nomes insultuosos embora ditos em tom amistoso:*
1. Boa-Vida
2. Tubarão
3. Vigarista
4. Ladrão

5. Pilantra

K. *As expressões de gíria, ou populares, em geral:*
1. Vou chorar godê! (bem antiga essa!)
2. Vê se te serve!
3. Morou?

Mais altas serão as *barreiras verbais* quanto mais incompatível for a gíria na boca de quem dela se utiliza. No Rio de Janeiro, a influência da gíria carioca chega até as chamadas camadas superiores da população. Para um paulista ou mineiro, mais formais, são chocantes os termos de gíria nos lábios de advogados, juízes, médicos e outros profissionais liberais. Quanto às palavras de baixo calão, parece-nos que em São Paulo há utilização mais ampla do que no Rio de Janeiro.

L. *Os vícios de linguagem e os defeitos decorrentes do desconhecimento da pronúncia correta em geral:*
1. De modos que...
2. Não tem poblema...
3. Vi ele...
4. Não pude vim...
5. Não sei se V. sabe...
6. De nenhuma maneira...
7. Vremelho...
8. Sastifeito
9. Tô
10. Avoar

Defeitos nos órgãos vocais constituem *barreiras verbais*. Seus portadores não se podem expressar de outra forma, e sucedem-se os "tirrágicos", "homensss", "bezos", "morer", etc...

M. *Certas maneiras de cumprimentar:*
1. Salve!
2. Anauê!
3. Heil Hitler!
4. Hallo, boy!

CAPÍTULO 7 • • • • • • • • • • • • Os Obstáculos à Comunicação Humana

A tentativa de catalogação das *barreiras verbais* levantadas pela maneira de cumprimentar é difícil por tratar-se de assunto extremamente subjetivo. Acreditamos, entretanto, que nem todas as pessoas gostam de certos exageros muito comuns em nosso país:

— Como vai essa inteligência privilegiada?
— Salve o Príncipe das Astúrias!
— Como vai o rei da raquete?
— Salve o brilhante orador!

Um advogado de empresa revoltava-se com a saudação que invariavelmente lhe dirigia o gerente, o qual, toda vez que com ele se encontrava, punha-se em posição de sentido, fazia continência e exclamava num sorriso:

— Bon jour, monsieur!

N. *Expressões que constituem flagrantes ou mal dissimulados desafios:*
1. V. está completamente enganado!
2. Isso é o que V. pensa!
3. Quero ver se V. é capaz de...
4. V. não sabia...
5. Quero que V. me responda...
6. Garanto que V. não...
7. Tenho a certeza absoluta de que V...
8. Isso é com V...
9. Repita isso!
10. Mentira!
11. Eu não admito...
12. V. está louco...
13. V. não me compreendeu!
14. Não é nada disso!
15. Deixe eu falar!
16. Depois V. fala!
17. Não atrapalhe!
18. Ouça!
19. Escute aqui, "seu"...

20. Cala a boca!

Talvez impressionado com as *barreiras verbais* e expressões semelhantes, foi que Henry George definiu a questão social como *uma questão de boas maneiras.*

O. *Certos apelos despropositados que se fazem a terceiras pessoas em meio ao debate:*
1. Ouçam o que ele está dizendo!
2. Vejam como ele se comporta...
3. Ora, vejam só o argumento dele!
4. Vocês viram como ele mudou de opinião?
5. Ah, essa eu faço questão que vocês ouçam...
6. Repita para eles o que V. me disse!
7. Fulano não me deixa mentir...
8. Diga se não é verdade...

Há vocação para colocar os outros no pelourinho, nessas pessoas que apelam para o tumulto e a anarquia, cada vez que se lhes pede um esclarecimento.

6.10 Outras barreiras verbais

As palavras mais inofensivas podem transformar-se em barreiras verbais. Ouvimos há tempos de um locutor de Rádio, destacado para fazer a cobertura jornalística diária de um aeroporto:

> Senhores ouvintes, boa tarde! O tráfego aéreo transcorreu hoje normal, *graças a Deus.*

Os pernósticos, os tímidos, os falastrões, aqueles que gesticulam em demasia, os que fazem trejeitos faciais, os que riem excessivamente, constroem barreiras verbais, refletindo personalidades antipáticas.

O pronome *EU* também se arrisca a ser uma barreira verbal.

A maneira mais segura de aborrecer os outros é falar de nós mesmos. Mede-se o grau de interesse da Comunicação humana de um indivíduo na proporção inversa do número de vezes que ele emprega a palavra *EU*.

Outra Barreira Verbal é o Não:

> Terrível palavra *é* um Non. Não tem direito nem avesso: por qualquer lado que o tomeis, sempre soa e diz o mesmo. Lede-o do princípio para o fim,

ou do fim para o princípio, sempre é *non*. Quando a vara de Moisés se converteu naquela serpente tão feroz, que fugia dela porque o não mordesse, disse-lhe Deus que a tomasse ao revés, e logo perdeu a língua, a ferocidade, a peçonha. O *non* não é assim; por qualquer parte que o tomeis, sempre é serpente, sempre morde, sempre fere, sempre leva o veneno consigo. Mata a esperança, que é o último remédio que deixou a natureza a todos os males. Não há corretivo que o modere, nem arte que o abrande, nem lisonja que o adoce. Por mais que o confeiteis, um *não* sempre amarga; por mais que o enfeiteis, sempre é feio; por mais que o doureis, sempre é de ferro... dizer não a quem pede, é dar-lhe uma bofetada com a língua. Tão dura, tão áspera, tão injuriosa palavra, é um *não*. Para a necessidade dura, para a honra, afrontosa, e para o merecimento insofrível.[69]

Na Comunicação humana deve-se evitar palavras e expressões propiciatórias de antagonismos, incompatibilidades, conflitos e lutas: "A palavra que é doce, agradável ao ouvido, afetuosa, que vai direita ao coração, que é cheia de urbanidade, de amenidade, que é agradável às pessoas, eis aí a palavra que se deve pronunciar".[70]

João XXIII introduziu uma emenda nos ofícios da Sexta-Feira Santa. Na oração *pro perfidis judaeis*, o pontífice tirou a palavra "pérfidos", apagando de uma penada uma afronta de séculos, e derrubando uma dura *barreira verbal* entre cristãos e judeus.

Escolham-se palavras harmoniosas, carregadas de aspectos positivos, como estas de um "Curso Ultrarrápido de Relações Humanas", publicado na *Forbes Magazine*:

As 5 palavras mais importantes:

— Estou muito satisfeito com V.! As 4 palavras mais importantes:
— Qual a sua opinião?

As 3 palavras mais importantes:

— Faça o favor!

As 2 palavras mais importantes:

— Muito obrigado!

A palavra *menos* importante:

— Eu.

---

[69] VIEIRA, A. *Sermões*. Porto: Lello & Irmão Editores, 1951.
[70] ANANDA, K. C. *O pensamento vivo de Buda*. São Paulo: Livraria Martins, s/data.

6.11 Vícios de linguagem

> *Existe uma coisa chamada integridade da linguagem;*
> *temos a obrigação de dizer, com clareza e exatidão,*
> *tudo quanto tivermos de dizer.*
> (Roy I. Johnson)

É pelo estudo da Linguagem que se aprende a atribuir às palavras seu significado correto, evitando-se o emprego negligente desses símbolos vitais para a efetividade da Comunicação humana.

Todos os gramáticos dedicam especial atenção à pesquisa dos vícios de linguagem, objetivando zelar para que a língua se fale e se escreva com correção. Sob o ponto mais amplo da Comunicação humana, não há dúvida de que os vícios de linguagem são obstáculos que cumpre superar, em benefício da compreensão.

Podemos considerar os vícios de linguagem pertencentes a duas grandes divisões:

1ª divisão: Os vícios devidos à ignorância.

2ª divisão: Os vícios devidos a anomalias e perturbações da linguagem.

Em geral, falamos mal e escrevemos ainda pior. Talvez pelo arcaísmo dos métodos de ensino, a maioria das pessoas deixa a escola com deficiências no manejo da língua. No Brasil, grande parte da população completa o curso primário a duras penas, faltando-lhe base para poder falar e escrever com propriedade.

O Prof. Almir de Oliveira, em artigo publicado na *Folha Mineira*, conta que, em exames universitários, o tema dado para composição foi "Liberdade e Censura da Imprensa". Um candidato escreveu *sençura*, nove escreveram *sensura*, um escreveu *censsura* e *imprenssa* e outro escreveu *sensurra*.

Sendo a Linguagem oral ou escrita o conjunto de procedimentos de que os homens se servem para sua intercomunicação, e estando ela eivada de barbaridades, a transmissão das ideias passa a ser defeituosa, como defeituosa será, em consequência, a recepção. O diálogo torna-se difícil; às vezes, impossível.

Vícios de linguagem são "deturpações que a língua sofre em sua pronúncia e escrita por ignorância ou descuido de quem fala ou escreve".[71] São os seguintes:

1. Barbarismo – emprego de palavras ou construções estranhas à língua:
   "Gentleman", em lugar de cavalheiro.

---

[71] TORRES, A. Almeida. *Moderna gramática expositiva da língua portuguesa*. Rio de Janeiro: Editora Fundo de Cultura, 1959.

Ela, a mais linda de todas...

Guardar o leito.

"Menu", em lugar de cardápio.

2. Solecismo – erro sintático de colocação, concordância ou regência:

    Fazem muitos anos.

    Haviam diversas pessoas na sala.

    Vou *na* cidade.

    Vi *ele* passeando.

    Alguém telefonou-me?

3. Ambiguidade – a frase oferece sentido duplo ou duvidoso:

    Ele prendeu o ladrão em sua casa.

    "Heitor Aquiles chama a desafio."

    Que tem nas mãos um homem no campo a cavá-lo?

4. Obscuridade – falta de clareza na exposição:

    Exasperado com a obscuridade da linguagem dos burocratas, um membro do Parlamento britânico assim parafraseou a frase do Almirante Nelson "A Inglaterra espera que cada um cumpra o seu dever": "A Inglaterra aguarda que, no que se refere à presente conjuntura, todo o pessoal envolvido nas circunstâncias em causa mostrar-se-á em congeminência às razões em jogo, exercendo apropriadamente as funções designadas a seus respectivos grupos operacionais".[72]

5. Cacofonia – junção de palavras formando outra de sentido torpe, ridículo, ou apenas desagradável:

    "Alma minha gentil que te partiste"

    Uma mão de ferro

    Por cada pessoa

    Boca dela

6. Eco – repetição desagradável de fonemas no final das palavras:

    Sobe à san*ção* uma disposi*ção* sobre a cria*ção* da funda*ção*

    No mo*mento* em que o instru*mento* do casa*mento*...

    O dout*or*, no cal*or*, dá val*or* superi*or*...

7. Hiato – concorrência de vozes acentuadas:

---

[72] CHASE, S. *Power of words.* Londres: Phoenix House, 1955.

Vou à aula...
Procuro *a água* e não *a há!*

8. Parequema – consiste em colocar, ao lado de uma sílaba, outra síbala com o mesmo som:

Tape*te te*cido à mão

Cor*po po*roso

Fra*co co*mo...

Pa*ra ara*ra...

9. Preciosismo – emprego intencional de palavras ou expressões raras, artificiais ou extravagantes:

Fi-lo pelo Brasil, *fi-lo* por minha família...

> Se daí se cansou demorar-se-lhe a elaboração todo este espaço, toque a responsabilidade a cujo é...
>
> (Rui Barbosa, "Réplica")

São vícios de linguagem o *provincianismo,* diferenças locais inadequadas na maneira de falar – o "isto é bruto" do Rio Grande do Sul –, a *colisão,* concorrência desagradável de consoantes semelhantes ou idênticas – Pego o prato pronto e ponho perto – e a *deformação,* erro quanto à forma da palavra – Não pude *vim*.

Aos vícios de linguagem devidos a anomalias e perturbações orgânicas ou fisiológicas, melhor fora considerá-los *defeitos* ou *distúrbios*. Orlando Leal Pereira classifica-os em três grupos:

1. Lalopatias – defeitos de elocução não provenientes de deficiência mental.
2. Disfrasias – perturbações oriundas de um desenvolvimento imperfeito da inteligência ou franca demência.
3. Dismimias – perturbações da linguagem mímica.[73]

Cuatrecasas refere-se às afasias, perturbações de linguagem provocadas por destruições ou lesões no cérebro.

À Comunicação humana interessam mais as cacoépias – pronúncias viciadas ou incorretas – e as dislalias – dificuldades na articulação de certas palavras. Das duas, as cacoépias, quando não são devidas a defeitos dos órgãos vocais, *podem* ser corrigidas. Muito provável, a maior parte das pronúncias erradas deve-se a descuidos ou desconhecimento da pronúncia certa.

---

[73] PEREIRA, E. Carlos. *Gramática expositiva* (Curso Superior). São Paulo: Editora Nacional, 1956.

Alguns defeitos dos órgãos vocais:

1. Esp*el*to por esp*er*to (lambdacismo)
2. T*rrrr*ágico por t*r*ágico (rotacismo)
3. O*sss* por o*s* (sigmatismo)
4. Fa*c*er por fa*z*er (ceceísmo)
5. *Z*uízo por *j*uízo (zetacismo)
6. Ve*n*ja por ve*j*a (nasalação)

A gagueira é responsável pela mutilação, corte dos finais das palavras.

O lambdacismo e o rotacismo, muitas vezes, não se devem a qualquer defeito nos órgãos vocais; são puro pernosticismo. O zetacismo é citado pelos folcloristas nos dialetos afro-brasileiros da Bahia, não como dislalia, mas como falta de integração do negro africano no meio brasileiro, devido a diferenças de sons das línguas faladas na África e no Brasil. O som *j* era desconhecido e inédito para os negros. O japonês encontra dificuldade em pronunciar o *r* à maneira do Brasil.

A nasalação é indício de suspeita. Tendemos a *falar mais pelo nariz* quando suspeitamos, mesmo inconscientemente, do interlocutor.

O sigmatismo é um fantasma para as pessoas que falam ao microfone, devido à grande sensibilidade desse instrumento aos sons sibilados.

O ceceísmo, normal na Espanha, constitui no Brasil efeito cômico, muito explorado por humoristas.

Os vícios de linguagem decorrentes do *possível* desconhecimento da pronúncia correta são inúmeros. Grifamos a palavra *possível* porque não é apenas a ignorância a responsável pelas deformações que sofrem as palavras. Em São Paulo, encontramos em indivíduos de cultura uma obstinação de exibir todos os provincianismos da *maneira paulista* de falar. Esse mesmo comportamento é encontrado em homens do Nordeste, com sua pronúncia bem peculiar.

Ao lado desse fenômeno bairrista existe também grande dose de negligência. Para muita gente, devido a circunstâncias próprias do mercado brasileiro, o poder econômico e a posição social vieram "por descuido". Essas pessoas não compreenderam duas coisas essenciais à Comunicação humana: o que significa e quais as responsabilidades da liderança.

Ostentam vícios de linguagem primários e impertinentes, com a arrogância do "tycoon" americano do século XIX: "Eu sou assim e quem quiser que me aceite como eu sou!". Esses tipos não se confundem com o homem do povo, que fala errado porque nunca pode dar-se ao luxo de aprender a falar certo.

Alguns dos principais defeitos de pronúncia têm nomes antagônicos e arrevezados:

1. *Arr*eceber em vez de *r*eceber (Prótese)
2. A*bisso*luto em vez de a*bso*luto (Epêntese)
3. Ex*pili*car em vez de ex*pli*car (Suarabácti)
4. Quit*es* em vez de qui*te* (Paragoge)
5. *Tá* em vez de *e*stá (Aférese)
6. *Prá* em vez de *para* (Síncope)
7. *Fazê* em vez de fa*zer* (Apócope)
8. *Vr*emelho em vez de *ve*rmelho (Metátese)
9. *Sas*tifeito em vez de *Satis*feito (Hipértese)
10. *Ból*sos em vez de *bôl*sos (Metafonia)
11. *Chan*cho em vez de *San*cho (Abrandamento)
12. *Pôn*hamos em vez de P*onha*mos (Sístole)
13. *Dis*par em vez de *Dís*par (Diástole)

A correção na linguagem obtém-se por meio de *clareza, concisão e precisão.*

Clareza é a qualidade do que é inteligível, do que se faz compreender lisamente, sem dificuldade. A primeira obrigação da Comunicação humana *é ser clara;* se precisamos de bolas de cristal para decifrá-la, a Comunicação é defeituosa.

Houve época em que o estilo literário era obscuro, pesado, gongórico, como até hoje a linguagem dos tabeliães. Há algum tempo, Gustavo Corção sofreu violenta agressão verbal de um psiquiatra, provocada por motivo de somenos. Essa catilinária é precioso exemplo de obscuridade.

> Corção: com doido não se brinca. Já que tu resolveste brincar, escuta mais essa: desossa de tua magreza leptossômica, em cujos cadastros biotipológicos as dissociações intrapsíquicas de Stranki te inscrevem no diabólico rol dos Robespierre de Sarjeta. Vem fazer graças aqui, junto a mim, dentro da minha cela. Não temas a minha loucura. Eu te divertirei aqui com os fantasmas dos maiores engraçados deste mundo, e tu falarás com Piron, conversarás com Scarron e ouvirás esta mensagem que Raoul Ponchon subscreveria de além-túmulo, de suas gazetas rimés: Arame farpado lambuzado de água benta; ouriço-caixeiro, untado de sebo de velas dos retábulos; diabo magro purpurado; crotalus terrificus, enrodilhado de rosários; tarântula venenípara egressa das falsas águas do Jordão; áspide energúmena, a chocar, debaixo de cada escama, um grifo de escorpião; tocha velha de fogo mau, coração engelhado na torpeza glacial da maledicência e do bote; êmulo mirim da religiosidade pagã de Aretino, com um olho na Igreja e outro na reputação

alheia, tomando pitadas de rapé da mandrágora de Maquiavel, ossudo como um dromedário lerdo, vazio de cérebro como um bucéfalo cartaginês ... Pára diabo velho, pára a tua marcha macabra de pandorga de retaliação, trangalhadanças da calúnia, cutrúvia dos rancores, re-bolão da pangalhada, charepe de provocações, papaneta do insulto, bilhoreta de chanfanafras, marujo de salabordias, verruma de mexemigas!

Em benefício da clareza deve combater-se o excesso de *quês*. Cada vez que se tira um *que* de uma oração, ela fica mais bela, mais fluente, mais clara.

A concisão consiste em manter o indispensável e eliminar o supérfluo. Seu oposto é a minudência, o excesso de minúcias desnecessárias.

Da "História do velho bode do seu avô", de Mark Twain, extraímos este trecho:

> Pois o meu avô estava lá em cima, observando, e aí o Smith, o bom Smith, quando o bode baixou a cabeça... Não! Não foi o Smith, de Calaveras; não podia ser ele! Era o Jorge, o Jorge Smith de Tulares, eu me lembro direitinho; como é que eu fui misturar os dois Smith? Os Smith bons são os Smith de Sacramento, gente do melhor sangue dos Estados Unidos...[74]

As perífrases constituem-se também adversários da concisão. Até hoje muita gente chama o mar de *aquóreo elemento,* e o Sol, de *Astro-Rei.*

A perissologia – repetição do pensamento já expresso – além de cansativa, é prejudicial à concisão. Um norte-americano fez uma observação deliciosamente exata sobre uma das *manias* do brasileiro.

— Repare! Todo brasileiro depois de contar a anedota, repete-a uma, duas, três vezes...

Na Retórica, a repetição do pensamento, já expresso, persuade. Na linguagem comum, aborrece:

— Soube que V. foi operado. Imagine, V. operado! Fiquei preocupadíssimo quando me disseram que V. havia sido operado! Ser operado, como eu soube que V. foi, é uma preocupação! Fiquei mesmo preocupadíssimo com a sua operação, e logo que soube que V. tinha sido operado, fiz questão de visitá-lo, porque uma operação é uma preocupação, e assim que eu soube que V. tinha sido operado...

Contra a concisão, há o excesso de adjetivos. Não há negociante que não seja *próspero,* filha que não seja *dileta* e menino que não seja *galante.*

---

[74] TWAIN, M. *Autobiografia.* Belo Horizonte: Editora Itatiaia, 1961.

Lemos, todos os dias, em centenas de jornais por todo o Brasil:

- a prendada jovem
- a virtuosa senhora
- o dinâmico homem de negócios
- o futuroso estudante
- o distinto causídico
- o inspirado poeta
- o notável romancista

Voltaire identificava os *dilúvios de palavras* com *desertos de ideias*. Por que não apenas *o* jovem, *a* senhora, *o* homem de negócios, *o* estudante? Cada adjetivo exerce sobre a palavra a mesma função que exercem as latas vazias amarradas ao para-choque traseiro do automóvel dos noivos. O excesso do uso desvaloriza o adjetivo. De acordo com o saboroso "Código Secreto", de Peter Kellemen, esses adjetivos querem dizer *qualquer:* a prendada jovem = qualquer jovem; a virtuosa senhora = qualquer senhora, etc...[75]

Descartemo-nos dos adjetivos, como o aeronauta *antigo* atirava sacos de areia para fora da barquinha do balão; só assim o nome subirá de nossos lábios, sereno, isolado, glorioso.

A precisão é definida por La Bruyère:

> Entre as muitas expressões que podem traduzir um só de nossos pensamentos, só uma existe boa. Nem sempre a achamos, falando, ou escrevendo: mas, a verdade é que ela existe, que tudo o mais, fora dela, é fraco e não satisfaz o homem de espírito que se quer fazer ouvir.[76]

Quantas vezes não nos atormentamos à procura dessa palavra? Em geral, ela nos surge quando menos esperamos, quando já nos conformamos em não encontrá-la, como se inconscientemente nossa inteligência prosseguisse a busca, incansável e silenciosa.

Para o verdadeiro sábio, *basta uma palavra,* contanto que seja a palavra *precisa*. Pelo esforço e persistência, é possível acostumar nosso intelecto a encontrar a expressão exata, a palavra única, o vocábulo certo.

O oposto à precisão da Linguagem é a ambiguidade, definida como *disposição viciosa de palavras, que apresenta dualidade de sentido.*[77] Uma conhecida anedota italiana ilustra a ambiguidade:

---

[75] KELLEMEN, P. *Brasil para principiantes*. Rio de Janeiro: Editora Civilização Brasileira, 1961.
[76] LA BRUYÈRE. *Os caracteres*. Lisboa: Livraria Sá da Costa – Editora, 1956.
[77] TORRES, A. Almeida. *Moderna gramática expositiva da língua portuguesa*. Rio de Janeiro: Editora

O candidato a artista: — Sr. diretor, agora que o galã do filme morreu, não poderia ficar no lugar dele?

O diretor: — Não depende de mim... Consulte a empresa funerária!

Durante seis meses o povo brasileiro aguardou, ansioso, as razões da renúncia do ex-presidente: jornalistas, políticos, homens do povo exauriram seus recursos de argumentação para demonstrar o que realmente acontecera a 24 de agosto de 1961. A 15 de março de 1962, a personagem principal dispôs-se a *explicar* os "porquês" de seu gesto. Ao desembarcar, o Sr. Jânio Quadros aguçou ainda mais a curiosidade pública com uma frase apocalíptica:

— Ai daqueles que quiserem saber as verdadeiras razões da minha renúncia!

Nada mais natural que milhões de brasileiros permanecessem *pregados* a seus receptores de rádio e televisão, durante os 50 minutos da explicação do ex-presidente: Quais seriam as *forças terríveis?* Políticos e jornalistas, de acordo com suas tendências, atribuíram a variados grupos e indivíduos a identidade daquelas "forças terríveis". *Terrível* é o que causa *terror,* grande medo; o que teria causado *tão grande medo* ao ex-presidente a ponto de levá-lo a renunciar?

A explicação do Sr. Jânio Quadros foi ambígua, como provam os variados depoimentos que registramos, da Imprensa do Rio e de São Paulo:

EDITORIAIS

1. "O gesto de renúncia, sendo uma aberração lógica, não tinha explicação. Se o Sr. Quadros, ao renunciar, tivesse agido conscientemente, ou seja, no seu perfeito juízo, não teria nenhuma necessidade de vir explicar-se."
2. "O Sr. Jânio Quadros acabou falando. Perfeito até aí. Mas que foi que ele disse? Nada. Em suma, não deu claramente as razões de sua renúncia, conforme prometera. Mas, acabou revelando-se o que, na realidade, é. Um covarde. Apenas isso. Pelos números que citou às pencas, talvez tenha entrado em pânico."
3. "Em que pese o respeito que deve merecer a palavra do agora cidadão Jânio Quadros, a verdade é que a fala de ontem não correspondeu ao 'suspense' que provocou. Isto porque nos sessenta minutos que falou, o ex-presidente

Fundo de Cultura, 1959.

não disse o principal, aquilo que todos aguardavam: os motivos de sua renúncia que, por isso mesmo, continua a constituir uma incógnita."

4. "Como antigo Chefe de Estado, o Sr. Jânio Quadros assumiu a responsabilidade – perante o povo – de recusar-se a revelar certos aspectos deprimentes da intimidade política brasileira. Com isso, o seu discurso, em vez de ser episódio escandaloso, transformou-se em peça política inserida numa estratégia de ação a longo prazo."

5. "A explicação que ofereceu ao povo, da renúncia, não é a mesma que tem dado a políticos – raros – que com ele se avistaram nos últimos dias. Nas conversas sigilosas, costuma contar a história de um militar do seu gabinete que o teria 'traído' quando já havia decidido intervir no Estado da Guanabara. Diante das câmaras de TV, divaga, deixando claro, a quem tem olhos de ver, que o gesto de 25 de agosto nasceu da falta de serenidade, da 'instabilidade emocional' para usar uma expressão que o então candidato Lott cunhou para pintar o retrato do antagonista."

6. "O discurso do Sr. Jânio Quadros nada acrescentou ao que já se sabia; antes veio confirmar o que todos esperavam, isto é, a inexistência de qualquer motivo capaz de justificar a renúncia."

7. "Causando geral decepção a toda a Nação, que, praticamente, ficou ontem de olhos e ouvidos colados à TV para ouvir, finalmente, do próprio Sr. Jânio Quadros as razões de sua dramática renúncia, o ex-Presidente, durante uma palestra de quase setenta minutos, não trouxe maiores esclarecimentos, nem apresentou motivos realmente ponderáveis que justificassem a sua decisão."

8. "Diante das câmaras de Televisão, o Sr. Jânio Quadros procurou explicar os motivos de sua renúncia, mas não convenceu."

9. "O ex-presidente não conseguiu diminuir, com o seu pronunciamento de ontem, as divergências já existentes em torno de sua renúncia e do seu futuro político."

MANCHETES

1. "JQ decepcionou na TV: Lacerda, UDN, americanos, alemães, reacionários, comunistas, Congresso, imprensa e rumores do dia levaram-no à renúncia."
2. "Jânio promete cruzada sem explicar renúncia."
3. "Suspense e Decepção."
4. "Jânio culpa Congresso pela renúncia."
5. "JQ confessa que pensou no golpe."

OPINIÕES

Um sociólogo de esquerda:

"O Sr. Jânio Quadros apontou à Nação o que ela já sabia: que existe um dispositivo crônico de golpe contra a nação, eternamente vigilante, que age sempre contra atos do poder público de sentido emancipador."

Um advogado:

"Jânio era um homem arrasado, querendo justificar o injustificável."

Um homem de empresa:

"O Sr. Jânio Quadros deu ontem todas as razões que tinha para não renunciar."

Um deputado federal contrário a Jânio:

"A atitude do ex-Presidente, esbravejando na forma epilética porque o fez, só nos traz a confirmação daquilo que a Nação já sabe, em face das tantas atitudes desconexas, próprias de um charlatão."

Um deputado federal neutro:

"Toda obra de governo é uma luta contra interesses estabelecidos. O autêntico homem de Estado os enfrenta, para eliminá-los quando nocivos aos interesses públicos ou, no mínimo, reduzir-lhes a influência."

Um deputado revelando ser a favor, mas sem comprometer-se:

"As razões, mesmo sendo as mais respeitosas, não justificaram o sacrifício do mais extraordinário governo que este país já teve."

Um político a favor de Jânio:

"A exposição não deixa dúvidas quanto ao desprendimento e à sinceridade com que procedeu o Sr. Jânio Quadros em seu gesto histórico. O ex-Presidente invocou para sua atitude motivos que só o enobrecem e mais o credenciam ao respeito da Nação brasileira."

Um político contra Jânio:

"A fala do sr. Jânio Quadros resultou numa deplorável confissão de covardia e incapacidade de resistir às forças que ele chamou de terríveis."

Um escritor:

"Se realmente havia aquelas dificuldades enunciadas no seu discurso de ontem, cabia-lhe, como Chefe do Governo e detentor do poder, enfrentá-las, pois para isso contava com a solidariedade das Forças Armadas e do povo. Se tivéssemos que aceitar como boas as causas oferecidas pelo ex-Presidente para a sua renúncia, teríamos implicitamente, também, de admitir a sua incapacidade de chefe, para exercer o comando em horas perigosas. O que lhe cumpria ter feito não era abandonar o posto, e sim manter-se nele, em nome da confiança de 6 milhões de eleitores que votaram em seu nome."

Uma empregada doméstica:

"Lá em Brasilândia, ninguém entendeu nada do que o homem falou..."

Sendo a ambiguidade grande arma da Política, não há dúvida de que o Sr. Jânio Quadros atingiu seu objetivo, oferecendo-nos, entretanto, uma aula prática de como *não* deve agir-se quando se trata de Comunicação humana.

Capítulo 8
A Audição e a Comunicação Humana

*Através da História, inumeráveis vezes,
ouvir tem sido a única maneira de aprender.*
(Ralph Nichols e Leonard Stevens)

Ouvir é renunciar. É a mais alta forma de altruísmo, em tudo quanto essa palavra signifique de amor e atenção ao próximo. Talvez por essa razão, a maioria das pessoas ouve tão mal, ou simplesmente não ouve.

Vivemos imersos em cogitações pessoais. Não é possível permanecer cinco segundos sem pensar em nós, pois tudo quanto pensamos é em termos de *nós*.[1] Ninguém é mais importante para Pedro do que Pedro, ensinava Aristóteles há dois mil anos – e o ensinamento continua válido, porque o mundo gira em torno de cada um de nós.

Uma criança de quatro anos faz em média quatrocentas perguntas por dia, porque está edificando seu mundo interior; o mundo individual de cada criatura humana, construído, todo ele, de palavras, e que tem as dimensões e a extensão da própria criatura, deixando de existir quando ela morrer.

Nesse extraordinário mundo das palavras, edificado dentro de nossa cabeça, agimos como as formigas, saindo incansavelmente de seus labirintos, rumo ao exterior, para trazer mantimentos. Trazemos palavras para nossos *depósitos*.[2]

Esse aprendizado incessante é feito, em grande parte, por meio do ouvido: ouvindo, aprendemos.

O *Journal of Communication* publicou um artigo de Donald E. Laird, com os resultados de uma pesquisa realizada entre as alunas do Stephens College, objetivando um levantamento dos períodos de tempo dedicados às quatro habilidades fundamentais da Comunicação humana. Os resultados foram os seguintes:

---

[1] JOHNSON, W., op. cit.
[2] Idem.

Ouvir	42%
Falar	25%
Ler	15%
Escrever	18%
TOTAL	100%

Não conhecemos quaisquer pesquisas no Brasil nesse sentido. Acreditamos que pelo menos 1/3 do tempo de nossas vidas é dedicado a ouvir. Em 60 anos, passamos 20 *ouvindo,* ou, pelo menos, procedendo *como se estivéssemos ouvindo.* Desde a escola até as reuniões com os amigos, as conversas familiares, as horas de trabalho, as reuniões de debates, estamos sendo solicitados a *ouvir.* É pela audição que as *informações* se transformam, em nossa mente, em *conhecimentos.* Nosso patrimônio cultural depende muito da audição.

1. Vantagens do ouvinte atento

Seja rápido no ouvir, lento no falar.
(São João, I, 19)

Saber ouvir paga bons dividendos. O bom ouvinte é tão raro, que adquire prestígio capaz de influenciar pessoas e mover acontecimentos.

O bom ouvinte é raro porque ao parar para ouvir está admitindo que o outro tem alguma coisa mais importante do que ele para dizer.

Em geral, agimos como budas de louça, absorvidos na contemplação do próprio umbigo. Temos tanta coisa interessante para dizer, nossas ideias são tão originais e atrativas, que é um *castigo* ouvir. Queremos falar. Falando, aparecemos. Ouvindo, omitimo-nos.

— Ele não disse uma palavra o tempo todo!

Só ouvir, acreditamos, dá aos outros uma impressão desfavorável de nossa inteligência. Por isso, falamos, *mesmo quando não temos nada para dizer.*

Falar é ato positivo; nós nos afirmamos. Ouvir é ato negativo; nós nos escondemos.

Obstinamo-nos em não ouvir. Se a dignidade humana significa alguma coisa para V. – escreve Donald Laird –, então ouça os seus homens, porque, ouvindo-os,

V. os cumprimenta e faz com que se sintam importantes. Não sem razão, alerta um astrólogo: "Quando as pessoas falam, é melhor ouvi-las com atenção, pois manter uma postura de enfado seria perder a oportunidade de, talvez, receber um comunicado importante. Sempre preste muita atenção ao que as pessoas dizem".[3]

Por ter ouvido Colombo, Fernando de Castela e a Espanha beneficiaram-se das espantosas riquezas do Novo Mundo. Parte do êxito universal da Igreja Católica é atribuída à confissão: "muitas pessoas consideram melhor sacerdote não o que prega melhor, mas o que ouve mais atentamente".[4]

É fato nosso apego às pessoas que nos ouvem, tanto mais profundo quanto mais carinhosamente somos ouvidos. Parte ponderável do amor à mãe e ao pai, a parentes e amigos deve residir nessa disposição benevolente de ouvir, ouvir tudo quanto tenhamos a dizer.

A Psicoterapia, por meio da audição, é cada vez mais utilizada na Medicina, e continuamos absorvidos por nosso mundo interior, desinteressados do mundo que vai lá fora, ouvindo mal.

O ouvinte atento pode contar com diversas vantagens:

1. Dispõe de melhor informação.
2. Economiza tempo.
3. Permite assegurar-se de como sua mensagem está sendo recebida.
4. Estimula o interlocutor a falar.
5. Previne mal-entendidos.

Em qualquer diálogo, alternam-se as posições do locutor e ouvinte. Cada locutor tem sempre de ajustar sua mensagem à resposta do receptor. Precisamos *ouvir* para *compreender*. Nossa resposta dependerá da *compreensão do que ouvimos*. Para *compreender* precisamos *ouvir*.

Um dos mais simples e eficientes meios de resolver antagonismos pessoais é colocar os adversários frente a frente, e pedir a um deles que exponha seu ponto de vista. Logo após haver terminado, peça ao opositor que repita o que acabou de ouvir.

A reação é violenta:

— Não interessa o que ele disse!

Convença-o da necessidade de ouvir *com atenção,* esclarecendo que V. lhe irá pedir depois para repetir o que ouviu.

---

[3] O ESTADO DE S. PAULO, 14 jan. 2011. Caderno 2, p. D4.
[4] MENNINGER, K. A. *The human mind.* Nova York: Alfred A. Knopf, 1945.

Às primeiras palavras da repetição, o ouvinte reclama:

— Protesto! Ele agora não está dizendo o que disse antes!

Ele *está* dizendo o que disse antes. Acontece que agora o outro *ouviu* o ponto de vista contrário.

Nos debates, os opositores não se ouvem reciprocamente. Forçado a repetir com fidelidade o ponto de vista adversário, o opositor *percebe* que o antagonismo ou não existia, ou era menos grave do que parecia.

As discussões assemelham-se aos trilhos das estradas de ferro: não se encontram nunca, porque os litigantes *não se ouvem*. Os argumentos não nascem do conteúdo das demonstrações contrárias. Ignoram-se argumentos, demonstrações, fatos, evidências e opiniões contrárias.

Como é possível debater, assim, qualquer assunto?

Se não existisse o beneditino trabalho de revisão dos discursos parlamentares, o público ficaria estupefato com o que se fala no Congresso Nacional.

Nas rodas dos contadores de anedotas, enquanto Pedro conta a "sua", Paulo prepara a próxima. Quando existem diversos contadores, há protestos de todos contra todos, contando mais anedotas o mais afoito, ou de voz mais forte.

A razão desse comportamento é sempre a mesma: *meu* mundo interior é muito mais interessante do que *seu* mundo interior – se é que *eu* admito que V. tenha um mundo interior...

Os técnicos em Relações Humanas dizem que todos nós levamos um rótulo grudado no meio da testa:

— Veja como EU sou importante!

Gostaríamos que existisse um tipo de letras mais alto que o obelisco de Cleópatra para mostrar o EU.

Ouvir é difícil. Devemos esquecer nossa importante personalidade para dedicar atenção à personalidade alheia. E mais: devemos fazer isso de *corpo e alma*. Ouvir é bem mais do que simples processo: é uma atitude, voluntária e consciente.

2. Maneiras de ouvir

Somos, em algumas ocasiões, melhores ouvintes do que em outras, porque o *interesse* governa nosso comportamento. Ouvimos melhor quando temos nossa atenção *estimulada*. Esse estímulo variará de acordo com nossos interesses, e ouviremos melhor sempre que:

1. Precisarmos compreender assunto de interesse.
2. Nossa curiosidade for despertada.
3. Alguém se referir a qualquer assunto que nos afete pessoalmente.

O objetivo em mente determina a maneira de ouvir, graduando interesses, estímulos e reações individuais:

1. Ouvir para formar opinião.
2. Ouvir para contra-argumentar.
3. Ouvir notícias no Rádio em época de tensão.
4. Ouvir essas notícias em tempos tranquilos.
5. Ouvir informações confidenciais sérias.
6. Ouvir anedotas picantes ditas a meia-voz.
7. Ouvir certos fatos sobre pessoas conhecidas.
8. Ouvir os mesmos fatos sobre pessoas desconhecidas.
9. Ouvir a respiração de uma criancinha doente à noite.
10. Ouvir a sirene da fábrica.
11. Ouvir um concerto, gostando de música.
12. Ouvir um concerto, não gostando de música.
13. Ouvir nosso candidato.
14. Ouvir o candidato em quem não vamos votar.

Será sempre a atitude mental, nossa predisposição que irá dar maior ou menor eficiência à audição. A predisposição ao ato de ouvir depende de fatores físicos e de fatores mentais.

Consideram-se fatores físicos:

1. A temperatura.
2. O ruído.
3. A iluminação.
4. O meio-ambiente.
5. As condições de saúde.
6. As deficiências auditivas.
7. A forma da apresentação.

Consideram-se fatores mentais:

1. A indiferença.
2. A impaciência.
3. O preconceito.
4. A preocupação.
5. A posição.
6. A oportunidade.

3. FATORES FÍSICOS DA AUDIÇÃO

O que olhamos não é o que vemos.
(Wendell Johnson)

3.1 A temperatura

O calor e o frio excessivos prejudicam a audição. Em um país tropical, o rendimento das aulas cai quando faz calor; a atenção dos alunos é mais difícil, assim como a disposição mental do professor. O calor irrita, e a irritação que produz pode ser inconsciente; dá preguiça, o cansaço sobrevém mais depressa. Em certas regiões do Paraná, no inverno, até um tempo não muito distante, as aulas eram suspensas, devido ao frio, pois os professores sabiam que as crianças mal agasalhadas pouco aproveitariam das lições.

3.2 O ruído

Experiências realizadas nos Estados Unidos indicam não existir grande diferença no rendimento do estudo realizado em ambiente silencioso ou barulhento.

Os graus médios obtidos pelos estudantes foram os seguintes:

PONTOS OBTIDOS

Grupo de controle, a trabalhar em silêncio.......................... 137,6

Grupo experimental, a trabalhar em condições

Perturbadoras da atenção 133,9
Perdas de pontos devido aos ruídos............................. 3,7

O efeito das condições perturbadoras da atenção foi muito pequeno. A má influência do ruído foi compensada pela *determinação* dos indivíduos de superar as condições desfavoráveis do ambiente. Um ruído intenso perturba a audição de maneira idêntica à de um silêncio absoluto. No estudo da audição, sente-se a extraordinária capacidade de adaptação do ser humano. O homem pode produzir um bom trabalho tanto no inferno sonoro das fábricas de pregos quanto no paraíso silencioso das profundidades oceânicas.

> Existe atualmente tanto trabalho intelectual levado a efeito em ambientes barulhentos, que o verificar se essas condições esgotam as energias, ou não, é muito importante. Não é possível, porém, decidir a questão, enquanto não se fizerem maiores investigações. Muito depende da reação emocional do indivíduo... Se o barulho o irrita a ponto de fazê-lo pensar: "É impossível trabalhar nestas condições", o trabalho e talvez também a saúde ficarão prejudicados.[5]

3.3 A iluminação

Luz demais ou de menos perturba a expressão facial, os gestos do orador, concorrendo para prejudicar a audição. Deve evitar-se a meia-luz quando se tratar de exposições sérias, em que se exija atenção de quem ouve. Existem alguns tipos de iluminação que emprestam uma aparência grotesca ao ambiente; as pessoas podem ficar lívidas, ou adquirir tons coloridos. Essas nuanças prejudicam o mecanismo da atenção, impedindo a concentração. Na Comunicação oral a luz deve ser levada em consideração. O púlpito é sempre colocado *de lado* na igreja, a fim de que as luzes do altar-mor não desviem a atenção dos fiéis. Se V. vai falar a um grupo de pessoas, evite colocar-se diante de uma janela aberta, pois a claridade prejudica a visão e, em consequência, a audição.

Há uma perda de acuidade visual quando se empregam os olhos de modo contínuo, e essa perda é maior quando as condições de iluminação forem desfavoráveis:[6]

---

[5] WOODWORTH, R.; MARQUIS, D. G. *Psicologia*. São Paulo: Cia. Editora Nacional, 1959.
[6] LAIRD, D. A.; LAIRD, E. C. *Psicologia practica de los negocios*. Barcelona: Ediciones Omega, 1959..

Depois de 3 horas de leitura	Perda de acuidade
À boa luz natural	6%
Luz elétrica totalmente indireta	9%
Luz elétrica semi-indireta	72%
Luz elétrica direta	81%

3.4 O meio ambiente

O famoso Dr. Charters, diretor de Pesquisas do Stephen College, tinha no consultório o que denominava sua *cadeira de ouvir*. Aí atendia os pacientes, pois era-lhe extremamente difícil ouvir colocando-se *atrás dos papéis e das preocupações de sua mesa de trabalho*.[7]

A Comunicação humana está ligada à emoção. Quando um empregado se encontra na sala do chefe, seu estado emocional altera-se e influi em sua capacidade de audição.

A Psicanálise, com a terapêutica da audição, preocupa-se com o ambiente dos consultórios. Em todas as casas deve existir um recanto dedicado às conversas, onde se pode ouvir melhor, sem interrupções e sem ruídos desnecessários.

O ambiente favorável ajuda a audição: a nave das igrejas, as salas de conferências, os auditórios, as salas de aula são hoje objeto de minuciosos estudos acústicos. Descobriram-se materiais de revestimento capazes de melhorar as condições de audição pelo isolamento perfeito do mundo exterior.

Em muitas cidades do interior e em alguns bairros populares das capitais brasileiras colocam-se cadeiras diante das casas, onde os moradores vizinhos e amigos encontram ambiente para conversar, à tardinha.

Muita gente não se conforma em ouvir bandas de música fora do coreto.

Qualquer pessoa acostumada a falar em público *sente* o ambiente da plateia.

3.5 As condições de saúde

A mais leve dor de dentes prejudica nossa capacidade de atenção. Todo o complexo processo da Comunicação pode ser embaraçado por uma simples indisposição física. A doença e a fadiga concorrem para causar dano à Comunicação humana.

---

[7] Idem.

Para os alunos dos cursos para adultos, geralmente realizados em períodos noturnos, após o trabalho, a audição constitui, por vezes, penoso sacrifício.

3.6 As deficiências auditivas

Certo grau de deficiência auditiva é tão comum quanto de deficiência visual. Entretanto, se toda a gente acha natural procurar o oculista e usar óculos, se necessário, o mesmo não acontece com os especialistas em ouvido. Impera um preconceito contra os aparelhos de surdez, o mesmo preconceito que existiu durante anos contra os óculos. Até hoje, moças teimam em não usar óculos *porque é feio,* como comprova o sucesso inicial das lentes de contato. Esse preconceito não tem razão de ser. Um instrumento de alta precisão como nosso aparelho auditivo deve merecer de nossa parte o mesmo trato dos olhos. Depois dos quarenta anos, diminui a acuidade auditiva. Se desconfiar de qualquer deficiência na audição, procure um especialista. Os aparelhos contra a surdez precisam ser considerados tão comuns quanto os óculos.

A deficiência auditiva inconsciente exerce influência sobre o sistema nervoso. Quem ouve mal, e não sabe que ouve mal, irrita-se com facilidade, "porque as pessoas falam baixo" ou, então, se predispõem a denunciar as legiões de pessoas que não sabem falar, "porque eu não compreendo o que dizem".

Apenas começamos a aprender a utilizar nossos sentidos: a capacidade de ouvir pode ser aperfeiçoada.

3.7 A forma da apresentação

A forma da apresentação deve harmonizar-se com nosso interesse em recebê-la. Compete ao professor tornar a aula atrativa ou insípida. A apresentação relaciona-se com o problema da *efetividade* dos veículos da Comunicação: o que é mais eficiente, uma carta ou um contato pessoal, um chamado telefônico ou uma reunião convocada às pressas? Quando tiver de apelar para um veículo de Comunicação em massa, qual o mais efetivo: o Rádio, o Jornal, a Televisão, o cartaz, o folheto, a internet? Parte dessa efetividade está na dependência da disposição individual: num dia reagiremos melhor a uma conversa informal, enquanto noutro poderá apetecer-nos um bom relatório escrito ou, quem sabe, uma palestra.

A predisposição para ouvir é seletiva e depende *da forma* da apresentação.

4. Fatores mentais da audição

Few love to hear the sins they love to act.
(Shakespeare, "Pericles" I, 1, 92)

4.1 A indiferença

A indiferença mata, diz o ditado popular.

Na sociedade moderna, surgiu uma situação, na qual milhares de pessoas que perderam a confiança nos credos predominantes, não adquiriram outros credos, e, por isso, são *indiferentes* a qualquer forma de política... "A predominância da *indiferença* da massa é certamente uma das principais realidades políticas das sociedades ocidentais de hoje".[8]

A indiferença é incompatível com qualquer forma de aprendizado; é incompatível com a *audição*.

O ouvinte desinteressado não ouve, e não ouve porque não está interessado. Um dos problemas da audição é despertar a atenção, estimulando o interesse individual.

Interessado, V. ouve. Desinteressado, deixa de ouvir.

Para estimular o interesse humano é preciso motivá-lo.

Todo comportamento humano tem um *motivo*. Esses motivos agem sobre o indivíduo, levando-o a satisfazer suas necessidades, *tais como as vê*. Ninguém é motivado *pelo que os outros julgam que deveria ser,* mas pelos motivos que o próprio indivíduo possui, acredita e quer satisfazer. Qualquer criatura humana se comporta de acordo com seus motivos. Para que uma pessoa *ouça*, deve ter motivos para fazê-lo: *interesse* individual, vantagem ou benefício.

Os homens *têm necessidade de serem ouvidos.* Nada pesa mais ao amor próprio do que a indiferença com que nos ouvem.

Ouvir paga dividendos, em receptividade, estima e prestígio. Interessados em nós mesmos, achamos os outros desinteressantes. Quando se consegue deixar de lado o egoísmo, com o objetivo de *ouvir,* descobrimos que as pessoas são interessantes e têm ideias e informações dignas de serem compartilhadas.

---

[8] MILLS, C. Wright. *Listen, yankee.* Nova York: McGraw Hill, 1960.

4.2 A impaciência

Tenha tempo para ouvir. Se não dispõe de tempo *agora*, ouça *depois*.

O ato de ouvir exige, de *quem ouve,* associar-se a *quem fala,* e vice-versa. É indispensável estabelecer-se *sociedade* entre locutor e ouvinte.

É necessário empenho de quem fala para *fazer-se compreendido,* e de quem ouve, para *compreender.*

Muitas pessoas acreditam poder ouvir e escrever ao mesmo tempo. A velocidade com que as pessoas falam varia de 50 a 300 palavras por minuto. Em regra, ouvimos mais depressa do que as pessoas falam e pensamos ser possível ouvir e fazer outra coisa, quando o ato de ouvir exige reflexão e concentração.

Nem todas as pessoas se expressam fluentemente. Ao contrário, a maioria tem dificuldade em expressar-se com clareza, e as razões vão desde a ignorância até a sabedoria. Embora não se possam estabelecer regras quando nos referimos a criaturas humanas, os ignorantes e os altamente intelectualizados sempre têm certas dificuldades em expressar-se. Ouvir é quase uma forma de santidade, quando pensamos nessas dificuldades de expressão, nas palavras mal empregadas, nas pausas intermináveis, nas voltas e reviravoltas das mesmas ideias, no repisar sensaborão de conceitos.

Qualquer emoção perturba o processo da audição. As impaciências são todas emocionais:

1. Impaciência porque temos outro compromisso, e já estamos atrasados.
2. Impaciência porque não estamos de acordo com o que a pessoa está falando.
3. Impaciência porque acreditamos já saber aonde o locutor quer chegar.
4. Impaciência porque o locutor fala mal, e não distinguimos perfeitamente as palavras.
5. Impaciência porque nos sentimos cansados e desejaríamos estar longe de onde estamos.

Seja qual for o *motivo* e o *tipo* de impaciência, nossa audição é afetada.

4.3 O preconceito

Ouvir é um ato *voluntário* e *consciente.* V. ouve porque *quer* ouvir, e não ouve porque *não quer* ouvir. O pior cego é o que não quer ver. O pior surdo é o que não quer ouvir.

Funciona um *seletor* no aparelho auditivo. Podemos, à vontade, desligar o *receptor*, embora continuemos dando a impressão de ouvir. Graças ao funcionamento preciso do seletor, somos capazes de gerar expressões faciais coincidentes com as palavras que *não* ouvimos.

O preconceito é um dos *pilotos automáticos* desse estranho aparelho. Aferramo-nos a nossas ideias e, se um orador diz alguma coisa capaz de perturbá-las, funciona o seletor, despertando-nos antagonismo. Passamos a raciocinar *contra* o orador, e deixamos de ouvir.

Se o orador, em troca, diz alguma coisa com que estamos de acordo, o seletor desperta-nos uma alegria íntima, que nos leva a murmurar: "É isso mesmo!", e *emocionados,* deixamos de ouvir.

O antagonismo *apaixonado* impossibilita a audição. A concordância também. A maior dificuldade na audição está em nos comportarmos objetivamente. Em sua impossibilidade, devemos tentar a *empatia*.

Empatia é uma projeção imaginativa, é colocar-se no lugar da outra pessoa. Ouvir com empatia é tão difícil quanto ouvir com objetividade. Na audição, não podemos adotar na mente a "tabula rasa", de Locke: o que nos entra pelos ouvidos mistura-se com esse difuso e permanente diálogo que travamos com nós mesmos. Nesse diálogo que não termina nunca, nem quando estamos convencidos de que somente ouvimos, o preconceito *distorce* a audição e o ouvinte, em *oposição* ou em *concordância,* passa a concentrar-se na procura de pormenores, de minúcias, reais ou imaginárias, que lhe permitam *refutar* ou *aceitar* o que ouve.

O antagonismo transforma-nos em inquisidores possessos na busca de imperceptíveis deslizes. A concordância como que nos hipnotiza e passamos a apoiar tudo.

A influência do preconceito é tão evidente que qualquer pessoa evita discutir "política, futebol e religião". Sabe que não será capaz de modificar seus pontos de vista.

Os preconceitos tendem a arraigar-se cada vez mais, por força das Comunicações em massa; ouvimos o comentarista de Rádio com o qual estamos de acordo, lemos os jornais que defendem nossos pontos de vista, frequentamos as reuniões de nossos partidos políticos e de nossas entidades de classe, almoçamos sempre com quem pensa como nós e conversamos com as pessoas que nos dizem o que desejamos ouvir.

Não temos consciência de nossos preconceitos. Achamos até que somos ouvintes objetivos. A consciência do peso dos preconceitos sobre a audição "poderia ser o primeiro passo para *ouvirmos melhor,* para uma *audição compreensiva*".[9]

---

[9] THOMPSON, W. *Fundamentals of communication.* Nova York: McGraw Hill, 1957.

Talvez seja possível um esforço no sentido de *educar* o ouvinte, alertando-o a não se deixar empolgar emocionalmente, resistindo na medida de suas forças, a fim de deixar abertos os canais de recepção. Quando tiver de ouvir, ouça e não se disponha contra ou a favor em excesso: perguntas, dúvidas, questões devem ser postergadas até o fim da Comunicação oral. Tome consciência de seus preconceitos, para não se acorrentar a eles.

4.4 A preocupação

O chefe preocupado não tem confiança em si mesmo e, portanto, não deposita confiança nos outros. Está convencido de que, com sua ausência, tudo anda mal. Controla a todos e vive perguntando a seus subordinados:

— Mas V. tem certeza?

A palavra preocupação significa *ocupação antecipada*. Preocupar é *prender a atenção*. Com a atenção presa a uma *ocupação antecipada* não será possível ouvir. A audição é uma ocupação *interna* e exige atenção *total*.

Um indivíduo preocupado não ouve, e a preocupação é incompatível com a audição; é um estado de angústia, capaz de causar danos terríveis ao organismo, quase um corrosivo, e deteriorar o equilíbrio psíquico.

A preocupação é intermitente e, por norma, não se deve procurar ouvir ninguém quando estivermos preocupados. No lar, na escola, ou no trabalho, o ato de ouvir exige de nós *cabeça fresca,* disposição, despreocupação.

Obrigar alguém a assistir a uma aula, *contra a vontade,* pode causar uma *oposição* – forma de preocupação que lota a mente com prejuízo da audição.

Alguns médicos recomendam às pessoas preocupadas absterem-se de fazer qualquer coisa, considerando que a maioria dos acidentes e grande parte de moléstias podem ser provocadas apenas pela preocupação. A hipocondria é um tipo de preocupação permanente com a saúde, e a preocupação continuada pode acabar em *mania,* como enfermidade mental.

4.5 A posição

O aluno faz uma pergunta. O professor responde. Para certificar-se de ter sido ou não compreendido, interroga o aluno. Este é incapaz de reproduzir o que lhe foi explicado. O professor admite duas hipóteses: ou não explicou direito, ou o aluno não o compreendeu. Há, entretanto, uma terceira e mais provável hipótese: *o aluno não o ouviu.*

Dependendo do temperamento individual, é maior ou menor o esforço psíquico de quem, durante uma aula, faz uma pergunta. Salvo os perguntadores contumazes, vez por outra qualquer aluno, a certa altura da exposição do professor, pode *sentir vontade de fazer uma pergunta*. Imediatamente o organismo todo reage. A linguagem empolga todo o organismo, toda a constituição física e mental do homem. O aluno sente taquicardia, emociona-se, a respiração apressa-se, enquanto procura organizar as ideias no sentido de apresentar inteligivelmente a questão. Já não ouve com a atenção com que estava ouvindo. Quando fala, a tensão vai-se relaxando pouco a pouco; ela não o abandona abruptamente, de uma vez. Exatamente enquanto a tensão vai diminuindo e a organização física e mental do aluno vai voltando ao normal, o professor responde – responde quando o organismo do aluno não está em condições de ouvi-lo.

Muita gente confessa a *agonia* que sente quando interrogada em um auditório, ou numa sala de aula. O impacto, às vezes, é tão forte, que a pessoa não *consegue ouvir a pergunta*.

Qualquer emoção é incompatível com a audição. Nesses casos, estamos diante de emoções provocadas por força do *desnível hierárquico* entre emissor e receptor. O prestígio é uma forma de magia, e é inegável a influência que a hierarquia provoca nos indivíduos.

A criança de três anos de idade porta-se de forma diferente no jardim de infância e no lar. Ela *sente* a hierarquia da professora e da mãe. Sabe que, embora a superioridade das duas seja aparentemente igual, a professora é mais *dura* do que a mãe.

No trabalho, muitos chefes fazem questão de colocar seus subordinados *à vontade,* quando têm de conversar com eles, esquecendo-se de que, a rigor, não existe nenhum processo garantido de fazer que um subordinado se sinta *à vontade* perante o chefe. A hierarquia é inerente à personalidade do chefe, mesmo que ele, sinceramente, não a admita e se rebele contra ela.

O *status* social afeta a audição. Se o emissor é de nível mais alto, o receptor perturba-se pelo desejo de agradar, vontade de mostrar-se inteligente e ativo, medo de errar, receio de contradizer o chefe, etc. Se o receptor é de nível mais alto, a audição perturba-se por outros motivos: desconfiança de que o subordinado não está dizendo toda a verdade, dúvida sobre sua inteligência e habilidade, etc.

4.6 A oportunidade

Ouve melhor quem ouve no momento certo.

Para o atarefado executivo, sair do escritório é difícil. Sempre surgem os recados de última hora, a necessidade de providências de afogadilho, ou telefonemas de pessoas importantes.

Certos escritórios modernos são os últimos lugares na terra em que se deveria trabalhar em assuntos sérios: ruído, desordem, azáfama, gente que entra e sai, campainhas, aparelhos telefônicos, celulares, computadores, aparatos mais ou menos engenhosos. A criatura humana inferioriza-se diante dessa avalancha mecânica, burocrática, nervosa, irritante, que é o *trabalho*.

Para outros, o local do inferno é o lar, ponto de convergência do choro e malcriação das crianças, gritos de parentes em bate-bocas intermináveis, donas de casa reclamadoras e confusionistas, algazarra de amigos, estereofônicos estentóreos, computadores, DVDs, aparelhos de rádio mal sintonizados, televisões indiscretas que povoam a casa de gente suspeita em atitudes ridículas ou de familiaridade ostensiva, latidos de cães, miados, grunhidos.

Acrescente-se a isso o pandemônio dos trens de subúrbio, dos ônibus, dos bondes (ainda existem alguns!), dos lotações, dos táxis, a algazarra dos campos de futebol, dos restaurantes, das praias, e invejaremos a sabedoria dos ingleses, com seus clubes fechados, impermeáveis e deliciosamente silenciosos.

Falta ao homem moderno oportunidade de ouvir, aqueles momentos em que possa entregar-se aos prazeres e às surpresas do grande laboratório de experiência humana, que é a audição concentrada e atenta.

5.
POR QUE OUVIMOS MAL?

> *Here was an old owl liv'd in an oak*
> *The more he heard, the less he spoke;*
> *The less he spoke, the more he heard*
> *O, if men were all like that wise bird!*
> (PUNCH, vol. XVIII, 1875)

Ouvir é ato consciente e positivo. Exige força de vontade. Quando se começa a ouvir, percebe-se que essa função representa considerável dispêndio de energia.

Ouvir depende da *concentração*. Enquanto uma pessoa normal fala, em média, 120 a 150 palavras por minuto, nosso pensamento funciona três ou quatro vezes mais depressa. Consequentemente, surge um mau hábito na audição: muitas pessoas estão de tal forma ansiosas em provar sua rapidez de apreensão, que *antecipam* os pensamentos, antes de ouvi-los dos lábios do interlocutor.

— Já sei o que V. vai dizer!

É impossível saber-se o que alguém vai dizer, por inúmeras razões, das quais a menos importante é o fato de que, muitas vezes, a própria pessoa *não sabe o que vai dizer;* fala na medida em que os pensamentos ocorrem, para chegar a uma conclusão totalmente diversa das premissas. O homem é *um sentimental que se deixa possuir e arrastar por meras associações.*[10] A lógica do pensamento humano é imprevisível.

Nichols e Stevens atribuem o fato de a maioria das pessoas ouvirem mal a quatro suposições falsas:

1. Ouvir bem depende da inteligência.
2. Ouve-se mal por um defeito do aparelho auditivo.
3. O treinamento é inútil para ouvir-se bem.
4. Pela leitura aprende-se a ouvir.[11]

1. Realizou-se na Universidade de Minnesota uma série de testes, com o objetivo de verificar se havia diferença na habilidade de ouvir entre rapazes e moças. As moças tinham em média índices de inteligência mais altos do que os rapazes. Nos testes de audição, de cada 100 rapazes, 95 foram melhores ouvintes do que as moças. Em outra experiência, os estudantes foram divididos de acordo com a ocupação de seus pais. Os filhos de camponeses revelaram-se os melhores ouvintes, e não eram, nem de longe, os alunos mais inteligentes.

Tanto quanto essas experiências tenham demonstrado, acredita-se não existir correlação entre nível de inteligência e capacidade de audição, embora não se possa negar que o indivíduo "de inteligência tardia" não dispõe de grande acuidade auditiva. Tendemos a exagerar esse fato. *Um mau ouvinte não é necessariamente tolo.*

2. As estatísticas nos Estados Unidos demonstram que apenas 6% da população escolar sofre de defeitos de audição capazes de influir na capacidade individual de aprender. É um número relativamente pequeno, que demonstra a falsidade do princípio de que se ouve mal por deficiência da audição.

---

[10] CHESTERTON, G. K. *Ortodoxia.* Porto: Livraria Tavares Martins, 1958.
[11] NICHOLS, R. C.; STEVENS, L. A. *Are you listening?* Nova York: McGraw Hill, 1957.

A dificuldade na concentração, a tendência a uma atenção difusa e não dirigida, o desinteresse, a indiferença e uma série de fatores físicos e mentais contribuem para ouvir-se mal, sem que exista na pessoa qualquer defeito no aparelho auditivo.

A *habilidade de compreender o que se ouve* tem gradações inumeráveis nas crianças e nos adultos.

3. Tendemos a acreditar que a *prática de todo dia* acabará nos ensinando a ouvir melhor. Pode acontecer, entretanto, que estejamos aperfeiçoando nossos defeitos, e não nossas possíveis habilidades. Testes têm demonstrado que as habilidades auditivas dos adultos são idênticas às habilidades auditivas de crianças dos cursos primários. Isso demonstra que é a audição uma habilidade que não foi desenvolvida com a idade e com a experiência. Ouvia-se mal em criança e continua-se a ouvir mal depois de grande.

Professores de classes primárias, secundárias e pré-universitárias realizaram a experiência de interromper uma aula, fora de hora, anunciando: "Por hoje, é o bastante!". Imediatamente depois, fizeram duas perguntas:

1ª — No que V. estava pensando quando interrompi a aula?

2ª — O que eu estava falando?

Nas classes primárias, as crianças responderam oralmente, em particular, e os professores anotaram os resultados. Nas outras, mais adiantadas, os estudantes foram convidados a escrever suas respostas. Foram prevenidos tratar-se de experiência, sem maior responsabilidade, e nos questionários distribuídos não se pediu identificação.

As respostas do primeiro ano primário mostraram que 90% das crianças estavam ouvindo os professores quando a aula foi interrompida. Mais de 80% do segundo ano também estava ouvindo. As percentagens foram diminuindo à medida que se ascendia no nível das classes verificadas. No curso ginasial, apenas 43,7% dos estudantes estavam ouvindo, e no pré-universitário, a percentagem média caiu para 28%.

Essa experiência demonstra um fato que, a ser confirmado por experiências semelhantes, não deixa de impressionar: em lugar de aperfeiçoar-se, nossa capacidade de audição, com o tempo, *diminui e ouvimos cada vez pior*.

4. Muitas pessoas julgam que aprender a ler ensina-nos automaticamente a ouvir. *Embora muitas das habilidades que se aprendem com a leitura se apliquem à audição, a suposição não é totalmente válida.* Há duas grandes diferenças entre ler e ouvir. Enquanto ouvir é uma atividade social, a leitura é quase sempre individual; a pessoa lê sozinha. A concentração é, em tese, muito mais fácil na leitura do que na audição. O ritmo é totalmente diverso na leitura e na audição. Podemos ler um livro muito depressa, ou muito devagar, e, se quisermos, reler os trechos mais difíceis para nos assegurarmos de sua compreensão. O mesmo não acontece com a audição. Ouvindo, temos de ajustar-nos a quem fala, a sua velocidade e a seu ritmo. Se *perdemos uma palavra,* podemos não a recuperar mais, apesar do esforço.

Pesquisas têm demonstrado, nos Estados Unidos, que a leitura e a audição se aperfeiçoam quando apenas a leitura está sendo ensinada.

A criança, no primeiro ano do curso primário, ouve melhor do que lê. À medida que progride, tempo cada vez maior é dedicado à leitura, e sua habilidade na matéria vai crescendo, enquanto a habilidade de ouvir, embora se aperfeiçoe, não acompanha a curva de melhoria da leitura. Lá pela quinta ou sexta série, o jovem estará lendo bem melhor do que ouvindo: pode compreender melhor as lições por meio dos olhos do que pelos ouvidos. Desse ponto em diante, a audição vai ficando cada vez mais para trás, e, *como um razoável leitor e um mau ouvinte, o jovem entra em uma sociedade onde terá de ouvir três vezes mais do que ler.*[12]

Nos Estados Unidos, nos últimos anos, a Comunicação humana ganhou terreno nas escolas: um ano do curso obrigatório de inglês em nível pré-universitário foi substituído por um ano de treinamento em Comunicação, com o objetivo de aperfeiçoar os estudantes em quatro técnicas fundamentais: ler, escrever, falar e ouvir. Já haviam passado por uma experiência em 1951, quando cerca de 360 escolas universitárias haviam incluído a Comunicação humana em seus currículos. O número, hoje, deve ser incomensuravelmente maior. Acreditamos que, atualmente, não deverá existir uma única Universidade norte-americana que não tenha, entre suas disciplinas, a Comunicação humana.

No Brasil, foram as escolas de Administração de Empresas, da Fundação Getúlio Vargas, no Rio e em São Paulo, os primeiros estabelecimentos universitários a incluir a Comunicação humana em seus currículos, com professores brasileiros treinados nos Estados Unidos. Com o grande e crescente interesse pela matéria demonstrado pelos homens de empresa, hoje ela está incluída em outras escolas e universidades. Também é crescente o número de cursos avulsos, virtuais e presenciais oferecidos por organizações e associações especializadas, em suas sedes ou *in company.*

É de esperar que o Brasil preserve, por meio da Comunicação humana, a arte do entendimento entre os homens.

---

[12] NICHOLS, R. C.; STEVENS, L. *Are you listening?* Nova York: McGraw Hill, 1957.

6.
HÁBITOS NA AUDIÇÃO

> *Vivemos tão familiarizados com o som, que realizamos a maravilha de ouvir com a inconsciência dos rebanhos nos campos.*
> (Wendell Johnson)

Como estamos sempre mais propensos a falar do que a ouvir, habituamo-nos a interromper, a qualquer pretexto, as pessoas que estão falando. O mais comum é a tendência a antecipar o que a pessoa vai dizer. Há variante desse mau hábito: a de planejar mentalmente o que vamos dizer, enquanto o interlocutor está falando. Nessa hipótese, a audição é prejudicada, pois é impossível fazer ao mesmo tempo duas coisas que exigem concentração.

Um dos resultados do hábito de interromper é *duas pessoas falarem ao mesmo tempo*. O efeito é grotesco, principalmente quando os dois se convencem de que se farão ouvir se levantarem as vozes.

Esse tipo de diálogo *aos berros*, em que duas criaturas falam ao mesmo tempo, classifica-se no nível mais baixo da Comunicação humana, o nível dos primatas.

Interromper constitui violação do principal objetivo da Comunicação humana na audição: *fazer que o outro fale*. As observações são como as pedras preciosas: seu valor é determinado pela raridade. Observações e comentários podem ser guardados até o final da exposição, quando sempre haverá tempo para dirimir dúvidas.

O primeiro dos mandamentos do ouvinte atento é "Pare de falar", pois *quem fala não ouve*. Ouvir e falar constituem dicotomia autêntica, em que não há opostos, mas contraditórios. A natureza deu a cada homem *dois* ouvidos e *uma* língua, procurando ensinar-lhe que deve ouvir *mais* e falar *menos*:

> Os corações também têm orelhas: e estai certos de que cada um ouve, não conforme tem os ouvidos, senão conforme tem o coração e a inclinação... Cada ouvido é um caracol... E como as palavras entram passadas pelo oco deste parafuso, não é muito que, quando saem pela boca, saiam torcidas... torcidos os nomes, torcidos os verbos, torcidas as pessoas, torcidos os casos. Então dizeis que dissestes o que ouvistes... Como os ouvidos são dois, e a boca uma, sucede que, entrando pelos ouvidos duas verdades, sai pela boca uma mentira.[13]

---

[13] VIEIRA, A. *Sermões*. Porto: Lello & Irmão, Editores, 1951.

A deturpação do que ouvimos é resultante dos fatores mentais da audição, os quais podem influir sobre o significado das palavras em nosso entendimento.

Na transmissão oral, preconceitos, preocupações, sentimentos *integram-se* na mensagem recebida e juntam-se aos maus hábitos para *distorcer* o que se ouve. A história do Eclipse do Sol, muito popular no exército, ilustra as distorções provocadas pelas deficiências na audição.

"Capitão ao Sargento-ajudante:

— Sargento! Dando-se amanhã um eclipse do sol, determino que a companhia esteja formada, com uniforme de campanha, no campo de exercício, onde darei explicações em torno do raro fenômeno que não acontece todos os dias. Se por acaso chover, nada se poderá ver e neste caso fica a companhia dentro do quartel.

Sargento-ajudante ao sargento de dia:

— Sargento, de ordem de meu capitão, amanhã haverá um eclipse do sol, em uniforme de campanha. Toda a companhia terá de estar formada no campo de exercício, onde meu capitão dará as explicações necessárias, o que não acontece todos os dias. Se chover, o fenômeno será mesmo dentro do quartel!

Sargento de dia ao cabo:

— Cabo, o nosso capitão fará amanhã um eclipse do sol no campo de exercício. Se chover, o que não acontece todos os dias, nada se poderá ver. Em uniforme de campanha, o capitão dará a explicação necessária, dentro do quartel.

Cabo aos soldados:

— Soldados, amanhã para receber o eclipse que dará a explicação necessária sobre nosso capitão, o fenômeno será em uniforme de exercício. Isto, se chover dentro do quartel, o que não acontece todos os dias."

Experiência viva foi realizada em São Paulo, sob a orientação do Dr. Bruno Mendes, da Fontoura-Wyeth, com um grupo de doze vendedores. Uma história original foi ouvida e transmitida, em particular, de vendedor a vendedor. O resultado foram doze versões sucessivas. A reprodução da história original e de todas as suas versões constitui importante depoimento sobre os hábitos da audição:

"**História original:**

Depois de derrotar os romanos em Soisson, Clodoveu, rei dos francos, absteve-se, embora pudesse, de ocupar a cidade de Reims, em consideração ao arcebispo

Remi, santificado mais tarde e seu amigo e conselheiro. Mas um bando de soldados saqueou as igrejas e levou da pilhagem grande quantidade de adornos e objetos sacros, entre os quais grande vaso de beleza excepcional. Magoado com esse prejuízo, o arcebispo mandou comunicar a Clodoveu que deixava aos soldados toda a presa, mas fazia questão de reaver o vaso. Em resposta, Clodoveu convidou-o a acompanhá-lo a Soisson, onde os soldados partilhariam o produto do saque. Estando Clodoveu e os emissários do arcebispo diante do vaso, o rei disse aos soldados: — Rogo-vos, meus fiéis guerreiros, que me deixeis este objeto. Desejo dispor dele a meu critério! Todos os soldados concordaram, menos o cabo, que respondeu ao soberano: — Não, senhor! Só receberás o que te couber por sorte! Assim dizendo, empunhou a francisque, que é uma espécie de machado, e dum só golpe despedaçou o vaso. O rei suportou a afronta, juntou os cacos esparsos e entregou-os aos mensageiros do arcebispo, desculpando-se em termos elevados. No ano seguinte, por ocasião de uma revista militar, o rei Clodoveu reconheceu o cabo. Arrancou-lhe das mãos a francisque encardida e em mau estado e arremessou-a ao chão. O homem abaixou-se para apanhá-la e o rei decepou-lhe a cabeça dizendo: — Lembra-te do vaso de Soisson?

VERSÃO DO 1º VENDEDOR:

Clodoveu, um rei da Antiguidade, quando tomou Soisson, em entendimentos feitos com o rei de Remi, prometeu-lhe não saquear a igreja, porém, sob seu desconhecimento, seus soldados fizeram saque total levando inclusive um vaso de consideração do arcebispo de Remi. Muito tempo depois, atendendo a pedido do arcebispo de Remi, o rei reuniu seus soldados e pediu que lhe devolvessem o vaso, porém o vaso tinha sido roubado por um cabo da sua armada. O rei, pedindo para que lhe devolvesse o vaso, o cabo assim respondeu: — Só devolverei do vaso a parte que lhe couber por sorte! E assim sendo, tomou de machado conhecido por francisque e destroçou o vaso. O rei nada disse. Apanhou os pedaços e enviou ao emissário do bispo, que tinha sido mandado para pedir o vaso, os cacos. Tempos depois, passando em revista sua tropa, o rei reconheceu, maltrapilho e sujo, o cabo com o machado, ou melhor dizendo, quem estava maltrapilho e sujo não era o cabo, era sim a francisque na mão do cabo. O rei, tomando a francisque da mão do cabo, arremessou-a ao chão. Esse, quando se aprontava para apanhá-la, o rei decepou-lhe a cabeça, assim dizendo: — Lembra-se do vaso do arcebispo de Remi?

VERSÃO DO 2º VENDEDOR:

Um determinado rei, que era um grande conquistador, ao empreender uma de suas batalhas, foi alertado pelo arcebispo de uma determinada cidade que não destruísse suas igrejas e suas riquezas, porém, tempos depois ao fim da batalha, um dos seus soldados, aliás, todos os seus soldados saquearam a cidade, inclusive a igreja, levando grandes riquezas. O arcebispo, posteriormente, pediu ao rei que fosse devolvido um de seus vasos, que era um vaso importante. Este rei, procurando entre seus comandados qual aquele que havia apanhado, tomado, roubado aquele determinado vaso, chegou à conclusão, após uma revista, que era um determinado cabo, ou seja, um de seus soldados. Pediu a esse que devolvesse ao emissário do arcebispo o respectivo vaso. Este disse que devolveria aquilo que coubesse ao determinado arcebispo. Tomando de um machado arrebentou o vaso. O respectivo rei, juntando todos os pedaços, enviou, através de um emissário, ao arcebispo. Passado mais algum tempo, o rei verificou que entre os seus soldados se encontrava o cabo e, em seu poder, se encontrava o respectivo machado. Perguntando a ele então se tinha sido ele que tinha feito aquilo, e pedindo ao soldado que arremessasse o machado, que jogasse fora o machado, isto é, o soldado jogando o machado fora, e abaixando-se para apanhar o determinado objeto, falando qualquer coisa, o rei, apanhando o machado, decepou-lhe a cabeça e disse: — Lembra-se do vaso do arcebispo de Remi?

Versão do 3º vendedor:

Um determinado rei conquistador, certa ocasião tomando conta de uma praça, prometeu ao bispo local que não destruiria suas riquezas, suas igrejas, o que tivesse enfim, que ele garantiria que lá não seria saqueado, mas os soldados desrespeitaram ou pelo menos desconheceram essa promessa do rei, saquearam as igrejas e tomaram posse de tudo. O bispo, com o tempo, voltou ao rei, disse o que acontecera, e pediu a ele que devolvesse determinado vaso, que era um objeto de estimação. O rei, procurando entre seus soldados, encontrou esse vaso em poder de um cabo e disse ao cabo então que devolvesse esse objeto ao bispo, que ele estava querendo. O cabo, por sua vez, disse que só devolveria esse objeto em condições especiais, dele, cabo, e tomando de um machado rebentou o vaso. O rei paciente recolheu esses cacos e enviou-os ao bispo. Com o tempo o rei ficou sabendo da existência de um machado e, procurando saber, soube que esse era o machado com o qual fora destruído o vaso. Chamando o cabo que era o dono desse machado, disse a ele que arremessasse esse machado longe. O cabo arremessou o machado. O rei tomando do machado, posteriormente, na oportunidade em que o cabo se abaixou, decepou-lhe a cabeça e disse: — Lembra-se do vaso do bispo que você arrebentou?

Versão do 4º vendedor:

Um bispo foi procurar o rei que este sabia que estava em posse desse rei um determinado vaso. O rei por sua vez não sabia da existência desse objeto, mas procurou através de seus soldados um ou alguns que pudessem ter uma informação referente a esse vaso e por sorte encontrou um determinado cabo que estava em poder desse vaso. O cabo então disse-lhe que poderia devolver o vaso com umas certas condições. Nesse ínterim, exigiu as condições e quebrou o vaso com um machado que estava em seu poder também. O rei então pediu, aliás pediu não, muito calmamente apanhou os cacos do vaso e devolveu ao bispo, e quanto ao machado pediu ao cabo que arremessasse o mais longe possível. Isso foi feito, e o rei (não sei como ele conseguiu o machado novamente), decepou-lhe a cabeça, do cabo.

Versão do 5º vendedor:

O rei foi pedir ao bispo sobre a existência do vaso que ele sabia existir, mas o rei não sabia com quem estava o vaso, ajuntou seus subordinados e perguntou a eles; e apareceu um cabo que sabia da existência mas tinha uma condição para entregar o vaso. Foi entregue o vaso. O rei pegou o machado e quebrou ele em pedaços. Depois ele pegou os cacos do vaso e entregou ao rei e mandou que jogasse o cabo do machado bem longe, mas não sei por que cargas-dágua o rei pegou o cabo do machado e devolveu ao bispo outra vez e o rei mandou cortar o pescoço do soldado.

Versão do 6º vendedor:

Um rei sabia da existência de um vaso e reuniu seus subordinados, perguntou se alguém deles podia localizar esse vaso. Um cabo disse que sabia, porém, que exigia uma condição para entregar o vaso ao rei. Aceita a condição, ele trouxe o vaso e com o machado partiu o vaso em cacos. Depois pediu ao rei que jogasse o cabo do machado. Nessa altura, o rei em vez de jogar o cabo do machado devolveu e mandou cortar a cabeça do cabo.

Versão do 7º vendedor:

A história do vaso secreto que todos no palácio tinham noção e conhecimento de sua existência à exceção do rei, quando chegou ao ouvido dele a existência desse vaso então reuniu seu corpo de tropa, seu corpo de guarda e indagou deles quem sabia do local onde se encontrava, que ele queria conhecer esse vaso secreto. Um cabo se manifestou que conhecia o local e se prontificou a trazê-lo, impondo, porém, uma condição. O rei aceitou essa condição imposta e o cabo trouxe então o vaso secreto e entregou também ao rei um machado pedindo a ele que estraçalhasse o vaso secreto, e isto foi feito. Posteriormente o rei mandou cortar a cabeça do cabo.

Versão do 8º vendedor:

Existiu um rei que soube da existência de um vaso que era misterioso e queria conhecer esse vaso, saber onde estava, e reuniu seu Batalhão, a tropa toda e perguntou se alguém sabia, se tinha conhecimento de um vaso misterioso. Dentre eles um cabo disse que sabia da existência desse vaso e disse ao rei. O rei, então, pediu que o cabo trouxesse esse vaso. O cabo disse que traria o vaso, mas impunha uma certa condição e ele apresentou o vaso e despedaçou o vaso na presença do rei e entregou o machado para o rei, que atirou longe e depois quando o cabo abaixou-se ele cortou a cabeça do cabo.

Versão do 9º vendedor:

Certa vez um rei desejava conhecer um vaso muito precioso e reunindo sua comitiva perguntou a cada um se sabia a respeito de tal vaso. Levantou-se então o cabo e disse que sabia a respeito desse tal vaso. Então o cabo trouxe o vaso na presença do rei. O cabo jogou o vaso no chão e apanhou os pedaços e entregou ao rei. O rei, então, em seguida mandou cortar a cabeça do cabo do machado.

Versão do 10º vendedor:

A história de um rei que queria um vaso preciosíssimo, perguntou para todos os seus auxiliares quem é que conhecia esse tal vaso. Então, apresentou-se o cabo. O cabo disse que poderia fornecer esse vaso preciosíssimo. O rei então disse a ele que procurasse o vaso. Ele trouxe o vaso, quebrou e depois recolheu os pedaços, entregou todos os pedaços ao rei. Em seguida o rei, naturalmente irado pelo fato dele ter quebrado o vaso, mandou cortar a cabeça do cabo.

Versão do 11º vendedor:

A história de um rei que queria um vaso precioso, então chamou todos os seus auxiliares e perguntou quem tinha esse vaso precioso? Nisso apresentou-se um cabo dizendo que poderia encontrar esse vaso, como de fato encontrou, mas ao levá-lo para o rei o vaso caiu e quebrou-se, sendo que o cabo assim mesmo juntou os pedaços e levou ao rei. O rei com isso irritado mandou cortar a cabeça do cabo.

Versão do 12º vendedor:

Eu vou contar uma pequena história. Um rei queria um vaso precioso e não sabia onde encontrar. Nisso uma pessoa, um cabo, se ofereceu dizendo onde encontrar esse vaso e quando vinha trazendo esse vaso ao rei, caiu, e quebrou em pedaços. Depois, ele colheu os pedaços e, mesmo assim, levou ao rei. O rei vendo o cabo trazendo o vaso em pedaços mandou cortar a cabeça."

7.
A PSICOLOGIA DO BOATO

> *Fama aquella malvada se apellida que es*
> *veloz como igual no ha visto el cielo.*
> *En su movilidad está su vida,*
> *le crecen las fuerzas con el vuelo:*
> ....
> *con ardor igual, doquier que gira*
> *Divulga la verdad y la mentira.*
> ("Eneida, Livro IV", trad. M. Antônio Caro)

Qualquer boato circula dentro de um grupo com intensidade proporcional à importância e ao desconhecimento do assunto.[14]

Em 1942, um navio pesqueiro de pequeno porte naufragou, acidentalmente, próximo do Cabo Cod, nos Estados Unidos. Esse incidente transformou-se, para a população de New England, em uma história fantástica do torpedeamento, por um submarino alemão, de um navio americano, com a perda de mais de mil vítimas, inclusive todas as enfermeiras que se encontravam a bordo seguindo para a Europa.[15]

No Brasil, durante o período confuso que se sucedeu à renúncia do Sr. Jânio Quadros, os boatos concentraram-se nos movimentos de tropas, as quais ora desciam do Rio de Janeiro, rumo ao Rio Grande do Sul, ora subiam, em sentido inverso.

O boato costuma originar-se de algumas causas bem definidas:

1. Absoluta falta de notícias autênticas.
2. Falha nos sistemas de Comunicação.
3. Circulação de versões diferentes sobre o mesmo assunto.
4. Falta de confiança na fonte de informação.

---

[14] ALLPORT, G. W.; POSTMAN, L. *Psicologia del rumor*. Buenos Aires: Editorial Psique, 1953.
[15] Idem.

Pesquisa realizada nos Estados Unidos, antes da Segunda Guerra Mundial, revelou os tipos mais comuns de boatos, classificados de acordo com a emoção dominante em cada um deles:

Boatos devidos à hostilidade . . . . 66 %
Boatos devidos ao medo. . . . . 25 %
Boatos devidos ao desejo . . . . 2 %
Diversos . . . . 7 %

Exemplos de boatos hostis que circularam durante a guerra:[16]

1º — O exército norte-americano desperdiça toneladas de carne, enquanto a população não tem carne para comer.

2º — Os russos lubrificam suas armas com a manteiga enviada pelos Estados Unidos.

3º — Os negros estão preparando, nos Estados Unidos, uma revolta geral.

4º — Os judeus estão furtando-se ao serviço militar.

Os boatos podem exercer influência benéfica, como fator de equilíbrio emocional: explicam e avaliam. Explicam o desconhecido, o incompreensível, o secreto, satisfazendo, dessa maneira, o desejo de compreender; aliviam as tensões emocionais, atuando como verdadeira válvula de escape.

O *processo da difusão* do boato é demonstrado em laboratórios de Psicologia, por meio de um método bastante simples. Projeta-se um *slide* para determinado indivíduo; este, pouco depois, descreve-o para uma segunda pessoa, a qual, por sua vez, passa adiante a descrição para uma terceira, a terceira para uma quarta e assim por diante. As versões são gravadas, e o *slide* depois é projetado, enquanto as versões são transmitidas.

A história de Clodoveu demonstra as modificações *estruturais* e *significativas* que os temas sofrem à medida que vão sendo transmitidos. A disseminação faz que o boato atravesse algumas fases bem definidas:

1ª — Diminui de tamanho.
2ª — Fica mais conciso.
3ª — Reduz o número de palavras.
4ª — Reduz os pormenores.

---

[16] Idem.

Em geral, 30% dos pormenores desaparecem do corpo da história, da quinta versão em diante – mesmo quando não decorra nenhum lapso entre a recepção da versão e a transmissão da seguinte.

Depois de uma acentuada redução na extensão e nas minúcias, o boato estabiliza-se e, desse momento em diante, segue sem alterações.

Essa fase de estabilização, entretanto, pode sofrer adições de elementos que procuram dar maior *coerência* ao boato, procurando ajustá-lo a condições com as quais estejamos mais acostumados.

Em Ribeirão Preto, em uma palestra sobre a audição na Comunicação humana, redigimos uma nota que foi lida aos ouvidos do primeiro assistente colocado em uma fila de trinta pessoas em um auditório totalmente lotado. Tanto as pessoas em fila quanto os demais assistentes desconheciam o objetivo da experiência. Pedimos apenas que ouvissem com atenção a notícia confidenciada, transmitindo-a em seguida ao companheiro colocado a sua frente.

A notícia era a seguinte:

"Estamos seguramente informados de que o Brasil, mediante acordo assinado em Washington, com o Banco Interamericano de Desenvolvimento, vai realizar, pela primeira vez em sua história, um empréstimo de 186 milhões de dólares aos Estados Unidos".

A última versão foi a seguinte:

"No Banco do Desenvolvimento Econômico, o Brasil assinou um acordo de empréstimo de 100 milhões de dólares dos Estados Unidos".

Pode notar-se na última versão:

1ª — O Banco Interamericano de Desenvolvimento – menos conhecido – passou a ser o Banco de Desenvolvimento Econômico – mais conhecido.

2ª — Detalhes foram omitidos:
   a. A referência à cidade de Washington.
   b. A frase "pela primeira vez em sua história".
   c. A frase "Estamos seguramente informados".

3ª — A simplificação é também evidente quando se comparam as frases: "O Brasil, mediante acordo assinado em Washington" e "O Brasil assinou".

4ª — As frações da soma total do empréstimo foram também omitidas: 100 milhões de dólares é uma importância redonda, mais fácil de ser conservada na memória do que 186 milhões de dólares.

5ª — O empréstimo de 186 milhões de dólares do Brasil aos Estados Unidos foi ajustado, por força da *coerência,* a um empréstimo de 100 milhões de dólares dos Estados Unidos ao Brasil.

Essa experiência de Ribeirão Preto foi repetida, com variantes, em outras cidades e perante outros auditórios, apresentando sempre resultados idênticos às experiências de Allport e Postman.

8. OS NÍVEIS DA AUDIÇÃO

Warble, child; make passionate my sense of hearing.
(Shakespeare, "Love's Labours' Lost", act III, l ª)

As pessoas normais, embora procurando escutar atentamente, *só se inteiram da metade do que ouvem.* Ouvir demanda, em média, de 30% a 55% de nosso tempo e, em um período de dois meses, conservamos apenas 25% do que ouvimos. Dos 50% que somos capazes de *reter* pela audição atenta, sessenta dias depois, conservamos apenas *uma quarta parte* do que ouvimos.[17] Considerando-se a variedade e a qualidade de fatores que influem na audição, ouvir é a *habilidade mais descuidada da Comunicação humana.*[18]

Lydia Strong admite quatro níveis na perícia em escutar:

1º nível: Deduzir o sentido do som.
2º nível: Compreender o que se está dizendo.
3º nível: Distinguir o real do imaginário.
4º nível: Escutar com empatia.[19]

Ouvir *é perceber* pelo sentido da audição, enquanto escutar significa *dirigir a atenção* para ouvir. Escutar é, pois, alguma coisa *a mais* do que ouvir.

Os quatro níveis de audição mencionados podem ser alcançados por meio de treinamento e aperfeiçoamento da capacidade individual.

---

[17] ZELKO, H. P. *How to be a good listener.* Nova York: Employee Relations, Inc., 1958.
[18] BROWN, C. S.; COHN, T. S. *The study of leadership.* Interstate - Danville, III, 1958.
[19] STRONG, L. *Do you know how to listen?* Management Review, Agosto, 1955.

1º NÍVEL

No aprendizado da linguagem, a criança é impulsionada pela curiosidade e, a partir de certo ponto de seu desenvolvimento intelectual, separa-se em definitivo dos animais irracionais, por meio de sua capacidade de criar e interpretar símbolos. O primeiro nível da audição é o estágio em que fazemos corretamente as associações. A palavra *cão* passa a ter um sentido determinado para nós. Sabemos *a que* se refere quem usa a palavra. Da mesma forma, distinguimos a linguagem dos sons: os cantos dos pássaros, o apito das fábricas, o ronco dos motores de avião, o ruído da chuva, do vento, etc.

Existem dois exercícios práticos para aumentar a capacidade de ouvir, concentrando-se nesse primeiro nível:[20]

Exercício Nº 1

Procure identificar todos os sons que em determinado momento lhe chegam aos ouvidos: um *canário* cantando – um *automóvel* passando – um *sino* repicando – uma *criança* chorando – um *martelo* batendo, etc.

Na cidade ou no campo, temos à disposição grande variedade de sons identificáveis. Perceberemos, com a repetição, notável acuidade auditiva desenvolver-se dessa distinção de sons. Faça esse exercício cinco minutos todos os dias.

Exercício Nº 2

Procure identificar, *pelas vozes,* as pessoas em determinado meio. Faça esse exercício no trabalho, na escola, ou pelo Rádio, procurando identificar as vozes de seus âncoras e cantores favoritos.

2º NÍVEL

Isoladamente, a palavra *cão* não tem um significado preciso. Toda palavra é polissêmica, tem diversas significações. O significado da palavra depende do contexto e dos referentes.

Vamos supor que V. ouça a palavra:

— Cão!

O tom da palavra já pode modificar seu significado original. Em textos diferentes, a palavra *cão* terá significados diferentes:

---

[20] THOMPSON, W. *Fundamentals of communication.* Nova York: McGraw Hill, 1957.

"Atirou um osso ao *cão.*"

"O miserável leva uma vida de *cão.*"

"Ernesto é um *cão* fiel."

"A garotinha pôs o *cão* ao colo."

"Esse *cão* é do vizinho!"

"Vitalino é o *cão!*"

"Você é um *cão!*"

O segundo nível depende da atenção aos contextos, aos referentes, aos tons com que são ditas as palavras, a fim de apanhar-se o sentido *exato*. Não basta a mera associação subjetiva do som, que nos chega aos ouvidos, com a palavra à qual emprestamos sentido, baseados em experiência anterior.

3º NÍVEL

Para distinguir o real do imaginário, exige-se distinguir entre fatos e opiniões, inferências e observações, além de reconhecer palavras abstratas, indiscriminações, desencontros, polarizações, etc.

O que se pede neste terceiro nível é o *valor certo* do que se lê, do que se ouve, do que nos chega pela Comunicação humana. Por *valor certo* queremos dizer a *autenticidade* da notícia, a *probabilidade* da inferência, a *acuidade* da observação, a *imparcialidade* nas opiniões. Será sempre relativa essa noção de *valor certo*. No mundo moderno, o volume e a complexidade dos conhecimentos tornam cada vez mais duvidosas as avaliações.

Como vivemos avaliando, é regra de sabedoria reconhecer as bases discutíveis de nossas mais rigorosas avaliações.

Não tomar o real por imaginário, nem o imaginário pela realidade já é considerável avanço na arte de ouvir. Podemos aceitar a dúvida como estímulo ao conhecimento, desde que não nos entreguemos a um negativismo ético individual, pernicioso e destrutivo.

Dúvida estimulante é a que nos convida a pensar duas vezes antes de aceitar um pensamento ou ideia. Essa dúvida obriga-nos a estabelecer distinções e é extremamente útil para quem deseja aperfeiçoar sua perícia em ouvir; é um nível superior à simples dedução do sentido do som e da compreensão pelos referentes.

4º NÍVEL

Ouvir é uma *sociedade* voluntária e consciente entre pessoas, as quais procuram chegar, pelo intercâmbio de símbolos, a uma área de entendimento.

Uma das características da Comunicação humana é o fato de ser estritamente *individual* e essa individualidade impregna cada item e todo o processo. O significado é sempre *individual*. Só nos asseguramos de haver chegado à compreensão plena por meio da Comunicação humana se a imaginação for capaz de *projetar-se* no pensamento do interlocutor. Temos de penetrar no pensamento alheio, apreendê-lo, assimilá-lo, para concluir se ele está de acordo com o nosso. É a *empatia,* o mais alto nível que podemos atingir em perícia na audição. Para ouvir, precisamos chegar a ouvir com empatia – *colocando-nos no lugar* da pessoa que fala.

Essa maneira de ouvir tem seus riscos:

Se V. compreende realmente a outra pessoa, entra em seu mundo interior e vê a forma pela qual a vida se apresenta a ela, corre o risco de transformar-se. V. pode passar a ver a vida *como ela vê,* acabando influenciado por suas atitudes e por sua personalidade.[21]

Se, efetivamente, nós nos pusermos no lugar de quem fala, *deixaremos de ser nós mesmos,* e o objetivo do diálogo – a busca a dois de uma verdade aceita por ambas as partes – não é mais atingido. As duas partes reduzem-se, *pela empatia,* a uma só. Se apenas nos esforçamos em nos colocar no lugar do outro, sem renunciar a nosso senso crítico, a nossa capacidade de avaliação, não estaremos ouvindo com empatia, porque a empatia pede a *total* projeção imaginativa.

Parece-nos que a mais alta forma de ouvir deveria ser qualificada como *ouvir com sincera disposição de empatia:* o suficiente para procurar compreender quem nos fala, de *seu* ponto de vista, sem abdicar de nossa individualidade.

9.
PARA OUVIR MELHOR

O Conselho para a Educação de Adultos de Nova York, desde 1950, mantém "clínicas de audição", com a finalidade de aumentar a capacidade de audição de seus sócios. O sistema utilizado nessas "clínicas" é muito simples: uma pessoa lê alto enquanto outros, em torno de uma mesa, concentram-se no que ela está dizendo. Finda a leitura, cada um faz um *apanhado* do que ouviu. Os resultados são

---

[21] ROGERS, C. R.; FARSON, R. E. *Active listening.* Chicago: University of Chicago Press, 1955.

comparados e comentados entre todos. A experiência é repetida, até que o nível de compreensão e reprodução seja considerado satisfatório pelo grupo.

Para ouvir melhor, V. deve obedecer a algumas recomendações:

1. Mantenha a vontade *firme* e o sentido de audição *alerta:* preste atenção!
2. Não hesite em consultar o médico, se desconfiar de qualquer deficiência auditiva.
3. Procure sempre *ver* quem fala: a visão ajuda a audição.
4. Não *encoste o corpo* para ouvir; ao contrário, fique em posição firme para ajudar os sentidos a permanecerem alertas.
5. Faça o possível para não se entregar a emoções, fugindo a antagonismos, preconceitos, etc.
6. Evite sistematicamente as interrupções.
7. Esquive-se ao hábito de tomar notas, em excesso. É impossível fazer, ao mesmo tempo, duas coisas que exigem concentração. Suas notas devem ser rápidas, simples lembretes para memorização posterior mais efetiva. Fazer garatujas ao acaso pode levá-lo a pensar em outras coisas e a deixar de ouvir.
8. Procure, sempre que possível, *exercitar* sua audição, distinguindo sons, identificando vozes, esforçando-se por *apurar os ouvidos.*
9. Para ouvir, pare de falar! Quem fala, não ouve.
10. Ouça para *compreender* e não para *responder.*
11. Fuja às distrações: concentre-se.
12. Use de uma disposição de *empatia* para quem lhe fala.
13. Tenha tempo para ouvir.
14. Lembre-se de que V. ouvirá melhor, sempre que *precisar* compreender, por *interesse.*
15. Observe cuidadosamente cada um dos fatores físicos que podem influenciar sua audição.
16. Considere atentamente cada um dos fatores mentais que podem influenciar sua audição.
17. Convença-se de que, pelo treinamento, é possível aumentar sua capacidade e efetividade no ouvir.
18. Tenha cuidado ao parafrasear o que ouvir: nossa capacidade de retenção é variável e, muitas vezes, inconscientemente, deturpamos o que ouvimos.

19. Esforce-se para alcançar sucessivamente os quatro níveis de perícia em escutar, procurando cada vez mais habituar-se ao terceiro e quarto níveis.

20. Desenvolva um sentimento de *respeito* pelas opiniões alheias e um sincero desejo de conhecer *como pensam* as outras pessoas.

Capítulo 9
A LEITURA E A COMUNICAÇÃO HUMANA

Ler faz um homem completo.
(Francis Bacon)

No mundo moderno, em que é cada vez mais dura a competição pessoal, e cada vez mais profundo o *abismo da ignorância*,[1] não por incapacidade do espírito humano, mas pelo aumento enorme da quantidade de coisas a aprender, a leitura ainda é dos mais decisivos meios de aquisição de conhecimentos. Leitura e personalidade continuam juntas: Dize-me o que lês e te direi quem és! Embora a popularidade do Cinema, do Rádio, da Televisão, do Computador tenha influído nos hábitos de leitura, não se tem notícia, em qualquer país civilizado, da redução no volume de papéis impressos.

Todo esse imenso volume de meios de Comunicação humana deveria pesar nos hábitos de leitura do brasileiro, estabelecendo concorrência com as editoras. Os livros, porém, vêm quebrando sucessivos recordes de vendas. O número de revistas técnicas e de atualidades tem aumentado. Não há, no presente, nem haverá possibilidade de existir, no futuro, substituição para o hábito de ler.[2]

A palavra *ler* vem do latim *legere,* que significa, ao mesmo tempo, *ler* e *colher.* Por isso, Faguet (1958) define a leitura como a *arte de colher ideias.* Ler é interpretar símbolos gráficos, de maneira a compreendê-los, e a leitura constitui uma das cinco atividades filológicas básicas: pensar, falar, ouvir, escrever e ler. Yoakam observa que essas atividades linguísticas são relacionadas entre si: o *pensamento* é expresso pela *fala,* transmitido pela *audição,* gravado pela *escrita* e interpretado pela *leitura.*[3]

---

[1] TOYNBEE, A. J. *A civilização posta à prova.* São Paulo: Companhia Editora Nacional, 1953.
[2] THOMPSON, W. *Fundamentals of communication.* Nova York: McGraw Hill, 1957.
[3] YOAKAM, G. A. *Basic reading and instruction.* Nova York: McGraw Hill, 1955.

1. O PROCESSO DA LEITURA

A leitura é um processo de *interpretar* o texto impresso e tem a finalidade de *compreender* esse texto. Sendo a leitura um processo, compreende cinco atividades distintas, a saber:

1ª – O reconhecimento dos vocábulos.

2ª – A interpretação do pensamento do autor.

3ª – A associação das ideias do autor com as ideias do leitor, levando este à compreensão.

4ª – A retenção dessas ideias.

5ª – A capacidade de reprodução dessas ideias, sempre que necessário.

Como se vê, estamos diante de um processo complexo e, antes de prosseguir, convém fixar bem seus pormenores.

Vamos ler o seguinte trecho do Dr. C. C. Jung, citado por Fulton Sheen: "Durante os últimos trinta anos, pessoas de todos os países civilizados têm vindo consultar-me. Tenho tratado de muitas centenas de pacientes, sendo o maior número de protestantes, pequeno número de judeus e não mais de cinco ou seis católicos praticantes. Entre todos os meus pacientes na segunda metade da vida, isto é, com mais de trinta anos, nem um só existiu cujo problema, tomado como última expressão, não fosse o de encontrar uma perspectiva religiosa na vida. Pode-se afirmar com segurança que cada um deles adoeceu, por haver perdido aquilo que as religiões vivas de todos os tempos têm dado a seus seguidores, e nenhum deles ficou realmente curado senão quando recuperou sua fé religiosa".[4]

Ao ler esse trecho, nossa primeira atividade foi a de reconhecer os vocábulos: durante os últimos trinta anos, etc. Nossos olhos viram o conjunto de duas, três ou quatro palavras *ao mesmo tempo,* se somos bons leitores e estamos acostumados a ler. Poderíamos também ter lido palavra por palavra: durante – os – últimos – trinta anos, etc., o que demonstraria falta de aprendizado e treinamento na leitura. Há, ainda, os que leem *silabando,* quase que unindo vogais e consoantes, para os quais a leitura é um esforço penoso: seus olhos leem: du-ran-te, durante, os úl-ti-mos, os últimos, etc. De qualquer forma, teríamos de *reconhecer* os vocábulos, de saber o que significam, uma por uma, as palavras lidas. Se não soubéssemos o significado

---

[4] SHEEN, F. J. *Angústia e paz.* Rio de Janeiro: Livraria Agir Editora, 1959.

da palavra *trinta*, por exemplo, não poderíamos continuar a leitura do período, pois nos faltaria um elemento importante para sua compreensão: durante os últimos anos – que quererá dizer *trinta?* Sem essa *resposta,* o processo se interrompe.

A segunda atividade é mais complexa. Sabemos que frase é o conjunto de palavras capaz de formar sentido ou "a unidade fundamental do discurso". Cumpre à mente verificar se *forma sentido* a disposição das palavras do autor: *durante os últimos trinta anos, pessoas de todos os países civilizados têm vindo consultar-me.*

Temos de tomar a frase em *seu conjunto* e interpretá-la dessa maneira. Não chegaremos a lugar nenhum se quisermos tomar cada palavra isoladamente: durante – os – últimos, etc. A interpretação exige um esforço de ler *conjuntos de palavras,* dispostas de uma forma tal que cheguem a um sentido. Na prática, buscamos apreender onde está a chave do significado de cada uma delas:

1. Durante os últimos trinta anos.
2. Pessoas de todos os países civilizados.
3. Têm vindo procurar-me.

Isoladamente, nenhuma forma o sentido que o autor procurou extrair do conjunto. A clareza do período é máxima quando podemos fazer variações na sequência sem quebrar o sentido:

1. Têm vindo procurar-me.
2. Pessoas de todos os países civilizados.
3. Durante os últimos trinta anos.

ou

1. Pessoas de todos os países civilizados.
2. Têm vindo procurar-me.
3. Durante os últimos trinta anos.

ou ainda

1. Têm vindo procurar-me.
2. Durante os últimos trinta anos.
3. Pessoas de todos os países civilizados.

Posso interpretar o pensamento do autor: ele *organizou* as palavras de acordo com as ideias. Não escreveu, por exemplo: *Têm pessoas durante os últimos países civilizados vindo procurar-me todos os trinta anos* – o que seria ininteligível.

Fulton Sheen cita o trecho de um livro escrito por famoso psicólogo alemão. Deve existir agora, em uma terceira atividade, verdadeira *associação* entre as ideias do autor e do leitor. Se este ignora quem seja o Dr. Jung, começa a ter dificuldades para compreender a citação. Se não atentar para o fato de tratar-se de uma citação, pensará que o autor se refere a si próprio. Pode acontecer, ainda, que a leitura seja interrompida por uma razão qualquer. Nesse caso, a compreensão também fica em suspenso, visto que a primeira frase não explica o período; é apenas uma introdução ao assunto, o qual somente formará sentido depois da leitura completa do período. Compreensão parcial não é compreensão, pois não chegamos a *apreender* o que o autor pretende transmitir.

A retenção, quarta atividade do processo de leitura, tem sido fartamente estudada pela Psicologia moderna, por tratar-se de uma das três divisões principais do aprendizado. Como *reter* o que se leu? Onde fica o que foi lido? Dizem alguns que no *inconsciente*. Será a retenção inconsciente?

Woodworth e Marquis defendem a teoria dos *traços mnêmicos*,[5] supondo que todo processo de aprendizagem deixa algum traço no cérebro, embora admitam desconhecer a natureza exata desse traço. Os *traços mnêmicos* vão sendo *impressos* no cérebro, à medida que vamos lendo e nos entregamos às três primeiras atividades. As ideias absorvidas pela leitura vão sendo *armazenadas* na mente; vamos acumulando pensamentos, ideias, sabedoria. Persistindo os *traços mnêmicos* durante algum tempo, o que aprendemos ou o que retivemos com a leitura poderá ser *lembrado*. Durante quanto tempo? A questão é controvertida. Psicólogos extremados acham que *tudo* quanto aprendemos, em qualquer tempo, fica para sempre gravado no cérebro. Woodworth e Marquis pensam que *grande parte do que se aprende fica esquecido*.

Na leitura, só podemos ter a certeza de que o processo se completou se identificarmos a quinta e última atividade, simples consequência da capacidade individual de retenção. Essa quinta atividade, que coroa o processo da leitura, é a *reprodução* que o leitor fará, sempre que necessário, do que leu, ou seja, do que reconheceu, interpretou, compreendeu, reteve e é capaz de parafrasear:

A citação de Fulton Sheen refere-se ao fato de o Dr. Jung haver encontrado, na maioria dos clientes que de todos os países e de todas as crenças o procuravam, mais do que a doença, o desequilíbrio emocional causado pela ausência de Deus, pela irreligiosidade. Como bispo católico, Fulton Sheen procurou demonstrar, com as palavras de Jung, a necessidade da religião como imperativo da alma.

---

[5] WOODWORTH, R.; MARQUIS, D. G. *Psicologia*. São Paulo: Companhia. Editora Nacional, 1959.

2. Compreensão

Existem alguns fatores que afetam favoravelmente a compreensão na leitura:[6]

1. Alta inteligência.
2. Bom vocabulário.
3. Poder de organizar as ideias.
4. Velocidade no reconhecimento do sentido da leitura.
5. Poder de reproduzir as ideias apreendidas.

As relações entre a inteligência e a leitura parecem estar demonstradas por pesquisas que indicam alta inteligência nos bons leitores e pouca inteligência nos maus.

W. S. Gray, citado por Yoakam (1955), relaciona, além da baixa inteligência geral, outras causas de inabilidade na leitura, dentre as quais destacamos:

1. Excessiva prática de leitura oral.
2. Baixa velocidade.
3. Movimentos inconscientes incontroláveis dos lábios.
4. Vocabulário deficiente.

A compreensão também depende do indivíduo em si, de sua personalidade, da cultura onde se criou e do meio em que vive. Um homem de empresa compreenderá melhor outros homens de empresa, como operários compreendem melhor outros operários. O morador de um palacete no Jardim Europa terá de esforçar-se muito para compreender o problema de habitação de uma comunidade da periferia. O "complexo histórico" de alguns povos da Europa, por exemplo, é quase incompreensível para a maioria dos povos latino-americanos, da mesma forma que o "complexo colonial" latino-americano é quase incompreensível para um europeu.

Na leitura, a compreensão está muito relacionada a essa *necessidade de autor e leitor falarem a mesma língua,* para chegarem juntos a uma ampla área de compreensão. O fenômeno da *empatia* determina o grau de *entendimento* que se exige na leitura.

A compreensão pode ser amplamente aperfeiçoada pelo treinamento, e a natureza da leitura influi nas diferenças que se notam entre indivíduos: o tipo de material facilmente compreendido por Pedro pode ser ininteligível para Paulo.

---

[6] YOAKAM, G. A., op. cit.

O treinamento da compreensão deve ser antes específico do que geral.[7] Será mais acessível aperfeiçoar o vocabulário do que a leitura, e é possível, por meio do aperfeiçoamento do vocabulário, chegar-se à melhoria da leitura.

A leitura pode ser considerada um aprendizado da complicada arte de pensar. Mesmo a leitura de um simples parágrafo é ato que envolve *todas as características de um raciocínio típico*.[8] Ela não consiste somente no *reconhecimento* do vocábulo e das ideias que lhe sejam associadas; é uma *avaliação* desses vocábulos, uma *seleção* de suas conotações. A mais simples das leituras envolverá sempre *comparação, avaliação* e *conclusão,* ou *juízo*.

3. Vantagens da leitura

Em nosso país, grande porcentagem de pessoas que ocupam posição de responsabilidade nunca *aprendeu a ler*. Aprenderam apenas o início do processo: o reconhecimento, a interpretação, sem chegar à *compreensão* e sem jamais ter ouvido falar em *mecânica* da leitura. Haja vista o deputado Tiririca eleito em 2010.

O problema não é brasileiro nem recente. É universal e vem de longe. Voltaire, no século XVIII, queixava-se: "Lê-se muito pouco, e a maioria das pessoas que se querem instruir lê muito mal". "Uma das maiores condenações do sistema educacional norte-americano está no grande número de diplomados dos cursos superiores que saem todos os anos das universidades, *sem saber ler como devem*."[9]

Ler é uma das primeiras habilidades que se aprendem na escola. Mas existe uma diferença enorme "entre a capacidade de reconhecer e pronunciar palavras e a capacidade de ler compreensivamente".[10] Existem níveis de leitura, entendendo-se por *nível* a relação necessária entre a rapidez e a compreensão da leitura.[11]

O volume e a qualidade da leitura demonstram a competência social do indivíduo; *refletem* a maturidade individual.

A deficiência na leitura pode afetar toda a existência, todas as carreiras, nas artes, nas ciências, em qualquer profissão. Ler *muito* nem sempre significa ler *bem*. Há pessoas que mergulham na leitura, esquecidas de que podem, literalmente,

---

[7] Idem.
[8] THORNDIKE, E. L. *Princípios elementares de educação.* São Paulo: Livraria Acadêmica, 1936.
[9] SPACHE, G. D.; BERG, P. C. *Faster reading for business.* Nova York: Thomas Y. Crowell Co, 1955.
[10] JOHNSON, W., op. cit.
[11] STRANG, R. *Study type of reading exercises.* Nova York: Thomas Y. Crowell Co., 1951.

afogar-se.¹² Sem a obediência a alguns cânones, a melhor leitura pode tornar-se pesada e cansativa. Ler como se deve amplia as faculdades intelectuais e leva a uma compreensão mais rápida e mais precisa, em grande variedade de assuntos.

Procurar descobrir *por que* se lê mal é o primeiro passo para aprender a ler bem. É importante, pois, detectar algumas razões da leitura deficiente:

1ª razão: Uma antipatia inconsciente pelo tipo ou pelo volume da leitura.

2ª razão: Um mau professor de primeiras letras.

3ª razão: O fato de nunca ninguém lhe haver despertado a ideia de que possivelmente V. não lia tão bem quanto supunha.

4ª razão: O fato de seus olhos, durante a leitura, não alcançarem uma área suficientemente grande, o que o obriga a um esforço acima do normal.

5ª razão: O fato de V. voltar instintivamente ao começo da frase, ou a palavras anteriores, na necessidade involuntária de confirmar o sentido, ou por simples vício.

6ª razão: O fato de V. concentrar-se nas palavras, em vez de concentrar-se nas ideias.

7ª razão: O hábito de acompanhar a leitura com movimentos dos lábios, reproduzindo as palavras, à medida que a leitura se processa.

Não há dúvida, também, de que um dos inimigos da leitura é a própria vida, que não oferece muita oportunidade à leitura, por ser cada vez menos contemplativa. Lemos aos pedaços, e quase ninguém pode encerrar-se *na sombra* para ler, ler muito, ler intensamente, como recomendava o Barão de Millevoye.

Faguet cita alguns inimigos espirituais da leitura:[13]

1. O amor próprio.
2. A timidez.
3. A paixão.
4. O espírito de crítica.

O amor próprio é inimigo da leitura, pela mesma razão que é muito difícil a alguém *ouvir:* ler é renunciar à cogitação de nosso Eu poderoso e onipresente. Abrir um livro é sempre "um ato de abnegação e de humildade".[14] A timidez e a

---

[12] WITTY, P. A. *How to become a better reader.* Chicago: Science Research Associates, 1953.
[13] FAGUET, E. *Arte de ler.* Salvador, BA: Livraria Progresso Editora, 1958.
[14] Idem.

paixão são emoções que nos predispõem contra a leitura, que exige objetividade e certa decisão, a decisão de entrar no pensamento alheio, o que, muitas vezes, pode ser insuportável ao tímido. O espírito de crítica é companheiro daquelas formas de antagonismo e preconceito que tanto prejudicam a audição quanto a leitura. A procura *a dois* da Verdade transforma-se num duelo entre o autor e o leitor, em que a compreensão é morta.[15]

William Sheldon, da Universidade de Siracusa,[16] aponta as seguintes causas mais comuns de leitura deficiente:

1. Ler mexendo com os lábios.
2. Ler soletrando.
3. Falta de disposição.
4. Dificuldade em distinguir, na leitura, o acessório do principal.
5. Vocabulário pobre.
6. Vista fraca, sem a indispensável correção.
7. Fatores emocionais: preocupação, preconceitos, etc.

Harold N. Peppard enumera os seguintes maus hábitos de leitura:[17]

1. Ler com o livro muito longe ou muito perto.
2. Ler com o corpo em posição forçada ou sem conforto.
3. Ler com luz insuficiente ou excessiva.
4. Ler com raios de luz forte refletindo sobre objetos que não estão sendo focalizados diretamente, mas se encontram dentro do campo de visão.
5. Ler doente ou muito cansado.
6. Ler, quando deveria estar dormindo.
7. Ler, quando se tem pressa, medo ou preocupação.
8. Ler material mal impresso.
9. Ler com os olhos semicerrados.
10. Ler em papel colorido, em que os tipos estejam impressos com tinta que não estabeleça bom contraste.
11. Ler em papel brilhante.
12. Ler em qualquer veículo em movimento.

---

[15] Idem.
[16] SHELDON, W. D.; BRAAM, L. S. *Reading improvement for men and women in industry*. Nova York: Syracuse University Press, 1959.
[17] PEPPARD, H. *Sight without glasses*. Nova York: Rinehart, 1957.

A leitura oferece algumas evidentes vantagens:

1. Sabedoria coletiva de forma permanente.
2. Experiência alheia de muitos tipos, a qual dificilmente seria obtida de maneira direta.
3. Meios de continuar a educação e aperfeiçoar a cultura.
4. Exemplos de pensamento eficiente para prática e emulação.
5. Soluções de problemas já resolvidos, que lhe permitem abreviar a experiência.
6. Sistemas ou fatos, leis, regras e princípios para pronta referência e estudo.
7. Problemas de forma permanente e tangível para investigação continuada.

Assim, a leitura é um dos mais seguros instrumentos de progresso intelectual; é o elixir que impede os homens de transformarem-se em animais.[18]

4. LEITURA ORAL E SILENCIOSA

A análise da leitura revela suas duas formas diversas: a *oral* e a *silenciosa*. Embora componentes do mesmo processo, ambas têm certas diferenças que *tornam pouco aconselhável desenvolver uma em detrimento da outra*.[19]

Algumas dessas diferenças, citadas pelos Profs. Olympio Carr Ribeiro e Werther Krause, no Primeiro Seminário de Documentação, realizado, em 1959, na Secretaria das Finanças da Prefeitura do Município de São Paulo, são as seguintes:

1. Diferença em importância social: a leitura silenciosa é muito mais útil na vida como instrumento de cultura do que a leitura oral.
2. Diferença em velocidade: a leitura silenciosa é normalmente um processo muito mais rápido do que o processo oral.
3. Diferença em métodos de ensino: na leitura oral, dá-se grande relevo ao mecanismo da expressão; na leitura silenciosa, predominam as atividades de captação do pensamento.
4. Diferença de propósito: a leitura oral é um meio de *transmitir* a outrem o pensamento e o prazer; a leitura silenciosa é um meio de *obter* pensamento e prazer.

---

[18] FAGUET, E., op. cit.
[19] YOAKAM, G. A., op. cit.

Os fatores mais salientados pelos mestres da leitura silenciosa foram os seguintes:

1. Velocidade.
2. Compreensão.
3. Organização.
4. Recordação.

Cada fator deve ser motivo de treinamento específico e, por meio do aperfeiçoamento da leitura silenciosa, os professores estão hoje, em muitas escolas, começando a *ensinar a estudar*.

A leitura, diz Faguet (1958), é feita do que sabemos, do que aprendemos, porque já sabíamos, e do que agora sabemos melhor, porque acabamos de aprender.

5.
O MECANISMO DA LEITURA

Vamos supor que, domingo à tarde, V. queira ir ao futebol, que, na segunda-feira à noite, tenha de assistir a um concerto sinfônico e que, na terça-feira pela manhã, esteja programada em sua empresa importante reunião, com a presença de todos os chefes de departamentos.

Trata-se de três acontecimentos diferentes em suas características: uma partida de futebol, um concerto sinfônico e uma reunião de negócios. A questão a esclarecer em primeiro lugar é esta: qual será sua disposição de espírito na manhã de domingo, na segunda-feira à tarde e ao levantar-se na terça-feira?

Na manhã de domingo, V. *sabe* que, à tarde, haverá futebol. Na tarde de segunda-feira, sabe que à noite irá a um concerto. Ao levantar-se na terça-feira, sabe da reunião a realizar-se dentro de algumas horas. O que é que V. *sente* em cada uma dessas oportunidades?

Se gosta de futebol e o jogo é decisivo, V. *não vê a hora* de estar no Pacaembu e passará a manhã procurando notícias do jogo nos jornais, nas emissoras de Rádio e TV e na internet.

Se gosta de música, é provável que passe a tarde prelibando o prazer de ouvir "Peer Gynt", reproduzindo a melodia mentalmente e conversando com amigos sobre a orquestra sinfônica, maestros, solistas, etc. Caso não goste de música e tenha de ir por *obrigação*, a *preparação* será bem diferente: V. estará pensando na maçada de enfrentar três horas de música, com o risco de cochilar ou dormir profundamente.

Se já pôs em ordem, na segunda-feira à tarde, todo o material que deseja mostrar aos companheiros na reunião de negócios, V. se levantará preocupado apenas com as dificuldades para tornar vitorioso seu ponto de vista, os argumentos a usar e as resistências a serem encontradas. Se, entretanto, não se preparou para a reunião, o mais certo é levantar-se apressado, nervoso, "voando" para o escritório, preocupadíssimo.

Nos três casos existe uma evidente *necessidade de preparação*: ninguém vai ao futebol, ao concerto e à reunião com a mesma disposição de espírito. Pelo menos para um destes acontecimentos – a reunião – há necessidade de preparar-se cuidadosamente. Ninguém sai de casa para assistir ao futebol com a mesma disposição com que sai para uma reunião de negócios. Mesmo inconscientemente, existirá uma *preparação*. São bem diversos estes três pensamentos:

— Estou indo ao Pacaembu!
— Estou indo ao Municipal!
— Estou indo ao escritório!

Pensar em cada situação é suficiente para que nossa predisposição seja diferente em cada caso.

Na leitura, a *preparação* é indispensável. Não se pode ler uma circular da mesma forma que se lê uma carta confidencial. Ninguém lê histórias em quadrinhos como lê editoriais. Há, na leitura, necessidade de *preparação individual,* que depende de uma classificação prévia dos tipos de leitura.

6. Os tipos de leitura

Para ler melhor, o ponto de partida é compreender o princípio geral de que *a natureza do que se vai ler influencia a atitude mental do leitor*.[20] Esse princípio faculta a classificação de três tipos básicos de leitura, de acordo com o objetivo que se almeja alcançar:

1. Leitura apreciativa.
2. Leitura crítica.
3. Leitura assimilativa.

---

[20] THOMPSON, W. op. cit.

Na leitura apreciativa, o leitor procura apenas uma *satisfação do espírito*. É a maneira pela qual se lê uma obra literária.

Na leitura crítica, o leitor sabe que a matéria diante de seus olhos pode ser *totalmente certa, parcialmente errada* ou *completamente errada*. Avalia, mede, pesa e compara o pensamento do autor com o seu, travando com ele um diálogo. É a forma pela qual se lê o editorialista de um bom jornal.

Na leitura assimilativa, o leitor parte do pressuposto de que se encontra diante de uma *autoridade de reconhecida competência*: procura, portanto, aprender, esforçando-se por aceitar o que lê e assimilar o mais possível a leitura. Emprega-se na leitura de um compêndio.

O Prof. Wheat afirma que leitura assimilativa e estudo são sinônimos e apresenta sugestões sobre a maneira de ensinar a ler assimilativamente:[21]

1. Um propósito definido deve guiar a leitura.
2. O leitor deve tentar apreender o pensamento central do texto.
3. O leitor deve procurar sempre uma visão panorâmica.
4. O leitor deve procurar interpretar.
5. O leitor deve julgar o valor das assertivas.
6. O leitor deve empregar o princípio de selecionar e usar as ideias.

Lyman, citado por Yoakam (1955), admite apenas dois tipos de leitura:

1º – A leitura que envolve meramente o reconhecimento de símbolos impressos.

2º – A leitura que envolve também o reconhecimento do sentido desses símbolos.

Yoakam preconiza outra classificação dos tipos de leitura:

1. Leitura observacional.
2. Leitura assimilativa.
3. Leitura analítica.
4. Leitura recreativa.
5. Leitura oral.

Na leitura observacional, o leitor procura notar as ideias do autor e as aceita como se apresentam, sem adotar processos complexos de pensamento. Incluem-se, na leitura observacional, a simples pronunciação dos vocábulos utilizados pelo

---

[21] WHEAT, C. *The teaching of reading*. Nova York: Thomas Y. Crowell Co, 1953.

autor, a mera observação dos pensamentos ou a memorização desses pensamentos, sem reflexão, avaliação ou análise.

Na leitura assimilativa, o leitor é levado a considerar os pensamentos do autor e incorporá-los a seu próprio pensamento. Tem um propósito específico na leitura: a utilização, em seu próprio pensamento, das ideias apreendidas.

Na leitura analítica, o leitor se interessa pelas ideias do escritor, *do ponto de vista do julgamento crítico daquelas ideias*; pondera cada assertiva e indaga: Isso é certo? O que quis ele dizer? Reflete, portanto, com independência.

A leitura analítica é o tipo de leitura mais difícil, como o pensamento analítico é o tipo mais difícil de pensamento. *Assemelha-se, como ato de leitura, ao exame de um problema difícil, à decifração de um "puzzle" mecânico ou de outro complexo ato mental.*[22] Em certos casos, a leitura analítica pode até exigir análise cuidadosa dos vocábulos e sentenças escritos pelo autor, na procura de seu sentido certo, de seu significado exato.

A leitura recreativa objetiva à recreação e ao prazer. O material é fácil, não obrigando o leitor a forçar o pensamento.

A leitura oral é considerada por Yoakam apenas um auxiliar do estudo, com utilidade no aprendizado da linguagem.

Para Hugo de Jaan, que já foi Secretário dos Comitês Internacionais de Organização Científica, a leitura assimilativa seria mais bem denominada como leitura *penetrante*, e ele a caracteriza como aquela em que "o leitor procura penetrar inteiramente no espírito do escritor para apreender as experiências, os sentimentos, os pressupostos, etc., que motivam suas palavras".

A leitura técnica é indispensável na pesquisa e nos trabalhos de documentação. Leitura técnica é um exame rápido do livro ou documento, que se inicia na parte externa da obra a catalogar, percorre mais ou menos detidamente suas partes para destacar os elementos que vão constituir a descrição da peça e serão transcritos ou mencionados na ficha do catálogo, para uso do pesquisador.

De acordo com o critério da velocidade, admitem-se quatro tipos de leitura:

1. Leitura superficial.
2. Leitura rápida.
3. Leitura normal.
4. Leitura cuidadosa.

---

[22] YOAKAM, G. A., op. cit.

Na leitura superficial, o leitor *passa os olhos* pelo texto à procura de algum dado ou de uma noção geral do conteúdo. É a maneira de consultar o dicionário, a lista telefônica, ou de procurar tomar conhecimento prévio de um livro, antes de nos entregarmos a sua leitura.

A leitura rápida é aquela em que se procura apreender o maior número de palavras no menor espaço de tempo. Nós a utilizamos na leitura de revistas, jornais, etc.

A leitura normal é mais lenta do que a anterior, objetivando melhor fixação e retenção do texto. É a forma de leitura que habitualmente adotamos no escritório, ao consultarmos nossos *papéis,* ou aquela de que nos valemos para ler qualquer livro.

A leitura cuidadosa é a mais lenta de todas, tendo em vista a importância do conteúdo ou a necessidade de reter pormenores.

A *velocidade* da leitura tende a variar de acordo com sua *finalidade.* Faguet é entusiasta da leitura vagarosa: "Para aprender a ler, é preciso, antes de mais nada, ler lentamente, tanto para deleitar-se, como para instruir-se ou criticar".[23] Faguet admitia a classificação dos três tipos básicos de leitura adotada, mais tarde, por Thompson e Yoakam.

Toda a "Arte de Ler", de Faguet, é uma apologia da leitura vagarosa, considerando a precipitação "uma modalidade de preguiça". Admite ainda um tipo de leitura ao qual denomina *ler com os dedos,* isto é, folhear de tal modo que, no final das contas, os *dedos têm mais trabalho que os olhos,* na procura de trechos curiosos e essenciais do livro. Esse método dos colecionadores de ideias *tira todo o prazer da leitura, substituindo-o pela caça.*[24]

Recomenda Faguet ler-se pouco menos lentamente os autores que escrevem sobre os sentimentos; nesse gênero de leitura romântica, o melhor é deixar-se levar. Os poetas e os oradores devem ser lidos, inicialmente, em voz baixa, e, depois, em voz alta.

7.
Por que se lê mal?

O fato de muitos adultos serem maus leitores está ligado ao fato de ser a leitura, na história do homem, acontecimento de aquisição recente. Há cento e cinquenta anos, nos países mais civilizados do mundo, pelo menos metade da população não sabia ler!

---

[23] FAGUET, E., op. cit.
[24] Idem.

Na leitura, os olhos e a mente cooperam intimamente: os olhos, para ver, e a mente, para compreender. A finalidade da leitura é compreender o sentido das palavras, rápida e facilmente. Pode-se definir a leitura como a procura do significado; ler é procurar o significado, coisa muito diferente de soletrar, pura vocalização de palavras.

Suponhamos que V. encontre no quadro a seguir as seguintes letras e palavras:

```
            JHLS
    GAMÃO           CARGO
    VIAJAR DE TREM É BOM
```

A primeira linha não tem qualquer significação. São apenas quatro letras.

A segunda consta de duas palavras sem ligação entre si. São dez letras.

A terceira linha mostra cinco palavras formando sentido, e compostas de dezesseis letras.

Qualquer pessoa nota que essas dezesseis letras com significação podem ser lidas com facilidade igual ou maior que as quatro letras sem sentido, ou as duas palavras sem ligação entre si.

Essa experiência demonstra que se lê com maior rapidez e facilidade quando a significação é evidente. Quem deseja aperfeiçoar sua capacidade de ler precisará começar aprendendo a importância de ler pelo significado.

A maioria das pessoas não tem consciência de que, parte do tempo em que lê, permanece cega. Se V. procurar observar num espelho como se movem seus olhos, não os poderá ver porque os olhos ficam como cegos quando se movem. Lê-se por intermédio de *fixações* sucessivas, e não com os olhos deslizando; os olhos funcionam intermitentemente na leitura, como aqueles faróis que se apagam e acendem para a transmissão de mensagens à noite, de navio a navio. Os olhos não correm da maneira como os atletas agem nas corridas rasas; correm, saltando os obstáculos. Entre uma fixação e a seguinte, existe um ponto em que simplesmente nada se vê.

Graficamente, a representação da leitura poderia ser feita da seguinte maneira:

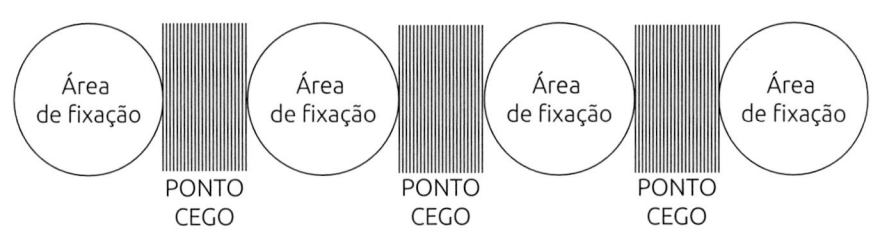

```
  Área         Área         Área         Área
de fixação   de fixação   de fixação   de fixação
      PONTO        PONTO        PONTO
      CEGO         CEGO         CEGO
```

A fixação é o fator decisivo em qualquer tipo de leitura.

Os guardas de trânsito conseguem ler os números das chapas dos automóveis, porque não tentam acompanhar com os olhos a chapa em movimento. São treinados em "bater os olhos" no ponto onde está colocada a chapa, por meio de uma só fixação. Dessa maneira, conseguem ver claramente os números, o que não aconteceria se tentassem seguir com os olhos o carro em movimento. Processo idêntico é ensinado a operários especializados na inspeção de produtos na esteira rolante.

Quando se lê uma linha impressa, o olho *salta* de um lugar para outro; não se move fluindo, correndo. Salta e faz uma pausa. *Só durante as pausas os olhos veem.*

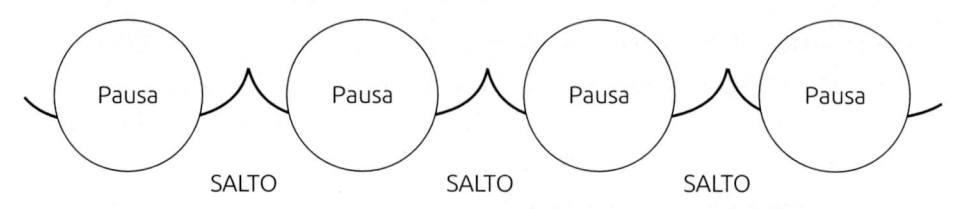

```
  Pausa     Pausa     Pausa     Pausa
       SALTO    SALTO    SALTO
```

Essas pausas são as fixações, e durante os *saltos* tudo aparece nublado. Consequentemente, a boa leitura depende *do número de fixações por linha*.

Um mau leitor vai até doze fixações por linha. Um bom leitor faz apenas a metade dessas fixações. Um mau leitor precisa fixar letra por letra para compreender a palavra, enquanto o bom leitor *pega* a palavra inteira, ou mais de uma palavra, em cada fixação. Assim, também a *duração* das pausas é importante na leitura: o mau leitor para mais tempo na fixação – suas pausas são mais longas. Existem casos em que o leitor é tão deficiente, que, além de somente fixar-se em uma letra de cada vez, soletra em voz alta. *Soletrar não é ler,* pois lê-se com o cérebro, e não com os lábios. O cérebro é muito mais rápido do que os lábios.

8. ÁREA DE FIXAÇÃO

Na leitura, os olhos caminham *aos saltos,* de fixação em fixação. A arte da leitura está, pois, presa à área de fixação, à *superfície que os olhos podem abarcar de uma vez.* A área de fixação é muito grande, pois facilmente abarcamos com a vista quilômetros de paisagem. Na leitura, porém, a área de fixação é limitada, como os nossos olhos estariam numa paisagem, procurando concentrar-se em árvores, casas, montanhas, animais, nos detalhes que desejamos fixar.

Se V. abrir a página de um livro, naturalmente *verá* a página inteira. Experimente, todavia, fixar seus olhos numa palavra: a visão periférica se reduz. Se V., ao ler a palavra que fixou, fizer um esforço para ler *na mesma fixação* as palavras que se seguem no texto, sentirá que a sua área de fixação diminui consideravelmente. Na leitura, o que interessa é, portanto, *a área de fixação inteligível – a que é capaz de formar sentido.*

A visão periférica pode ser demonstrada por um número escrito no meio do quadro a seguir:

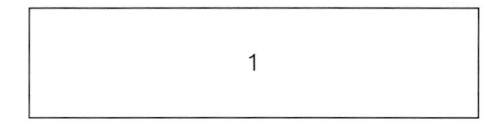

1

Fixe os olhos no número 1. V. continuará *vendo* todo o quadro a seguir.

Escreva agora outro número na extremidade da esquerda:

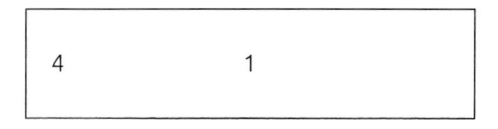

| 4 | 1 |

Fixe os olhos no número 1. É provável que V. leia *com uma só fixação* o número 41.

Escreva um terceiro número na extremidade da direita:

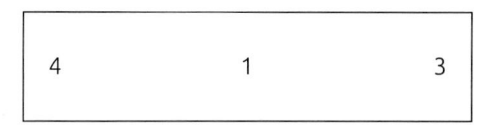

| 4 | 1 | 3 |

Fixe os olhos no número 1. Agora, V. deve estar lendo *em uma só fixação*, 413. Preencha os espaços vazios com mais dois números:

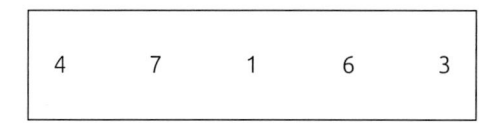

| 4 | 7 | 1 | 6 | 3 |

Fixando os olhos no número 1, V. estará *vendo* todos os outros números. Basta colocar um ponto entre o 7 e o 1 para o número 47.163 aparecer completo *em uma só fixação.*

Por esse exercício, compreende-se melhor a importância da visão periférica no aperfeiçoamento da leitura. Basta substituírem-se os *números* por *palavras*:

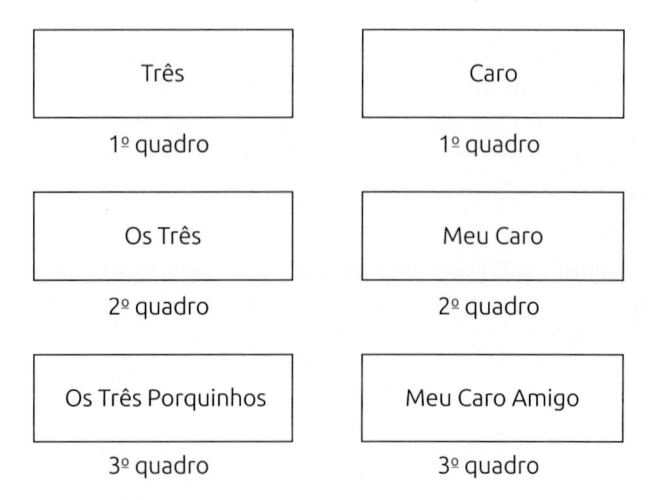

Três	Caro
1º quadro	1º quadro
Os Três	Meu Caro
2º quadro	2º quadro
Os Três Porquinhos	Meu Caro Amigo
3º quadro	3º quadro

Fixando-se a palavra central, somos capazes de ler *em uma só fixação* as três palavras. O *número de palavras que conseguimos abarcar em cada fixação determina nossa velocidade de leitura.*

9. Velocidade de leitura

Para aumentar a velocidade na leitura é preciso diminuir o número de fixações por linha.

Tomemos esta linha:

Mecanicamente, a leitura consiste numa

Ler bem essa linha depende de nossa área de fixação inteligível. Por exemplo:

Mecanicamente | a leitura | consiste numa

3 Fixações

Mecani | camente | a | leitu | ra | consis | te | numa |

8 Fixações

Me | ca | ni | ca | men | te | a | lei | tu | ra | con | sis | te | nu | ma |

15 Fixações

Como a leitura consiste em uma série de movimentos dos olhos, que se fixam numa palavra, em uma sílaba ou em um grupo de palavras *por uma fração de segundos*, a velocidade de leitura depende de quatro condições principais:

1º – Do número de fixações por linha.
2º – Do tempo despendido em cada fixação.
3º – Da velocidade e da exatidão na transferência de uma linha para outra.
4º – Do número de voltas a palavras ou frases já lidas.

Na Força Aérea Norte-americana, os oficiais, para atingirem postos de comando em determinados tipos de aviões modernos, precisam aprender a ler, no mínimo, 500 palavras por minuto.

O primeiro passo para aperfeiçoar a velocidade da leitura é o conhecimento da velocidade individual, que pode ser medida pela seguinte tabela:

Tabela de palavras por minuto

Minutos	Segundos	Palavras/minuto
1	0	450
1	5	415
1	10	385
1	15	360
1	20	335
1	25	315
1	30	300
1	35	285
1	40	270
1	45	255
1	50	245
1	55	235
2	0	225
2	5	215
2	10	205
2	15	200
2	25	185
2	35	175
2	45	165
2	50	155

Utilizando a tabela, faça o seguinte exercício:

1º – Assinale em um texto, de no máximo 500 palavras, na margem direita, linha por linha, o número de palavras existentes em cada linha, cumulativamente.

2º – Comece a leitura marcando em um cronômetro o momento em que a iniciou.

3º – Ao terminar a leitura, verifique em quanto tempo a completou.

4º – Verifique, no mapa de palavras por minuto, a quantas palavras corresponde seu tempo de leitura.

Outro exercício para os que desejam aumentar a velocidade da leitura, *sem prejuízo da compreensão*, é o seguinte:

1º – Verifique a hora.

2º – Folheie as páginas que vai ler, para formar uma ideia geral sobre o assunto.

3º – Leia cuidadosamente, mas tão rapidamente quanto possível, sem perder o fio do pensamento.

4º – Folheie novamente as páginas lidas e verifique se fixa os pensamentos principais.

5º – Verifique o relógio e tire a média das páginas lidas por minuto, anotando-a.

Esse exercício deve ser repetido e, pela continuidade, V. terá elementos para ir acompanhando seu progresso.

Embora a leitura seja um fato individual, as universidades norte-americanas adotam *metas de velocidade de leitura*, as quais podem servir de base, no Brasil, a estudos que, nesse sentido, venham a realizar-se em nossas escolas superiores:

Metas de Leitura

Tipos de leitura	Velocidade palavras/minuto
Estudo profundo	200
Livros sérios	250
Revistas sérias	300
Novelas e qualquer tipo de leitura leve, recreativa, etc.	400
Jornais	500
Listas telefônicas, cartazes, etc.	até 1.000

A meta satisfatória para qualquer pessoa normal é de 400 palavras por minuto.

10.
TÉCNICAS DE LEITURA

Existem três técnicas de leitura que habitualmente se empregam de forma *inconsciente*. Identificadas, passam a pertencer ao número dos atos conscientes e voluntários, contribuindo para que se leia melhor. Estas técnicas são:

1º – Ler *passando os olhos*.
2º – Ler *rapidamente*.
3º – Ler *intensamente*.

Cada leitor emprega essas técnicas de acordo com as circunstâncias. Geralmente, *passam-se os olhos* quando se procura um item específico em uma grande massa de informações, como a consulta a uma lista telefônica, catálogos, dicionários, etc. *Passam-se os olhos* também em um livro recém-comprado, ainda não lido, a fim de se tomar contato com o assunto. Essa técnica pode ser utilizada quando se procura reter melhor determinados trechos, como a recordação de tópicos de estudo, antes de exames.

A técnica da leitura rápida só pode ser utilizada com material de fácil compreensão, ou quando o conhecimento de detalhes é desnecessário.

O ler *intensamente* exige, antes de mais nada, organização do leitor, a começar pelo ambiente que se escolhe para favorecer a concentração, postura firme, lugar sossegado, com boa luz e ausência de interrupções frequentes. Antes de entregar-se a uma leitura intensa, pode ser necessário equipar-se com lápis, papel e dicionário – três instrumentos de trabalho indispensáveis a quem efetivamente deseja ler melhor.

Na leitura rápida, V. deve concentrar-se em conjuntos impressos mais longos, em lugar de decompô-los em partes mais curtas, ou em palavras isoladas. Sua preocupação deverá ser a de abarcar o maior número possível de palavras em uma só fixação. O número de palavras em cada fixação tende a aumentar com a prática, e a leitura irá sendo feita em *blocos*, em vez de por *unidades*.

Existem três regras úteis para aperfeiçoar a técnica de ler rapidamente:

1ª regra: Convença-se de que para ler não há necessidade de examinar cada palavra ou cada sentença.

2ª regra: Cultive o hábito de apanhar de relance um número cada vez maior de palavras.

3ª regra: Marque seu resultado e estabeleça com V. mesmo uma competição de eficiência na leitura.

Para ler passando os olhos, V. pode aperfeiçoar ou criar uma técnica individual, baseando-se na leitura de jornais e em certos princípios:

1. Fixe-se nos títulos.
2. Detenha-se, vez por outra, em um primeiro parágrafo com um lance de olhos.

Com alguma prática, é possível, numa só fixação, ler *por cima* cinco a seis linhas impressas.

No dicionário, convém *correr os olhos* nas colunas de cima para baixo, apenas na primeira palavra, a qual, em geral, para maior facilidade desse tipo de leitura, é impressa em tipos maiores ou em cores mais fortes que o restante do texto.

Calcula-se, como bom nível de leitura, três a quatro fixações por linhas de doze palavras. Uma boa fixação reúne, em uma só pausa, de três a quatro palavras.

Outro recurso de resultados surpreendentes para aumentar a velocidade da leitura é o de fixar-se na metade mais significativa da palavra.

Vejamos esta palavra:

ARISTOCRACIA

Se passarmos uma linha na metade da palavra, considerando-se a sua longitude, teremos:

~~ARISTOCRACIA~~

Vejamos qual das duas metades é mais fácil de ser compreendida:

Metade superior: ~~ARISTOCRACIA~~
Metade inferior: ~~ARISTOCRACIA~~

A metade superior de qualquer palavra é a de compreensão mais fácil: é a *metade significativa*. Conseguiremos aumentar a velocidade de leitura se concentrarmos a atenção na *parte superior das palavras*, e não na palavra inteira. Há ainda nas palavras *outra* metade significativa:

ARISTO | CRACIA
ARISTO
CRACIA
ANTO | NIO
ANTO
NIO

MET|ADE

MET

ADE

Em geral, a *primeira metade* da palavra é mais facilmente identificável do que a segunda. As raízes das palavras são reveladas por suas primeiras letras. Constitui valiosa ajuda na velocidade da leitura o reconhecimento do fato de que poderemos ler mais depressa prestando maior atenção à metade inicial de cada palavra, do que à palavra inteira.

O problema da transferência dos olhos de uma linha para outra é muitas vezes solucionado com a ajuda *mecânica* de uma régua ou algo semelhante, que tenha uma superfície capaz de *esconder* a linha que se acaba de ler e *indicar* a linha a ser lida. Esse processo é usado no treinamento para leitura rápida, por meio de um aparato especial. Sua utilização manual é contraindicada: a régua ou qualquer outro objeto manuseado prejudica a compreensão e atrasa a leitura. A prática aperfeiçoa a precisão em saltar de uma linha para a seguinte, sem artifícios auxiliares.

Para evitar a volta às palavras ou sentenças já lidas, o que dilata o tempo da leitura, cansa os olhos e desencoraja o esforço de aperfeiçoar-se, V. deve *ir para a frente*, mesmo sob o risco de haver perdido alguma palavra que ficou para trás. Podemos educar nosso sentido da visão, amestrando-o a *não voltar*, sob nenhuma hipótese.

11.
O TREINAMENTO DA LEITURA

Ler para matar o tempo é a mesma coisa que solucionar erradamente problemas de matemática.
(DONALD LAIRD)

Um leitor normal "faz" aproximadamente 300 palavras por minuto. A velocidade da leitura é duas vezes maior que a da palavra falada e, pelo menos, dez vezes superior à da linguagem escrita.

O primeiro passo para o progresso individual na leitura está em livrar-se dos maus hábitos, e o êxito dependerá da habilidade mental de cada um.

Na leitura não se pode aplicar o princípio de que "devagar se vai ao longe". Os leitores rápidos tiram mais sentido do que leem, e quando, pelo treinamento e prática adequada, aumenta-se a rapidez da leitura, apreende-se mais o que se lê.

As palavras desconhecidas significam verdadeiros *bloqueios* para o leitor. Daí a necessidade de *um bom vocabulário* – condição essencial ao progresso na leitura.

Conta-se que Jack London, estivador do porto de São Francisco, quando jovem, prestava muita atenção às conversas dos passageiros dos navios em que trabalhava, com o propósito de ouvir palavras novas. Nos momentos de folga, escrevia essas palavras em qualquer papel de que lançava mão e, à noite, depois do trabalho, dirigia-se à Biblioteca Pública, onde permanecia até a hora do encerramento consultando o dicionário. Colocava ao lado da palavra nova seu significado e, ao voltar para o quarto da pensão, colava pelas paredes os papéis com as palavras novas e os respectivos significados, em lugar bem visível. Fixava as palavras e, por meio desse método *sui generis*, aumentou seu vocabulário a ponto de chegar a ser quem foi, o grande escritor de sua época.

Donald Laird conta que outro grande escritor norte-americano lia o dicionário *com a delícia de quem lê novelas de mistério.*[25]

A leitura de bons livros aumenta o vocabulário. Existem exercícios que podem ser feitos com regularidade por todas as pessoas que aspiram a aprender a manejar um número maior de palavras:

Quantos nomes próprios começados com a letra "A" V. é capaz de escrever num minuto?

Quantos nomes de objetos domésticos V. é capaz de escrever num minuto?

Experimente escrever os nomes de trinta bichos.

Qual a diferença entre audácia e coragem? Entre pavor e medo? Entre inteligência e fluência?

Quantos sinônimos V. conhece para a palavra *andar*?

Procure depois cotejar seus conhecimentos com o que registra o dicionário:[26]

> Andar — Dar passos, caminhar, mover-se, decorrer, funcionar, trabalhar, passar a vida, passar de um lugar para outro, proceder, agir, ter relações sexuais, viver, estar, sentir-se, ser transportado, existir, percorrer, "passo" de cavalo, pavimento, níveis de altura de vegetação (BOT.), praias de rio (AM.), errar, vaguear, divagar, funcionar, ter seguimento, progredir, seguir, prosseguir, viajar, portar-se, estar exposto, ser acompanhado de alguém, residir, morar, figurar, constar, transmitir-se, lutar, aviar-se, frequentar como estudante, estar aprendendo um ofício específico, estar ocupado em, ter, diligenciar, ser

---

[25] LAIRD, D. A.; LAIRD, E. C. *Psicologia práctica de los negocios*. Barcelona: Ediciones Omega, 1959.
[26] BUARQUE de HOLLANDA, A. *Pequeno dicionário brasileiro da língua portuguesa*. Rio de Janeiro: Editora Civilização Brasileira, 1960 .

aproximadamente igual a, orçar, estimar, andadura, carreira, ordem, decurso, transcurso, subdivisão de terrenos sedimentares (GEOL.).

Experiências levadas a cabo com as habilidades mentais primárias (HMP) demonstram haver pessoas *com poder de palavras mais ou menos inato*. Eis algumas dessas HMP que se relacionam com o aumento do vocabulário:

1. Fluidez das palavras: habilidade para *pensar* a palavra apropriada, indispensável aos oradores.
2. Compreensão das palavras: aptidão para *pegar* o significado das palavras que se ouvem ou se leem, muito importante para aprender línguas estrangeiras.
3. Versatilidade: velocidade de *empregar* palavras. Alguns "camelôs" são notáveis em falar sem interrupção, dizendo sempre as mesmas coisas de diferentes maneiras.

A velocidade da leitura pode ser aumentada, sem prejuízo da compreensão do texto. Treinamentos intensivos conseguiram aumentar em 31%, em dois meses e meio, a velocidade da leitura, sem prejudicar a compreensão, em universidades norte-americanas. "O fato mais importante a notar – diz Yoakam – é que a posse de uma velocidade adequada é essencial à eficiência da leitura, e cada indivíduo necessita não apenas de uma boa velocidade, mas de diversas velocidades, adaptáveis aos vários tipos de leitura."[27]

No aperfeiçoamento da leitura, há dois fatores básicos a considerar:

1º – O âmbito da percepção – número de palavras percebidas em cada fixação.

2º – O âmbito do reconhecimento – número de palavras percebidas que somos capazes de identificar.

Assim, durante todo o aprendizado do aperfeiçoamento individual da leitura, devem ser ampliados os números de palavras que se percebem de uma só vez, e as palavras que de uma só vez se compreendem.

Foram inventados diversos aparelhos para aperfeiçoamento da arte de ler. Alguns são engenhos de exposição, como os obturadores das máquinas fotográficas: deixam ver uma frase, durante uma fração de segundo, começando por frases curtas, a fim de treinar os olhos a lerem uma frase completa em uma só fixação.

Nas escolas de Aeronáutica, dá-se especial ênfase à acuidade visual, principalmente na rapidez e na compreensão da leitura. Do golpe de vista do piloto, da leitura correta de seu complicadíssimo painel de instrumentos, dependem sua vida e a vida

---

[27] YOAKAM, G. A., op. cit.

de dezenas de passageiros entregues a sua perícia. O Sr. José Nava, quando chefe do gabinete de Psicotécnica do Departamento Estadual de Trânsito, em Minas Gerais, publicou um livro sobre audição e visão, especialmente dirigido a motoristas para quem esses dois sentidos são essenciais.[28] Nos Estados Unidos, professores de autoescolas têm demonstrado a dezenas de milhares de motoristas como melhorar as possibilidades de evitar acidentes, mediante a plena utilização da capacidade visual.

Um aparelho utilizado em universidades norte-americanas prende a página de um livro sobre a qual corre uma cortinazinha opaca, que vai descendo e tapando linha por linha, em períodos de tempo cada vez mais curtos. Esse aparelho obriga a pessoa a ler rapidamente, pois, caso contrário, deixará de ler pedaços de linha ou linhas inteiras.

Há um sistema que qualquer pessoa pode adotar para aperfeiçoar sua capacidade de leitura. Escreva, em fichas de cartolina branca ou em material similar, frases de 1, 2, 3, 4 e 5 palavras, ou 1, 2, 3, 4 e 5 palavras soltas. O exercício consiste em procurar ler cada cartão de uma só vez, em uma só fixação. Uma coleção de 50 cartões de "flash" constitui material bastante para um treinamento diário, durante largo espaço de tempo.

Cartões de "Flash"

Trabalho porque gosto

Nº 1 – frase

Anel	armada	lápis	Pedro	pão

Nº 2 – palavras soltas

Vamos todos passear na floresta

Nº 3 – frase

Tinta	porta

Nº 4 – palavras soltas

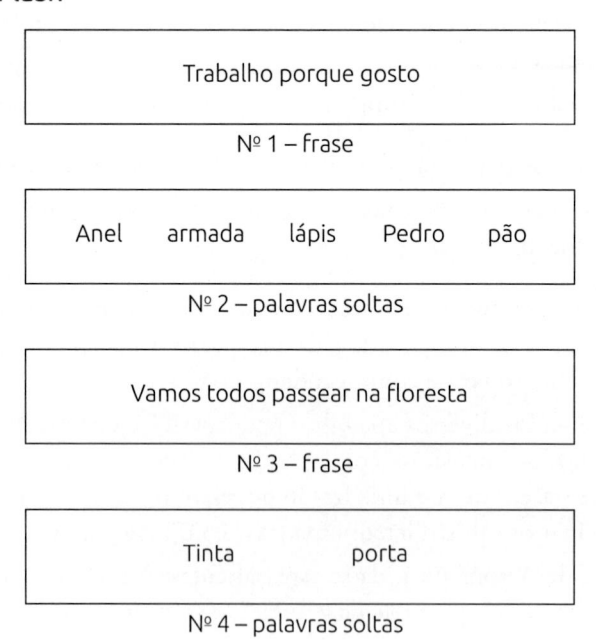

[28] NAVA, J. *Psicologia prática:* Visão e audição. Belo Horizonte: Editora Itatiaia, 1959.

Dois maus hábitos muito comuns na leitura são ler *mexendo* os lábios e ler *movimentando a cabeça,* no mesmo sentido em que os olhos se movimentam, da esquerda para a direita.

Para V. saber se efetivamente mexe com os lábios, na próxima vez que ler, coloque levemente a ponta dos dedos sobre os lábios: *sente* seus lábios se moverem?

Constitui velho exercício, mas nem por isso menos eficiente, sustentar um pequeno objeto entre os lábios enquanto estiver lendo: é maneira segura de suspender seus movimentos.

Para não mexer a cabeça, V. precisa convencer-se de que, para ler, *seus olhos é que devem movimentar-se, e não a cabeça.* Leia com a cabeça imóvel; apenas seus olhos devem movimentar-se.

Uma empresa fornecedora de Energia Elétrica popularizou a frase: "A boa luz é a vida de seus olhos". A Associação Brasileira de Normas Técnicas publicou, há tempos, um opúsculo sobre Níveis de Iluminamento de Interiores, estabelecendo valores em *lux* – um *lux* igual a um lúmen por metro quadrado – para todos os tipos de trabalho que exigem o sentido da visão. As variações vão desde 60 *lux* recomendados para salas de espetáculos, salas de espera e *foyers* até 5.000 *lux* para as mesas de operação de alta cirurgia. Nas escolas, são suficientes, nas salas de aula, de 200 a 350 *lux,* enquanto nos escritórios os valores oscilam entre 250 *lux* para leitura e 400 *lux* para cálculos, projetos e leitura de plantas.

A perda da acuidade visual sobrevém quando cansamos os olhos com a leitura, e essa perda é maior na proporção da má iluminação:

Depois de três horas de leitura	Perda de acuidade visual
Com boa luz natural	6%
Luz elétrica totalmente indireta	9%
Luz elétrica semi-indireta	72%
Luz elétrica direta	81%

Laird recomenda sete regras para melhorar a luz e a leitura:

1. As paredes, persianas e móveis devem ser claros, ajudando também que o sejam as roupas.
2. Mantenha limpos os vidros das janelas e das lâmpadas. As paredes requerem também limpeza de vez em quando.
3. Tenha muitas luzes pequenas divididas equilibradamente, em lugar de poucas luzes potentes.

4. Elimine os pontos brilhantes ou de reverberação.
5. Para a luz geral, são necessários 2,3 watts por metro quadrado.
6. Tenha luzes suplementares de focos dirigidos, para certos tipos de leitura.
7. Em caso de dúvida, acenda as luzes. Economize antes a vista do que a eletricidade.[29]

Outros cuidados de higiene na leitura são recomendáveis:

1. Faça uma pequena pausa de descanso, de alguns minutos, em cada hora de leitura.
2. Quando tiver muita leitura de estudo, alterne as matérias, diversifique os temas e os tipos de leitura: da apreciativa para a assimilativa, da assimilativa para a crítica, e vice-versa.
3. Movimentos de rotação dos globos oculares, de olhos fechados, acompanhando um círculo imaginário, ajudam a fortalecer os músculos visuais. Mova-os também para a direita, para a esquerda, para cima e para baixo.
4. Não leia nunca em qualquer veículo em movimento: é esforço demasiado para seus olhos.
5. Evite ler com o sol direto, cuja luz é excessivamente forte.

12. Para ler melhor

A leitura na mocidade é a mesma coisa que olhar a lua através de uma persiana; na idade adulta, é olhar a lua de um corredor; na velhice, é olhar a lua da amplidão de um terraço.
(Chang Ch'Ao)

1. Prepare-se antecipadamente para o tipo de leitura que vai fazer.
2. Aumente sempre seu vocabulário, porque, aumentando-o, estará aumentando sua capacidade de assimilação.
3. Leia frases, e não palavras. Procure abarcar o maior número de palavras em cada fixação. Dirija sua atenção para as palavras, e não para as letras.

---

[29] LAIRD, D. A.; LAIRD, E. C., op. cit.

4. Quando estiver lendo intensamente, faça pausas, procurando parafrasear o que acaba de ler.
5. Seja qual for o tipo de leitura, concentre-se no que está fazendo. Sem concentração, qualquer leitura é deficiente.
6. Preocupe-se com a velocidade da leitura e mantenha-se alerta quanto à compreensão.
7. Não abuse da leitura oral, embora seja ela excelente exercício de articulação, dicção, tonalidade e indispensável no treino de oratória.
8. Procure ler bons livros de bons autores para enriquecer seu vocabulário e seu intelecto.
9. Sempre que possível, faça uma autoanálise de seus defeitos ou maus hábitos na leitura.
10. Cuidado com os *inimigos* espirituais da leitura: o amor próprio, a timidez, a paixão e o espírito de crítica.
11. Lembre-se de que há *níveis* de leitura, e, portanto, não se desespere se não chegar à leitura assimilativa com a rapidez que desejava.
12. Utilize o tipo de leitura baseado no critério da velocidade, de acordo com o material que for ler: não leia um jornal *assimilativamente*; leia-o *por cima*.
13. Leia pelo significado, sem prender-se a palavras soltas ou letras.
14. Conte, vez por outra, o número de suas fixações por linha. Preocupe-se em reduzi-lo, sem prejuízo da compreensão.
15. Sempre que puder, utilize a tabela de palavras por minuto, para aferir a quantas anda sua velocidade de leitura.
16. Faça exercícios de leitura, estabelecendo suas metas.
17. Fixe-se mais na metade superior e na primeira metade de cada palavra: *são as metades significativas*.
18. Adquira um bom dicionário e consulte-o sempre que tiver dúvidas sobre a significação das palavras do texto.
19. Faça fichas de cartolina branca ou produto equivalente e exercite a sua área de fixação.
20. Ao ler, não mexa os lábios nem movimente a cabeça acompanhando o movimento dos olhos.
21. Preocupe-se com o local onde V. lê: o ambiente, a tranquilidade, o conforto, a iluminação, etc.
22. Empregue as regras de higiene da leitura.

23. Habitue seus olhos a se moverem constantemente, da esquerda para a direita, eliminando os retrocessos. Siga em *frente,* mesmo que não tenha compreendido determinada palavra; muitas vezes o significado vem com o contexto.
24. Uma linha de coluna de jornal pode ser lida com duas fixações, enquanto uma linha de um livro exige de quatro a cinco fixações. Experimente!
25. Reprima qualquer tendência ao que se chama "falar para dentro"; atrasa a leitura e prejudica a compreensão. É um mau hábito, tão prejudicial quanto ler soletrando.
26. Se V. estiver lendo menos de 300 palavras por minuto, é provável que, de alguma forma, esteja repetindo sons. Rara vez a leitura é efetivamente silenciosa sem alcançar-se uma velocidade de 300 palavras por minuto.
27. Ao ler, vá atrás das ideias; não espere que elas venham até sua cabeça.
28. Ler à noite, na cama, não é ler, é um pretexto para *chamar o sono.* Pode transformar-se em hábito, a ponto de *chamar o sono* toda vez que V. for ler.
29. Ler ouvindo música é tão difícil quanto escrever sobre um assunto enquanto se conversa sobre outro: é escusado fazer com perfeição duas coisas que exigem concentração da mente.
30. Seja constante até atingir a meta de ler compreensivamente 400 ou mais palavras por minuto.

Existem especialistas na Medicina, na Psicologia, na Neurociência, na Neurolinguística, que desenvolveram métodos científicos para melhoria da capacidade de leitura de casos graves, em que há deficiências congênitas ou adquiridas por acidentes e moléstias. Nesses casos, haverá necessidade de consulta e tratamento médico adequado.

Capítulo 10
A Escrita e a Comunicação Humana

Bem escrever é, ao mesmo tempo, bem pensar, bem sentir e bem apresentar; é ter ao mesmo tempo alma, espírito e gosto.
(Buffon)

1. Origem da linguagem escrita

A linguagem escrita *sucede* à linguagem oral. Existem no mundo diversas línguas faladas, às quais faltam os símbolos gráficos correspondentes. São as chamadas línguas ágrafas. A primeira gramática da língua tupi foi tentada no Brasil por José de Anchieta, e até hoje, na reprodução dos dialetos falados por tribos brasileiras, adota-se o alfabeto na tentativa de reproduzir seus sons específicos.

Nas civilizações primitivas, a memória individual era a única maneira de conservar a palavra. Essa memória individual impregnava-se da memória social feita de tradições e costumes, os quais se transmitiam por intermédio de lendas. Era a civilização *mítica*, cuja estrutura se devia a fórmulas, segredos e magias propiciados pela palavra falada. Toda a autoridade repousava nos mais velhos, nos quais sobrevivia *o tesouro da experiência ancestral:* morto o ancião, morria com ele a sabedoria da tribo. O patrimônio social vivia na dependência da continuidade do homem.[1]

A invenção da escrita abre uma nova *idade mental* para o homem. Com a escrita, desaparece o mundo mítico da pré-história, consolida-se a palavra e foge o homem ao jugo da tradição oral para a nova autoridade da *letra*. Para Vendryés (1950), a primeira forma de escrita foi pictórica. Há, entretanto, diferença profunda de *menta-*

---
[1] GUSDORF, G. *La palabra*. Buenos Aires: Ediciones Galatea – Nueva Vision, 1957.

lidade entre o homem primitivo que *desenha* um animal e o homem moderno que faz a mesma coisa. Para o primitivo, o desenho, a reprodução da forma e até das cores do animal, em seu conjunto, *eram o animal,* enquanto para o civilizado, o desenho não passa de simples *representação.* A localização quase inacessível de cavernas descobertas na França, repletas de magníficos desenhos da mais remota antiguidade, é demonstração de serem essas cavernas templos, lugares de culto e magia, onde os primitivos desenhavam homens e animais para que ficassem ali montando guarda ou sendo adorados. O símbolo era o objeto que simbolizava. A abstração vem num estágio posterior, em que o símbolo *representa* o objeto que simboliza.

A primeira escrita pictórica é, em seus primórdios, considerada mágica: os sinais são de origem divina e o seu significado só pode ser revelado aos iniciados. A palavra dos deuses vem gravada nas tábuas da lei. Os sacerdotes são os primeiros letrados, capazes de ler e interpretar as palavras escritas por inspiração divina.

Os Vedas, a Bíblia, o Talmud e os livros sagrados de todas as religiões são remanescentes desse período *secreto* da escrita, em que escrever era restrito privilégio de alguns que também eram os únicos capazes de ler.

Somente no século XVI, com a invenção da Imprensa, a escrita passa a oferecer aos homens *o acesso direto à verdade,* motivando violentas guerras religiosas, assim que a Bíblia é traduzida na Europa.

Vivemos hoje nos últimos tempos da *civilização da palavra escrita,* a qual veio dar nova e revolucionária dimensão à palavra falada, transmitida oralmente por tradição. Com os meios de Comunicação em massa – o Rádio e a Televisão –, assistimos à retomada de posição da palavra falada e ao nascimento de uma nova civilização da imagem e do som.

Assim como a palavra falada precisa o pensamento e facilita a memória, a escrita *fixa e conserva a linguagem.*

A escrita é apenas um – *provavelmente o mais perfeito e o menos obscuro* – entre inúmeros outros sistemas de linguagem visual: desenhos, mímicas, gestos, códigos de sinais, etc. Wilson Martins esposa as teorias de Février sobre a história da escrita e as quatro etapas principais de seu desenvolvimento:

1ª **etapa:** Escrita autônoma, caracterizada por formas embrionárias de escrita, pura expressão individual.

2ª **etapa:** Escrita de ideias, quando um grupo de sinais tenta sugerir toda uma frase, caracteristicamente sintética, simples evocação.

3ª **etapa:** Escrita de palavras, em que o sinal já não mais procura evocar uma frase, e sim *anotar* uma palavra.

4ª **etapa:** Escrita fonética, há registro apenas de sons; aparecimento das letras.

Não aceita a ideia de uma evolução da escrita; admite *evoluções dentro de cada sistema, maiores ou menores, conforme os casos.*[2] Dauzat opina que a humanidade ensaiou a escrita ideológica e depois, a alfabética. A escrita ganha em precisão e permite à humanidade extraordinário progresso, quando o homem "na tarefa de fixar e transmitir o pensamento, percebeu que lhe era possível substituir a imagem visual pela sonora, colocar o som onde até então tinha obstinadamente colocado a figura".[3] Da escrita fonética nasceram dois tipos de escrita:

1ª – **A escrita silábica:** um sinal representa grupos de sons.

2ª – **A escrita alfabética:** um sinal corresponde a uma letra.

Nenhuma escrita aplicada a qualquer linguagem pode ser rigorosamente fonética. É impossível à escrita representar, com todas as nuanças, a infinita variedade de sons e, sobretudo, em um dado grupo social, as divergências individuais de pronúncia.

De posse da letra, o *homem adquiriu um instrumento de docilidade e flexibilidade infinitas,* e o alfabeto é o último aperfeiçoamento da escrita.

Charles Bally (1957) considera a escrita um *anacronismo,* o qual, em vez de copiar a linguagem falada com sua atualidade e dinamismo, amalgama os diversos estágios por que passou o idioma, apegando-se a formas e padrões que podem ser pouco usados, ou não mais usados na linguagem falada. Gusdorf (1957) sustenta viver a linguagem escrita *fora da realidade,* distante da linguagem falada pelo povo, para quem a linguagem escrita é um privilégio.

As estatísticas da ONU demonstram que grande parte da população do mundo não sabe ler nem escrever. No Brasil, em 1960, havia aproximadamente 50% de analfabetos em todo o território nacional. Atualmente, o índice de analfabetismo diminuiu, mas ainda continua elevado. Como grande porcentagem das pessoas alfabetizadas é apenas capaz de ler soletrando e assinar o nome para fins eleitorais, escrever é, ainda, privilégio de uma minoria, apesar dos esforços que se vêm realizando em nosso país para diminuir esses índices.

Historicamente, até pouco tempo, admitia-se que a escrita alfabética fora invenção dos fenícios, embora a escrita já existisse há milhares de anos no Egito e na Babilônia. Bertrand Russell (1957) diz que os gregos devem ter aprendido essa arte dos fenícios por volta do século X a.C. Renan atribuiu aos semitas a invenção do alfabeto, com o que Vendryés concorda, em parte. Duvida, entretanto, o linguista francês do que chama de *velha teoria,* segundo a qual o alfabeto grego teria vindo

---

[2] MARTINS, W. *A palavra escrita.* São Paulo: Editora Anhembi, 1957.
[3] DAUZAT, A. *La philosophie du langage.* Paris: Ernest Flammarion, 1912.

dos fenícios. Cita Dussaud, que propôs atribuir à civilização egeia a honra de haver criado o alfabeto. Foram dos egeus da ilha de Creta que os gregos e os fenícios obtiveram seus alfabetos. De qualquer forma, segundo Vendryés, o alfabeto fenício exerceu grande influência sobre o alfabeto grego e, graças aos gregos, o mundo ocidental passou a utilizar-se do alfabeto, a partir dos latinos e dos etruscos.

No Oriente, foi o aramaico que representou o papel de divulgador do alfabeto, atingindo a Índia e chegando até o Extremo-Oriente. Vendryés atribui ao Cristianismo a conquista da Europa: os apóstolos, que ensinavam a religião cristã aos pagãos, ensinavam-lhes a ler as Escrituras Sagradas e tiveram, por isso, de *organizar alfabetos baseados no modelo do alfabeto no qual eles mesmos liam*.[4]

2. Mecânica da escrita

Para qualquer pessoa, o valor simbólico da escrita é natural. Bastam alguns exercícios e um pouco de reflexão. A imagem escrita identifica-se, por associação, com o som da palavra: olhos e ouvidos coordenam-se quando escrevemos. As ideias vão ocorrendo dentro da cabeça, e o cérebro vai ordenando os movimentos da mão, do braço, do antebraço, ou seja, todo o corpo que tem participação no processo da escrita; como que *ouvimos* mentalmente as palavras que escrevemos. Bem depressa, qualquer pessoa normal acostuma-se a essa *ginástica psíquica,* que consiste na coordenação da grafia e do som, combinando representações visuais e auditivas.

Diz Vendryés (1950) que o tempo que dedicamos a esse aprendizado, na infância, é tão pequeno, que nem sequer a memória do que aconteceu é conservada por nós. Pensamos na aquisição da linguagem escrita como alguma coisa que nos custou quase nenhum esforço, como se tivéssemos aprendido *naturalmente* a escrever.

Entretanto, a ideia de escrever nada tem de *natural* no homem, pois, embora pareça de extrema simplicidade, na escrita mobilizam-se nada menos de 500 músculos do corpo humano. Segundo Meumann, a mecânica da escrita decompõe-se em quatro fases distintas:

1ª **Fase ideal** – consiste na formação de representações significativas.

2ª **Fase motora** – constituída da enervação dos movimentos, da comprovação da escrita executada pela vista e das sensações cinestésicas do ato de escrever.

---

[4] VENDRYES, J. *Le langage.* Paris: Edition Albin Michel, 1950.

3ª Fase fonético-motora – a *fala interior*, simultânea aos movimentos da escrita.

4ª Fase ótica – consiste na percepção das palavras escritas.

Todas essas fases sucedem-se, na escrita, mecanicamente e sem que tenhamos *consciência* do que esteja acontecendo, por força da insistência de nossos ancestrais longínquos. Inumeráveis gerações atrás empregaram tempo e esforço para que nosso cérebro, hoje, comporte-se, em relação à escrita, com extrema naturalidade.[5]

Embora se fale muito em *dom*, qualquer pessoa de aptidão mediana pode escrever razoavelmente. Basta aplicar-se a essa finalidade.

3. ESCREVER E FALAR

> *Se falamos (bem) como escrevemos, certamente seremos considerados pedantes, porque ninguém fala como escreve.*
> (Vendryés)

Escrever e falar são técnicas diferentes. Ninguém escreve como fala. Há diferenças entre as duas categorias de linguagem, a começar pela dificuldade reconhecida da transcrição fonética, a qual, por mais perfeita que seja, não consegue impregnar a palavra escrita do *colorido* da palavra falada.

Repare nestas palavras: Venha cá!

Experimente pronunciá-la de acordo com as *marcações*.

(A um subordinado com quem acaba de discutir e que lhe vira as costas): — Venha cá!

(A sua namorada com quem acaba de ter um arrufo, e quer fazer as pazes): — Venha cá!

(A seu filho menor que lhe escapa da mão e desce uma ladeira correndo): — Venha cá!

(A seu melhor amigo que acaba de se mostrar *sentido* com algo que V. não fez): — Venha cá!

---

[5] CARNEIRO, O. L. *Metodologia da linguagem*. Rio de Janeiro: Livraria Agir Editora, 1955.

Ou mais simplesmente:

Com raiva: — Venha cá!

Com ironia: — Venha cá!

Com emoção: — Venha cá!

Com pressa: — Venha cá!

Bocejando: — Venha cá!

Interessadamente: — Venha cá!

Desinteressado: — Venha cá!

Ríspido: — Venha cá!

Suave: — Venha cá!

Gritando: — Venha cá!

Sussurrando: — Venha cá!

A demonstração é suficiente. Não escrevemos como falamos, porque nos faltam sinais capazes de impregnar a linguagem escrita da variedade e da riqueza da linguagem falada: os tons, as entonações, as meias-tintas da Comunicação oral não podem aparecer na escrita. A própria forma é diferente, por mais natural que se deseje ser, *é preciso ser gênio para se parecer natural.* Albalat (1939) recomenda escrever como se fala, *quando se fala bem,* e diz que é preciso escrever um pouco melhor do que se fala.

4. Por que se escreve mal?

As dificuldades para escrever bem começam no momento em que nos encontramos, de caneta na mão, diante de uma folha de papel em branco.

Escrever mal é como ser gordo: muita gente resmunga e se queixa do fato, mas poucos tomam medidas para corrigi-lo – e continuamos gordos, e continuamos escrevendo mal.[6]

Para escrever mal, há pelo menos três razões:

1ª – A tradição.

2ª – O desejo de impressionar.

3ª – Não sabemos pensar bem.

---

[6] MURPHY, D. *Better business communication.* Nova York: McGraw Hill, 1957.

4.1 A tradição

> *Como se escreve mal em Portugal! O estilo é pesado, paquidérmico, empolado, confuso...*
> (Ramalho Ortigão, "As farpas")

A Península Ibérica sofreu forte influência do gongorismo, e essa influência impregnou grande parte da obra literária da Espanha e de Portugal. A Literatura Brasileira não escapou a essa linguagem pesada, repleta de analogias figurativas, vocabulário excessivo e forma obscura.

Essa tradição de escrever mal e empolado cristalizou-se na linguagem formal dos documentos públicos, petições e arrazoados. Nos veículos de Comunicação em massa, essa tendência apenas se alterou de pouco tempo para cá.

Hegel dizia que a leitura do jornal da manhã substituíra a oração matinal no mundo moderno. Grande número de jornais utiliza uma linguagem claudicante, quando não estropiada. E esse mal é universal. O "Times" orgulha-se de um tipo de linguagem que está transformando o Inglês nos Estados Unidos em uma língua onomatopaica e telegráfica. A Propaganda tem contribuído com sua parte na tarefa de degradar a linguagem escrita, desgastando palavras pelo uso excessivo: Agora! Finalmente! A seu dispor! Novo! Melhor! Grátis! Fácil! Fantástico! Extra!

Albalat refere-se à necessidade de os escritores proscreverem os parasitas da linguagem, os *efetivamente, certamente, na realidade, tanto mais, por outro lado*, etc. As frases devem ligar-se não com barbantes, mas com a *lógica* das ideias, pela *força* do pensamento.[7] Escrever bem não é escrever difícil.

4.2 O desejo de impressionar

> *Os que escrevem com clareza, como as fontes límpidas, não parecem tão profundos; os obscuros aparentam profundidade.*
> (Walter Landor)

A grandeza é simples. Todavia, as pessoas transformam-se ao escrever, perdem a simplicidade e complicam-se mais do que os teólogos nos concílios bizantinos.

---

[7] ALBALAT, A. *A arte de escrever*. Lisboa: Livraria Clássica Editora, 1939.

Isso acontece por efeito da *compensação*. Na linguagem falada, contamos com uma série de reforços que não temos na escrita: os gestos, as expressões fisionômicas, a maneira de olhar, a entonação, e um sem-número de outros sinais, que cooperam para a mais fácil transmissão do significado. Na escrita, dispomos apenas das palavras e achamos natural agarrarmo-nos a elas, com a esperança de sermos mais bem compreendidos. Muitas vezes, não confiamos em uma palavra como suficientemente expressiva do que desejamos dizer e acabamos com uma fieira de palavras, as quais repetem o mesmo sentido, quando não o obscurecem. Pela compensação, cada adjetivo corresponde à frustração de não se dispor, na escrita, de um gesto, de um esgar, de um som. Daí as palavras penduradas nas frases, como chocalhos nas vacas destruidoras de cercas, apenas para fazer barulho.

Na impossibilidade de encontrarmos a palavra *certa,* acumulamos palavras em uma ingênua *semostração.* E enfeitamos, tornamos a enfeitar e recorremos aos sinônimos, com a desconfiança de que ainda corremos o risco de não sermos compreendidos.

4.3 Pensar bem

Antes de escrever, aprenda a pensar.
(Boileau)

John Dewey protestou contra a ausência de uma disciplina que, nas escolas, tivesse por finalidade *ensinar a pensar.*[8] Mesmo querendo aprender, V. não encontrará quem lhe ensine a pensar de maneira organizada. Raras pessoas cultivam a ciência do raciocínio: bem escrever é, ao mesmo tempo, bem pensar, e, para bem pensar, é indispensável dominar o assunto.[9]

A maioria das pessoas não sabe pensar com lógica, vive em constante turbulência mental, as ideias amontoadas, em desordem, aflitas à primeira convocação, atropelando-se umas às outras. Em consequência, a linguagem escrita não pode deixar de ser, também, confusa e desordenada, a ponto de provocar o famoso "desabafo" de Scholl "houve tempo em que os animais falavam; hoje, escrevem".[10]

---

[8] DEWEY, J. *A filosofia em reconstrução.* São Paulo: Companhia Editora Nacional, 1958.
[9] FAGUET, E. *Arte de ler.* Salvador, BA: Livraria Progresso Editora, 1958.
[10] Idem.

5.
ORGANIZAÇÃO E DESENVOLVIMENTO DAS IDEIAS

> *A verdade é que as ideias e as imagens que enchem o espírito do homem são as potestades invisíveis que constantemente os governam e às quais todos os homens se submetem de bom grado. Por isso, é da máxima importância que tenhamos grande cuidado com a inteligência, a fim de a guiarmos com segurança na investigação do conhecimento e nos juízos que formar.*
> (Locke)

Há pessoas que não gostam de ficar sozinhas com suas ideias. Certos psicanalistas comparam a mente humana a uma caverna, onde a luz bruxuleante do conhecimento revela horrores.

A mente humana é uma incógnita, e pouco sabemos sobre a motivação – *o que move os homens*.

Nem todas as mentes se assemelham, e muitas haverá em que a entrada não significará escuridão, mas claridade, muita luz em campo aberto. As cabeças dos homens estão repletas de ideias e imagens, as quais constituem uma corrente de fluxo incessante. Experimente parar de pensar! Não conseguirá. Todas as criaturas humanas estão pensando em todos os momentos. O próprio sonho é uma forma de pensamento.

Ideias e imagens são representações mentais verbalizadas, traduzidas em palavras. É muito sutil a distinção entre ideia e imagem: a ideia é a palavra; a imagem, o desenho, a reprodução pictórica.

Podemos fechar os olhos e pensar na palavra MAR. À evocação da palavra, surge a associação com o que conhecemos pelo som que, mentalmente, a palavra evoca: águas azuis, ondas, ilhas distantes, o cenário de Santos, ou da baía de Nápoles.

Como não paramos de pensar, a organização das ideias é ato de extrema complexidade. Quando vamos arrumar uma sala em desordem, não podemos começar a colocá-la em ordem sem algumas precauções preliminares indispensáveis:

1. Precisamos observar a desordem da sala em conjunto.
2. Precisamos traçar um plano de trabalho, o qual dependerá do conhecimento que temos da sala e de como estava anteriormente arrumada.

Se nunca tivéssemos visto a sala, a arrumação ficaria a nosso critério, e o processo seria ainda mais complexo, visto que teríamos de *criar* ideias, imagens e pensamentos:

— Este vaso ficará bem naquele móvel, ou conviria mais colocá-lo perto da janela?

— O estilo desta cadeira condiz mais com aquela poltrona; ou talvez valesse mais a pena colocar uma perto da outra?

A profissão de decorador baseia-se na arte de resolver esses problemas, formando, no interior das residências, um conjunto agradável à vista. Para isso, o decorador *organiza* os móveis e utensílios, tapetes e cortinas, jarros e colunas. Tem a vantagem de lidar com elementos conhecidos: cadeiras, poltronas, mesas, tapetes, sofás. Que aconteceria se o decorador fosse chamado para organizar objetos difíceis, ou impossíveis de identificar?

É o que acontece conosco. Nossa mente está repleta de imagens, opiniões, juízos, raciocínios, inferências, avaliações, conceitos, deduções, pressentimentos, ideias, hipóteses, sugestões, preconceitos, esperanças, temores, reflexões.

O que é uma imagem? O que é uma opinião? O que é um juízo? O que é um raciocínio? O que é uma inferência? O que é uma avaliação? Como imaginamos? Como opinamos? Como ajuizamos? Como raciocinamos? Como inferimos? Como avaliamos? Por que imaginamos? Por que pressentimos? Por que raciocinamos?

6. TEMA CENTRAL

Tomei uma decisão: nunca escrever por escrever.
(Keats)

O fundamental na organização e no desenvolvimento das ideias é o *tema central*. É o objetivo claro na nossa mente que estabelece um *sentido* na ordem que desejamos imprimir a nossas ideias.

Com o tema central sob os holofotes da atenção, concentração e reflexão, podemos começar a organização das ideias: tarefa difícil como vestir uma criança irrequieta – criança e pensamento não param.

Selecionado o tema central, seu *desenvolvimento* vai disciplinando as ideias, organizando-as em uma sequência de operações intelectuais – como se as colocássemos em uma linha de montagem e, à medida que se movimentassem, fossem submetidas a sucessivas operações mecânicas. Wayne Thompson (1957) sugere uma ordem de operações intelectuais para organizar o desenvolvimento das ideias. É a seguinte:

1º – Exemplo.
2º – Comparação e contraste.
3º – Citação.
4º – Fatos, números, detalhes e razões.
5º – Repetição.

Vamos escolher dois temas centrais familiares: o futebol e a telenovela – para organizá-los e desenvolvê-los, de acordo com a sequência acima.

1º O exemplo – Além de aumentar a clareza e a força do tema central, o exemplo desperta interesse, comprova, humaniza e movimenta a composição. Deve ser pertinente, de extensão razoável e apropriado à audiência e à ocasião:

> O Brasil tem o melhor futebol do mundo. A linha de atacantes, por exemplo, Didi, Coutinho e Pelé, é insuperável nas tramas e na marcação de gols.

Ou

> A Rede Globo tem o melhor *know how* de novelas da TV brasileira. Seus roteiristas, como, por exemplo, Glória Peres e Sílvio de Abreu, são insuperáveis nas tramas e no desenho psicológico das personagens.

2º Comparação e contraste – *Comparação* é a forma que procura mostrar *no quê* as coisas são iguais, e *contraste, no quê* diferem:

> Ademir foi um dos grandes centroavantes brasileiros. *Como* Friedenreich, era dono de estilo igualmente vistoso. *Diferia* de Fried na objetividade do padrão de jogo: era um chutador por excelência.

Ou

> *Passione,* de Sílvio de Abreu, foi um marco na teledramaturgia. Como *Caminho das Índias,* de Glória Peres, tinha trama intrincada, envolvendo muitas personagens. *Diferia,* contudo, dessa novela por não apresentar um visual tão rico e colorido.

3º Citação – A *citação* é um trecho de outro autor, o qual é inserido no texto, a propósito do que se escreve, com a finalidade de explicar, ilustrar, reforçar uma tese, etc. Suas principais fontes são a literatura, os discursos, os livros, as poesias, os editoriais. A força da citação está em sua *pertinência* e em sua *origem*.

> Sobre o estilo de jogo de Ademir, Thomaz Mazzoni escrevia na "Gazeta Esportiva" logo após o jogo Brasil × Espanha: "Bem municiado por Jair e Zizinho, com passes longos, na meia-cancha, Ademir será sempre um demolidor de defesas".

Ou

> Sobre o parto prematuro e morte da personagem Diana, que teve síndrome de Helpp durante a gravidez, explicou o Dr. Salmo Raskin, no Portal Fator Brasil (disponível em http://www.revistafator.com.br/ver_noticia.php?not=141057), em 18/12/2010: "O que as pessoas não imaginam é que o fato da mãe ter Hellp implica risco aumentado da criança recém-nascida desenvolver uma doença genética hereditária, que, se não for diagnosticada, pode levá-la ao óbito". O Dr. Salmo Raskin é médico geneticista e diretor da Sociedade Brasileira de Genética Médica.

4º Fatos, números, pormenores e razões – A *exatidão é* a primeira condição para quem cita fatos e números; os pormenores devem ser *importantes e reduzidos em quantidade*, e as razões devem ter *base*:

> O Brasil perdeu o Campeonato do Mundo em 1950. Em oito jogos, entretanto, conquistou 32 gols contra apenas 13 dos adversários. Quem, todavia, assistiu ao jogo Brasil x Suíça deve ter reparado na eficiência do "ferrolho" contra a linha de ataque nacional. Na peleja final, não se justificava o otimismo exagerado dos brasileiros.

Ou

> O ibope de estreia da novela Passione, do autor Sílvio de Abreu, foi menor do que o do primeiro capítulo de Viver a Vida, sua antecessora, escrita por Manoel Carlos. Segundo dados prévios do Ibope, a novela teve média de 37 pontos, com picos de 40, enquanto Viver a Vida alcançou até 43 pontos no capítulo inicial" (Segundo dados disponíveis em http://www.atarde.com.br/cultura/noticia.jsf?id=2495606). Entretanto, Rodrigo Rodrigues, do "Vitrine", conversou com Silvio em16/10, às 19h, na TV Cultura. Na entrevista, o autor falou sobre o grande sucesso da novela, o ibope e a rigidez em escrever os mistérios de Passione. Depois de ter começado com o ibope não muito alto, a novela deu uma guinada. Mas a audiência não é o que preocupa Silvio. "Quando eu faço uma novela eu não fico pensando que vou fazê-la para dar tanto de audiência; isso eu nunca pensei. Eu vou fazer uma novela que me interesse, que eu possa ficar 200 dias sentado em frente ao computador e

com estímulo para escrever 40 páginas por dia" (Segundo dados disponíveis em http://www.tvtelinha.com/vitrine-silvio-de-abreu-audiencia/11200/).

5º Repetição – Trata-se de uma forma de desenvolver o tema por meio de sua reiteração, utilizando-se, porém, palavras diferentes:

> *O Brasil podia ter sido campeão do mundo* já em 1950; todavia, *deixou de conquistar a taça "Jules Rimet"* por um conjunto de fatores.

Ou

> A teledramaturgia global vive tempos privilegiados, pois pode contar com roteiristas e elenco de primeira.

Uma composição é a resultante das inúmeras combinações que se podem fazer em torno de um tema, por diferentes formas de desenvolvimento das ideias:

> O incêndio foi terrível! Lembrava o do Park Royal há muitos anos (*exemplo*). O Park Royal, entretanto, ficava em um prédio pequeno (*comparação*), enquanto o de nossa rua foi em um edifício de vinte andares (*contraste*). Houve casos dolorosos, como o daquela senhora que ficou presa no elevador e teve morte horrível (*fato*). Um morto e trinta e sete feridos (*número*) foi o trágico balanço do incêndio. Contam que um indivíduo, em atitude suspeita, foi visto entrando na sala de máquinas do edifício, minutos antes de rebentar o incêndio (*detalhe*). Há, entretanto, quem julgue que o excessivo calor naquela tarde de janeiro, em pleno verão, tenha provocado combustão espontânea no depósito de lixo (*razões*). Foi um espetáculo dantesco! (*repetição*).

7.
COMO ORGANIZAR IDEIAS

Tudo depende do plano.
(Goethe)

Para organizar ideias, o Prof. Thompson recomenda sugestões, das quais selecionamos algumas, acrescentando outras.[11] Nosso objetivo é esboçar um roteiro,

---

[11] THOMPSON, W. *Fundamentals of communication.* Nova York: McGraw Hill, 1957.

com o qual se possa pensar consequentemente, primeira condição para quem deseja escrever.

1º – Escolha um assunto.
2º – Prepare uma lista de ideias sobre o assunto escolhido.
3º – Trace um plano de desenvolvimento.
4º – Escreva um esboço.
5º – Faça a composição.

7.1 Assunto

O assunto sempre dependerá de fatores pessoais e circunstanciais. A recomendação de Horácio é oportuna: se *queres escrever, escolhe um assunto de acordo com as tuas forças.*

Vejamos alguns temas a nossa escolha:

1. O futebol no Brasil.
2. A nova classe média brasileira.
3. A reforma do judiciário.
4. A exploração do petróleo e o pré-sal.
5. A violência doméstica.
6. Posição do Brasil na América Latina.
7. Juventude perdida.
8. Considerações sobre a Reforma Agrária.
9. O trabalho infantil.
10. A reforma do ensino no Brasil.
11. A reforma da Previdência.
12. Apreciação sobre a lei que disciplina a remessa de lucros.
13. O Brasil e a exploração de gás na Bolívia.
14. O esporte e a vida sedentária.
15. O homem depois dos 40 anos.
16. Sugestões para a solução do problema do trabalho escravo no Brasil.
17. Siderurgia no Brasil.
18. O moderno cinema brasileiro.
19. China e Estados Unidos: um estudo comparativo de dois sistemas sociais.

20. A Religião no século XXI.
21. Papel dos meios de Comunicação na educação do povo.
22. Agricultura e Indústria – um programa conjunto de Desenvolvimento.
23. A Comunicação empresarial.

Prosseguiremos a exemplificação com o tema 1, "O futebol no Brasil".

O *tratamento* do assunto depende do *objetivo* que desejamos alcançar. Não há assunto sobre o qual não se possa escrever prós e contras, assim como encontraremos uma infinidade de maneiras de enfrentá-lo. Com a finalidade de esclarecer a aplicação desses princípios, apresentaremos o objetivo para o tema escolhido: *O futebol no Brasil.*

Objetivo: demonstrar, por meio de um escorço histórico documentado, o progresso que esse esporte vem tendo no Brasil.

7.2 Lista de ideias

Escolhido o assunto e determinado o objetivo, é necessário preparar uma lista de pensamentos, exemplos, argumentos, citações, fatos, comparações, lembretes, opiniões, números, uma relação de todas as ideias a serem incluídas. Ao ler, V. deve ter um bom dicionário à mão. Ao escrever, precisará preparar o material indispensável ao trabalho. A organização de uma lista de ideias ajuda a quem se dispõe a escrever.

O FUTEBOL NO BRASIL

Origens.
Quem foi Charles Miller?
O primeiro "team".
Prioridade de São Paulo ou Rio de Janeiro?
Oscar Cox.
Paulistano.
Fluminense.
A questão das regras.
Fundação do Botafogo, América e Bangu.
Quando começou o Campeonato Carioca?
O primeiro Campeonato Brasileiro.

Os clubes e torcidas: Corinthians, Palmeiras, Flamengo, Santos, São Paulo, Fluminense, Vitória...

Os "grandes" do passado: Pascoal, Grane, De Maria, Friedenreich, Hércules, Carvalho Leite, Leônidas, Patesko, Jurandir, Domingos, Perácio, Romeu, Batatais.

Pelé, Gilmar, Djalma Santos, Chinezinho, Vavá, Julinho, Garrincha, Coutinho.

Os "grandes" do presente: Ronaldo, o Fenômeno, Ronaldinho Gaúcho, Robinho, Adriano, Neymar, Kaká, Ganso, Gilberto, Kléberson, Júlio César, Rogério Ceni...

Os campeonatos do mundo.

Os títulos mundiais do Brasil.

O pentacampeonato.

A decepção na copa de 2010 na África do Sul.

Os preparativos para a copa no Brasil em 2014.

O futebol profissional: prós e contras.

Aspectos éticos do futebol.

O brasileiro e o futebol.

Uma lista de ideias desperta a atenção para uma série de aspectos a serem estudados, os quais, se não o fossem, poderiam ser esquecidos, empobrecendo o texto. Outra vantagem da lista de ideias é o verdadeiro exercício de preparação a que ela obriga, pois, relacionando ideias, vamos *entrando* no assunto com maior segurança e profundidade. Não podemos confiar na memória e deixar tudo à conta da improvisação.

7.3 Plano

Sem estabelecer um plano sobre o que se vai escrever, as dificuldades depressa começam a surgir. Sem plano, corremos o risco de nos perder, sem aprofundar nenhum aspecto, acabando por fazer trabalho superficial.

A primeira recomendação para um bom plano é extrair da lista de ideias aquelas que nos parecem mais importantes, dar-lhes uma ordem cronológica, ou de prioridade no tratamento, e fixarmo-nos naquelas em que desejamos aprofundar-nos. É o momento para a consulta do material de referência.

O futebol no Brasil

Aspecto a considerar com profundidade: o futebol profissional – prós e contras.

Ideias importantes:
Origens do futebol no Brasil.

O primeiro "team" a organizar-se.

Paulistano.

Fluminense.

Botafogo, América e Bangu.

Prioridade de São Paulo ou Rio de Janeiro?

Os clubes e as torcidas.

Os craques do passado e do presente.

As copas mundiais.

Ideias não incluídas na primeira lista, decorrentes da seleção agora feita no planejamento:

Quando começou o profissionalismo no futebol mundial?

Quais os países que adotaram o profissionalismo, e em que época?

Comparação entre essas datas e a data da implantação do profissionalismo no Brasil.

Ideia nova:
Agrupar os primeiros "teams" que se organizaram no Brasil e estudá-los em conjunto – focalizar primeiramente os atletas que constituíram essas equipes.

Importante:
Classe social dos jogadores de futebol do passado: verificar a situação econômico-financeira de cada atleta.

Sugestão:
Não teriam sido os campeonatos que provocaram o aparecimento do profissionalismo disfarçado?

Fontes:
Consultar a "História do Futebol no Brasil", de Thomaz Mazzoni, os escritos do jornalista esportivo Mário Filho, o caderno de esportes de "O Estadão", de "A Folha", de "O Globo", do "Jornal do Brasil", telejornais, programas esportivos no rádio e televisão, internet, etc.

Notar que nosso objetivo sofreu modificação, quando chegamos à fase de planejamento. Originariamente, era nosso propósito "demonstrar o extraordinário progresso do futebol no Brasil, fazendo um escorço histórico bem documentado". Ao planejar, selecionando as ideias que deveriam ser tratadas em profundidade, resolvemos dar ênfase ao profissionalismo no futebol. A seleção dessa ideia obrigou-nos a uma revisão das outras ideias, fazendo surgir ideias novas, sugestões, pensamentos, consulta a fontes especializadas, etc.

Planejamos as coisas de um jeito e acabamos fazendo de outro.

O planejamento altera-se, transforma-se, modifica-se, mas é sempre um roteiro. Para escrever, sentimos necessidade de planejar, embora se possa admitir que existe muita gente capaz de escrever *ao correr da pena*. O simples ato de pensar é um tipo de planejamento.

7.4 Esboço

Muita gente, ao escrever coisa séria, não o faz sem um esquema. É tão necessário um esquema antes da redação final quanto um roteiro para o discurso: a imaginação ferve, ideias racionais e ideias emotivas brotam, crescem, atropelam-se, e o esquema nos mantém *dentro do assunto*.

Na criação literária pura, *muito autor se embaraça por não ter refletido o bastante*.[12]

As opiniões, todavia, divergem. Há os que acham que, feito o plano, devemos escrever *sem pensar em esboço*, e há os que pensam ser necessário *escrever efetivamente um esboço*, antes de entrar na composição definitiva.

Devemos distinguir entre esboço e esquema: esboço é a primeira redação; esquema, um resumo, um quadro sinóptico. Para escrever, um esquema é indispensável, enquanto o esboço é um problema individual.

Há pessoas capazes de, em uma primeira redação, apresentar a forma definitiva. As palavras fluem com naturalidade e sequência lógica, as frases vão-se constituindo, os períodos vão nascendo e o sentido da composição sai completo, como se já estivesse completo na mente, antes de passar para o papel. Para outros, escrever é um suplício: "algo assim como experimenta o amante ciumento – desassossego, inquietação, dúvida sobre o que escrever".[13] La Fontaine refazia doze vezes cada fábula e Sully Prudhomme, torturado pela pureza da forma, produzia, em um ano, um soneto. Maupassant buscava mais que o sentido, a alma das palavras. Bossuet acreditava na palavra certa, e só nessa única palavra capaz de expressar, à perfeição, uma única ideia.

---

[12] FAGUET, E., op. cit.
[13] Idem.

7.5 Composição

A composição divide-se em quatro partes:

1ª – Título.
2ª – Introdução.
3ª – Corpo.
4ª – Conclusão.

O título é fundamental em qualquer composição. Deve ser breve, original, vivo e sugestivo.

Breve:	A era Lula.
Original:	Barba cresce mais no sul do Brasil.
Vivo:	Agarrem o "Mascarado".
Sugestivo:	A verdade sobre o futebol profissional no Brasil.

Na introdução, precisamos despertar no leitor uma impressão favorável: *a primeira impressão é tudo,* e tudo depende do estilo.

Estilo é a maneira individual com que cada um expressa o pensamento, falando ou escrevendo. Todos nós pensamos, pouco mais ou menos, as mesmas coisas; a diferença está na expressão, no *estilo*.

O estilo é muito mais Psicologia do que Gramática. João Gaspar Simões observa que "não poucos mestres do estilo nada sabem das regras fundamentais dessa arte", e cita gente rústica, que se exprime com originalidade e vigor, em que palpita uma maneira de dizer pessoal e intransmissível.[14] O estilo é uma qualidade na composição escrita, que pode ser apreciada sem uma análise ou uma compreensão total, da mesma forma que apreciamos a personalidade de uma criatura humana.[15]

8. ARGUMENTAÇÃO

Argumentar é discutir, mas, e principalmente, é raciocinar, é deduzir, é concluir, é tirar ilações: "Quando você discute com alguém, a argumentação não deve ser uma

---

[14] SIMÕES, J. G. *Crítica 1*. Porto: Editora Latina, 1942.
[15] PEREIRA, E. C. *Gramática expositiva* (curso superior). São Paulo: Editora Nacional, 1956.

luta entre duas pessoas, mas uma Caçada à Razão, na qual vocês dois se envolvem, ajudando-se mutuamente a descobrir e a capturar a verdade que ambos desejam".[16] A argumentação deve ser construtiva na finalidade, cooperativa em espírito e socialmente útil. Embora seja exato que os ignorantes discutem pelas razões mais tolas, isso não constitui motivo para que homens inteligentes se omitam em advogar ideias e projetos que valham a pena. Homens mal-intencionados discutem por objetivos egoístas ou ignóbeis, mas esse fato deve servir de estímulo aos homens de boa vontade, para que se disponham a falar com maior frequência e maior desassombro. O ponto de vista que considera a discussão como vazia de sentido e ausente de senso comum é não só falso, mas também perigoso, do ponto de vista social.

8.1 Vantagens da argumentação

Inúmeras são as vantagens da argumentação. Vamos citar algumas:

a. É um método por meio do qual o indivíduo pode avaliar os problemas que lhe dizem respeito, a sua família, negócios e sociedade onde vive.
b. É um meio de criar hipóteses e experimentar conclusões.
c. É uma técnica de emitir argumentos e opiniões, como objetivo de defender determinada posição.
d. É um processo de análise e crítica de todos os meios de intercâmbio de opiniões.
e. É um instrumento poderoso com aplicações proveitosas na vida individual e social.

Aprender como se deve compor uma tese, capaz de resistir às análises da lógica e à evidência dos fatos – por escrito ou pela palavra falada – é de enorme utilidade e de infinitas aplicações no mundo dos negócios.

8.2 Definições e elementos da argumentação

Argumentação *é a arte de influenciar os outros pela evidência e pela lógica.*[17] Dessa definição inferem-se os dois elementos onipresentes na argumentação:

1º – A Evidência – uma certeza manifesta.
2º – A Lógica – coerência e raciocínio.

---

[16] HIGHET, G. *A arte de ensinar.* São Paulo: Melhoramento, s/data.
[17] THOMPSON, W., op. cit.

8.3 Condições para a escolha de um tema

Em princípio, qualquer tema serve para o exercício da argumentação. Na prática, porém, existem condições essenciais que determinam a escolha de um tema capaz de facultar o desenvolvimento de toda a técnica da argumentação. Essas condições essenciais são três:

1º – Que seja passível de evidência.

2º – Que seja motivo de controvérsia.

3º – Que seja suficientemente interessante.

Um tema que não ofereça possibilidades de evidência deve ser rejeitado. Da mesma forma, é impossível desenvolver uma discussão sobre um tema que conte com unanimidade de aceitação ou rejeição. A unanimidade é o fim da argumentação, e o consenso, o túmulo da opinião. O interesse do tema precisa ser levado em conta, caso contrário não há discussão.

Por exemplo: Marleine Paula Marcondes e Ferreira de Toledo propõe uma argumentação sobre o caso clássico, fictício, mas baseado em fatos reais, dos exploradores de cavernas.[18] O "caso" preenche os três requisitos: é passível de evidência, é interessante e dá ensejo a duas tomadas de posição antagônicas, permitindo discussões interessantes e atrativas.

O "fato" foi o seguinte: cinco espeleólogos ficaram presos numa caverna por obstrução da entrada. O resgate demorou 32 dias. No vigésimo terceiro dia de cativeiro, consensualmente, sortearam um dos prisioneiros, mataram-no e comeram-no. Ao serem libertados, os quatro sobreviventes foram julgados e condenados à forca.

Marleine Paula defende a tese A, "os réus são culpados de homicídio e devem cumprir a pena que lhes cabe",[19] e a tese B: "os réus são inocentes de homicídio, devem permanecer vivos e livres".[20]

Tese A: Os réus infringiram a lei; agiram premeditadamente; tomaram uma resolução precipitada; não se deixaram intimidar pela prevenção da lei; deram mau exemplo; substituíram a lei por um contrato atípico, sem validade jurídica; violaram o direito natural à vida; não podem provar a anuência da vítima ao sacrifício da própria vida.

Tese B: Os réus agiram em legítima defesa; houve anuência da vítima; é preciso interpretar a lei, e não apenas aplicá-la literalmente; a lei positiva foi substituída

---

[18] Cf. FULLER, Lon L. *O caso dos exploradores de cavernas*. Trad. Plauto Farco de Azevedo. Porto Alegre: Sérgio Antônio Fabris Editor, 10ª impressão, 1999.
[19] TOLEDO, Marleine Paula Marcondes e Ferreira de. *O ato de redigir*. São Paulo: Nankin, 2003, p. 99.
[20] Ibidem, p. 100.

validamente por um contrato *ad hoc*; os réus têm o apoio da jurisprudência em casos semelhantes; não tiveram socorro moral; já foram punidos pela vida; têm a opinião pública a seu favor.[21]

Quid consilium capere? Que decisão tomar? Depende da argúcia do argumentador.

8.4 Seleção dos argumentos

Atendidos os três requisitos do tema, o passo imediato é a seleção dos argumentos. Argumentos são os *raciocínios por meio dos quais se chega às consequências.*[22]

Como regra, os argumentos pertencem a duas categorias:

1ª – Argumentos gerais.
2ª – Argumentos específicos.

GERAIS são aqueles que se podem aplicar a qualquer tipo de tema.
ESPECÍFICOS são aqueles que somente se aplicam ao tema em discussão.
Tema: O salário deve acompanhar o custo de vida.
Argumento geral:
Os assalariados não podem deixar de ganhar o necessário para viver.
Argumento específico:
O bancário precisa ganhar o suficiente para garantir sua indispensável representação.

8.5 Qualidades dos argumentos

Em qualquer discussão, os argumentos precisam de três qualidades:

a. Concisão.
b. Clareza.
c. Força.

Concisão aliada à precisão e exatidão é brevidade. Por exemplo:
Falta condição econômica à profissão de bancário.
Clareza é a limpidez e transparência de linguagem:

> Os bancários estão vivendo com dificuldade crescente. Já ganhavam pouco. Agora, com a elevação constante do custo de vida, o pouco transformou-se em irrisório.

---

[21] Cf. Ibidem, p. 99 e segs.
[22] THOMPSON, W., op. cit.

Força é a energia e robustez da frase:

> *É imperioso que se tome uma decisão, para que o bancário possa viver com dignidade.*

Argumentos que tenham essas três qualidades, além de atingirem os auditórios particulares e circunstanciais, como é o caso dos envolvidos com as dificuldades financeiras dos bancários, convencem também aqueles que, segundo Perelman e Tyteca, constituem o "auditório universal":

> Uma argumentação dirigida a um auditório universal deve convencer o leitor do caráter coercivo das razões fornecidas, de sua evidência, de sua validade intemporal e absoluta, independente das contingências locais ou históricas.[23]

8.6 Sustentação dos argumentos

Sustentam-se os argumentos por meio de duas formas:

a. Evidência.
b. Raciocínio.

Principais tipos de evidência:

a. Fatos.
b. Exemplos.
c. Estatísticas.
d. Testemunhos.

9. Evidência

a. *Fatos*

Pouquíssimos fatos são irrefutáveis, e novas buscas muitas vezes revelam que as verdades de ontem são as falsidades de hoje.

---

[23] PERELMAN, Chaim; TYTECA, Lucie Olbrechts. *Tratado da argumentação* – A nova retórica. Trad. Maria Ermantina Galvão G. Pereira. São Paulo: Martins Fontes, 1996, p. 35.

Para uma argumentação correta e objetiva, é indispensável considerar os *fatos* como evidentes. Constituem os fatos mais comuns o mais poderoso tipo de evidência: "a propaganda mais poderosa é um fato; um fato tão inegável, tão evidente, que até os jornais controlados pela política contrária não possam deixar de registrá-lo".[24]

"Pedro é bancário. Sua esposa adoeceu gravemente e Pedro não só não obteve qualquer ajuda do banco, como se encontra sem recursos para internar a mulher."

b. *Exemplos*

Quando um fato chega a ser suficientemente representativo de determinada espécie de situações, objetos ou ocorrências, passa a constituir um *exemplo*. Ao escolher um exemplo, deve dar-se preferência àqueles que sejam *típicos* e que tenham qualidades de força e adequação para a oportunidade e para a audiência.

"Os bancários estão começando a viver com dificuldade crescente. No Banco da Metrópole, diminuiu este ano o número de funcionários possuidores de saldos de contas-correntes acima de R$ 10.000,00. O fato de o Chefe da Secção de Cadastro ter sido obrigado a tirar sua filha mais velha de um colégio particular, matriculando-a em uma Escola Pública, constitui um *exemplo* do que vem acontecendo no seio da classe."

c. *Estatísticas*

Embora sejam combatidas por aqueles que afirmam "poder-se afirmar ou negar tudo pelas estatísticas", constituem elas um tipo de evidência, capaz de transformar-se em poderoso argumento:

"Somente 11,37% dos bancários dispõem de casa própria.

Somente 13,2% dos bancários têm automóvel."

As estatísticas podem cobrir enorme variedade de aspectos de um problema, por intermédio de uma forma numérica simples, compreensiva, de notável força e concisão.

d. *Testemunhos*

Determina um dos Mandamentos da Lei de Deus: "Não levantarás falso testemunho". Embora falho e eivado de obscuridades e incertezas, o testemunho continua a merecer fé nos tribunais. O exemplo de Frineia perante os juízes gregos, a força de Danton diante de seus acusadores são demonstrações do poder da presen-

---

[24] DAVIS, E.; PRICE, B. *War information and censorship.* Washington: American Council on Public Affairs, 1943.

ça humana nos momentos em que se decide entre duas evidências que se chocam. "Eu vi!" é uma frase tão violenta, que só se pode igualar a uma outra de igual intensidade: "Eu estava lá!".

"Sobre a situação do Pedro, o que lhe posso dizer é que estamos fazendo uma coleta no bairro para ver se levantamos fundos para a internação de sua esposa" – eis um testemunho capaz de transmitir-nos toda a importância do tema em debate.

10. Raciocínio

Raciocinar é fazer uso da razão para conhecer e julgar da relação das coisas; é o processo de extrair inferências de fatos, exemplos, estatísticas e testemunhos.[25]

1. V. *vê* um rapaz de *smoking* à noite em Copacabana.
2. V. *infere que* ele está a caminho de uma festa.

1. V. *lê* que foram reprovados 10.000 alunos nos exames da Faculdade de Medicina.
2. V. *infere* que nosso ensino médio é deficiente.

Ver ou ler é a simples verificação mecânica. Inferir é raciocinar – é um processo *de inteligência,* uma técnica mental.

Considerem-se quatro tipos de raciocínio:

1º – Indução.
2º – Dedução.
3º – Relações causais.
4º – Analogia.

10.1 Indução

Extrair uma generalização, de um ou mais casos particulares, é Indução, tipo de raciocínio muito utilizado no pensamento científico e na vida de todo dia.

---

[25] THOMPSON, W., op. cit.

Exemplos de indução:

1. O Rian passa filmes péssimos.
2. No Rádio não há nada que se ouça.
3. O Teatro brasileiro é muito fraco.

Generalizações como essas costumam nascer de casos específicos. Possivelmente V. assistiu a duas ou três fitas de má qualidade no Rian, girou em vão o *dial* do seu receptor de rádio, ou teve a infelicidade de assistir a algumas peças sem categoria. Desses fatos isolados, nascem as generalizações, pela Indução.

> João trabalha no banco desde 1998, e nunca mudou de emprego. Pedro trabalha no mesmo banco há mais de 30 anos. Antônio entrou para o banco em 2000 e nunca pensou em sair. Conclusão: as pessoas que trabalham nesse banco permanecem em seus empregos por muitos e muitos anos.

De que maneira "testar" essa forma de raciocínio? Existem algumas regras que nos permitem avaliar a justeza da Indução:

a. *O número de fatos.* Quanto maior o número de fatos que nos levem a uma generalização, mais justa deverá ser. Na maior parte das vezes, porém, a *qualidade* dos fatos apresentados supera em valor a simples quantidade.

b. *A extensão* em que os exemplos apresentados sejam típicos. Os estatísticos extraem *amostras* do "universo" para chegar a generalizações. Podemos, na falta de técnicos, recorrer ao bom-senso. Por exemplo: os salários recebidos por um Ronaldo, o Fenômeno, um Ronaldinho Gaúcho ou um Roberto Carlos constituem prova suficiente de que o futebol é atividade altamente compensadora.

c. *A ausência de fatos negativos.* Para se chegar a uma generalização pela Indução, dois ou três fatos positivos podem ser o suficiente; um único fato negativo, entretanto, prejudica a conclusão. Eis um exemplo:

> "Juvenal ganha R$ 1 500,00 mensais e é bancário. Alfredo ganha R$ 10 000,00 mensais e é bancário. Francisco ganha R$ 1 450,00 mensais e é bancário. Conclusão: os bancários constituem uma classe que ganha pouco."

A conclusão está errada diante de um fato negativo: Alfredo não ganha R$ 10 000,00 mensais e não é bancário?

d. *A possibilidade que a generalização oferece de ser reforçada pelos outros tipos de raciocínio.* As generalizações devem ser julgadas de acordo com a lei da probabilidade. Somente uma Indução perfeita levará à certeza. Por isso, são recomendáveis em nossas afirmações os: *talvez, é provável, parece, é possível, pode ser, etc.*

10.2 Dedução

A aplicação de uma regra geral a uma situação particular é o que se chama Dedução. É o contrário de Indução, que "de fatos particulares tira uma conclusão genérica".

Na Dedução, partimos de uma generalização para um caso particular. Exemplos:

1. O Corinthians joga *muita bola*; logo, hoje vou assistir a um grande jogo!
2. Petrópolis é cidade de gente rica; logo, se Artur mora em Petrópolis, é rico.

O processo da Dedução baseia-se na exatidão das premissas. Para que se possa avaliar uma Dedução, é necessário que se examinem cuidadosamente as ideias nas quais ela se baseia:

> Todos os gatos têm dois rabos.
> Mimi é um gato.
> Logo, Mimi tem dois rabos.

O raciocínio é correto, mas a premissa é falsa: nenhum gato tem dois rabos.

Silogismo é um raciocínio formado de três proposições: a primeira chama-se premissa maior; a segunda, premissa menor; a terceira, conclusão.

O exemplo clássico de silogismo vem da Grécia:

> Todos os homens são mortais.
> Sócrates é um homem.
> Logo, Sócrates é mortal.

O raciocínio parte do geral para o particular:

> Nas serras chove muito.
> Petrópolis fica na serra.
> Logo, em Petrópolis chove muito.

> Toda mulher fala muito.
> Maria é mulher.
> Logo, Maria fala muito.

A força do silogismo reside na justeza da premissa maior: na *generalização*.

É importante compreenderem-se a força e o artifício que podem existir dentro de um simples silogismo.

10.3 Relações causais

As Relações Causais permitem que o indivíduo se movimente com *lógica,* isto é, pelo *raciocínio de um acontecimento conhecido ou de uma probabilidade até a uma razoável estimativa sobre um fato desconhecido ou um conjunto de circunstâncias.*[26]

As Relações Causais estabelecem possibilidades e não certezas. Apresentam-se sob três aspectos:

1º – *De causa a efeito*

Prediz um efeito, baseando-se em uma causa conhecida:

> O motor faz funcionar a bomba d'água. Sem motor a bomba d'água não funciona.
>
> Comer banana me dá dor de cabeça.
> Se eu comer banana ficarei com dor de cabeça.

2º – *De efeito a causa*

O efeito é conhecido. O que se procura determinar é a causa.

> Os grandes atletas morrem cedo.
> Isso acontece pelo esforço sobre-humano que lhes é exigido nas competições esportivas.
> A maioria dos jovens sai-se mal nos vestibulares. Isso acontece devido às falhas de nosso ensino médio.

3º – *De efeito a efeito*

Infere uma segunda consequência de um efeito conhecido, tendo os dois uma mesma causa.

> O Irã restringe as liberdades essenciais de seus cidadãos, porque a imprensa vive sob uma censura férrea. (causa: Ditadura)
> Ele ficou doente, porque conviveu com o tio. (causa: Tuberculose)

---

[26] THOMPSON, W., op. cit.

10.4 Analogia

A Analogia é um tipo de raciocínio que tem por objetivo *determinar o grau de probabilidade de uma situação, por meio do exame de acontecimentos ou circunstâncias semelhantes.*[27]

> Paraíba e Pernambuco têm vida econômica e problemas político-sociais praticamente iguais; portanto, um sistema de governo que tenha promovido o progresso da Paraíba dará certo em Pernambuco.
> O futebol do Brasil e da Argentina encontram-se no mesmo nível técnico; portanto, o sistema do treinador argentino para o selecionado, que deu bom resultado na Argentina, dará bons resultados no Brasil.

Existem dois tipos de Analogia:
   a. Analogia figurativa.
   b. Analogia literal.

Exemplos de analogia figurativa:

> O caráter de Júlio é como um diamante sem jaça.
> Os olhos de Maria são como as estrelas de uma noite sem lua.

É mais uma figura literária, sem o valor de raciocínio, que somente se encontra na Analogia literal:

> Pedro é fisicamente parecido com Paulo.
> A situação do Brasil de hoje tem certas semelhanças com a situação do país em 1958.

11.
COMO REFUTAR ARGUMENTOS

Na argumentação, V. terá não apenas de reunir elementos capazes de alicerçar e demonstrar sua opinião, mas também terá de saber responder aos argumentos contrários que lhe sejam opostos. A maneira de refutar os argumentos contrários dependerá muito de fatores pessoais ou circunstanciais. É de todo impossível

---
[27] Idem.

formularem-se regras ou princípios gerais. Tudo quanto se pode fazer é reunir algumas sugestões:

1º – Procure refutar o argumento que lhe pareça mais forte. Comece por ele.

2º – Procure atacar os pontos fracos da argumentação contrária.

3º – Utilize a técnica da "Redução às Últimas Consequências", levando os argumentos contrários ao máximo de sua extensão.

4º – Veja se seu opositor apresentou uma evidência adequada ao argumento empregado.

5º – Escolha uma autoridade que tenha dito exatamente o contrário do que afirma seu opositor.

6º – Aceite os fatos, mas demonstre que foram mal interpretados.

7º – Ataque a fonte na qual se basearam os argumentos de seu opositor.

8º – Cite outros exemplos semelhantes, que provem exatamente o contrário dos argumentos que lhe são apresentados pelo opositor.

9º – Demonstre que a citação feita pelo opositor foi deturpada, com a omissão de palavras, ou de toda a sentença, que diria o contrário do que quis dizer o opositor.

10º – Analise cuidadosamente os argumentos contrários, dissecando-os para revelar as falsidades que contêm.

12. A EXPOSIÇÃO ESCRITA

True ease in writing comes from art, not chance.
As those move easiest who have learned to dance.
(Alexander Pope)

A exposição escrita é a resultante da arte de encontrar, combinar e exprimir ideias. Compreende três fases:

1ª – Invenção.

2ª – Disposição.

3ª – Elocução.

Invenção é o esforço do espírito pelo qual se encontra um assunto e os desenvolvimentos que se relacionam com ele; *é a operação por meio da qual assimilamos o assunto da exposição e adquirimos sobre ele o mais completo domínio.*[28]

Disposição é a arte de bem dispor o que se vai escrever; é a organização dos materiais, reunidos durante a invenção.

Elocução é a procura da forma, a execução técnica do estilo, a transposição do pensamento em palavras.

Para a invenção, recomenda-se obedecer ao método cartesiano:

a. Caracterização da evidência: nada aceitar por verdadeiro que não seja evidente.
b. Regra da análise: dividir cada dificuldade em tantas partes quantas sejam necessárias, a fim de conhecer, isoladamente, cada elemento do conjunto.
c. Regra da análise e da síntese: fazer pesquisas e revisões tão minuciosas, que fique certo de nada haver omitido.

A ordem é o que há de mais raro nas operações do espírito, escreveu Fénelon, e é na disposição que se exige, de quem escreve, ordem, clareza e unidade.

A disposição subdivide-se em sete partes:

1. O exórdio – Quem escreve deve captar as graças de quem lê.
2. A proposição – Um sumário do assunto.
3. A narração – Damos a conhecer os fatos indispensáveis à compreensão da causa que sustentamos.
4. A demonstração – Procuramos provar que nossa opinião é incontestável; para isso, utilizamo-nos de raciocínios dos quais se extraem consequências. Esses raciocínios, para serem eficazes, devem ser codificados em uma linguagem que tenha as quatro *virtudes* preconizadas por Lausberg: a *puritas*, isto é, a correção; a *perspicuitas,* isto é, a compreensibilidade; o *aptum*, ou seja, a concordância da causa com a opinião do público; o *ornatus,* isto é, a beleza da expressão linguística.[29] Essa beleza é essencial, uma vez que é um anseio do homem encontrá-la em todas as expressões humanas da vida. Entram aqui as figuras de linguagem, utilizadas com parcimônia, pertinência e bom gosto.

---

[28] ALBALAT, A., op. cit.
[29] Cf. LAUSBERG, Heinrich. *Elementos de retórica literária.* Tradução, prefácio e aditamentos de R. M. Rosado Fernandes. 2. ed. Lisboa: Fundação Calouste Gulbenkian, 1970, § 102 e segs. e § 464.

5. A confirmação – Desenvolvimento das provas em apoio a nossa tese; as mais concludentes devem ficar para o fim.
6. A refutação – Tem por finalidade destruir antecipadamente as provas em contrário que já conhecemos, ou que podem provir de nossa demonstração.
7. A peroração – Coroamento da disposição; deve ser oportuna e pode compreender uma recapitulação geral, com um encerramento persuasivo, enfatizado, talvez, por uma figura de linguagem que induza à persuasão.

13. LEITURA E ESCRITA

"A leitura faz o homem completo; a conversa torna-o ágil; o escrever torna-o preciso", disse Francis Bacon (1952). Todos os grandes escritores proclamam a necessidade de ler: a leitura é a base da arte de escrever. Laudelino Freire recomenda a leitura de alguns livros "por si só suficientes para habilitarem o estudioso a observar, com rigor, as condições fundamentais da boa escrita".[30] São estes:

Serões gramaticais – Carneiro Ribeiro.
Sintaxe da língua portuguesa – Leopoldo Pereira.
Lições de português – Souza de Oliveira.
Método de análise – Carlos Góes.
Prontuário de ortografia – Costa Leão.
Gramática histórica portuguesa – Joaquim Nunes.
Sintaxe histórica – Epifânio Dias.
Lições de filologia – Leite de Vasconcellos.
Ortografia nacional – Gonçalves Vianna.
Fatos da língua – Mário Barreto.
Novos estudos – Mário Barreto.
Problemas da linguagem – Cândido de Figueiredo.
Lições práticas – Cândido de Figueiredo.

---

[30] FREIRE, L. *Seleta da língua portuguesa*. Rio de Janeiro: Civilização Brasileira, s/data.

Falar e escrever – Cândido de Figueiredo.
O que se não deve dizer – Cândido de Figueiredo.
Réplica – Rui Barbosa.
Sermões – Pe. Antônio Vieira.
Nova floresta – Pe. Manuel Bernardes.
Colóquios aldeões – Antônio Castilho.
O bobo – Alexandre Herculano.
Amor de perdição – Camilo Castelo Branco.
A oração da coroa – Latino Coelho.
Cartas de Inglaterra – Rui Barbosa.
Memórias Póstumas de Brás Cubas – Machado de Assis.
Dom Casmurro – Machado de Assis.
Quincas Borba – Machado de Assis.
Floresta de exemplos – João Ribeiro.
Pela vida afora – Silva Ramos.

A esses clássicos da Gramática e da Literatura podem acrescentar-se os modernos:

Levantado do chão – José Saramago.
Ensaio sobre a cegueira – José Saramago.
Memorial do convento – José Saramago.
Relato de um certo Oriente – Mílton Hatoum.
Pauliceia dilacerada – Mário Chamie.
Dialética da colonização – Alfredo Bosi.
O outono da Idade Média – Johan Huizinga.
Cultura Brasileira – Marleine Paula Marcondes e Ferreira de Toledo (Orgs.).
Dois irmãos – Mílton Hatoum.
As obras de Lígia Fagundes Telles.
As obras de Olga Savary.
As obras de Clarice Lispector.
As obras de Graciliano Ramos.
As obras de Raquel de Queirós.
As obras de José Lins do Rego.
Etc.

O estudo dos bons modelos é a primeira regra para escrever bem. Esse estudo deverá obedecer a determinadas normas:

1. Leia atentamente o texto, considerando-o sob seus diversos aspectos.
2. Identifique a ideia principal do texto, as ideias secundárias e o nexo das partes com o todo.
3. Procure determinar o processo de que se serviu o autor para desenvolver e dispor a exposição.
4. Estude o vocabulário, as questões gramaticais e as particularidades de estilo para a completa elucidação do texto.

É importante considerar também que, toda vez que escrevemos, podem ocorrer três possibilidades:

1ª – Nada conhecemos sobre o assunto.
2ª – Conhecemos o assunto de maneira insuficiente.
3ª – Conhecemos muito bem o assunto.

Embora Buffon insista para escrevermos apenas sobre assuntos que dominemos amplamente, na prática isso nem sempre é possível.

Se não conhecemos o assunto, devemos recorrer às fontes: livros, *internet,* pessoas e pesquisas. Nos livros, outras publicações e *internet,* encontramos material de referência; em contato com pessoas que conheçam o assunto, aprendemos; nas pesquisas, observamos *diretamente os fatos.* Se nada conhecemos sobre a questão da carne, por exemplo, começaremos visitando fazendas de criação, invernadas, matadouros-frigoríficos, conversando com pecuaristas, industriais da carne, açougueiros, etc.

Se conhecemos o assunto de maneira insuficiente, devemos completar nossos conhecimentos. Em contato com os matadouros-frigoríficos, aprendemos a industrialização da carne. Faltam-nos, entretanto, conhecimentos sobre criação, recria, engorda e todos os demais aspectos técnicos da pecuária. A solução é sempre a de recorrer às fontes, estudar, observar, ou fazer o que preconizava Andrew Carnegie: "Consultar as pessoas que conheçam o assunto melhor do que nós".

Quando o assunto nos é familiar, a única medida a tomar antes de escrever é a de *atualizar* nossos conhecimentos. Bastam para isso a leitura das mais recentes publicações, as entrevistas com pessoas atualizadas no assunto e a observação direta das novidades.

14.
PARA ESCREVER MELHOR

Aprenda a escrever bem ou nunca escreva nada.
(John Dryden)

1. *Escreva com naturalidade*

Embora seja impossível escrever de maneira simples e despretensiosa, coloquialmente, devemos nos esforçar para sermos naturais. Nada mais desagradável do que um estilo rebuscado, difícil, obscuro.

2. *Conheça a língua*

O escritor que não conhece a língua é *um pintor sem braços*. Não se exige maestria gramatical de quem escreve, mas não é admissível o desconhecimento ou a indiferença pela sintaxe. A Gramática é indispensável à língua, como as Constituições são indispensáveis às sociedades humanas – cartas de princípios disciplinadores da linguagem e da sociedade.

3. *Aprenda a pensar*

Sem organizar as ideias é muito difícil escrever bem. A clareza depende dos cuidados em dar uma *ordem* aos conhecimentos e sequência à composição escrita. Cada coisa a seu tempo, cada coisa em seu lugar são normas de aperfeiçoamento da escrita.

4. *Escreva para o leitor*

A linguagem escrita subordina-se aos princípios gerais da Comunicação humana, a sua mecânica e a seus processos. Quem escreve o faz para *transmitir* alguma coisa; escreve para ser lido. Quem lê deve *compreender* o autor, estabelecendo com ele uma *comunhão do significado*. É o leitor que *condiciona* quem escreve. Deve-se escrever com a preocupação no leitor.

5. *Escreva legivelmente*

Um dos mais sérios problemas na Comunicação escrita é a grafia das palavras. Com o advento do computador, escreve-se bem menos à mão. Mas essa alternativa não está descartada e, em certos momentos, é a única viável. Nesse caso, deve escrever-se de maneira a facilitar a leitura.

Há pessoas que escrevem hieróglifos à procura de novos Champollions... Precisamos escrever com clareza. Nossa letra deve ser fácil de ler, à primeira vista. Quem escreve com clareza, escreve com inteligência. Letra ruim é como estilo rebuscado e difícil; muitas vezes revela mediocridade.

6. *Use sua capacidade de observação*

Para escrever, utilizamos a observação direta ou indireta. No primeiro caso, ao escrever sobre nosso trabalho, colocamo-nos diante dos companheiros, no escritório ou na fábrica, vemos as máquinas, a movimentação, o processamento de todas as atividades. No segundo, se vamos escrever sobre o trabalho nas minas de carvão, e nunca estivemos em uma, temos de recorrer às fontes.

Ao escrever sob o impacto da observação direta, é a *fidelidade* que conta. Ao escrever por observação indireta, recorremos à memória e à imaginação.

7. *Seja conciso e preciso*

Concisão é não escrever *mais* do que o indispensável à compreensão. Precisão é não escrever *menos* do que o indispensável à compreensão.

8. *Leia em voz alta*

Lendo em voz alta o que escreveu, tenha a certeza da harmonia e do equilíbrio na redação. Corte as palavras *penduradas;* muita gente, para dar harmonia à frase, inclui no texto palavras sonoras. Essas palavras, desde que nada acrescentam ao conhecimento do texto, agradam aos ouvidos, mas prejudicam o estilo, oferecendo o perigo da prolixidade. A harmonia do estilo depende da *variedade:* do sentido de equilíbrio entre frases nem muito longas, nem muito breves. Aprenda os 10 mandamentos da boa redação:

1. Use palavras e frases simples.
2. Use palavras e frases coloquiais.
3. Use ilustrações e exemplos gráficos.
4. Use preferivelmente parágrafos e sentenças curtas.
5. Use verbos ativos.
6. Economize adjetivos e floreados.
7. Evite *rodeios*.
8. Faça que cada palavra tenha sua função no texto.
9. Observe se há coerência e coesão no que escreveu.
10. Atenha-se ao essencial.

15.
A REDAÇÃO DE CARTAS

> *All letters, methinks, should be as free and easy as one's discourse,*
> *not studied as an oration nor made up of hard words like a charm.*
> (Lady Temple)

Com a chegada do computador e da internet, dos *e-mails* e das redes sociais, hoje em dia escrevem-se bem menos cartas. Mas há ocasiões em que elas são imprescindíveis.

O livro *O diário de Zlata* é a transcrição real do diário de uma menina (Zlata) de 11 anos, escrito entre 1991 e 1993, em Sarajevo, durante a guerra da Bósnia. Em 10 de julho de 1993, depois de ler as cartas de quase todos os seus amigos que haviam abandonado a cidade, sofrendo terrível solidão, Zlata escreve:

> Está vendo, minha Mimmy (nome que Zlata deu a seu diário), nessas cartas todos me mandam seu amor, sua saudade, falam da vida normal, mandam poemas, fotografias da moda, fazem votos para que esta loucura acabe. Quando leio as cartas deles, às vezes começo a chorar porque tenho uma enorme vontade de voltar a vê-los, estou impaciente para viver, e não simplesmente receber cartas. Cartas, eis tudo o que Nedo (amigo e vizinho) poderá me oferecer agora. Cartas, cartas, mas que para mim são tão importantes e que espero com tanta impaciência.[31]

Numa situação como essa, a carta é muito importante, porque se torna um memorial da pessoa ausente.

Mário Chamie (todo poeta é um fingidor), vestindo-se de seu homônimo Mário de Andrade, compôs o monólogo autobiográfico *Pauliceia dilacerada*. Em certo momento de sua vida, desgostoso pelo desfiguramento sofrido pelo Departamento de Cultura da Prefeitura de São Paulo, Mário de Andrade mudou-se para o Rio de Janeiro: "Quando o corpo do Departamento fragmentou-se e se expeliu explodido, eu catapultei-me em frangalhos, remetido rumo à Guanabara".[32] Lá, para consolar-se, trafegou "solto da bebida ao derramamento epistolar".[33] Tentara um diário

---

[31] FILIPOVIC, Zlata. *O diário de Zlata – A vida de uma menina na Guerra*. Trad. Antônio de Macedo Soares e Heloísa Jahn. São Paulo: Companhia das Letras, 2009, p. 150.
[32] CHAMIE, Mário. *Pauliceia dilacerada*. Ribeirão Preto, SP: FUNPEC Editora, 2009, p. 41.
[33] Ibidem, p. 43.

de memórias antes das cartas, mas, lendo-o, escandalizara-se com o despeito ali definitivamente gravado. Migrou, então, voluptuosamente para as cartas, porque a carta "pode ser controlada no que conta, pode ser desmentida e as psicologias moderadas pelo adversário que as recebe".[34] E, em nosso caso, o mais importante: "Na verdade, a carta sendo um bate-pronto, um dá-cá-toma-lá, ajuda muito o nosso desafogo e as nossas súplicas de amparo confortador".[35]

É certo que temos hoje os e-mails, funcionais e instantâneos. Mas, na carta, temos o atritar da caneta no papel, que otimiza o desafogo, e a possibilidade do derramamento, que comove os amigos.

Consequentemente, em que pese os avanços da técnica, é preciso saber escrever cartas.

Quem escreve uma carta precisa levar em conta posição social, cultura, inteligência, hábitos, meio ambiente e profissão do destinatário. Há necessidade de adaptação *a quem recebe*.

Qualquer carta é uma forma de projeção da personalidade: "fornece um retrato de quem a escreveu, melhor do que a mais fiel fotografia, porque mostra, de maneira viva, seu processo mental".[36]

Para escrever boas cartas, adote as seguintes regras:

1. Cuidado com as cinco primeiras palavras!
2. Cuidado com as cinco últimas palavras!
3. Use pequenas palavras para grandes ideias.
4. Use sentenças curtas.
5. Faça que suas cartas falem.
6. Antes de escrever, pergunte-se "a quem – o quê – por quê?".
7. Lembre-se de que é V. quem está falando!
8. Conte histórias.[37]

15.1 As primeiras cinco palavras

O começo de uma carta deve ser rápido e sem preparação. As palavras mais difíceis serão sempre as cinco primeiras, porque são as que mais atraem a atenção do leitor. Delas depende continuar ou suspender a leitura. Sempre que possível,

---

[34] Ibidem, p. 44.
[35] Ibidem, p. 45.
[36] SMART, W. K.; McKELVEY, L. W.; GERTEN, R. C. *Business letters*. Nova York: Harper e Brothers, 1957.
[37] SHURTER, R. L. *Effective letters in business*. Nova York: McGraw Hill, 1954.

nas cinco primeiras palavras de uma carta, diga ao destinatário *aquilo que ele está esperando V. dizer*. Diga-o em um parágrafo que não tenha mais de dez palavras:

   a. Há muito tempo desejo conversar com V. francamente...
   b. Creio que V. sabe que sou seu velho admirador...
   c. Tentei comunicar-me com V. para transmitir-lhe uma notícia importante.

15.2 As últimas cinco palavras

O final de uma carta precisa ser simples e sem esforço. Depois das cinco primeiras, são as cinco últimas as palavras mais importantes. Devem ser usadas para produzir dois resultados, a favor de quem escreve:

1º – Levar o leitor a *agir* – a fazer o que V. esperava que ele fizesse.
2º – Deixar boa impressão a seu respeito – caso não fosse *ação* que se esperava do destinatário.

Conhecemos as fórmulas tradicionais:

> Sem mais, com estima e apreço, subscrevo-me.
> Na expectativa de suas ordens, cordialmente.
>
> Com os protestos de elevada estima e distinta consideração.

Por serem *fórmulas*, esses parágrafos são inúteis; nem lidos são. Se quiser que o destinatário faça alguma coisa, *seja específico*; diga-o nas últimas cinco palavras de sua carta:

Espero sua resposta até quarta-feira.
Responda com a necessária urgência.
Dependo de suas informações.
Fale com ele, depois me escreva.

Se, entretanto, quiser apenas deixar uma *boa impressão,* termine sua carta com cordialidade:

Agradeço sua gentileza.
Disponha deste seu amigo.
Aguardo suas notícias com o máximo interesse.
Dê-me o prazer de sua visita.

15.3 Pequenas palavras

O excesso de ênfase torna cansativo o mais importante assunto. Seu efeito é contraproducente. A regra de usarem-se pequenas palavras para grandes ideias é mais aplicável no Inglês do que em Português. Todavia, se não pudermos dizer tudo em poucas palavras, por efeito da própria estrutura e forma da língua portuguesa, evitem-se ao menos a adjetivação excessiva, as palavras empoladas, as construções pedantes, os arcaísmos e circunlóquios. É melhor deixar que o destinatário se entusiasme com seus próprios meios.

15.4 Sentenças curtas

Em Inglês, a maioria das sentenças não tem mais do que vinte palavras. Pode-se admitir algo de semelhante para o Português, procurando evitar longos parágrafos, o abuso dos "se", "e", "mas", "que", etc. O estilo *telegráfico, picadinho, entrecortado, soluçante é* tão pernicioso quanto o estilo *derramado, melodramático*: os exageros são sempre insignificantes.

15.5 Cartas que falam

Para *sentir* a redação de sua carta – se ela está *falando* – adote a prática de lê-la em voz alta. Assim, verificará sua *naturalidade*. Em uma carta, admite-se escrever *como se fala;* uma carta pode ser considerada uma *conversa,* e, ao escrevê-la, poderá fazê-lo *como diria* ao destinatário, se estivesse presente. Esse tom informal depende do grau de sua intimidade com o destinatário, o qual, por escrito, deve ser o mesmo que adotaria em pessoa. Assim, o nível de língua de uma carta endereçada a um irmão, por certo, será diferente daquele de uma carta destinada a um chefe de Estado.

15.6 "A quem – o quê – por quê?"

Uma carta deve ser planejada. O planejamento começa com a *imagem* do destinatário. Se não o conhece, procure reunir elementos capazes de lhe oferecerem uma *ideia* da pessoa com quem V., por meio de sua carta, vai *conversar*.

Escreva dirigindo-se à *criatura humana,* o destinatário. Pense no que vai escrever. Antes de a carta seguir, o assunto deve ser analisado, medido, pesado. Uma carta é irreversível: é ato perfeito e consumado. O "porquê", a finalidade da carta, seu objetivo ao escrevê-la devem estar tão claros para V. quanto para o destinatário.

15.7 É você quem fala

O destinatário terá de identificá-lo facilmente, se for seu conhecido. Se não o conhece, V. terá de dar-se a conhecer, lembrando-se de que isso é uma responsabilidade, pois ele não tem outro recurso para conhecer sua maneira de ser, de agir e de pensar, salvo algumas linhas escritas em uma folha de papel.

Ninguém se apresenta de *qualquer maneira* às pessoas que não conhece, e mesmo àquelas com quem tem intimidade. Suas cartas não podem ser escritas *de qualquer maneira*. Ao contrário, deve cuidar-se do que se escreve, como se cuida da apresentação pessoal.

15.8 Conte uma história

Adler baseou toda sua obra na criança que fomos e somos. A maioria das pessoas gosta de histórias. *Sua carta deve contar uma história.* Não deve ser um relato frio e sem alma. A técnica de *contar a história* pode ser mais bem compreendida pela comparação de dois modelos de carta redigidos sobre um mesmo assunto. Na primeira carta, faz-se uma exposição formal, enquanto, na segunda, *conta-se uma história.*

CARTA Nº 1

Caro Ernesto,

Acuso o recebimento de sua carta de 10 p. p. A sugestão que V. teve a gentileza de enviar-me foi encaminhada à consideração da Diretoria: em princípio foi bem recebida, mas continua em estudo e nada de positivo podemos ainda comunicar-lhe.

Esperando voltar ao assunto, agradeço seu interesse e subscrevo-me.

Cordialmente,

Henrique

CARTA Nº 2

Caro Ernesto,

Quando recebi esta manhã sua sugestão para uma nova campanha de Promoção de Vendas, fui direto conversar com o Dr. Pedro; para seu governo, a conversa durou *mais de uma hora!* Isso deve mostrar como o Dr. Pedro se interessou pelo assunto.

— Olhe, Henrique! V. pode dizer a Ernesto que, em princípio, achei muito boa sua sugestão!

Que tal? V. sabe que o assunto deverá ainda ser estudado por nós, mas a recepção foi esta que estou lhe contando. Vamos confiar!

Seu amigo
Henrique

O Prof. Odacir Beltrão[38] recomenda alguns princípios sobre a técnica de escrever cartas:

1. Faça frases curtas.
2. Prefira o simples ao complexo.
3. Use as palavras mais conhecidas.
4. Evite palavrório desnecessário.
5. Ponha *ação* em seus verbos.
6. Escreva como fala.
7. Use palavras coloridas, expressivas, fiéis.
8. Entrelace as palavras com a experiência do leitor.
9. Faça uso de variações para evitar monotonia.
10. Escreva para expressar-se, e não para impressionar.

A carta é, pois, *uma coisa que se sente,* porque é pessoal. Sendo uma conversação por escrito, deverá ser espontânea, ingênua, e não estudada. "Tua carta", escreve Mme. de Sevigné, "deverá abrir-me tua alma e não tua biblioteca."[39]

---

[38] BELTRÃO, O. *Correspondência*. Porto Alegre: Editora Globo, 1958.
[39] Idem.

Capítulo 11
A Fala e a Comunicação Humana

*A arte de falar em público – difícil entre todas –
é talvez a que menos se estuda.*
(Henri Maurice)

O étimo da palavra comunicação é *communicare*, "pôr em comum". Porém Martino[1] distingue no latim *communicatio* a raiz *munis*, "estar encarregado de", acrescida do prefixo *co*, indicador de simultaneidade, reunião, completada pela terminação *tio*, que reforça a ideia de atividade. "Atividade realizada conjuntamente" foi, pois, o primeiro significado de comunicação; a partir deste, a evolução levou ao significado atual de pôr ideias em comum por meio da compreensão. É na fala que se verifica, com mais evidência, a propriedade de realização conjunta da atividade comunicatória: emissor e receptor, ou receptores, entram em comunhão e formam um todo no ato da comunicação oral. Daí a importância do estudo da Retórica, tanto a clássica quanto a moderna.

1. Oratória: introdução

Durante centenas de anos, a Retórica foi a base de toda a formação cultural humana. Seu ensino era ministrado em quatro fases distintas:

1ª – Leituras públicas.
2ª – Sermões de improviso.
3ª – Crítica dos poetas.
4ª – Sessões de debates.

---

[1] HOHLFELDT, A.; MARTINO, L. C.; FRANÇA, V. V. (Orgs.). *Teorias da comunicação*. 3. ed. Petrópolis, RJ: Vozes, 2003, p. 12.

Para Aristóteles, a Retórica nasceu em Siracusa, onde, no século V a.C., se realizavam debates públicos.

Foram os sofistas que a introduziram na Grécia. Todavia, a Retórica mais antiga que se conhece é a de Aristóteles, publicada entre 384 e 322 a.C. Contemporâneo de Demóstenes, Aristóteles viveu na época em que mais floresceu, em Atenas, a eloquência como gênero literário. Espírito universal, embora não possuísse, ele próprio, o dom da palavra, estudou os processos dessa arte, *tudo ordenando e tudo regulando* no domínio da Retórica.

Para Aristóteles, a Retórica era um rebento da Dialética e da Política. Não era uma ciência, mas *a arte de persuadir por meio da palavra falada*.[2]

1.1 Demóstenes

O maior orador da Grécia antiga foi Demóstenes, que viveu entre 383 e 322 a.C. Conta Plutarco que Demóstenes foi débil e doente quando criança; tinha um apelido, que corresponderia hoje à palavra "Magricela".[3]

Foi observando a glória de Calístrato que Demóstenes se entusiasmou pela Oratória. Após formar-se em leis, processou os tutores, acusando-os de lhe haverem prejudicado a herança e ganhou a causa. Na eloquência, Demóstenes não teve o mesmo sucesso obtido no judiciário. Perdia-se em períodos longos e prolixos. Teve contra si a voz fraca, a elocução sem brilho e o fôlego curto. Mas não desistiu, e certo dia perguntou a Sátiro por que ninguém lhe dava atenção, quando qualquer "camelô" de rua era ouvido por multidões atentas. O ator pediu-lhe que recitasse qualquer coisa. Depois que Demóstenes declamou, repetiu a passagem, interpretando-a: já não parecia o mesmo período, e Demóstenes aprendeu com Sátiro *quanta expressão e força a linguagem adquire da ação*.[4] Desse dia em diante, passou a ensaiar a voz e os gestos.

Estudou com tamanha determinação que, para não sair de casa, raspou metade da cabeça. Para fortalecer a voz, passou a fazer longas caminhadas na praia e falava diante do mar, procurando desenvolver um volume que superasse o bramido das ondas.

Com o objetivo de aperfeiçoar a dicção, punha seixos na boca e, com as pedrinhas dificultando a fala, aprimorou a pronúncia das palavras. O filme "O discurso do rei",[5] referência obrigatória para todo comunicador, toma esse fato como ponto

---

[2] ARISTÓTELES. *Arte retórica e arte poética*. São Paulo: Difusão Europeia do Livro, 1959.
[3] PLUTARCO. *Demóstenes e Cícero*. São Paulo: Atenas Editora, 1956.
[4] Idem.
[5] Título original: The King's Speech. Direção: Tom Hooper. Lançamento: 2010 (Inglaterra). Atores: Colin Firth, Helena Bonham Carter, Geoffrey Rush, Michael Gambon.

de partida: o rei Jorge VI da Inglaterra era gago desde os quatro anos. Tratou-se com muitos especialistas, quando ainda era o Príncipe Albert. Um deles, bizarramente, fê-lo colocar na boca seis bolinhas de gude (devidamente esterilizadas) e assim treinar a dicção. Ante a repulsa de Sua Alteza Real, explicou-se: "Demóstenes usava...".

Demóstenes foi sempre considerado homem de pouco gênio natural, devendo poderes e habilidades no falar ao trabalho e diligência. Nunca se levantou para falar sobre um tema para o qual não estivesse preparado. Admitia não serem seus discursos inteiramente escritos com antecipação, ou totalmente improvisados. Achava que a preparação cuidadosa significava apenas demonstração de respeito para com o público.

Certa vez, um cidadão veio pedir-lhe auxílio por ter sido assaltado e ferido. Depois de ouvi-lo, observou:

— Não acredito em nada do que me contou!

O homem, enfurecido, levantou a voz:

— Como? Atreve-se a insinuar que eu estou mentindo!?

Ao que Demóstenes respondeu:

— Ah, agora sim, estou ouvindo a voz de alguém que sofreu uma grave injúria!

Sempre dedicou especial atenção ao tom e ao gesto. Pessoas preparadas acusaram-no de excessos, que eram, entretanto, bem aceitos pelo povo.

1.2 Cícero

Cícero, em Latim, significa "grão de bico". Conta Plutarco que, por isso, foi instado pelos amigos a repudiar esse apelido, e tomar outro, ao que respondeu, com altivez!

— Darei celebridade e nobreza a meu nome!

Nascido em 106 e morto em 46 a.C, Cícero foi um jovem extraordinariamente brilhante. *Era capaz de abarcar todas as ciências e não desdenhava de nenhuma espécie de estudo ou saber.*[6] Foi aluno de Filon e admirador de Múcio, de quem hauriu a inspiração de vir a ser dos mais notáveis estadistas romanos.

Lançou-se na vida pública, salvando das iras de Sila o jovem Róscio, filho e herdeiro de um homem de quem Sila comprara todos os bens, por preço vil, e a

---

[6] PLUTARCO, op. cit.

quem acusava injustamente de parricida. Venceu a causa e fugiu de Roma, fazendo crer que tomava essa resolução em virtude de sua saúde abalada: era magro, fraco e possuía estômago delicado, alimentando-se de pequeníssimas rações. Tinha voz forte e sonora, porém dura e pouco flexível.

Na Grécia, tomou lições com Antíoco, de quem pôde assimilar a doçura e a graça no falar. Antes de voltar para Roma, preparou-se para os negócios públicos. Exercitou-se na composição e frequentou os mais reputados retóricos. Ao que afirma Plutarco, Cícero possuía os mesmos defeitos de Demóstenes, na pronúncia e no gesto. Corrigiu-os com trágicos e comediantes e adquiriu nos discursos notável poder de persuasão, embora raramente levantasse a voz.

Dos oradores que não sabiam senão soltar gritos, dizia:

— Gritam por fraqueza, pela mesma razão que os coxos montam a cavalo!

O uso excessivo de réplicas ferinas deu a Cícero uma reputação de malignidade.

O orador Hortênsio não teve coragem de defender Verres, pessoalmente. Apresentou-se, porém, no momento da fixação da multa. Como recompensa dessa condescendência, Hortênsio recebeu de Verres uma esfinge de marfim. Como Cícero, um dia, dirigisse-lhe algumas palavras, cujo sentido não era bem claro, exclamou Hortênsio:

— Não sei adivinhar enigmas!

Ao que Cícero replicou:

— E, entretanto, tens a esfinge em teu poder!

Cícero é acusado de elogiar-se com prodigalidade excessiva. Sua eloquência perdia a doçura e a graça características, tornando-se enfadonha e fatigante. Todavia, sublinha Plutarco, permaneceu puro de todo sentimento de inveja a respeito dos outros. Como lhe perguntassem, certa vez, qual entre os discursos de Demóstenes achava mais belo, respondeu: "O mais longo!".

Cícero sacrificou sempre a conveniência à reputação de bendizer. Fez da tribuna um elogio a Marco Crasso. Tempos depois, dirigiu ao mesmo Marco Crasso amargas censuras.

— Como? — reclamou Marco. — Não foi aqui, neste mesmo lugar, que me elogiaste há poucos dias?

— Sim — respondeu-lhe Cícero. — Eu queria experimentar meu talento em um tema ingrato!

Cícero escreveu diversos volumes sobre Oratória e sua técnica, a qual dividiu em cinco partes:

1ª – Descobrir as ideias.
2ª – Dispor as ideias, dividindo-as e classificando-as pelo critério da importância de cada uma.
3ª – Revestir e embelezar as ideias com a expressão conveniente.
4ª – Fixá-las na memória.
5ª – Recitá-las com dignidade e graça.

O discurso devia ter uma sequência rígida:

1. Antes de tratar do assunto, cative o espírito dos ouvintes.
2. Exponha a questão.
3. Indique o ponto em discussão.
4. Apresente as provas em apoio à tese.
5. Refute objeções.
6. Termine, ampliando e desenvolvendo tudo o que é favorável ao tema, e enfraquecendo e demolindo tudo que favorece o adversário.

Considerava o melhor aprendizado escrever o mais possível: *a pena é o melhor mestre de Oratória*. Era de opinião que o sucesso do discurso depende da preparação. Em suas "catilinárias", até a duração das pausas, as hesitações, os suspiros e as lágrimas eram cuidadosamente ensaiados...

O maior elogio a Cícero é narrado por Plutarco:

> Ouvi dizer que César, longos anos após a morte do romano ilustre, entrando, um dia, em casa de um dos netos, este, surpreendido com uma das obras de Cícero na mão, escondeu o livro na túnica. César, notando isso, tomou do livro, leu de pé uma grande parte, e devolvendo-o ao rapaz, disse-lhe:
> — Foi um sábio, meu filho! Um sábio que amava sua pátria!

1.3 Renascença

Na Idade Média, *toda a Oratória era feita de argumentação apaixonada e infindável*.[7] O Ensino, embora pouco disseminado, incluía, entre as sete artes liberais,

---

[7] SENGER, J. *A arte oratória.* São Paulo: Difusão Europeia do Livro, 1955.

a Retórica. Na Renascença, o ensino da Oratória renovou-se, consistindo em dois tipos de trabalho:

1º – Análise de textos dos grandes oradores.
2º – Exercícios de declamação e debates.

Os alunos enchiam cadernos de citações e lugares-comuns, e os oradores brilhavam na proporção em que exibiam erudição.

Os enciclopedistas atacaram com veemência esses discursos massudos, longos e eruditos, que enchiam *de palavrório duas folhas, com o que se poderia dizer em duas linhas.*[8]

Na Enciclopédia, propõem-se três graus no estudo da Oratória:

1º – Formar a inteligência do aluno; ensinar a raciocinar e a definir.
2º – Ler e explicar as obras-primas da Eloquência.
3º – Leitura em voz alta dos grandes mestres.

1.4 Oratória moderna

Depois do prestígio que desfrutou durante séculos, a Retórica foi perdendo sua força nos currículos das escolas e das universidades. Continuaram existindo grandes oradores, mas deixava de existir o amor pela disciplina, pelo estudo da matéria.

No fim do século XIX, surgiram várias escolas de Oratória, Retórica e Arte Dramática, objetivando ensinar àqueles que se destinassem ao foro, ao púlpito e ao palco. Em princípios do século XX, a velha Retórica artificial e rebarbativa começou a ser substituída pela tendência de se utilizarem princípios retóricos nas composições em prosa e verso. Hoje, em todo o mundo, com a divulgação da Comunicação humana, multiplicam-se, nas universidades e nas empresas, cursos que ensinam a *falar em público.*

O exame dos métodos antigos e modernos da Oratória demonstra que qualquer discurso tem valor pelo conteúdo, pela forma e pela apresentação. Ensina que ele depende de cultivar o espírito, aprender a escrever e aprender a falar.

O homem de nossa época preocupa-se em aperfeiçoar suas comunicações. A velha Oratória integra a preparação de elementos executivos, na Indústria e no

---

[8] Idem.

Comércio. Não é apenas o político que deseja aprender a discursar. Em nossa vida de todos os dias, precisamos *falar em público*.

O que dizemos e *como dizemos* constrói nossa reputação, forma impressões e influencia nossas relações com os outros.

Aprender a falar faz parte da arte de viver bem. São as impressões dos outros que formam nossa *imagem*, contribuindo para sermos aceitos ou rejeitados pelos grupos humanos. É falando que a personalidade se revela. Certo, ou errado, V. é julgado pela maneira como fala, da qual as pessoas tiram conclusões sobre sua formação, condição social e até mesmo sua capacidade mental.

A palavra é a forma de expressão da personalidade. Muitos se preocupam mais com a aparência, as roupas, as maneiras, o conjunto. Mas se desejamos impressionar favoravelmente os outros, a impressão que mais se fixa é o modo pelo qual falamos.

O grande número de cursos de Oratória é prova de que é possível aprender a falar bem. As primeiras palavras da "Introdução" ao livro *Os 100 maiores discursos da História* falam muito da importância da Oratória:

> Em 1896, Henry Hardwicke escreveu: "Oratória é a mãe da liberdade. Tomando-se como base este princípio, estabeleceu-se que a eloquência deve ser o último esteio e apoio da liberdade, e que com ela estará destinada a viver, a prosperar e a morrer. Aos tiranos apenas interessa tolher e enfraquecer qualquer espécie de eloquência. Eles não têm qualquer outra forma de se proteger. É, portanto, dever das nações livres promover a Oratória".[9]

O já citado filme "O discurso do rei" ilustra a importância da oratória nos momentos decisivos da História. O Rei Jorge VI da Inglaterra precisava falar pelo rádio à nação e justificar a todos os seus "povos", o de casa e os de além--mar, a necessidade de a Inglaterra declarar-se em guerra contra a Alemanha. E o rei, como já se disse, era gago. Sob a regência de seu terapeuta, Lionel Logue, consegue fazer o discurso e conquistar a anuência, confiança e simpatia da nação. Nessa época de início das transmissões radiofônicas, seus pronunciamentos, sempre orquestrados por Logue, foram muito importantes para manter o ânimo dos cidadãos.

---

[9] MAIER, Simon; KOURDI, Jeremy. *Os 100 maiores discursos da História* (insights e lições de líderes que mudaram o mundo). Trad. Thereza Ferreira Fonseca. São Paulo: Elsevier, 2011, p.1.

2. Fonologia

> Em uma sociedade em que a palavra falada substitui por toda parte a palavra escrita, torna-se indispensável ensinar esta ciência da voz humana, como se ensinam a Cultura Física e as Boas Maneiras.
> (A. Wicart)

2.1 Fonologia e Fonética

A Fonologia estuda o comportamento dos fonemas numa língua, enquanto a Fonética se volta para o estudo dos sons da fala, as variadas realizações dos fonemas, tomados individualmente.

Em 1958, na Universidade da Bahia, o Prof. Armando Lacerda, da Universidade de Coimbra, iniciou a montagem do primeiro laboratório de Fonética a instalar-se no Brasil, local de experiências fonoacústicas semelhante aos que existiam em Wisconsin e Harvard.

Afirmava o Prof. Lacerda que *mudar a maneira de falar muda a personalidade individual,* e, por isso, a Fonética é hoje uma ciência auxiliar da Psicologia e da Sociologia. *A Civilização mede-se pelo número de vogais utilizadas por um povo.*[10] As mais primitivas são I e U; até os animais as emitem. As vogais A, O e E são mais civilizadas. Para o Prof. Lacerda, em Portugal e no Brasil, ainda se podem estudar as camadas sociais pela *voz,* o que já não é mais possível nos Estados Unidos.

Da montagem, no Brasil, do primeiro laboratório de Fonética para cá, muito se tem feito na área.

Na língua portuguesa existem fonemas vogais – orais e nasais:

Orais: a e i o u
á ê í ô ú
Nasais: An
En
In
On
Un

---

[10] LACERDA, A. *Apontamentos de aula na Universidade da Bahia,* 1958.

e fonemas consoantes:

Be	Bom	Sábado
Que	(C) Cão	Orquestra
De	Dar	Aderir
Fe	Farol	Afagar
Gue	(G) Gosto	Guitarra
Je	(Ge) Jato	Gente
Le	Ler	Alemão
Me	Mãe	Chame
Ne	Neto	Ano
Pe	Paz	Opor
Re	Vara	Arado
Rre	Rio	Arrastar
Ce	(Sse) Ce. to	Assunto
Te	Teatro	Ateu
Ve	Vã	Ovelha
Ze	(se) Zebu	Rosa
Xe	(Che) Xadrez	Achego
Nhe	Sonho	Amanhar
Lhe	Malha	Alheio

2.2 Prosódia

Prosódia é a parte da Fonética que trata da correta pronúncia dos fonemas, combinados para a formação de vocábulos.[11] Para que se pronuncie corretamente qualquer palavra, são necessárias três condições:

1. O conhecimento exato dos valores fonéticos das vogais e consoantes que entram na formação do vocábulo.

---

[11] PEREIRA, E. C. *Gramática expositiva* (curso superior). São Paulo: Companhia Editora Nacional, 1956.

2. A enunciação discriminada dos fonemas, ou grupos de fonemas, chamados sílabas, de que se compõe o vocábulo.
3. O conhecimento da sílaba predominante, chamada tônica.

Durante muito tempo, repetia-se, no Português, um fenômeno comum a diversas línguas: a discrepância entre Ortografia e Prosódia, entre a *maneira de grafar* e a *maneira de dizer* as palavras. Essa discrepância deixou de existir em agosto de 1943, com a aprovação, pela Academia Brasileira de Letras, do novo vocabulário ortográfico. A ortografia atual mantém as bases desse vocabulário, havendo passado por duas correções. A última teve como objetivo uniformizar a grafia dos países lusófonos e será obrigatória, no Brasil, a partir de 2012.

2.3 A voz

Só pequena proporção do que a fala transmite tem finalidade linguística. A maior parte expressa o estilo ou a moral de quem fala, suas emoções, atitudes e até mesmo a profissão e a classe social a que pertence: *a voz revela o estado de nossos pensamentos e sentimentos, muito mais do que as palavras.*[12]

Uma boa voz constitui valor básico no florescimento da personalidade. A voz retrata a personalidade que evolui, ajustando-se, crescendo e afirmando-se: "o homem convencido do que diz parece transportar o pensamento em sua voz: objetiva e dirige um esforço de penetração intelectual, sensual, mímico e sonoro".[13] No bom orador, o pensamento se exterioriza, adquire uma *forma sonora,* cria uma plástica vocal, por meio da qual são conquistados os sentidos e a inteligência do ouvinte.

A voz exerce três funções:

1ª – De representação — *conta* alguma coisa.

2ª – De expressão — *revela* algo a respeito do orador.

3ª – De apelo — *deseja* e *provoca a reação da plateia.*

A voz ideal seria aquela em que se obtivesse, *com um mínimo de esforço, um máximo de efeito estético.* A voz é o homem, e a Foniatria pode assegurar bons resultados no aprendizado do manejo da voz – indispensável à projeção favorável da personalidade humana.

---

[12] BLOCH, P. *Problemas da voz e da fala.* Rio de Janeiro: Editora Letras e Artes, 1963.
[13] Idem.

CAPÍTULO 11 • A FALA E A COMUNICAÇÃO HUMANA

2.4 O instrumento da voz

O aparelho fonador compreende:

1. O aparelho respiratório: os pulmões, fole e depósito de ar. São os pulmões que proporcionam ao som intensidade, força, potência e fôlego.
2. O órgão vocal vibrante: a laringe com a glote, as cordas vocais e os ventrículos; é o *gerador do som*, o aparelho que proporciona ao som a *altura*, pela vibração das cordas vocais.
3. O sistema de ressonância: as fossas nasais, a cavidade da boca, o "céu" da boca, a língua, os dentes, as bochechas e os lábios; são os aparelhos que proporcionam ao som timbre, colocação e alcance.

O diafragma é um poderoso músculo sobre o qual descansam as bases dos pulmões; tem, na parte inferior, o estômago e os intestinos.

A voz depende de uma coluna de ar expirado (fonação), do reforço ou atenuação de certas vibrações nas cavidades supraglóticas (ressonância) e da modificação do timbre pelos ressoadores e articuladores.

Os pulmões são "reservatórios de ar", e, ao provocarmos, por meio dos músculos, a compressão dos pulmões, obrigamos o ar a escoar-se pelos brônquios e traqueia. Esse ar, ao passar pelas cordas vocais, faz que elas vibrem, produzindo um som, o qual atinge os ressoadores superiores, onde é aperfeiçoado. O som assim produzido *não tem forma*; necessita ser *articulado*. A articulação é feita pelos articuladores, comandados pelo cérebro, por intermédio dos nervos, que se distribuem pela língua e lábios. Dessa forma surge a palavra.

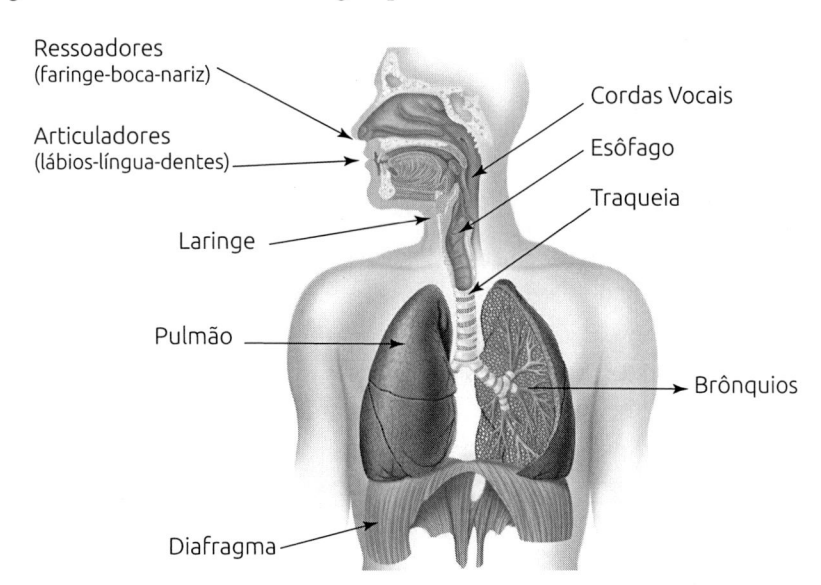

A aprendizagem da palavra exige *compreensão* e *expressão,* processos inteiramente ligados. A compreensão compõe-se de duas partes: recepção do som e sua transformação em estímulos nervosos. Esses estímulos dirigem-se aos centros auditivos, de onde partem outros estímulos nervosos capazes de produzir associações cerebrais. Nossa mente funciona por meio de complexo mecanismo de *associações*. Os sons ganham atributos, que lhes correspondem, e que a memória fixa. Se ouvimos a palavra *sino,* ela desperta em nós a ideia da *forma* e das demais *propriedades* de um sino, ao percorrer os caminhos assinalados. Entretanto, se for pronunciada uma palavra de idioma desconhecido, o som chega aos centros auditivos, sem que se formem associações cerebrais inteligíveis.

Nossa voz, tal qual a ouvimos, é diferente do que nossos interlocutores ouvem, pois estes a ouvem por via aérea, e nós a ouvimos por via óssea. Não avaliamos nossa voz, a não ser que a reproduzamos em um aparelho gravador, quando podemos conhecer suas qualidades e defeitos.

2.5 Defeitos da voz

Grande número de defeitos da voz deve-se mais a razões psicológicas do que físicas. Uma voz excessivamente fraca pode originar-se de um excesso de timidez ou autocrítica. Os defeitos mais comuns na fala humana são quatro:

1º – Voz fraca.
2º – Voz monótona.
3º – Voz nasal.
4º – Voz estridente.

1. Voz fraca – Nada é mais desagradável para quem ouve do que uma voz fraca, inaudível. Esse defeito apresenta-se sob dois aspectos:
   a. Voz realmente fraca, que mal consegue estabelecer comunicação.
   b. Voz que não tem *extensão* para manter o mesmo volume, enfraquecendo-se nos finais das frases.

Para corrigir esse defeito – desde que não seja um caso clínico –, deve-se começar por adotar uma posição firme dos ombros e da cabeça, evitando-se, porém, a tensão. Sendo a respiração a base da palavra oral, é necessário aprender a inspirar profundamente e a expirar lentamente, de maneira a garantir o suprimento de ar até o final do pensamento enunciado.

Reinaldo Polito observa que "existe normalmente falta de sincronismo fonor-respiratório, o que prejudica sensivelmente a fabricação da voz mais adequada",[14] e as pessoas falam antes de terminar a inspiração ou depois de terminar a expiração, o que, além de não aproveitar a coluna de ar que deveria ser formada pelos pulmões, exige um esforço muito grande das últimas partes do aparelho fonador.

Às pessoas de voz fraca é recomendável o seguinte exercício:

1. Respire profundamente.
2. Expire lentamente dizendo em voz alta e compassada: 1, 2, 3, 4...
3. Repita a operação, contando agora de 1 a 5.
4. Vá repetindo a operação, aumentando sempre a contagem de mais uma unidade.

Poderá dar-se por satisfeito se chegar até o número 10, enunciando os números em ritmo pausado, sem pressa. Esse mesmo exercício pode ser feito com a leitura de um número de palavras cada vez maior.

Economizar o fôlego é a primeira condição para quem deseja falar bem e luta contra o "handcap" da inaudibilidade, ou fraqueza vocal. Aprendido esse primeiro passo, é preciso praticar a *graduação do volume da voz*. Para isso, há um exercício muito fácil, que consiste na escolha de uma determinada frase, a qual deve ser repetida de cinco a seis vezes, *com um volume de voz cada vez mais alto*.

— Espere aí, que eu vou com V.!

Faça uma experiência com essa frase. Antes de cada emissão, respire profundamente e coloque-se em posição firme. Na última repetição, faça o possível para evitar a *voz espremida*, embora seja praticamente gritar.

2. Voz monótona – A monotonia ocorre quando se negligencia a mudança do *volume* e do *tom* da voz. A variação do volume, de acordo com as nuanças do assunto, desperta maior interesse de quem ouve. Varia-se o volume com a ênfase. A declamação e a leitura em voz alta são consideradas bons exercícios para corrigir a voz monótona. Experimente ler com expressão estes versos de Bilac e, em seguida, o período de Euclides da Cunha:

> Ora (direis) ouvir estrelas! Certo
> Perdeste o senso! E eu vos direi, no entanto,
> Que, para ouvi-las, muita vez desperto
> E abro as janelas, pálido de espanto...

---

[14] POLITO, Reinaldo. *Como falar corretamente e sem inibições*. 101. ed. São Paulo: Saraiva, 2002, p. 64.

...quando diante do ministério vencido, o Marechal Deodoro alteava a palavra imperativa da revolução, não era sobre ele que convergiam os olhares, nem sobre Benjamin Constant, nem sobre os vencidos, mas sobre alguém que, a um lado, deselegantemente vestido de uma sobrecasaca militar folgada, cingido de um talim frouxo de onde pendia tristemente uma espada, olhava para tudo aquilo com uma serenidade imperturbável. E quando, algum tempo depois, os triunfadores, ansiando pelo aplauso de uma plateia que não assistira ao drama, saíram pelas ruas principais do Rio, quem quer que se retardasse no Quartel General veria sair de um dos repartimentos, no ângulo esquerdo do velho casarão, o mesmo homem, vestido à paisana, passo tranquilo e tardo, apertando entre o médio e o índex um charuto consumido a meio, e seguindo isolado para outros rumos, impassível, indiferente, esquivo... E foi assim, esquivo, indiferente, e impassível, que Floriano penetrou na História.

3. Voz nasal – Deve-se a voz nasal ao ar que se exala através do nariz e da boca, ao mesrno tempo. Com exercício constante e ouvido apurado, pode corrigir-se esse defeito, quando não existirem causas físicas passíveis de tratamento médico. Um dos exercícios para correção da voz nasal consiste na repetição de vogais longas e ditongos, em voz alta:

Aaaaaaaaa   Eeeeeeeee   Iiiiiiiii

Ooooooooo   Uuuuuuuuu

Algumas consoantes possuem som nasal próprio, assim como grupos consonantais e fonemas orais nasais:

M   N   EN

NH   AN   UN

Pronuncie em voz alta, estabelecendo uma separação exagerada, os seguintes fonemas:

A   AN
E   EN
I   IN
O   ON
U   UN

Sinta a diferença ao pronunciar:

UMA	UNHA	UA
AMA	MANHÃ	AA
EM	LENHA	LE
OM	FOME	O

Procure destacar a vogal clara do som nasal que a acompanha:

Aaaaaaa	— M (AM)	Eeeeeee	— M (EM)
Iiiiiii	— M (IM)	Ooooooo	— M (OM)
Uuuuuuu	— M (UM)		

Pelo exercício, percebe-se que é possível *canalizar pela boca* o ar que expira nos sons claros, permitindo-lhe sair pelo nariz apenas nos sons nasais.

4. Voz estridente – A estridência é, na maior parte das vezes, um hábito. Uma das maneiras mais simples de controlar uma voz estridente consiste na atenção ao *volume* da voz. Fale mais baixo, mesmo quando a frase sugira um tom alto. Pronuncie em *meio-tom* frases altas como estas:

— Olá! Como vai?

— Muito prazer em vê-lo!

— Ah, ele é um sujeito formidável!

— Adorei a fita!

— Gosto imensamente desse camarada!

— Olhe aqui, eu não admito brincadeiras!

3.
PARA FALAR MELHOR

Falar melhor depende da aquisição de algumas qualidades essenciais:

1. Ênfase.
2. Entonação.
3. Pronúncia.

4. Ritmo.
5. Confiança.

3.1 Ênfase

Ênfase é a *energia* da fala, a *vitalidade* das palavras faladas. Em qualquer palavra, a sílaba de maior ênfase é a que soa mais clara e mais alta:

Va*ran*da	Ca*fé*
Ma*lu*co	*ín*dio
Xi*pó*fago	Car*ta*da
For*çu*do	Ma*gri*ça

A colocação correta da sílaba tônica é o primeiro passo na ênfase, porque a *força* e a *vida* das palavras estão na sua tônica. Nas palavras mais longas, a ênfase exige que não se considere apenas a sílaba tônica, mas também as subtônicas, que pedem uma ênfase menor:

Cons*ti*tuição	A*be*cedário
Fe*li*cidade	Di*re*toria
Bon*do*samente	Res*pon*sabilidade
*Ne*cessário	*Im*portância

Assim como a palavra tem sua sílaba tônica, em uma frase existem uma ou mais palavras que pedem maior ênfase ao serem enunciadas: a *expressividade* depende da ênfase *correta* na palavra *certa*.

Pronuncie as frases a seguir, esforçando-se por expressar a ênfase, de acordo com a palavra:

1. Eu *absolutamente* não permito que V. viaje esta semana!
2. Fique *certo* de que não havia outra solução!
3. Gosto das coisas *claras*!
4. À *minha* custa, ele não faz!
5. Ponha-se na *rua*!
6. Isto *é mentira*!

Acontece, frequentemente, em uma frase, situar-se a ênfase em mais de uma palavra, como se, a exemplo das sílabas, existissem palavras tônicas e subtônicas:

1. Nós discutimos, e esse *sujeito é* quem ganha um MONTE de dinheiro À NOSSA CUSTA!
2. Eu NÃO ADMITO que esse *miserável* volte a botar os PÉS nesta casa!
3. Não PENSE que eu esteja de *acordo* com essa TOLICE!

A ênfase na sílaba tônica certa influencia, em muitos casos, a própria significação da palavra. Há palavras que mudam de sentido pela simples transposição da tônica:

Último	Ultimo
Público	Publico
Cúmulo	Cumulo
Prático	Pratico

Uma interessante maneira de exercitar a ênfase consiste em tomar-se uma palavra e pronunciá-la de acordo com situações hipotéticas diversas.

Vamos tomar a palavra VOCÊ, pronunciando-a dentro das seguintes situações:

1ª situação: Encontramos um amigo muito querido que não víamos há muitos anos.
2ª situação: Indicando de longe um subalterno para encarregar-se de determinada tarefa.
3ª situação: Estamos diante de uma pessoa que nos prejudicou e a denunciamos em juízo.
4ª situação: Duvidamos que a pessoa à nossa frente seja capaz de fazer o que diz.
5ª situação: Nosso interlocutor, homem de hábitos morigerados, conta-nos que abandonou a esposa e os filhos, apaixonando-se por uma bailarina.
6ª situação: Respondemos a esta frase — Quem é a mulherzinha que adora o maridinho dela?

Outro exercício consiste em mudar a palavra tônica em uma mesma frase. O *sentido* muda de acordo com a transferência da ênfase de uma palavra para outra:

1. *Você* viu aquele sujeito sair daqui?
2. Você *viu* aquele sujeito sair daqui?

3. Você viu *aquele* sujeito sair daqui?
4. Você viu aquele *sujeito* sair daqui?
5. Você viu aquele sujeito *sair* daqui?
6. Você viu aquele sujeito sair *daqui?*

3.2 Entonação

Entonação é a música da linguagem. Entonar bem é falar no tom certo, como se cada palavra, cada sílaba representassem uma nota musical. O Prof. Hermann Klinghardt foi o primeiro a propor, na língua inglesa, um sistema de sinais para indicar o tom exato das palavras, facilitando a leitura em voz alta, na entonação certa, e a compreensão dos vocábulos. O sistema não teve ainda seguidores em Português e faltam-lhe entusiastas em Inglês.

A definição poética, que compara o tom à melodia, é exata; exige-se de quem fala bem uma *variedade melódica*. Para isso, é indispensável uma voz flexível e expressiva. A variedade melódica decorre do próprio significado da palavra – a palavra tem de ser enunciada de acordo com seu significado, e a expressão é, toda ela, *sentimento*. Vamos pronunciar cada uma das palavras seguintes, dando-lhes toda a expressão de que formos capazes, de acordo com o significado:

Assassino	Biruta
Anjo	Funeral
Lixo	Gargalhada
Perfume	Crápula
Samba	Palhaço
Melodia	Estrondo
Amor	Ódio

Cada uma dessas palavras tem sua *entonação* certa, sugerida por seu significado. Não se pronunciam com a mesma entonação as palavras "amor" e "ódio". A palavra *ódio*, pronunciada com a mesma entonação de *amor*, soa diferente. Experimente pronunciar em voz alta a palavra "lixo", com a mesma entonação com que pronuncia a palavra "perfume". Sentirá como é difícil, porque a palavra *pede* seu tom correspondente.

Toda a variedade melódica da entonação tem por finalidade facilitar a compreensão. Falar no tom certo é fazer-se mais facilmente compreendido. Eis algumas frases para exercícios em voz alta com a entonação certa:

1. Ele é um sujeito *malvado*!
2. Suas filhas são *encantadoras*!
3. Rafael é uma *autoridade* em Psicologia!
4. Uma *pena* ele estar *morto*!
5. Dei *gargalhadas* com o Oscarito!
6. O *perfume é delicioso*!
7. *Adoro* Portugal!
8. Esse camarada é *biruta*!
9. V. está-se portando como um *palhaço*!
10. Casei-me com um *anjo*!
11. É um garoto *levado da breca*!
12. Que cheiro *horrível*!

A leitura, em voz alta de peças teatrais, quando nos esforçamos para interpretar, dando às palavras sua entonação certa, é dos melhores exercícios para adquirir-se *expressividade* no falar.

Um bom discurso é apenas a projeção de uma boa conversação. Fala-se em público *em tom de conversa*, embora, vez por outra, na Oratória, seja necessário o *tom oratório*.

É importante falar uma oitava acima do que habitualmente se fala, preocupando-se com o número e a qualidade das transições. Transição é uma frase curta, que liga dois pensamentos ou ideias diferentes; é o elemento que evita saltos e surpresas no discurso e ajuda a variar a entonação, quebrando a monotonia. A variedade das inflexões pode ser obtida por meio de três pontos essenciais:

1º – Variando a *velocidade* da voz.
2º – Variando o *volume* da voz.
3º – Variando o *tom* da voz.

3.3 Pronúncia

Uma pronúncia defeituosa advém de razões físicas ou psicológicas. A primeira alternativa requer um especialista, enquanto a segunda é, em geral, a resultante de uma atitude mental estática ou negativa. Há muita gente que faz questão de falar mal, para ostentar desleixo ou agressividade, quando não pernosticismo. Outras vezes, pronuncia-se mal por pura indolência. É o que acontece com palavras mutiladas, ou quando se fala muito devagar, ou quando se engrolam as palavras.

Qualquer ouvinte segue uma linha de *menor resistência*. Se não consegue compreender as palavras, tal como V. as pronuncia, *desliga o receptor* e deixa de ouvir.

O aperfeiçoamento da pronúncia pode ser obtido pela utilização de algumas regras:

1. Evite a afetação!

Pessoas afetadas, no afã de exibir-se, estropiam as palavras. O excesso de capricho na pronúncia confunde-se com afetação.

2. Imite os padrões!

Ouvir quem fala bem ajuda a falar melhor. Foi ouvindo os grandes oradores que Demóstenes se fez orador.

3. Leia em voz alta!

A leitura em voz alta é o exercício por excelência de quem deseja falar bem. São recomendáveis quinze minutos diários dessa leitura, mais enfática do que de costume. Cada palavra deve ser lida com ênfase exagerada, a fim de nos acostumarmos à entonação correta.

4. Aumente seu vocabulário!

Muitas vezes, as hesitações ou os erros de pronúncia devem-se à ignorância da pronúncia certa. Falar bem depende muito de um bom vocabulário. Todas as vezes que tiver dúvidas sobre as palavras, na leitura em voz alta, consulte um dicionário.

3.4 Ritmo

Para Polito, o ritmo é a musicalidade da fala, "a colocação mais ou menos prolongada das vogais, a pronúncia correta das palavras, levando em conta a sua acentuação, a alternância da altura da voz e da velocidade que imprimimos às frases, ora alta, ora normal, ora baixa".[15] Muitas pessoas atropelam o ritmo, falando com muita velocidade. Em geral, existem quatro motivos para alguém falar muito depressa:

    a. Pode estar muito nervoso.
    b. Pode estar habituado a falar depressa.
    c. Pode estar preocupado com a limitação do tempo de que dispõe para falar.
    d. Pode estar entusiasmado em excesso.

---

[15] Ibidem, p. 63.

Dizendo muita coisa em pouco tempo, somos mal compreendidos. Não se deve falar nem muito depressa nem muito devagar. Assim como há um *tom certo* para cada palavra, há um *ritmo certo* para falar bem. Alguns pensamentos podem ser transmitidos em altas velocidades. Os mais importantes, entretanto, requerem maior lentidão, para impressionar mais.

O Rádio tem sido uma boa escola quanto ao ritmo: os bons locutores comerciais, nas gravações, desenvolvem a leitura dos textos em ritmo seguro, que pode, em muitos casos, servir de padrão.

Cada orador e cada assunto têm sua velocidade peculiar, que depende da capacidade de respiração, da emoção e do teor da mensagem a ser transmitida.

3.5 Confiança

Nada é possível sem confiança. A primeira condição do sucesso é acreditar nele. Falar bem é falar confiante. Para isso, deve-se falar apenas sobre assuntos que se conheçam e dominem. Adotando essa norma, adquire-se cada vez maior confiança. Por isso, recomenda Polito, antes de pensar "como" falar, pense em "o quê" falar: "apresentar um assunto que não foi convenientemente preparado é o mesmo que andar por um campo minado, temendo a cada passo encontrar uma bomba".[16]

4.
A EMISSÃO DA VOZ

Devemos desejar uma bonita voz; mesmo que não dependa de nós o possuí-la, dependerá de nós cultivá-la e fortificá-la.
(Cícero)

No fenômeno da emissão da voz, distinguem-se três elementos:

1º – O tom.

2º – O timbre.

3º – A intensidade.

---

[16] Ibidem, p. 38.

O tom, a que alguns autores chamam de *altura,* ou *frequência,* é o número de vibrações por segundo. Para o orador, é importante encontrar na hierarquia dos sons a nota em que a voz soa melhor e pode permanecer ativa mais tempo, sem cansar-se. Tessitura é a extensão da voz, a escala das notas que a voz alcança. É pela extensão que se classificam as vozes em:

1º – Tenor.
2º – Barítono.
3º – Baixo.

A voz do tenor apresenta algumas vantagens: é mais clara, mais penetrante e mais doce. A voz do barítono é a que se pode considerar *normal* para o homem: não surpreende e é sempre agradável. A voz do baixo apresenta o risco dos sons graves fatigantes e, por vezes, monótonos.

Na emissão oral, o registro médio, a voz intermediária entre o tenor e o baixo é a que deve predominar. Saber manejar, com inteligência, as três vozes constitui parte decisiva na preparação do orador. Recomenda-se variar o tom, dentro da nota fundamental de cada pessoa. Subir a voz quando afirmar. Baixar nas confidências. Não se apaixone pelo tom de sua voz; leva a falar demais.

O timbre é a qualidade do som, que nos permite distinguir uma voz da outra: é a verdadeira personalidade da voz. Reconhecem-se três tipos de vozes, em relação ao timbre:[17]

1. Voz bem timbrada – limpa e harmoniosa.
2. Voz branca – quase reduzida à nota fundamental, monótona e cansativa.
3. Voz rouca – sob a insígnia da dissonância.

Para ter bom timbre:

1. Não fale de boca fechada!
2. Não fale com o nariz!
3. Não fale com o peito!
4. Não fale com o fundo da garganta!
5. Não fale com a flor dos lábios!

---

[17] FOLLIET, J. *Oratoria.* Buenos Aires: Ediciones del Atlántico, 1958.

Intensidade ou volume é a *força* com que o som é produzido; depende da potência, da expiração do ar contido no peito. Não se deve falar nem muito alto nem muito baixo.

A Aberje (Associação Brasileira de Comunicação Empresarial, de que já se falou) ofereceu, no mês de março de 2011, o curso "Excelência em comunicação oral", ministrado em São Paulo pela Professora Doutora Leny Rodrigues Kyrillos, com destaque para o cuidado da voz. Veja-se o programa:

- a voz enquanto expressão
- comunicação verbal e não verbal
- a psicodinâmica da voz
- o conceito de saúde vocal
- amigos / inimigos da voz profissional
- o papel do corpo: postura, expressão facial e uso de gestos
- estresse e medo de falar
- a consciência da emissão dos sinais positivos e negativos
- as escolhas de acordo com o público-alvo
- as reações aos diferentes padrões de comunicação
- marca pessoal, você = suas atitudes
- características das apresentações / entrevistas: preparativos, treinos anteriores
- a representação da imagem da "empresa"
- a imagem pessoal
- comunicação e persuasão
- voz é poder!

As atividades desenvolvidas foram as seguintes:

- avaliação individual da voz, fala e comunicação
- análise acústica da voz
- apresentação de vídeos para ilustração dos exemplos
- dinâmicas e exercícios práticos (voz, postura, técnicas de apresentação, vocabulário, entre outros)

Como se vê, há muito a ser estudado sobre a voz.

5. ARTICULAÇÃO

A articulação é o desenho da dicção.
(Coquelin)

É a articulação que dá claridade e nitidez à palavra. A boa articulação faz ressaltar todas as qualidades da voz.

Articular bem é indispensável a todo aquele que fala em público, e o estudo da articulação compreende os dois elementos fundamentais da Linguagem falada: vogais e consoantes. São as diversas combinações entre vogais e consoantes que formam as sílabas, e as sílabas, unidas por diversos modos, formam as palavras, as quais, agrupando-se em determinado sentido, constituem as frases.

Todo o valor das palavras está nas consoantes. Nos exercícios de articulação, é preciso duplicar e triplicar cada consoante. Deve-se observar que a articulação exagerada descansa a voz, desde que seja essencialmente bucal. Para a voz ser *verbal* – verbalização da voz – é preciso ser silábica, o que depende da forte acentuação das consoantes.

Para uma boa articulação, é necessário desenvolver a musculatura do céu da boca, a língua e os lábios. Todos os penosos exercícios de articulação baseiam-se no extremo exagero com que se articulam palavras difíceis. O grande Régnier, da *Comédie Française,* recomendava fazer-se, durante alguns meses, o exercício de articular uma frase completa a um amigo situado a nossa frente, a dois passos, sem sermos ouvidos por outro, colocado a nosso lado. Para Régnier, era esse o único exercício de articulação capaz de garantir bons resultados.

Demóstenes, como já se disse, aprendeu a articular falando com pedrinhas entre os dentes, ou entre as bochechas e os dentes. Os "trava-línguas" são recomendáveis para aperfeiçoar a articulação. Sarah Bernhardt gostava de exercitar-se, declamando a quadra completa de um soneto em uma só emissão de voz; considerava que a articulação dependia, em grande parte, da boa respiração.

6. DICÇÃO

A palavra dicção designa o próprio ato de dizer: é a qualidade suprema da voz falada. A arte da Dicção depende de muitos fatores, dentre os quais se destaca a respiração.

Capítulo 11 • • • • • • • • • • • A Fala e a Comunicação Humana

Sem ar não é possível a voz. Para uma boa dicção é preciso aprender a técnica do ato respiratório, a qual compreende:

1º – Inspiração.
2º – Pausa.
3º – Expiração.

O objetivo dos exercícios de respiração é dosar e disciplinar o fôlego. Na Oratória, é essencial aprender a inspirar sem ruído. A respiração nunca deve ser forçada; ao contrário, recomenda-se que seja profunda, silenciosa e frequente.

Constituem defeitos da respiração a serem corrigidos:

1. Inspirar fora das pausas naturais.
2. Deixar os pulmões vazios para depois inspirar.
3. Respirar com ruído, ou ofegar.

O orador não deve respirar no meio das palavras, nem deixar os pulmões esvaziarem-se demais. Deve acostumar-se a respirar no final dos grupos de pensamentos.

Para melhorar a dicção, recomenda-se:

1. Respeitar a pronúncia correta das palavras.
2. Fazer soar nas frases as palavras tônicas.
3. Saber pronunciar os finais das frases, sem enfraquecê-las, para não torná-las inexpressivas.
4. Saber dizer as frases, flexionando e utilizando todas as possibilidades de colorido da voz.
5. O timbre da voz deve estar de acordo com o sentimento que se procura expressar.
6. As imagens faladas devem ter *vida*.
7. A voz falada compreende cerca de cinco ou seis notas. É preciso saber usá-las para dar relevo e harmonia à exposição oral.
8. É preciso aprender a usar a arte dos silêncios, de onde nasce a força das pausas.
9. A voz é nosso instrumento de expressão individual. Precisamos conhecê-lo perfeitamente para sermos donos absolutos de nossa voz.
10. Articular bem, articular claro, articular exageradamente evita cansar a voz.

> Você pode expressar coisas admiráveis, pensamentos magníficos com uma voz má; causarão pouco efeito. Diga, ao contrário, coisas relativamente medíocres

com uma voz bem timbrada, exercitada, musical, e o auditório se deixará conquistar, porque os ouvintes não percebem senão a música, e não retêm quase nada das palavras... Não basta exercitar a voz, também é preciso trabalhar a dicção e aprender a colocar a voz. Se a pronúncia é defeituosa, a voz desagradável e mal colocada, o orador poderá dizer coisas belíssimas, que produzirão efeito medíocre. Em troca, se sabe manejar a voz como um artista, as frases mais triviais se tornarão atrativas, e adquirirão colorido e vida.[18]

Demóstenes, Cícero, todos os grandes oradores exercitavam-se infatigavelmente. Faziam como Liszt, que jamais deixou de estudar piano todos os dias, e quando lhe perguntavam se sentia essa necessidade, respondia:

— Eu posso não sentir, mas o público *sente*!

7. A LEITURA EM VOZ ALTA

A maestria da articulação depende da maestria da leitura em voz alta.
(Georges Canuyt)

Para a leitura em voz alta, o Prof. Silveira Bueno recomenda alguns cuidados:

1. Faça uma leitura em voz baixa, para observar as pausas, as interrogações, as exclamações, as dificuldades do texto em geral.
2. Faça uma leitura em voz média, para treinar a articulação e o controle da respiração.
3. Faça a leitura em voz alta, repetindo-a tantas vezes quantas achar necessário para chegar à perfeição, ao domínio absoluto do texto.[19]

Maury preconiza uma sequência lógica, sob o critério das dificuldades crescentes, para a leitura em voz alta:

1º – Livros históricos.
2º – Fábulas.
3º – Cartas.

---

[18] ROBERT, H. in *Oratória*.
[19] BUENO, Silveira. *A arte de falar em público*. São Paulo: Saraiva, 1961.

4º – Poesia.

5º – Discursos.

Observa que as leituras em voz alta devem ser feitas ora de pé, ora sentado. Para Lehouve, existe uma técnica para a leitura em voz alta:

1. Escolha o tom certo. Não abuse das notas graves e das notas muito altas. Há sempre um tom médio ideal para cada pessoa: encontre-o!
2. Obedeça a uma sequência de dificuldades na leitura em voz alta, até chegar à mais alta de todas: a poesia.
3. A leitura de poesia em voz alta exige exercícios constantes de ritmo, nuanças, modulação, inflexões, articulação, pronúncia, entonação e dicção. Só um virtuoso da voz é capaz de ler bem versos em voz alta.

Os exercícios de leitura em voz alta devem ser acompanhados por um professor, que irá apontando os erros de pronúncia, dicção, ênfase, etc. Na falta de um professor, deve procurar-se alguém que ajude nessa tarefa. Como último recurso, V. pode apelar para um aparelho de gravação, que passa a desempenhar o papel de seu próprio crítico.

Sempre que puder, leia em voz alta trechos de peças teatrais; é excelente exercício. Frequente bons teatros e inspire-se em bons modelos. O famoso orador sacro, Cardeal Maux, escreveu, em 1810, em seu "Ensaio sobre a Eloquência Sagrada": "Uma exposição seca das regras da eloquência cansa o espírito, em vez de iluminá-lo, e o acúmulo delas é fruto da inexperiência, que nada inspira ao talento. Para clarear melhor o roteiro dos oradores, é preciso, pois, cercá-los constantemente de exemplos, sempre mais instrutivos do que os preceitos".

Leia bons textos de Olavo Bilac, Pinheiro Machado, Rui Barbosa, Vieira, Otávio Mangabeira, Ibrahim Nobre, João Neves da Fontoura, Juscelino Kubitschek, e outros grandes oradores brasileiros. Folliet ensina a ler em voz alta, por meio de um verdadeiro estudo:[20]

1º – Leia primeiro o texto em voz baixa.

2º – Leia, depois, em voz alta, com todos os cuidados:
   a. respirar corretamente;
   b. realizar pausas de acordo com a pontuação;
   c. variar as entonações;

---

[20] FOLLIET, J., op. cit.

d. dar a cada palavra a expressão certa.

3º – De caneta na mão, analise o plano do discurso que acaba de ler:

— Está claro?

— V. o pronunciaria como está, ou preferiria modificá-lo?

4º – Julgue o discurso lido.

5º – Volte a uma análise minuciosa, verificando as expressões felizes, as comparações, as metáforas, etc. e anote tudo o que achar digno de guardar.

8. AS QUALIDADES DO ORADOR

> *Não se chega a grande orador sem o concurso da natureza, mas qualquer indivíduo, medianamente dotado, pode falar em público de maneira satisfatória.*
> (Folliet)

Santo Agostinho, grande retórico, acentua a necessidade de exercitar-se bastante para obter sucesso no falar em público. Falando do bispo Maniqueu Fausto, orador grandiloquente, observa que ele pouco entendia das disciplinas liberais, tinha lido apenas alguns discursos de Cícero, poucas obras de Sêneca, alguma poesia, mas exercitava-se diariamente na oratória. Com isso, "havia adquirido facilidade de falar, tornada ainda mais agradável e sedutora pelo emprego inteligente de seu talento e de certa graça natural".[21] Assim, o treino é essencial.

Para falar em público, a rigor, são necesssárias apenas três qualidades:

1ª – Não ser mudo.

2ª – Não ser psicopata.

3ª – Expressar-se compreensivamente.

Como se vê, *ser gago* não constitui impedimento para falar em público. É certamente uma dificuldade, mas não é uma impossibilidade. Ilustra-o o já citado filme "O discurso do rei".

---

[21] AGOSTINHO, Santo. *Confissões*. Trad. Maria Luíza Jardim Amarante. 7. ed. São Paulo: Paulus, 1984, p. 115.

Depois de ter tentado todas as terapias convencionais, o Rei Jorge VI começa a tratar-se com o "prático" Lionel, que utiliza métodos não convencionais e obtém sucesso: usa técnicas de relaxamento, trava-línguas, xingamentos, exercícios de falar mais alto do que uma música em altíssimo volume, de falar com pausas preestabelecidas, de falar cantando, etc.

O fato é que o Rei, embora com dificuldade, consegue dar conta de seu papel de comunicador durante o período crucial da Segunda Guerra, sempre assistido por seu terapeuta. Isso significa que outros defeitos da fala podem ser corrigidos com persistência e terapias adequadas.

Alguns componentes da fala tratados positivamente contribuem para o sucesso do discurso e, negativamente, levam ao fracasso.

A dicção (pronúncia dos sons) tem de ser trabalhada. O brasileiro é negligente nesse aspecto: engole o "r" e o "s" finais ("vamo cantá"), transforma ditongo em vogal ("dinhero"), troca "l" por "r", "o" final por "u" ("Atrânticu"). Um bom exercício para sanar essas e outras dificuldades semelhantes é fazer leitura lenta em voz alta, sob a batuta de um observador.

A voz é o instrumento de trabalho do orador. É preciso cuidar dela. Temos um aparelho fonador, mas os órgãos da fala são parte de um todo, de nosso organismo. Por isso, qualquer dano que esses órgãos sofram afeta a fala e, consequentemente, a eficácia do discurso. Um orador, muitas vezes, tem de privar-se de gelados, de expor-se ao sereno e às intempéries, para manter a voz saudável. O tenor Luciano Pavarotti preparava, ele próprio, sua comida, sob alegação de que era ele quem sabia o que era melhor para a voz.

O grande inimigo de quem fala em público é o "trac" – a angústia vocal – perturbação emotiva caracterizada por fenômenos gerais e, sobretudo, psíquicos. É o *medo da plateia,* pronto a aterrorizar o orador.

O "trac" é quase sempre resultado da improvisação, do excesso de confiança, da preparação insuficiente. Não existe nenhum tratamento específico para curar esse estado de espírito, que apavora os principiantes e perturba os veteranos. Alguns, depois de centenas de conferências, chegam ao mal-estar físico todas as vezes que têm de abordar um tema novo, ou enfrentar uma plateia desconhecida.

Para Henri Robert, é graças ao "trac" que o orador se coloca em *estado de graça,* sente-se emocionado e faz o auditório participar de sua emoção. Certa vez, na *Comédie Française,* Sarah Bernhardt comentava:

— É bárbara a sensação que experimento nas estreias... Minhas mãos gelam, começo a suar e a voz fica presa na garganta...

Uma jovem atriz, ouvindo a grande trágica, não se conteve e observou:

— Pois eu não sinto nada quando entro no palco...

Ao que Sarah comentou, ferina:

— Não perca a esperança! O talento vem com o tempo!

O episódio reforça a maneira de pensar de Henri Robert. O *medo da plateia* é demonstração do sentido de responsabilidade de quem fala em público; o orador emociona-se porque tem os sentidos alerta, os sentimentos à flor da pele, a vontade concentrada. Sabe que a arte oratória afunda suas raízes no subconsciente: é o ser vivente, o "manalive", de Chesterton, que se dá em holocausto à plateia.

Falar em público sempre foi considerado algo divino. Platão considerava o rapsodo, intérprete do poeta, possuído por um deus, que o entusiasmava; aliás, a palavra entusiasmo, etimologicamente, faz referência à possessão divina: o radical –*tu*- é *theós,* deus. Nas sociedades primitivas, acreditava-se que os oradores eram tomados por seres sobrenaturais. Os celtas ouviam seus deuses pela boca de seus oradores, e até hoje, sob certos aspectos, os grandes oradores podem ser considerados "seres possuídos", na acepção mística do termo.

Para ajudar a vencer o medo da plateia:

1. Desconfie dos estimulantes: o mais das vezes são perniciosos.
2. Saiba que o medo passa logo, depois de se haver pronunciado algumas palavras, na medida em que a atenção se concentra no tema do discurso.
3. Se o auditório o intimida, crave os olhos em uma pessoa e simule falar com ela, ou então, nesses primeiros instantes, cerre os olhos, até sentir que dominou a voz.

Começa-se a corrigir o medo da plateia, quando se admite nada existir nele de anormal. Não há orador que não o tenha experimentado. Convença-se, nessas situações, de que sua aparência não é tão ruim quanto lhe parece. Antes de começar, V. julga que todos estão percebendo seu mal-estar, adivinhando seu constrangimento; que está pálido, trêmulo, o olhar esgazeado, o traje descomposto. *Em noventa e cinco por cento dos casos, isso é pura imaginação!* Sua aparência é a mesma e a disposição da audiência é simpática.

Dale Carnegie pretende vencer a timidez pela autossugestão e cita diversos exemplos de homens tímidos que conseguiram ser bons oradores. O melhor exemplo, entretanto, é o próprio Dale, nascido em uma fazendola do Missouri. Bem cedo compreendeu que, para brilhar entre os colegas da escola, existiam dois meios: distinguir-se no atletismo, ou nos círculos de debates. Muito franzino para ser atleta, resolveu trabalhar com todas as forças para obter o prêmio da Oratória.

Entre suas ocupações na terra, carregando feno, tangendo bois, não deixou nunca de exercitar a palavra. Obteve o prêmio e fez fortuna, ensinando a falar em público os homens de negócios dos Estados Unidos.

8.1 A pose

Pose é uma atitude estudada, indispensável para o bom orador. A mais informal das atitudes é quase sempre uma pose cuidadosamente cultivada.

A pose depende, em grande parte, da confiança – qualidade pessoal por excelência e que deve ser estimulada. "Não basta conhecer os movimentos da natação para saber nadar. É preciso atirar-se à água. E isto é, sempre e apenas, uma questão de confiança própria."[22]

Faz parte da pose também uma sutil autopromoção: inserir, aqui e ali, despretensiosamente, informações sobre a própria pessoa, habilidades, currículo, formaturas, etc. Isso significa usar em próprio favor o argumento da autoridade.

A pose deve alicerçar-se na confiança. Para adquiri-la, lembre-se destas normas:

1. Fale sempre sobre um assunto com o qual esteja perfeitamente familiarizado, sabendo, se possível, mais do que a plateia.
2. Lembre-se de que, em regra, as plateias *desejam o* sucesso do orador.
3. Ordene seus pensamentos, enquanto mantém sua atitude de firmeza perante a plateia.
4. Só comece a falar quando sentir que a atenção da plateia se concentra em sua pessoa.
5. Movimente-se! A imobilidade aumenta a tensão interna.

O Prof. Décio Ferraz Alvim preconiza, para falar em público, a *posição correta do orador*:[23]

1. Sentir os pés firmemente sobre o chão, não muito afastados um do outro.
2. Avançar levemente um dos joelhos.
3. Busto bem posto.
4. Ombros para trás.
5. Cabeça erguida, para permitir ampla ventilação dos pulmões.
6. Relaxar todos os músculos do corpo, principalmente os do maxilar.

---

[22] SENGER, J., op. cit.
[23] ALVIM, D F. *A nobre arte de falar em público*. São Paulo: José Bushatsky, 1959.

7. Abrir levemente a boca, como se fosse pronunciar a letra A.
8. Olhar calmamente para a plateia, "não para uma pessoa determinada".
9. Contar mentalmente até dez.

O mesmo autor estabelece alguns princípios úteis para falar em público:

1. Ter ardente desejo de falar, de transmitir uma ideia, um conceito.
2. Conhecer muito bem o assunto sobre o qual vai falar – o que é indispensável para que o auditório o aprecie e respeite.
3. Gostar do auditório.
4. Ter naturalidade ao falar, desembaraço, sem a preocupação de querer imitar ninguém.
5. Integrar-se com o que vai dizer; abstrair-se de tudo que o cerca para volver sua atenção, única e exclusivamente, para o assunto sobre o qual vai falar.
6. Falar com fé e entusiasmo, que desenvolvam a imaginação criadora e afastem o medo.

Falar sentado favorece a calma, exposições tranquilas e coloquiais. Falar de pé presta-se melhor à Oratória. Nos grandes auditórios, é indispensável falar de pé.

Algumas regras de Folliet sobre a pose:[24]

1. Evite a rigidez, a pose de *engolidor de espadas.*
2. Evite as atitudes excessivamente à vontade, indolentes ou abatidas.
3. Evite apoiar-se em alguma coisa, ou se apoie apenas de vez em quando.
4. Incline-se para a frente e para trás, de acordo com as palavras que pronuncie.
5. Não se balance compassadamente de um lado para outro: dá sono ao espectador.

Na posição sentada, não se apoie na mesa e não se esconda atrás dela. Não cruze as pernas, o que pode ser interpretado como falta de respeito ao público, e não faça muitos gestos. Na posição sentada, são as mãos que mais funcionam.

8.2 Fluência

Fluência é concatenar bem as ideias que se quer transmitir; é falar sem pausas e sem hesitações. Falar fluentemente não significa falar em torrente contínua. Ao

---

[24] FOLLIET, J., op. cit.

contrário, há pausas que, bem colocadas, ajudam o orador. Existem quatro tipos de pausas na oração:

1º – Pausas para pontuação.
2º – Pausas para efeito.
3º – Pausas para reflexão.
4º – Pausas para conclusão.

A fluência, como todos os demais requisitos do orador, pode ser aperfeiçoada. Para obtê-la, comece por dominar com segurança as primeiras frases do discurso. Saber falar, com serenidade e fluência, as primeiras frases é meio caminho andado para o sucesso.

Se estiver cansado, procure não falar, pois o cansaço físico ou mental perturba a fluência. Um exercício prático para se adquirir fluência consiste em preparar *em excesso* material para um discurso de cinco minutos. Escreva uma oração para ser lida, em voz tranquila e bem ritmada, em dez minutos. Leia-a em cinco, procurando não correr demais e não prejudicar o sentido. Mais treinado, não haverá necessidade de escrever a oração: basta reunir material para um discurso preparado de dez minutos e fazê-lo em cinco.

A fluência é também *falar claro,* e a aquisição de um *estilo* é imperativa.

Existe um estilo oratório diferente do estilo escrito. A razão é fácil: um dirige-se aos ouvidos, o outro aos olhos.

Folliet admite dois estilos básicos na oratória:

1º – O estilo oral escrito — taquigrafado, daria a impressão de haver sido escrito antecipadamente.

2º – O estilo oral falado — taquigrafado, teria de ser refundido para a leitura.

Entre os dois extremos existem diversas nuanças, das quais as mais importantes são:

1. O estilo *claro.*
2. O estilo *forte.*
3. O estilo *variado.*
4. O estilo *ritmado.*
5. O estilo *adaptado.*
6. O estilo *direto.*

O estilo *claro* depende da influência lógica de seus pensamentos. É preciso fazer *transições rigorosas* na oração, porque os ouvintes a escutam distraidamente, e não se lhes pode exigir nem demasiada atenção, nem demasiada sutileza. A memória auditiva é breve: dura vinte segundos.

Outras recomendações para adquirir um estilo claro:

1. Não abuse das partes coordenativas da oração: pois, portanto, todavia, evidentemente, assim, etc.

2. Empregue um vocabulário simples, tomando as palavras por seu sentido atual – o primeiro sentido do dicionário.

3. Preocupe-se em dar boas definições, sem a insistência em aprofundar-se demais no assunto.

4. Quando se referir a fatos ou pessoas não muito conhecidos, seja *preciso*. Não proceda por alusão, dando como conhecido o mal conhecido ou o desconhecido.

5. A repetição é inerente à arte oratória como à técnica do educador. Não vacile em reiterar!

6. Empregue "refrãos" sem abusar. Lembre-se da força de Catão, com o seu "Delenda Cartago!".

7. Se contar anedotas, evite ironias. Muitas vezes o auditório toma sua ironia *ao pé da letra*.

A essência do estilo *forte* são a imagem e o ritmo. A imagem apresenta-se habitualmente sob três formas:

a. Comparação: Esta mulher é pura como um anjo!
b. Imagem: Esta mulher é um anjo!
c. Metáfora: Este anjo (em referência à mulher) que me protege...

Das três figuras, a comparação é mais recomendável quando se fala. As imagens triviais, os "clichês" e os lugares-comuns devem ser evitados, assim como não se deve multiplicar em demasia as imagens novas e imprevistas, nem abusar de comparações e metáforas.

Varie o estilo, alternando períodos longos e curtos. O estilo *variado*, consegue-se empregando inversões de palavras de vez em quando e libertando-se de manias ou "tiques". Não pareça forçado. Entremeie a palavra com historietas, até mesmo anedotas. Acima de tudo, não seja vulgar, grosseiro e irônico. Assegure-se da benevolência do auditório, louvando-o na medida exata do indispensável.

Toda palavra tem seu ritmo no acento e na respiração. Para adquirir um estilo *ritmado*, considere a Oratória entre o verso e a prosa. As belas frases têm seu ritmo certo.

Não fale em forma entrecortada, com frases muito breves. Não tropece em excessos de "quês", "quais", "quem", etc. Não omita uma vírgula, cuidando da pontuação.

O bom orador adapta-se ao tema e ao público. Abordando um tema colorido, seu estilo deverá ser simples, familiar, sem afetação e sem adorno. Em uma conferência, continue simples, mas seja mais rigoroso. No discurso, mantenha-se ainda simples, mas seja mais solene.

Para o estilo *adaptado,* tome o auditório como ele é, sem perder tempo deplorando-o ou desejando-o de outro modo. Informe-se com antecipação sobre seu público. Não se julgue obrigado a distrair o auditório com "gracinhas". A audiência distingue, entre dois oradores, o que a respeita e o que faz "graças".

Outras regras sobre o público:

1. Nada de pedantismos: seja de cristalina simplicidade.
2. Relaxe a atenção do auditório; não caia, entretanto, na vulgaridade.
3. Lembre-se de que os auditórios de nível médio não são sensíveis a abstrações: fale de coisas que eles conhecem.

Estilo *direto* é aquele que chega de *homem* a *homem,* como em público, quando se fala diretamente com cada pessoa do auditório. Dirija-se ao público, interrogue-o e responda por ele. Preveja suas objeções, expondo-as e refute-as antecipadamente. Interpele certos elementos do público, sempre com delicadeza. Insista nas responsabilidades do público; utilize *nós* sempre que pensar em usar "Eu". Faça a audiência participar de suas decisões. Apele para os bons sentimentos do público, e saiba que, quanto mais direto for, mais *humano* parecerá a seu público e mais eficazes serão suas palavras.

Esse estilo direto é recomendado pelos norte-americanos; é a *direitura,* ir diretamente ao ponto.

Todo orador experiente sabe que obterá sucesso todas as vezes que *falar o que o público quer ouvir.* Exige-se do orador uma sintonia com a plateia; que ele *sinta* o público. A *direitura é* assim um estado de espírito, que deve ser cultivado pelo orador, fazendo-o evitar desnecessários rodeios.

8.3 Movimentação

A posição deve parecer *cômoda* ao orador, e *natural* para o público. Algumas regras gerais:

1. Não fique sempre no mesmo lugar.
2. Não passeie sem parar.

3. Não fique balançando-se.
4. Não se abaixe.
5. Evite as mãos nos bolsos.
6. Não ponha as mãos para trás.
7. Evite os "tiques" ou gestos repetidos.
8. Não brinque com o chaveiro.
9. Não abotoe e desabotoe o paletó.
10. Não ponha e tire os óculos.

O orador fala com todo o corpo e um orador sem gestos é obra de arte incompleta.[25]

A boa gesticulação depende de esforço contínuo, de autocrítica e de aperfeiçoamento. Os gestos são pessoais; cada um tem seus gestos característicos.

8.4 O uso do microfone

Antigamente, para falar diante de grandes auditórios, era indispensável possuir-se voz possante. Henriot, "o jumento de Robespierre", possuía uma voz capaz de fazer calar uma praça inteira. Timom de Atenas afirmava:

— Não é com uma voz aflautada, peito comprimido e talhe de anão, gestos filosóficos e olhos baixos, que se faz eloquência ao ar livre!

As invenções da Ciência, a amplificação da voz humana a extraordinários limites mudaram as condições físicas que em outros tempos se exigiam do orador. Com o microfone e o alto falante, qualquer pessoa pode ser ouvida por uma multidão em praça pública. Esse instrumento, entretanto, impõe uma série de condições que precisam ser conhecidas:

1. Experimente o microfone antes de usá-lo.
2. Se o microfone começa a funcionar mal, não vacile em prescindir dele.
3. Fale sempre de frente para o microfone.
4. Verifique e mantenha a distância adequada entre sua boca e o microfone.
5. Considere essa distância de acordo com o tom da oração.
6. Não grite.

---
[25] Idem.

7. Cuidado com a respiração. O microfone registra-a e amplifica-a.
8. Se o microfone é sensível, fale em tom de conversa. Se não o é, aumente a intensidade da voz.
9. Não dê apartes; o microfone pega todas as frases que se pronunciam à parte: "Que calor"! – "Vá mais para lá", etc.
10. Fale com simplicidade: o tom natural é o que ganha mais força ao microfone.
11. Não mexa no microfone quando estiver falando: qualquer toque é ampliado imediatamente.
12. Não estenda os finais das palavras que, ao microfone, fazem que o orador *cante*.
13. Procure evitar os períodos longos.
14. Articule com cuidado. Os erros de pronúncia são amplificados.
15. Reduza os gestos ao mínimo essencial. Ao microfone, para que a voz seja bem utilizada, é mais conveniente que o orador se mantenha imóvel.
16. Se estiver lendo, não vire as folhas diante do microfone. Vire-as fora de seu âmbito de alcance.

Muitos oradores sentem-se constrangidos diante do microfone. Suas próprias palavras parecem-lhe estranhamente deformadas. Todavia, cumpre habituar-se com ele. O microfone e seu correspondente sistema de amplificação da voz foram incorporados definitivamente ao campo da Oratória.

9. O DISCURSO

9.1 A preparação

À preparação gráfica, que exige uma série de trabalhos inúteis, prefira a preparação mental, mais lógica e adequada. É o ouvido que faz o orador. A melhor forma de praticar oratória é treinar o improviso todas as manhãs.

O trabalho de reunir documentação e planejar o discurso não obedece a planos rígidos. Os métodos clássicos de preparação do discurso continuam a ser o *escrito* e o *esquematizado*. Recomenda-se escrever o discurso pela prática que se adquire na redação, embora se recomende mais, para ser utilizado na elocução oral, o esquema.

Falar em público é tão difícil quanto cantar ou representar. Daí a necessidade do ensaio cuidadoso, do qual depende a *espontaneidade* do discurso. Os grandes oradores da Antiguidade ensaiavam seus discursos com o mesmo cuidado com que as prima-donas modernas estudam uma nova ópera.

Ensaie perante o espelho, com um relógio à mão. O espelho dá ao orador uma ideia exata de sua aparência, pose e gesticulação. O relógio controla o tempo da oração, que nunca deve ser excessivo. Poucas pessoas preparam-se antes de falar em público, o que ocasiona defeitos tão comuns:

1. Voz mal colocada.
2. Falta de alcance por causa da má articulação.
3. Cortes ou tropeços nas consoantes.
4. Imprecisão nos acentos.
5. Voz que cai nos finais das frases.

É preciso *introduzir* as palavras nos ouvidos, nos olhos e no cérebro dos que escutam. V. precisa ser *ouvido, visto* e *compreendido* ao falar. Não confie apenas nos dotes naturais.

Na preparação do discurso é importante perguntar-se: Qual o objetivo? Demonstrar? Instruir? Distrair? Inspirar? Vender?

Wayne Thompson sugere algumas perguntas-padrão a que se devem responder *antes* de falar:[26]

1. O tempo do discurso está razoável?
2. A introdução está feita de maneira a colocar rapidamente a plateia em contato com o assunto?
3. Está o discurso adaptado ao público a que se destina?
4. Disponho de fatos suficientes para demonstrar o tema?
5. O final do discurso está bem preparado?
6. Qual o material auxiliar que vou precisar durante o discurso, e de que maneira dispô-lo para poder mostrá-lo?

O Prof. Décio Ferraz Alvim recomenda um plano para expor qualquer assunto em público:[27]

1. Defina e conceitue.

---

[26] THOMPSON, W. *Fundamentals of communication.* Nova York: McGraw Hill, 1957.
[27] ALVIM, D. F., op. cit.

2. Apresente os *prós* e os *contras*.
3. Enalteça os *prós*.
4. Refute os *contras*.
5. Apresente uma conclusão lógica, com sua opinião pessoal.

Para despertar o *interesse* do público, é preciso deixar-lhe uma parte dos pensamentos. Não se lhe deve dizer *tudo*. O público tem cabeça e deve usá-la. A obediência a essa norma faz que a audiência participe de suas opiniões e conclusões. Use "suspense". Não cometa o erro de apresentar conclusões, antes de chegar ao "clímax" da oração. Use interesse humano quando falar, dentro do princípio de que gente se interessa mais por gente do que por coisas.

Utilize *casos pessoais*. Polito recomenda também citações ou frases poéticas: "até mesmo nas apresentações mais técnicas, a citação ou frase poética pode ser bem recebida, desde que se relacione com o assunto".[28]

Seja mais específico do que geral. Resista à tentação de exibir seus conhecimentos por meio de palavras empoladas ou termos técnicos. Respeite a inteligência do auditório, falando-lhe com cortesia e consideração. Os homens de mais sucesso na arte de falar são aqueles que usam termos acessíveis e são capazes de falar naturalmente, com simplicidade.

Uma forma simpática de iniciar um discurso é falar do público, elogiá-lo, a fim de captar sua simpatia.

Convenceremos melhor sempre que formos nós mesmos, e para isso:

1. Seja natural!
2. Seja bem informado!
3. Seja breve!
4. Seja justo!
5. Seja educado!

Ao falar, lembre-se de que a audiência espera que V. fale com *autoridade*. Observe seus ouvintes. Eles lhe mostram a *medida da atenção* que V. está sendo capaz de despertar. Quando tiver terminado, cale-se. É melhor falar de menos do que falar demais. Procure deixar no espírito do assistente a ideia de que *foi pena ter falado tão pouco*.

---

[28] POLITO, Reinaldo. *Assim é que se fala*. 13. ed. São Paulo: Saraiva, 1999, p. 156.

9.2 O tema

Não escolha nunca um tema que lhe seja estranho! Diz a Bíblia que a boca fala do que está cheio o coração: V. se sairá melhor se escolher um tema de que realmente goste e que o entusiasme.

Para prepará-lo, V. dispõe de diversos recursos. Um deles é a consulta a livros sobre o assunto. Leia o que for indispensável à compreensão do tema. Como a memória é *uma faculdade que esquece,* não leia apenas com os olhos, mas também com a caneta, tome notas!

Além dos livros, converse com pessoas que conhecem o assunto. Aprenda a ouvir para aumentar seus conhecimentos.

Atualmente, a consulta discreta à *internet* é um recurso pertinente. Consulte também filmes, lembra Polito. Frequente videotecas e locadoras: "além dos documentários específicos a respeito da matéria de que necessitamos, alguns filmes poderão apresentar trechos que subsidiem o assunto".[29]

Quando for desenvolver o tema, comece por estabelecer um plano e faça tantas revisões quantas achar necessárias à ordem e à clareza da exposição. Quando se sentir absolutamente seguro, é o momento de convencer-se de que a fase de planejamento chegou ao fim. Prepare com especial cuidado o exórdio e a peroração; *o fim do discurso é tão importante quanto a chave de um soneto!*[30] No exórdio, não deixe de traçar as linhas gerais da dissertação.

Perguntaram, certa vez, nos Estados Unidos, a um pastor protestante como organizava seus sermões, sempre lógicos, de fácil compreensão para qualquer ouvinte. Ele explicou que dividia o sermão em três partes:

— Primeiro digo o que vou dizer. Depois, digo. Para acabar, digo o que disse.

Quanto à preparação, distinguem-se quatro tipos de discursos:

1º – O improviso.
2º – O discurso preparado.
3º – O discurso lido.
4º – O discurso com roteiro.

A maioria dos oradores está de acordo em que não se deve ler um discurso. O texto se interpõe entre o orador e o auditório, perturbando um e outro. Falar de

---

[29] Ibidem, p. 63.
[30] FOLLIET, J., op. cit.

memória é um grave risco e a mesma barreira mantém-se entre orador e auditório, embora mais sutil. Alguns oradores escrevem os discursos, esquecem-nos de propósito e, chegando o momento de falar, estabelecem um equilíbrio entre a memória e o improviso. Somos favoráveis à preparação de um esquema, que não deve ser telegráfico – pode perturbar em vez de ajudar – nem muito extenso.

Até existir um domínio perfeito da palavra oral, convém evitar o improviso. Nesse tipo de oração, muito principiante naufraga, adquirindo complexos. Admite-se o improviso, de início, apenas nos cursos de Oratória, em que se é acompanhado pelo professor.

O improviso é a mais rara das formas do discurso. Seu segredo está no conhecimento do assunto sobre o qual se discorre. O orador, para improvisar, precisa de um bom *sentido de organização*; é desejável que pense dois ou três parágrafos à *frente* do que fala. O improviso depende de boa memória, boa leitura, bom vocabulário e da segurança que somente a prática pode oferecer: nada nas mãos e nada nos bolsos.

9.3 Como fazer um discurso

Toda vez que tiver de falar em público, procure seguir este roteiro:

1. Prepare o material com antecedência. Os grandes oradores não dispensam a preparação de um discurso.
2. Faça um esquema do que vai dizer. É a fase indispensável do planejamento.
3. Ensaie. Ponha-se diante do espelho e com um relógio ao alcance da mão. Fale, utilizando-se do roteiro, como se estivesse perante o auditório. À medida que for sentindo-se mais *firme,* diminua o tamanho do roteiro.
4. No dia do discurso, procure manter o espírito descansado e o corpo em boa disposição.
5. Vista-se bem. Evite o excesso de formalismo no trajar, mas cuide de sua aparência pessoal, de acordo com as circunstâncias.
6. Procure controlar seu sistema nervoso. O nervosismo só transparece *caso V. queira.* Uma aparência tranquila inspira confiança. Faça por mantê-la, embora, no interior, V. esteja com *medo da plateia.*
7. Fique no centro da plataforma, ou num lugar especialmente reservado para os oradores.
8. Mantenha-se firme e olhe de frente a audiência. Ao falar, olhe para a audiência e para as pessoas que a constituem.
9. Procure não hesitar nas primeiras palavras.

10. Fale com fluência, ritmo, sem pressa, nem muito devagar. *Dê tudo o que tiver!* Um orador não se poupa.
11. Se for aplaudido, agradeça com serenidade e, acima de tudo, *sinceramente*.
12. Quando acabar de falar, volte para seu lugar com a mesma atitude confiante com que caminhou para a plataforma.

O discurso pelo Rádio, por sua extrema responsabilidade, pode ser escrito e lido sem prejuízo para o orador. O texto proporciona segurança. Na Televisão, existe a possibilidade da leitura dissimulada, no *TelePrompter*.

Se tiver de ler em público o discurso, por imperativo de circunstâncias, ou do tema, procure seguir estas regras:

1. Tire o papel do bolso imediatamente, ou já se apresente perante o auditório com o texto na mão.
2. Caso exista um local especial para falar, coloque aí o texto, antes de apresentar-se ao público.
3. Se isso for impossível, disponha seus papéis com calma, antes de iniciar o discurso.
4. Leia em voz alta o discurso, pelo menos seis vezes, para familiarizar-se com ele.
5. Assegure-se de que terá uma tribuna ou uma mesa para falar, que lhe permita manter uma posição de leitura cômoda e favorável.
6. Não grampeie o manuscrito. Deixe as folhas soltas. Conforme o lugar, poderá ir deixando cair as folhas, na medida do desenvolvimento do discurso.
7. Sublinhe as palavras e as frases importantes.
8. Não mantenha os olhos no manuscrito. *Fale depois de ter lido cada palavra, cada frase, cada período.*

O discurso com roteiro deixa o orador em liberdade, mantendo-o dentro de um esquema. Não hesite em utilizar suas notas. A audiência não se incomoda com isso. Ao contrário, vê o cuidado com que V. se preparou para servi-la.

Depois de falar, responda a estas perguntas:

1. A audiência reagiu bem quando eu contava que reagisse bem?
2. *Senti* o interesse do auditório durante todo o discurso?
3. Em quais pontos foi maior esse interesse?
4. Quais os pontos que menos interessaram?
5. Estavam corretos meus gestos?

6. Não me perdi nenhuma vez?
7. Não consultei demais os apontamentos?
8. Comecei bem o discurso?
9. O tom de minha voz correspondeu às necessidades da exposição?
10. Terminei bem?

Para terminar um discurso, Simons sugere:

1. Faça um resumo de tudo quanto disse.
2. Faça um apelo à ação.
3. Faça um agradecimento sincero.
4. Conte uma história interessante, bem-humorada e adequada ao tema.
5. Faça uma boa citação.
6. Arranje uma *frase de efeito*.[31]

Muitos bons discursos são estragados por um final fraco. O interesse do público esfria e congela-se quando o orador não sabe como terminar, ou termina de *qualquer jeito*. Todo discurso precisa de um *clímax*, e V. deve prepará-lo com o mesmo cuidado com que procura as primeiras cinco palavras. *A primeira impressão é a que vale, mas é a última impressão a que fica.*

Reinaldo Polito tem sugestões pertinentes para vários aspectos do falar em público. Em primeiro lugar, pensa que um orador pode fazer-se: "Você poderá tornar-se o orador que desejar ser".[32] Cita quinze qualidades que deve ter ou cultivar para falar melhor: memória, habilidade para dizer aquilo que as pessoas desejam ouvir, inspiração, criatividade, entusiasmo, determinação, observação, teatralização, síntese, ritmo, voz, vocabulário, expressão corporal, naturalidade, conhecimento do assunto.[33]

Dá as seguintes sugestões sobre o que o orador deve e não deve fazer ao começar um discurso.

Não deve: pedir desculpas ao auditório por motivo de saúde ou falta de preparo na matéria; contar piadas (é diferente de relatar um fato bem-humorado, nascido no próprio ambiente em que se apresenta o orador); começar com palavras ocas e sem sentido, só para quebrar o silêncio inicial; fazer perguntas ao auditório

---

[31] SIMMONS, H. *How to talk your way to success*. New Jersey: Prentice Hall, Inc., 1954.
[32] POLITO, Reinaldo, op. cit., p. 41.
[33] Ibidem, p. 45 e segs.

(poderá ocorrer uma resposta inoportuna); firmar posição sobre assunto polêmico (arrisca-se a desgostar boa parte da plateia); usar chavões ou frases vulgares.

Deve: aproveitar as circunstâncias do lugar onde está falando, do tempo de que dispõe, das pessoas que o estão ouvindo; aludir à ocasião histórica coincidente com sua fala; fazer uma citação (dá credibilidade ao orador, pois suas ideias passam a ser apoiadas por autores respeitados pelo público); dar uma informação que cause impacto no auditório (acorda os desatentos e sonolentos); dar uma definição (contribui para a clareza).

Começado o discurso, deve assim proceder em sequência: elogiar o auditório; prometer brevidade; demonstrar conhecimento da matéria tratada; demonstrar claramente a utilidade e relevância da matéria objeto do discurso; aproveitar um fato bem-humorado; levantar reflexões; demonstrar neutralidade sobre assuntos polêmicos.[34]

Santo Agostinho faz uma observação interessante sobre o falar em público: é uma figura da efemeridade de todas as criaturas, que "nascem e morrem: nascendo, começam a existir e a crescer para chegar à maturidade; porém, uma vez maduras, decaem e morrem".[35] Assim também se realiza a fala, por meio de sinais sonoros: "o discurso não seria completo, se cada palavra, depois de pronunciada, não morresse para deixar lugar a outra".[36]

Isso significa que a nobre arte da oratória é uma sucessão de impalpáveis – e nisso assemelha-se à música: só existe enquanto dura. Ela é o *kairós,* o momento oportuno e fortuito para que orador e público empatizem, e, pela força do discurso, surjam o convencimento e a mudança. Sua força paradoxalmente reside em sua fraqueza. Por isso, ela permanece, a despeito de toda a parafernália cibernética atual, que não consegue substituir-lhe o poder persuasório.

---

[34] Ibidem, p. 120 e segs.
[35] AGOSTINHO, Santo, op. cit., p. 92.
[36] Idem.

Apêndice

1. Verifique seus conhecimentos gerais

Escreva nos espaços da esquerda a letra que, em seu entender, corresponde ao número.

1. Gregório de Matos	**a.** Acabou com a febre amarela no Rio.
2. Mauá	**b.** Escreveu "Se".
3. Pasteur	**c.** É considerado o pai das Relações Humanas no Trabalho.
4. Henry Ford	**d.** Criou Sherlock Holmes.
5. Amador Bueno	**e.** Foi consultor de Relações Públicas de John D. Rockefeller Jr.
6. Bolívar	**f.** Foi Marechal de Napoleão.
7. Elton Mayo	**g.** Descobriu a vacina antirrábica.
8. Oswaldo Cruz	**h.** Escreveu "O Imperador Jones".
9. Hipólito da Costa	**i.** É considerado o iniciador do Paternalismo na indústria.
10. Harvey	**j.** Presidiu a Primeira Assembleia Geral do Conselho de Segurança da ONU.
11. José Maurício	**k.** Foi o "rei do aço".
12. Thomas Edison	**l.** Construiu a 1ª Estrada de Ferro no Brasil.
13. Kipling	**m.** Foi famoso poeta satírico do século XVII.

14. Frederick Taylor

15. Ney

16. Conan Doyle

17. Khatchatourian

18. Carnegie

19. Fayol

20. Ivy Lee

21. Bartholomeu de Gusmão

22. Chalaça

23. Guttenberg

24. Oswaldo Aranha

25. Robert Owen

26. O'Neill

n. Iniciou a "linha de montagem" que deu substância à Produção em Massa.

o. Foi cognominado o "Padre Voador".

p. Foi aclamado rei de São Paulo.

q. Famoso compositor sacro.

r. Libertou diversos países do jugo espanhol.

s. Editou em Londres o "Correio Brasiliense".

t. Inventou a Imprensa.

u. Descobriu a circulação do sangue.

v. Inventou a lâmpada elétrica.

w. Foi confidente de Pedro I.

x. É o autor da Dança do Sabre.

y. Iniciou na França a Administração Científica.

z. Iniciou a Administração Científica nos Estados Unidos.

Índice razoável médio: 50% de respostas certas.

Respostas:

1 – m	10 – u	19 – y
2 – l	11 – q	20 – e
3 – g	12 – v	21 – o
4 – n	13 – b	22 – w
5 – p	14 – z	23 – t
6 – r	15 – f	24 – j
7 – c	16 – d	25 – i
8 – a	17 – x	26 – h
9 – s	18 – k	

2. Questionários sobre hábitos de audição

2.1 Questionário número 1

1. Dizem os cientistas que habitualmente pensamos quatro vezes mais depressa do que a pessoa que nos fala. V. usa esse excesso de tempo para encaminhar seus pensamentos a outras direções?
2. Quando uma pessoa fala, V. ouve principalmente fatos em vez de ideias?
3. Certas frases, palavras ou opiniões o predispõem de tal forma contra o orador que V. não pode mais ouvi-lo objetivamente?
4. Intrigado ou aborrecido com o que acaba de ouvir, V. trata de esclarecer a questão imediatamente, interrompendo o orador?
5. Se, para compreender alguma coisa, V. sente que será necessário muito esforço, V. evitará ouvir falar nesse assunto?
6. Quando acredita que quem lhe fala não terá nada de interessante a dizer-lhe, V. deliberadamente pensa em outra coisa?
7. Pode V. avaliar, pela aparência e maneira de falar, se uma pessoa tem a comunicar-lhe alguma coisa que valha a pena ouvir?
8. Quando uma pessoa fala com V., procura fazer que ela pense que V. está prestando atenção, quando não está?
9. Ouvindo alguém, V. se distrai facilmente com vistas ou sons de fora?
10. Querendo lembrar-se do que a pessoa está dizendo, considera boa ideia anotar enquanto fala?

Se V. responder NÃO a todas essas perguntas, será um desses raros ouvintes perfeitos. Cada SIM significa que V. possui um mau hábito de audição.
Autor: Dr. Ralph Nichols

2.2 Questionário número 2

1. Para ouvir, V. se senta em posição firme defronte de quem vai falar, assegurando-se um ambiente favorável?

    Geralmente ☐   Às vezes ☐   Raramente ☐

2. Ao escutar, V. *observa* quem fala?

Geralmente ☐   Às vezes ☐   Raramente ☐

3. Decide, julgando pela aparência e maneira de falar do interlocutor, se o que ele tem a dizer vale a pena ou não?

Geralmente ☐   Às vezes ☐   Raramente ☐

4. Escuta, procurando principalmente ideias?

Geralmente ☐   Às vezes ☐   Raramente ☐

5. Enquanto ouve, V. determina as suas tendências e trata de justificá-las a quem lhe fala?

Geralmente ☐   Às vezes ☐   Raramente ☐

6. V. presta atenção a quem lhe está falando?

Geralmente ☐   Às vezes ☐   Raramente ☐

7. Ouvindo uma opinião com a qual não concorda, V. interrompe imediatamente quem lhe fala?

Geralmente ☐   Às vezes ☐   Raramente ☐

8. Antes de emitir sua opinião sobre alguma coisa que ouviu, V. procura certificar-se de que compreendeu o que lhe foi dito?

Geralmente ☐   Às vezes ☐   Raramente ☐

9. Sentindo que as suas convicções estão sendo abaladas pelo que ouve, V. trata de "desligar o receptor"?

Geralmente ☐   Às vezes ☐   Raramente ☐

10. V. procura conscientemente avaliar a lógica e a credibilidade do que ouve?

Geralmente ☐   Às vezes ☐   Raramente ☐

Pontuação:

Perguntas 1, 2, 4, 6, 8 e 10:

Geralmente   10 pontos
Às vezes   5 pontos
Raramente   0 pontos

Perguntas 3, 5, 7 e 9:

Geralmente   0 pontos
Às vezes   5 pontos
Raramente   10 pontos

Aferição:

70 – V. tem maus hábitos de audição.

70 a 85 – Ouve bem, mas poderá melhorar.
90 a 100 – V. é excelente ouvinte.
Autora: Lydia Strong

3. Exercícios para medição de leitura

3.1 Exercício número 1

Terrível palavra é um *Non*. Não tem direito nem avesso: por qualquer lado que o tomeis, sempre soa e diz o mesmo. Lede-o do princípio para o fim, ou do fim para o princípio, sempre é non. Quando a vara de Moisés se converteu naquela serpente tão feroz, que fugia dela porque o não mordesse, disse-lhe Deus que a tomasse ao revés, e logo perdeu a figura, a ferocidade e a peçonha. O *Non* não é assim: por qualquer parte que o tomeis sempre é serpente, sempre morde, sempre fere, sempre leva o veneno consigo. Mata a esperança, que é o último remédio que deixou a natureza a todos os males. Não há corretivo que o modere, nem arte que o abrande, nem lisonja que o adoce. Por mais que o confeiteis, um *não* sempre amarga; por mais que o enfeiteis sempre é feio; por mais que o doureis sempre é de ferro. Em nenhuma solfa o podeis pôr, que não seja mal soante, áspero e duro. Quereis saber qual é a dureza de um *não?* A mais dura coisa que tem a vida é chegar a pedir e depois de chegar a pedir ouvir um *não:* vede o que será? A língua hebraica, que é a que falou Adão, e a que mais naturalmente significa e declara a essência das coisas chama ao negar o que se pede, envergonhar a face. Assim disse Bersabé a Salomão: *Petitionem unam, precor a te, ne confundas fatiem meam:* trago-vos, Senhor, uma petição, não me envergonheis a face. E por que se chama vergonhar a face negar o que se pede? Por que dizer não a quem pede, é dar-lhe uma bofetada com a língua. Tão dura, tão áspera tão injuriosa palavra é um não. Para necessidade dura, para honra afrontosa e para o merecimento insofrível.

Trecho do sermão da terceira quarta-feira da Quaresma
(Padre Antônio Vieira)

3.2 Exercício número 2

O "Credo" de Rui Barbosa constituiu uma das mais emocionantes páginas da Oratória brasileira. O grande tribuno baiano pronunciou essa belíssima profissão de fé em resposta aos ataques do deputado César Zama, em sessão realizada na Câmara Federal, em 13 de outubro de 1896. A presente versão foi extraída da "História da Vida de Rui Barbosa", de Américo Palha.

> Creio na Liberdade onipotente, criadora das nações robustas; creio na lei, emanação dela, o seu órgão capital, a primeira das suas necessidades: creio que, neste regime, não há poderes soberanos, e soberano é só o direito interpretado pelos tribunais; creio que a própria soberania popular necessita de limites, e que esses limites vêm a ser as suas constituições, por ela mesma criadas, nas suas horas de inspiração jurídica em garantia contra os seus impulsos de paixão desordenada; creio que a República decai, porque se deixou estragar confiando-se ao regime de força; creio que a federação perecerá, se continuar a não saber acatar e elevar a Justiça porque da Justiça nasce a confiança, da confiança a tranquilidade, da tranquilidade o trabalho, do trabalho a produção, da produção o crédito, do crédito a opulência, da opulência a respeitabilidade, a duração, o vigor; creio no governo do povo, pelo povo; creio, porém, que o governo do povo pelo povo tem a base de sua legitimidade na cultura da inteligência nacional pelo desenvolvimento nacional do ensino, para o qual as maiores liberalidades do Tesouro constituíram sempre o mais reprodutivo emprego da riqueza pública; creio na tribuna sem fúrias e na imprensa sem restrições, porque creio no poder da razão e da verdade; creio na moderação e na tolerância, no progresso e na tradição, no respeito e na disciplina, na impotência fatal dos incompetentes. Rejeito as doutrinas de arbítrio; abomino as ditaduras de todo gênero, militares ou científicas, coroadas ou populares; detesto os estados de sítio, as suspensões de garantias, as razões de Estado, as leis de salvação pública; odeio as combinações hipócritas do absolutismo dissimulado sob formas democráticas e republicanas; oponho-me aos governos de ignorância, e quando esta se traduz pela abolição geral das grandes instituições vigentes, isto é, pela hostilidade radical à inteligência do país, nos focos mais altos da sua cultura; a estúpida selvageria dessa fórmula administrativa impressiona-me como o bramir de um oceano de barbaria ameaçando as fronteiras de nossa nacionalidade. Vós bem o sabeis, senhores: essas são as minhas crenças, esses os meus ódios. E um homem que tem embebidos na sua vida esses ódios santos e essas crenças incorruptíveis não pode

ter programas que fazer. Seu futuro está ligado ao seu passado pelo nobre cativeiro do dever. Um refletirá o outro, por uma dessas necessidades da consciência, que o interesse não amalga.

4.
VERIFIQUE SUA GRAFIA

Sublinhe a palavra certa:

Assúcar	Açúcar
Aeroplano	Aereoplano
Almaço	Almasso
Apesar	Apezar
Atrás	Atraz
Cansado	Cançado
Cinquenta	Cincoenta
Discreção	Discrição
Delapidar	Dilapidar
Expontâneo	Espontâneo
Flexa	Flecha
Gás	Gaz
Inhabil	Inábil
Massiço	Maciço
Mágoa	Mágua
País	Paiz
Pêssego	Pêcego
Quasi	Quase
Cicrano	Sicrano
Húmido	Úmido

Índice médio: 50% de palavras escritas corretamente.

Respostas:

açúcar	aeroplano	almaço	apesar
atrás	cansado	cinquenta	discrição
dilapidar	espontâneo	flecha	gás
inábil	maciço	mágoa	país
pêssego	quase	sicrano	úmido

5. ANTÔNIMOS

Escreva um antônimo para cada uma das seguintes palavras:

Abjeção _____
Abolir _____
Centrífugo _____
Bastardo _____
Conciso _____
Denodado _____
Esbulhar _____
Fugaz _____
Germanófobo _____
Imigrante _____
Heterogêneo _____
Jatância _____
Lato _____
Moroso _____
Novel _____
Perpétuo _____
Pusilâmine _____
Recluso _____
Unânime _____
Vituperar _____

Índice médio: 50% de antônimos certos.

Respostas:

honra	manter	centrípeto	legítimo
prolixo	medroso	empossar	duradouro
germanófilo	emigrante	homogêneo	austeridade
estrito	rápido	antigo	efêmero
corajoso	solto	controverso	louvar

6.
SINÔNIMOS

Escreva um sinônimo para cada uma das seguintes palavras:

Lícito _____

Trasladar _____

Primazia _____

Síntese _____

Anômalo _____

Suplantar _____

Precedente _____

Insólito _____

Debelar _____

Lúcido _____

Afogadilho _____

Ênfase _____

Utopia _____

Emancipar _____

Reduto _____

Sustar _____

Dúbio _____

Ingente _____

Vigília _____

Hegemonia _____

Índice médio: 50% de sinônimos certos.
Respostas:

permitido	transferir	prioridade	resumo
diferente	superar	anterior	atípico
derrotar	consciente	pressa	destaque
fantasia	libertar	esconderijo	suspender
duvidoso	grande	vigilância	supremacia

7. PALAVRAS HOMÓFONAS

Qual o significado de cada uma das seguintes palavras?

Ascender	Acender
Asserto	Acerto
Cegar	Segar
Censo	Senso
Cessão	Sessão
Espiar	Expiar
Retalhar	Retaliar
Sito	Cito
Tenção	Tensão

Índice médio: 50% de significações certas.
Respostas:

subir	atear fogo
asserção	acertamento
tornar cego	ceifar
recenseamento	siso
ato de ceder	reunião

olhar   purgar

cortar   revidar

situado   faço uma citação

propósito   qualidade do que é tenso

8.
VERIFIQUE SEU VOCABULÁRIO

1. Um Missionário vive a:
   a. cantar
   b. catequizar
   c. estudar
2. A tartaruga é um:
   a. réptil
   b. quelônio
   c. crustáceo
3. A glicose encontra-se no:
   a. tabaco
   b. açúcar
   c. leite
4. Uma gravura equestre diz respeito a:
   a. cachorros
   b. raposas
   c. cavalos
5. A vítima do conto do vigário é:
   a. ilaqueado
   b. ilibado
   c. aliciado
6. Um misógino tem repulsa a:
   a. estudo
   b. mulheres
   c. recintos fechados

7. Um pária é habitualmente:
    a. festejado
    b. admirado
    c. desprezado
8. A apatia é sinônimo de:
    a. falta de energia
    b. falta de vontade
    c. falta de apetite
9. Um antropólogo estuda:
    a. borboletas
    b. homens
    c. conchas
10. Um hipocondríaco vive:
    a. entusiasmado
    b. preocupado
    c. zangado
11. Um orador fluente:
    a. fala demais
    b. fala muito alto
    c. fala claro
12. Os palhaços do circo são:
    a. picarescos
    b. apáticos
    c. sutis
13. A paisagem nordestina é:
    a. pedestre
    b. equestre
    c. agreste
14. Com 90 anos V. será um:
    a. macróbio
    b. macrocéfalo
    c. macrófilo

15. Se V. tomar um narcótico:

   a. morrerá

   b. dormirá

   c. exaltar-se-á

Aferição:

15 – Excelente

14 – Muito bom

13 – Bom

12 – Razoável

11 – Fraco

Respostas:

1 – b	6 – b	11 – c
2 – b	7 – c	12 – a
3 – b	8 – a	13 – c
4 – c	9 – b	14 – a
5 – a	10 – b	15 – b

9.
Verifique sua experiência em falar

1. Entrevistar alguém.
2. Conversar ao telefone.
3. Ler diante de um grupo uma ata de reunião.
4. Apresentar um orador.
5. Presidir uma reunião de debates.
6. Fazer perguntas no auditório a um conferencista ou professor.
7. Agradecer em público referências feitas a sua pessoa.
8. Se atacado, defender em público um ponto de vista.
9. Apresentar oralmente um relatório de trabalho.
10. Tomar parte de discussões em grupo.
11. Participar de um programa de rádio ou televisão.

12. Fazer um discurso.
13. Fazer uma palestra.
14. Dar uma aula.
15. Fazer um discurso bem-humorado depois de um banquete.
16. Falar perante uma convenção.
17. Falar como representante de um grupo.
18. Tomar parte de convenções importantes com pessoas de alta responsabilidade.
19. Falar em um comício.
20. Contar uma história a um grupo de amigos.

Classificação:
Boa experiência..........16 a 20
Alguma experiência... 10 a 15
Pouca experiência............. 10

10.
Exercício de Gesticulação

Diante do espelho, diga estas frases, acompanhadas dos correspondentes gestos:
1. Ponha-se na rua!
2. Faça o favor de sentar-se!
3. Chega de subterfúgios: cartas na mesa!
4. Era um homenzinho baixote, deste tamanhinho!
5. Que mulher linda! Que olhos!
6. Ele não vai nem para a frente e nem para trás!
7. Para salvar meu país, estou pronto a sacrificar minha própria vida!
8. V. está pensando que eu sou bobo?
9. Se o senhor seguir esta rua, encontrará a Prefeitura logo ali adiante.
10. Sinto muito, meu amigo, mas nosso assunto está liquidado. Não lhe pago mais nem um tostão. Estou sem dinheiro e o senhor já recebeu muito mais do que devia!

11.
Exercícios de articulação

11.1 Série 1

1. Consoantes oclusivas (formam-se quando a boca se fecha para, em seguida, abrir-se subitamente):

PÊ	PEPÊ	PEPEPÊ
TÊ	TETÊ	TETETÊ
KÊ	KEKÊ	KEKEKÊ
BÊ	BEBÊ	BEBEBÊ
DÊ	DEDÊ	DEDEDÊ
GUÊ	GUEGUÊ	GUEGUEGUÊ
MÊ	MEMÊ	MEMEMÊ
NÊ	NENÊ	NENENÊ
PAPEL	NADA	DECOTE
PATETA	GADO	PACOTE
PETECA	TEDE	GUDE
DEDO	DATA	GUIDO
TETO	PENADA	NATA
CADETE	PENEDO	NABABO
DINÁ	TOCA	MUTUCA
MEDO	GATO	MONO
MACACO	MINA	PECADO
BÊBADO	MENINA	TABU

2. Consoantes constritivas-fricativas (produzem ruído de fricção ou sibilo):

FÊ	FEFÊ	FEFEFÊ
SÊ	SESÊ	SESESÊ

XÊ	XEXÊ	XEXEXÊ
VÊ	VEVÊ	VEVEVÊ
ZÊ	ZEZÊ	ZEZEZÊ
GÊ	GEGÊ	GEGEGÊ
FIFA	SIZÍGIA	XEXÉU
FOFO	SOFÁ	VASOSO
FAVO	SOJA	VAVAVÁ
VOVÓ	SOVA	VESO
SUCESSO	SUCESSIVO	FECHA
SIZO	SÚCIA	VEJA
SEGE	SUXAR	XAJAVÉ
SEVA	VIVO	XIXIXI
SEVÍCIA	VAZIO	ZIZIAR
SISA	VAGIR	ZUAVO

3. Consoantes constritivas-laterais (quando a ponta da língua se apoia no "céu da boca", saindo o ar pelas fendas laterais da boca):

LÊ	LELÊ	LELELÊ
LHÊ	LHELHÊ	LHELHELHÊ
LELO	LHE	LOIÓLA
LILÁ	LHO	ALÔ
LOLÓ	LIA	
LULU	LÁ	
LILI	LÃ	
LELÉ	LÉ	
LÓLIO	LÉU	
LUA	LIO	
LULA	LO	
LI	LOA	

4. Consoantes constritivas-vibrantes (quando há movimento vibratório ou tremulação):

RÊ	RERÊ	RERERÊ
RRÊ	RERRÊ	RERRERRÊ
AREAR	ARRE	ARRAIA
AREIA	ARREIO	ARRAIEIRA
ARARÉ	ARREAR	URRAR
ARARA	ÁREA	ERRO
ARAR	AREÃO	IRRA
ARA	ARÉ	ARRIÓS
HORA	ARÉU	ARRUÁ
HORÁRIO	ÁRIA	ARRUAR
ARARI	ARO	ERROR
ARARUÁ	AROEIRA	HORROR

Lista de palavras para serem articuladas exageradamente:

PATIFE	SUCÇÃO
PALAFRENEIRO	ARTÍFICE
ROTAÇÃO	CIPRESTE
ARIGÓ	AFOIÇADO
MAMADEIRA	AFLIGIR
ALHEAR-SE	CERZIR
AMARFANHADO	DISGENÉTICO
JOGRAL	ESMERILHAR
LABÉU	FILICÍNEO
ARTISTA	GARUVA
MANQUITOLA	LENIENTE
ALOPRADO	MENORISTA
VILÃO	NARGUILÉ
FANTASMA	OSTREICULTURA

ASTECA
PANTUFAS
PIJAMA
EXAGERADO
EXEGETA
CHAVEIRO
ARRAIAL
ZINCO
SASSARICAR
JAVALI
BELISCAR
TRITICULTOR
RESSEGUROS
QUINQUAGÉSIMO
QUINQUÊNIO
PIRACIRICA
PALAFRENEIRO
LIOCÉFALO
INTRACRANIANO
FRALDISQUEIRO
ESFOLHEAR
DESJEJUAR
CAMBAXIRRA
AURÍFERO
FILTRÁVEL
CARACTERIZAÇÃO

PAQUIRRINO
PESGAR
QUARENTA
QUEREQUEXÊ
REAQUISIÇÃO
REFLUXO
SACAROIDE
SAXOFONE
SERICICULTOR
SÍSTOLE
TAINHEIRA
SERENATA
RAPEZISTA
QUINQUILHARIA
PRÓDIGO
MULTIFLORO
MARGINIFORME
LHANEZA
INTROSPECÇÃO
FOVENTE
ENFRESTAR
DENTRITE
BIELA
ARRIEIRICE
PERISTÁLTICO
FULVERINO

APÊNDICE

11.2 Série 2

Quanto ao ponto de articulação, as consoantes se dividem em: *bilabiais, labiodentais, linguodentais, alveolares, palatais, velares.*

1. Consoantes bilabiais (contato dos lábios):

PÊ	PEPÊ	PEPEPÊ
BÊ	BEBÉ	BEBEBÊ
MÊ	MEMÊ	MEMEMÊ
PAPEL	BIBO	BIBE
PEPE	BABÁ	BOBA
PIPA	MIMI	BOBÓ
PAPA	PUMA	BUBÃO
BEBÊ	BABA	BUBUIA
BOBO	MAMÃO	PAPAIA
BEBA	BABABI	PAPO
MAMÃE	BABAU	PAPUA
MIMO	BABU	PIABA
MOMO	BIBI	PIPIA

2. Consoantes labiodentais (contato do lábio inferior com o bordo dos incisivos superiores):

FÊ	FEFÊ	FEFEFÊ
VÊ	VEVÊ	VEVEVÊ
FAFÁ	VIVO	FÓVEA
FIFI	FAVAL	FOZ
FOFO	FAVAR	FUÁ
VAVÁ	FAVOR	FÚFIA
VEVÉ	FÉ	VAU
VIVI	VÁ	VÉU
VOVÓ	FIA	VEVUIA

FIFA	FIFIA	VIÚVO
FAVO	FOFAR	VIVA
FAVA	FOFA	VU

3. Consoantes linguodentais (contato da ponta da língua com a parte interna dos incisivos superiores):

TÊ	TETÊ	TETETÊ
DÊ	DEDÊ	DEDEDÊ
TATÁ	DADA	TETE A TETE
TETA	DEDÉ	DADÁ
TITÃ	DUDU	DEADO
TOTÓ	TITO	DEDAL
TUTU	TUDO	DETER
TETÉ	DOTE	DETIDO
TITIA	DATA	DIETA
DEDO	DADO	DITAR
DIDI	DIDA	DITADO
DODÓ	TEDE	DOIDO

4. Consoantes alveolares (contato da ponta da língua com os alvéolos dos dentes superiores):

SÊ	SESÊ	SESESÊ
RÊ	RERÊ	RERERÊ
ZÊ	ZEZÊ	ZEZEZÊ
RRÊ	RERRÊ	RERRERRÊ
LÊ	LELÊ	LELELÊ
NÊ	NENÊ	NENENÊ
SERENO	SANAR	SENE
SERRA	SARRO	SENSACIONAL
NOÇÃO	SARARÁ	SENIL

SELEÇÃO	SARASSARÁ	SENONIANO
REZAR	SARÇA	SENSÍVEL
RELER	SARU	SENSUAL
LENA	SÁURIO	SEREIA
SALA	SAZONAR	SERIÁRIO
CILENE	SELO	SERRARIA
SÁLIO	SELAR	SERRANICE

5. Consoantes palatais (contato da parte anterior da língua com o palato duro):

XÊ	XEXÊ	XEXEXÊ
GÊ	GEGÊ	GEGEGÊ
LHÊ	LHELHÊ	LHELHELHÊ
NHÊ	NHENHÊ	NHENHENHÊ
LHE	GEIO	CHOCHINHA
LHO	CHÁ	CHOCHAR
XEXÉU	CHÃO	CHUCHU
GEGÊ	CHÃ	CHUÉ
XAXIM	CHÊ	CHUCHAR
CHEIO	CHIA	CHUCHO
NHÔ	CHICHA	XEXÉ
NHÂ	CHICHIA	XÔ
GEIA	CHÓ	NHANHÃ
GÊ	CHOCHO	NHE-NHE-NHEM

6. Consoantes velares (contato da parte posterior da língua com o véu palatino):

KÊ	KEKÊ	KEKEKÊ
GUÊ	GUEGUÊ	GUEGUEGUÊ
KAKA	GOGA	CACAU
KEKÉ	GOGÓ	CACAUÊ
KIKI	GUGU	CACAUAL

COCO	CÁ	CAGOÃ
CUCO	CÓ	CAIA
CUCA	CAGA	CAICACO
CACO	CAÁ	CAI-CAI
COCA	CAACUÍ	CAÍCO
GAGÁ	CACAIO	GUIA
GAGO	CAIO	GUIGA

Lista de palavras para serem articuladas exageradamente:

PARIRI	LANÇADEIRA	ALTITUDE
PARLAPATICE	LANGANHO	ALTERNAR
PESCOCINHO	LENHIFICAR	ALTERAR
PULSAÇÃO	LONGE	HALTERES
POLIORCÉTICO	LUXURIOSO	AMÍGDALA
BAGALHOÇA	NÁIADE	AMATALOTAR-SE
BILIRRUBINEMIA	NARCOTIZAÇÃO	INSUFICIENTE
BOLSISTA	NEOPLATONISMO	INSTRUTIVO
BIBLIOFILIA	NUMISMATA	INTEGRIFÓLIO
BRILHANTE	NOVICIÁRIO	IORUBANO
MARCHETADO	CHARLATÃO	IRREFLEXIVO
MEDICATRIZ	CHEIROSO	OBLANGEOLADO
MOGILALISMO	CHIFRADEIRA	OBRIGAÇÃO
MORFOLOGIA	CHOURIÇO	OBSEDIANTE
MULTISSECULAR	CHUSMA	ORTODÁCTILO
FASCÍCULO	GENÉTICA	OXIDASE
FAUSTO	GENUFLEXO	UAUAÇUZAL
FIBRINOGÊNIO	GERGELIM	UCRANIANO
FIXA	GERÂNIO	UÍSQUE
FICHA	GERMANÓFILO	UNÓCULO

VARIABILIDADE	LHAMA	UROCRISIA
VARIOSPERMO	LHANEZA	UROPÍGIO
VARSOVIANA	LHANURA	MARIMBONDO
VIPERINO	VELHARIA	FREQUENTAR
VULNERÁVEL	ARTELHO	DEGRADANTE
TALASSOCRATA	NHAMBIQUARA	PISCICULTOR
TALHADIÇO	NHANDIROBA	REBOLCAR
TARAGUIRA	NHANDU	SEBORREIA
TINGUIJAR	MANHÃ	CANÉFORA
TOSTÃO	ARANHA	ASSISTOLIA
DESENRISTAR	CATAPULTA	BAIENSE
DERROGATÓRIO	CACARECO	BAJOUJO
DESTRONIZAÇÃO	CACOFONIA	CAPTURAR
DISCRÁSICO	CASCABULHO	CARLEQUIM
DUBITATIVO	COQUEIRAL	CONHECÍVEL
SAMÁRIO	GÁSTRULA	DIÁFANO
SAXÍFRAGO	GASTROCONJUNTIVITE	EMPOLMAR
SEBEREBA	GORJETA	ESTILOGLOSSO
SINARTROSE	GOZOSO	FARFALHAR
SOBRERRODELA	GURAREMA	FANFARRONAR
RALÉ	ONTÁRIO	FANFRELUCHE
RAMARAMA	OPERATÓRIO	INVISÍVEL
RARIFLORO	OPOSICIONISTA	MOLENGA
RECORRENTE	OSSIANDRIANOS	PERSCRUTAR
RECRUDESCER	OVOVIVÍPARO	PERSCRUTAÇÃO
ZAGUNCHAR	ENTREFALA	PERSPECTIVA
ZANGUIZARRA	ENTRENUBLAR-SE	RISPIDEZ
ZELOTIPIA	ENVERNIZAR	RIVALIZÁVEL
ZINZILULAR	EPIFANIA	TROLHA

ZOOGLÍFITO	EQUINOCARPO	UNICÚSPIDE
BERNARDO	COZINHA	DESNUTRIR
EQUIDADE	EQUIDISTANTE	EQUINOCIAL
FRIGÍFUGO	FUZILEIRO	FISTULADO
MOLARIFORME	MOFINA	NÁUSEA
CONGÊNITO	DESBRIOSO	ESCARCEADA
FLAGELO	FLANQUEAR	FLOREAL
FLEXÓRIO	FLEUMÁTICO	FLEBÓGRAFO
LATERAL	LAUREAR	LONGÂNIME
PERNALTA	REEXPORTAÇÃO	REFREGA
TIMPANILHO	VALDENSE	BARRANQUEIRA

11.3 Série 3

Quanto ao papel das cordas vocais, as consoantes se dividem em *surdas* e *sonoras*.

1. Consoantes surdas (quando não há vibração das cordas vocais):

PÊ	PEPÊ	PEPEPÊ
TÊ	TETÊ	TETETÊ
KÊ	KEKÊ	KEKEKÊ
FÊ	FEFÊ	FEFEFÊ
CÊ	CECÊ	CECECÊ
XÊ	XEXÊ	XEXEXÊ
PETA	XEXÉU	CEPA
FECHA	XAXIM	PATIFE
TAPA	CACHO	CATETE
PATA	CHEPA	CACIQUE
CACO	PACHÁ	PETECA
FIFA	POTE	CACETE
FOFA	CAÇA	FETICHE

SECO	COÇA	TAPETE
SACO	CHEFE	CHEFETE
CAFÉ	CHATO	CAPETA

2. Consoantes sonoras (quando há vibração das cordas vocais):

BÊ	BEBÊ	BEBEBÊ
DÊ	DEDÊ	DEDEDÊ
GÊ	GEGÊ	GEGEGÊ
VÊ	VEVÊ	VEVEVÊ
ZÊ	ZEZÊ	ZEZEZÊ
GUÊ	GUEGUÊ	GUEGUEGUÊ
RÊ	RERÊ	RERERÊ
RRÊ	RERRÊ	RERRERRÊ
LÊ	LELÊ	LELELÊ
MÊ	MEMÊ	MEMEMÊ
NÊ	NENÊ	NENENÊ
NHÊ	NHENHÊ	NHENHENHÊ
LHÊ	LHELHÊ	LHELHELHÊ
GUERRA	VEZO	LEME
LENHA	VENHA	LIMENHO
ABELHA	VELHO	LANHADO
REGULA	ZAGA	LAGEDO
GELO	ZAROLHO	MELADO
BEDELHO	EXAME	MILHO
BAGE	GUERREIRO	NAVE
DEVER	GULA	GANHA
DIZIMAR	RELER	MUGE
GEME	REMO	RUGIDO

NOTA: *Para verificarmos se há vibração nas cordas vocais, basta tapar os ouvidos durante a articulação do fonema. Se distinguirmos um leve zumbido, é porque as cordas vocais estão vibrando. Os fonemas assim produzidos são sonoros. Quando não há zumbido, são surdos.*

11.4 Série 4

Quanto ao papel das cavidades bucal e nasal, as consoantes dividem-se em *orais* e *nasais*.

1. Consoantes orais (quando a corrente expiratória sai exclusivamente pela boca):

PÊ	PEPÊ	PEPEPÊ
TÊ	TETÊ	TETETÊ
PAPO	TATÁ	TOPA
PAPA	TETÉ	POTE
PIPA	TITIO	TAPO
POPA	TOTÓ	TOPO
PAPAI	TUTU	TIPO
PEPE	TATO	TUPÃ
PIPI	TETO	TITIA
PUPU	TITO	TATU
PAPUA	TOTEM	TAPUIA
PAPAIA	PATO	TUPI

2. Consoantes nasais (quando a corrente expiratória distribui-se pela boca e pelo nariz):

MÊ	MEMÊ	MEMEMÊ
NÊ	NENÊ	NENENÊ
NHÊ	NHENHÊ	NHENHENHÊ
MAMA	NHANHA	NINHO
MIMI	NHE-NHE-NHEM	NINA
MUMU	NHÔ	NENA

NANA	NHONHÔ	NONA
NENÉ	MANHA	INHAME
NINI	MINHA	MÚMIA
NONO	UNHA	MANE
NUNU	MANA	MINA
NHÁ	MANÁ	MINUANO
NHÃ	EMA	NANI

Palavras com sons nasais para serem articuladas exageradamente:

APANHA	ARANHAR	MANSÃO
APANIGUADO	ARGAMANDEL	MOINHO
DESPENHADEIRO	MAL-AMANHADO	MOMENTO
MENEIO	MAMELUCO	NÚMENO
LENHADOR	MAMAURANA	NUMINOSO
ABESPINHADO	MAMONA	NHANICA
ESPEZINHAR	MAMINHA	NHEENGAÍBA
APLANAMENTO	MANHEIRAR	NHOQUE
PIMENTA	MANHOSO	NHANÇANÃ
LAMENTO	MANIA	NENHUM
NENHURES	NOMINATIVO	NOMEAÇÃO
NORMANDO	NOVENA	NUNCA
OMISSÃO	ONOMÁSTICO	UNHEIRO
OPINIÃO	BANHA	PANEJAMENTO
PANORAMA	PENHA	BARGANHA
PARCIMÔNIA	PINHEIRO	CIMENTO
FRONHA	QUIÇAMÃ	

11.5 Série 5

Quanto à zona de articulação, as vogais classificam-se em: *anteriores, médias, posteriores*.

1. Vogais anteriores (quando a língua, para formá-las, avança gradualmente para a frente):

   E
   É
   Ê
   I

FREN*TE*	*F*REGE	*GÊ*NIO	*LÍ*NGUA
PEN*TE*	CAFA*GE*STE	POS*TE*RIOR	M*I*NISTRO
SEGUIN*TE*	M*E*STRE	I*DE*ADO	T*I*PO
CONSOAN*TE*	AL*É*SSIO	A*BE*RTURA	T*I*TIO
LI*QUE*FEITO	SIL*VE*STRE	FO*NE*MA	F*I*LA

2. Vogais médias (média é a vogal que se forma com a maior abertura da boca, ficando a língua em posição de quem respira em silêncio — posição média):

   A
   *MA*LEFÍCIO
   ATA*LA*IA
   MON*JA*
   *FA*LA
   SÍLA*BA*

3. Vogais posteriores (quando a língua se retrai):

   Ó
   Ô
   O
   U

F*O*LE	C*O*MO	MAT*O*	*U*RSO
M*O*LE	ESC*O*PO	PONT*O*	M*U*LATO

IS*O*LE	L*O*BATO	ALOPRAD*O*	F*U*LANO
CONTR*O*LE	S*O*LUÇO	PIL*O*TO	MAL*U*CO
AM*O*LE	M*O*RTO	BARTOL*O*	S*U*CESSO

Palavras para serem articuladas exageradamente:

CARCINOLOGISTA	JUGURIÇÁ	PERÓXIDO
DESOXIDAÇÃO	LAUSPERENE	QUIRIRI
ESTRIBADO	MELHORIA	RECALCITRANTE
FUMÍVORO	NACARADO	SANTALÁCEA
INSOLVENTE	OBSIDENTE	SUSCITAR
TELEOLÓGICO	TOLERAR	UNIRREFRINGENTE
VEEMÊNCIA	VATICINAR	VIVERRÍDEO
NARIGANGA	MARMORIZAR	GROSSAGRANA
ENVIDILHAR	DIVULSÃO	CORALÍNEO
CHUVASQUICE	ATELOCARDIA	APOTEÓTICO
LEVIRROSTRO	GLOSSOLOGISTA	ESOFAGISMO

11.6 Série 6

Quanto ao timbre, classificam-se as vogais em: *abertas, fechadas, reduzidas.*

O timbre depende da maior ou menor abertura da boca e do ponto de articulação.

1. Vogais abertas:

Á

É

Ó

P*A*DRE	N*A*SCE	ALF*A*CE	G*A*RRA	M*A*TO	*A*RMA
P*E*RTO	FAL*E*CE	MOL*E*QUE	F*E*RRO	F*E*TO	SOL*E*RTE
P*O*LO	M*O*RRE	BE*Ó*CIO	L*O*CO	L*O*TO	FRIC*O*TE

2. Vogais fechadas:

Ê

Ô

| VÊ | M*E*DO | P*E*LO | FED*E*LHO | VERM*E*LHO | AN*Ê*MICO |
| VÔU | L*O*BO | M*O*LHO | AL*Ô* | CA*O*LHO | G*O*ZO |

3. Vogais reduzidas:

A

E

O

ENTALH*A*	VAL*E*	POPULOS*O*
L*A*TERAL	EXON*E*RADO	PORFIAD*O*
FRIC*A*TIVA	GIN*E*TAÇO	QUEBRAD*O*
COLUN*A*	LORPIC*E*	OCUPAD*O*
F*A*LADO	PEROB*E*AR	OPINATIV*O*

Palavras para serem articuladas exageradamente:

AARÔNICO	IBAIARIBA	UACARAU
AATÁ	IAUÁCANO	UACARAUÁ
ABABELADO	OACAUÃ	UAIÁ
EBANISTA	OAIANA	UAIEIRA
EBORÁRIO	OANAÇU	UAIEUÉ
EBULIÔMETRO	OBACATUARA	UIAÔ
IABÁ	OBALUAÊ	UAIÚA
IACA	UACÂ	UARIRAMA
IACAIACÁ	UAÇAÇU	UAUÇUZAL
IAIÁ	UAÇAÍ	UIRUUCOTIM

11.7 Série 7

Quanto ao papel das cavidades bucal e nasal, as vogais classificam-se em *orais* e *nasais*.

1. Vogais orais (que se formam com o véu palatino levantado, saindo o ar somente pela boca):

   A
   E
   I
   O
   U

ARTELHO	DELÍRIO	FÔLEGO	PEROBA
AGORA	BIRUTA	BURRICO	VALISE
AMACIO	EXISTO	MACACO	RÁBULA
PALATO	FAIXA	JEREBA	FILA
BÍPEDE	MATUTO	PATIFE	JOGUETE

2. Vogais nasais (que se formam com o abaixamento do véu palatino, fazendo que o ar saia pela boca e pelo nariz):

   Ã
   Ẽ
   Ĩ
   Õ
   Ũ

AMARRA	EMBALAR	IMEDIATO	OMBRO	UMBANDA
AMEAÇA	EMBARAÇO	IMAGINAR	ONÇA	UMBELICAL
ANTIPÁTICO	SOFREM	IMPERADOR	ONTEM	UMBROSO
ANTA	ENCACHAÇADO	LIMPO	ONTOLOGIA	UNDÉCIMO
FANTÁSTICO	ENCRUAMENTO	INDUMENTÁRIA	ONZE	UNGIR

Palavras com sons nasais para serem articuladas exageradamente:

AMANTE	BRANCO	EMPADA
AMARELENTO	RENTE	ENSABOAR
AMBULANTE	CAMPINA	ENSOMBRAR
AMEAÇANTE	CAMONIANO	ONIROMANCIA
ÂMBITO	CANÇÃO	ONZENEIRO
AUMENTAR	AMOLAÇÃO	TALANTE
AMEDRONTAR	DOURAÇÃO	DEFUNTO
AMEDRONTAMENTO	FEIJÃO	ARDENTE
AMÉM	PÃO	SULTÃO
DEMÊNCIA	COMILÃO	SURPREENDENTE
AMENDOIM	ARPAGÃO	INCANDESCENTE
AMENTAR	VILÃO	RENUNCIANTE
REBIMBAR	JONGO	FUNÇÃO
PERFUME	JIMBONGO	ATENÇÃO
PROSONÍMIA	UMEDECER	GANGÁ
DECANTAR	CANGAÇO	CACIMBA
CERIMONIAL	BENZINHO	

11.8 Série 8

Quanto à intensidade, as vogais podem ser *átonas* ou *tônicas*.

1. Vogais átonas (são as que soam apenas fracamente na palavra):

ANTUÉRPI*A*	PELINTR*A*
FÍSTUL*A*	SUJEIT*O*
ANTIPAST*O*	ARCABOUÇ*O*
ROCAMBOL*E*	TONELAD*A*
VENTR*E*	MACADAM*E*

2. Vogais tônicas (são as de maior intensidade):

VAGAB*U*NDO	ESPET*Á*CULO
BOQUIRR*O*TO	FORMID*Á*VEL
ANT*Ô*NIO	FORMIC*I*DA
L*I*VRO	REL*Ó*GIO
CADERN*E*TA	B*U*MBO

Palavras para serem articuladas exageradamente:

URUBU	IAPIRUARA	EBORÁRIO
UANTUIA	IAPUNAC-UAUAPÉ	EBÚRNEO
UARUREMBOIA	IATE	EDELVAIS
UBACA	IATRALIPTA	ÉDITO
UBATÃ	IAUPÊ-JAÇANÃ	EIRADO
URUBATÃO	IBABIRABA	EITO
UBIRACOÁ	IBIBOCA	ELAIÚRIA
UBUÇU	ICACINÁCEA	ELEGÍADA
UCUUBARANA	ICÉRIA	ELOQUÊNCIA
UFANOSO	ICTIOCOLA	EMBONDO
UIARA	IDIOPATIA	EMPARVOECER
UIRAPAÇU	IDOLATRIA	ENCACHOEIRADO
UIRUUETÊ	ILIBERALISMO	ENCALVECER
ULIGINÁRIO	ILUMINISMO	ENFUEIRADA
ULTERIOR	IMOBILIZAÇÃO	EPICENTRO
ULTRAMONTANO	IMORREDOURO	EPOPEIA
ULULAÇÃO	IMUTABILIDADE	EPIZOOTIA
UNIONISTA	IMUNDÍCIE	EQUIÂNGULO
ÚNGULA	INCULCAR	ESCARIFICADOR
URZE	INCULTO	ESCAPATÓRIA
URUCUNGO	INDUMENTÁRIA	ESCAVACAR

UVAIEIRA	INQUILINATO	ESCRAPETEAR
ÚVULA	INSTANTÂNEO	ESCOROAR
UTRAQUISTA	INTERJEIÇÃO	ESPIRITISMO
UVACUPARI	INVENCIONICE	ESTUOSO

12.
Exercícios de pronúncia

Eis uma lista de palavras de difícil pronúncia. Pronuncie bem cada uma delas, exagerando ao máximo a articulação. À medida que for adquirindo experiência, vá voltando ao normal no que se refere à articulação.

ACÉRVULO	AGUARAPONDÁ
ACESCÊNCIA	AGUILHOADELA
ACIDIFICÁVEL	AGUTIGUEPE
ACOGNOSIA	AIJULATA
ACÔNDILO	AIURUAPARA
ACONDROPLÁSICO	AIZOÁCEA
ACOTILÉDONE	AJOUJO
ACOTURNADO	AJURUAPARA
ACROÍTA	ALABIRINTADO
ACTÍNICO	ALANGUIDAR-SE
ACTINOMICETE	ALANTOIDIANO
ACUCHILHAR	ALANTÓXICO
ACUPUNTURA	ALAPARDAR-SE
ACURVILHAR	ALARIFAÇO
ACUTENÁCULO	ALAVERCAR
ACUTIRROSTRO	ALVICASTRENSE
ADELFAL	ALVICAUDE

ADIÁFORO
ADITÍCIO
ADJUTORAR
ADMINÍCULO
ADMOESTATÓRIO
ADMONITÓRIO
ADOPCIONISMO
ADSCRITÍCIO
ADSTRINGÊNCIA
ADURENTE
ADVERSIFÓLIO
ADZÁNENI
AERÊNQUIMA
AEROFOTOGRAMETRIA
AEROGNÓSTICO
AEROTECNIA
AEROTERAPÊUTICA
AFEGÂNICO
AFLUXO
AFOFAMENTO
AFORISMÁTICO
AFRODISÍACO
AGADANHADOR
AGALÁCTICO
AGARICÁCEO
AGÉRATO
AGNAÇÃO
AGONOTETA
AGRANULOCITOSE

ALVIRROSADO
ALBRICOQUE
ALBUGÍNEA
ALBUMINIFORME
ALCAÇARIA
ALCACHINAR-SE
ALCATIFAR
ALCATROEIRO
ALCIONÁRIO
ALCOOLÔMETRO
ALCOVITEIRICE
ALECTOROMANCIA
ALELOMORFOS
ALEPOCÉFALO
ALEUROMÂNTICO
ALEZIRIADO
ALFENINAR-SE
ALGALIAR
ALGODÃORANA
ALGOLAGNIA
ALGÓSTASE
ALHEABILIDADE
ALJAZAR
ALJUBETEIRO
ALMÁDENA
ALMECEGAR
ALMISCAREIRO
ALVITÓRAX
AMALGÂMICO

AGROGRAFIA
AGROSTIOGRAFIA
AGRUMULAR
ANATOMOPATOLÓGICO
ANDROGÍNICO
ANFISBENA
ANOFTALMIA
APERCEPTIBILIDADE
APOTEGMATISMO
ARAPARIRANA
ARQUEGONÍADA
ARTERIALIZAR

AMASTOZOÁRIO
AMBLIOPIA
ANABENODÁCTILO
ANAGLIPTOGRÁFICO
ANELÍPEDE
ANHINGA
ANTANÁCLASE
APOCALÍPTICO
AQUERENCIADEIRA
ARITMOMANTE
ARQUIEPISCOPADO
ASCLEPIADÁCEA

Referências

REFERÊNCIAS BIBLIOGRÁFICAS

A BÍBLIA de Jerusalém. São Paulo: Paulinas, 1993.

AGOSTINHO, Santo. *A cidade de Deus.* Trad. de Oscar Paes Leme. 12. ed. Petrópolis, RJ: Vozes, São Paulo: Federação Agostiniana Brasileira, 2009.

_____ *Confissões.* Trad. de Maria Luíza Jardim Amarante. 7. ed. São Paulo: Paulus, 1984.

ALBALAT, A. *A arte de escrever.* Lisboa: Livraria Clássica Editora, 1939.

ALLPORT, G. W.; POSTMAN, L. *Psicología del rumor.* Buenos Aires: Editorial Psique, 1953.

ALVIM, D. Ferraz. *A nobre arte de falar em público.* São Paulo: José Bushatsky, 1959.

AMADO, Jorge. *Dona Flor e seus dois maridos.* São Paulo: Companhia das Letras, 2008.

AMBRÓSIO, Santo. *Examerão* – Os seis dias da criação. Trad. de Célia Mariana Franchi Fernandes da Silva. São Paulo: Paulus, 2009. [Coleção Patrística v. 26]

ANANDA, K. C. *O pensamento vivo de Buda.* São Paulo: Livraria Martins, s/data.

AQUINO, T. *Summa theologica.* Chicago: William Benton, Publisher – Encyclopaedia Britannica, Inc., 1952.

ARGENTI, Paul A. *Comunicação empresarial.* Trad. de Adriana Rieche. Rio de Janeiro: Elsevier, 2006.

ARISTÓTELES. *Arte retórica e arte poética.* São Paulo: Difusão Europeia do Livro, 1959.

ASCH, Solomon. *Psicologia social.* São Paulo: Companhia Editora Nacional, 1960.

BACON, F. *Advancement of learning*. Chicago: William Benton, Publisher – Encyclopaedia Britannica, Inc., 1952.

BAILLY, A. *Dictionnaire grec-français*. Paris: Hachette, 1989.

BALLY, C. *El lenguaje y la vida*. Buenos Aires: Editorial Losada, 1957.

BARBOSA FILHO, André et al. (Orgs.). *Mídias digitais*. São Paulo: Paulinas, 2005.

BARTLETT, F. C.; et al. *The study of society* – Methods and problems. Londres: Kegan, Paul, Trench, Trubner and Co., 1939.

BELTRÃO, O. *Correspondência*. Porto Alegre: Editora Globo, 1958.

BERELSON, B. Democratic theory and public opinion. *Public opinion quarterly*, n. 16, 1950.

BILAC, Olavo. *Poesias*. 25. ed. Rio de Janeiro, São Paulo, Belo Horizonte: Livraria Francisco Alves, 1954.

BLOCH, P. *Problemas da voz e da fala*. Rio de Janeiro: Editora Letras e Artes, 1963.

BREAL, M. J. A. *Essai de semantique*. Paris: Librairie Félix Alcan, 1897.

BROWN, C. S.; COHN, T. S. *The study of leadership*. Interstate – Danville, III, 1958.

BUENO, Silveira. A a*rte de falar em público*. São Paulo: Saraiva, 1961.

_____ *Tratado de semântica brasileira*. São Paulo: Saraiva, 1960.

BUENO, Wilson da Costa. *Comunicação empresarial*: Políticas e estratégias. São Paulo: Saraiva, 2009.

BURGESS, Jean; GREEN, Joshua. *Youtube e a revolução digital*. Trad. de Ricardo Giassetti. São Paulo: Aleph, 2009.

CAHEN, Roger. *Comunicação empresarial*. 10. ed. Rio de Janeiro: Best Seller, 2005.

CARNEIRO, O. L. *Metodologia da linguagem*. Rio de Janeiro: Livraria Agir Editora, 1955.

CATECISMO da Igreja católica. São Paulo: Vozes, 1993.

CESCA, Cleuza G. Gimenes. *Comunicação dirigida escrita na empresa* – Teoria e prática. 4. ed. revista, atualizada e ampliada. São Paulo: Summus, 2006.

CHASE, S. *Power of words*. Londres: Phoenix House, 1955.

CHAUCHARD, P. *A linguagem e o pensamento*. São Paulo: Difusão Europeia do Livro, 1957.

CHESTERTON, G. K. *Ortodoxia*. Porto: Livraria Tavares Martins, 1958.

CIKLIC, P. *El hombre y su personalidad*. Buenos Aires: Club de Lectores, 1958.

CNBB. *Compêndio do Catecismo da Igreja católica*. São Paulo: Loyola, 2005.

COMUNICAÇÃO nas empresas. *Harvard Business Review*. Trad. de Marylene Pinto Michael. Rio de Janeiro: Campus, 2001.

COSTA, Roberto Teixeira da; SANCOVSKY, Susanna. *Nem só de marketing...* São Paulo: Conex, 2005.

CUNHA, Celso; CINTRA, Lindley. *Nova gramática do português contemporâneo*. Rio de Janeiro: Nova Fronteira, 1985.

CUNHA, Euclides da. *Obra completa*, V. I. Rio de Janeiro: Nova Aguilar, 1995.

DAMÁSIO, António R. *O erro de Descartes*. Trad. de Dora Vicente e Regina Segurado. São Paulo: Companhia das Letras, 1996.

DAUZAT, A. *La philosophie du langage*. Paris: Ernest Flammarion, 1912.

DAVIS, E.; PRICE, B. *War information and censorship*. Washington: American Council on Public Affairs, 1943.

DEWEY, J. *A filosofia em reconstrução*. São Paulo: Companhia Editora Nacional, 1958.

ELIADE, Mircea. *Mito e realidade*. Trad. de Pola Civelli. São Paulo: Editora Perspectiva, 1972. [Coleção Debates]

ÉPOCA. São Paulo, Globo, 31 maio 2010.

FAGUET, E. *Arte de ler*. Salvador, BA: Livraria Progresso Editora, 1958.

FERREIRA, Aurélio Buarque de Hollanda. *Pequeno dicionário brasileiro da língua portuguesa*. Rio de Janeiro: Editora Civilização Brasileira, 1960.

FETZER, James H. *Filosofia e ciência cognitiva*. Trad. de Cleide Rapucci. Bauru, SP: Editora da Universidade do Sagrado Coração, 2000.

FIELDING, W. J. *Estranhas superstições e práticas de magia*. São Paulo: Editora Assunção, s/data.

FILIPOVIC, Zlata. *O diário de Zlata* – A vida de uma menina na Guerra. Trad. de Antônio de Macedo Soares e Heloísa Jahn. São Paulo: Companhia das Letras, 2009.

FIRTH, R. *Human types*: An introduction to social anthropology. Londres: Thomas Nelson & Sons, 1957.

FOLHA DE S. PAULO, de 22 de agosto de 2010.

FOLLIET, J. *Oratoria*. Buenos Aires: Ediciones del Atlántico, 1958.

FRANCA, Leonel. *Noções de história da filosofia*. 15. ed. Rio de Janeiro: Agir, 1957.

FREIRE, Gilberto. *Ordem e progresso*. 4. ed. Rio de Janeiro: Record, 1990.

FREIRE, L. *Seleta da língua portuguesa*. Rio de Janeiro: Civilização Brasileira, s/data.

FROMM, E. *Análise do homem*. Rio de Janeiro: Zahar Editores, 1961.

FULLER, Lon L. *O caso dos exploradores de cavernas*. Trad. de Plauto Farco de Azevedo. Porto Alegre: Sérgio Antônio Fabris Editor, 10ª impressão, 1999.

GARDNER, M. *Manias e crendices em nome da ciência*. São Paulo: Ibrasa, 1960.

GOMES, Laurentino. *1808*. São Paulo: Editora Planeta do Brasil, 2007.

GRASSI, Ernesto. *Arte e mito*. Trad. de Manuela Pinto dos Santos. Lisboa: Livros do Brasil [Enciclopédia LBL]

GUSDORF, G. *La palabra*. Buenos Aires: Ediciones Galatea – Nueva Vision, 1957.

HANEY, W. V. *Communication*: Patterns and incidents. Illinois: Richard Irwin Inc, 1960.

HIGHET, G. *A arte de ensinar*: São Paulo: Melhoramento, s/data.

HOBBES, T. *Leviathan*. Chicago: William Benton, Publisher – Encyclopaedia Britannica, Inc., 1952.

HOHLFELDT, Antônio; MARTINO, Luiz C.; FRANÇA, Vera Veiga (Orgs.). *Teorias da comunicação*. 3. ed. Petrópolis, RJ: Vozes, 2003.

HOLMES, O. Wendell. *The autocrat at the breakfast table*. Nova York: Signet Classics, 1961.

HOUAISS, Antônio et al. *Dicionário Houaiss da língua portuguesa*. Rio de Janeiro: Editora Objetiva, 2001.

HOVLAND, C. I.; JANIS I. L.; KELLEY, H. H. *Communication and persuasion*. New Haven: Yale University Press, 1953.

JAKOBSON, Roman. *Linguística e comunicação*. Trad. de Izidoro Blikstein e José Paulo Paes. 8. ed. São Paulo: Cultrix, 1975.

JAMES, W. *Principies of psychology*. Chicago: William Benton, Publisher, Encyclopaedia Britannica, Inc., 1952.

JEFFERSON, T. *On democracy*. Nova York: D. Appleton – Century, Inc., 1946.

JENKINS, Henry. *Cultura da convergência*. Trad. de Susana Alexandria. São Paulo: Aleph, 2009.

KELLEMEN, P. *Brasil para principiantes*. Rio de Janeiro: Editora Civilização Brasileira, 1961.

KLINEBERG, O. *Social psychology*. Nova York: Henry Holt & Co., 1954.

KRECH, E.; CRUTCHFIELD, R. S. *Theory and problems of social psychology*. Nova York: McGraw Hill, 1948.

LA BRUYÈRE. *Os caracteres*. Lisboa: Livraria Sá da Costa – Editora, 1956.

LACERDA, A. *Apontamentos de aula na Universidade da Bahia*. 1958.

LAIRD, D. A.; LAIRD, E. C. *Psicología práctica de los negocios*. Barcelona: Ediciones Omega, 1959.

LAURIA, Márcio José. *Ensaios euclidianos*. Rio de Janeiro: Presença, 1987. [Coleção Atualidade Crítica]

LAUSBERG, Heinrich. *Elementos de retórica literária*. Tradução, prefácio e aditamentos de R. M. Rosado Fernandes. 2. ed. Lisboa: Fundação Calouste Gulbenkian, 1970.

LE BON, G. *As opiniões e as crenças*. Rio de Janeiro: F. Briguiet & Cia. Editores, 1954.

_____. *Psicologia das multidões*. Rio de Janeiro: F. Briguiet & Cia. Editores, 1954.

LEBRET, L. J. *Suicídio ou sobrevivência do Ocidente*. São Paulo: Livraria Duas Cidades, 1960.

LENORMANT, F. et al. *Las supersticiones antiguas y modernas*. México: Editorial México, 1946.

LIPPMANN, W. *Public opinion*. Nova York: Macmillan Co.,1950.

LOBATO, Monteiro. *Negrinha*. [Obras Completas de Monteiro Lobato, 1ª série, literatura geral, v. 3.] São Paulo: Brasiliense, 1951.

LOCKE, J. *Ensayo sobre el entendimiento humano*. México: Fondo de Cultura Económica, 1956.

LOWE, Janet. *Google*. Trad. de Márcia Paterman Brookey. Rio de Janeiro: Elsevier, 2009.

LOWELL, A. L. *Public opinion in war and peace*. Cambridge: Harvard University Press, 1923.

LUKOWER, Ana. *Cerimonial e protocolo*. São Paulo: Editora Contexto, 2009.

MAIER, Simon; KOURDI, Jeremy (Orgs). *Os 100 maiores discursos da História* (*insights* e lições de líderes que mudaram o mundo). Trad. de Thereza Ferreira Fonseca. São Paulo: Elsevier, 2011.

MARROW, A. J. *Making management human*. Nova York: McGraw Hill, 1957.

MARTINS, W. *A palavra escrita*. São Paulo: Editora Anhembi, 1957.

MASCHIETTO, Cármen Cecília Trovatto. *A tradição euclidiana*: Uma ponte entre a história e a memória. São Paulo: Editora Arte & Ciência, 2002.

MAXIMIANO, Antonio Cesar Amaru. *Introdução à administração*. 6. ed. revista e ampliada. São Paulo: Atlas, 2007.

MEDEIROS, João Bosco. *Correspondência* – Técnicas de comunicação criativa. 19. ed. São Paulo: Atlas, 2008.

MENDONÇA, R. *O Português do Brasil*. Rio de Janeiro: Civilização Brasileira, 1936.

MENNINGER, K. A. *The human mind*. Nova York: Alfred A. Knopf, 1945.

MILLS, C. Wright. *As causas da próxima guerra mundial*. Rio de Janeiro: Zahar Editores, 1961.

MURPHY, D. *Better business communication*. Nova York: McGraw Hill, 1957.

NASCENTES, A. *A gíria brasileira*. Rio de Janeiro: Livraria Acadêmica, 1953.

NASSAR, Paulo; FIGUEIREDO, Rubens. *Comunicação empresarial.* São Paulo: Brasiliense, 2006.

NAVA, J. *Psicologia prática: Visão e audição.* Belo Horizonte: Itatiaia, 1959.

NICHOLS, R. G.; STEVENS, L. A. *Are you listening?* Nova York: McGraw Hill, 1957.

NOTÍCIAS. Caconde (SP), 18 de setembro de 2010.

OFÍCIO DIVINO. *Liturgia das horas.* V. IV. São Paulo: Editoras Vozes, Paulinas, Paulus e Ave-Maria, 1999.

OGDEN, C. K.; RICHARDS, I. A. *El significado del significado.* Buenos Aires: Editorial Paidos, 1954.

OYAKAWA, Eduardo. *A espiritualidade da palavra:* Martin Buber e Friedrich Hölderlin. São Paulo: Stilgraf Artes Gráficas e Editora Ltda., 2010.

PEPPARD, H. *Sight without glasses.* Nova York: Rinehart, 1957.

PEREIRA, E. Carlos. *Gramática expositiva* (curso superior). São Paulo: Companhia Editora Nacional, 1956.

PERELMAN, Chaim; TYTECA, Lucie Olbrechts. *Tratado da argumentação* – A nova retórica. Trad. de Maria Ermantina Galvão G. Pereira. São Paulo: Martins Fontes, 1996.

PEROUTKA, F. *Manifesto democrático.* Belo Horizonte: Itatiaia, 1960.

PESSOA, Fernando. *Obra poética.* Organização, introdução e notas de Maria Alete Galhoz. 2. ed. Rio de Janeiro: Aguilar, 1965.

PIMENTA, Maria Alzira. *Comunicação empresarial.* 4. ed. Campinas: Alínea, 2004.

PLUTARCO. *Demóstenes e Cícero.* São Paulo: Atenas, 1956.

POLITO, Reinaldo. *Assim é que se fala.* 13. ed. São Paulo: Saraiva, 2002.

_____. *Como falar corretamente e sem inibições.* 101. ed. São Paulo: Saraiva, 1999.

QUEIROZ JR. *Vocábulos no banco dos réus.* Rio de Janeiro: Editorial Copac, 1958.

RAMOS, A. Guerreiro. *A crise do poder no Brasil.* Rio de Janeiro: Zahar Editores, 1961.

RECUERO, Raquel. *Redes sociais na internet*. Porto Alegre: Sulina, 2009. [Coleção Cibercultura]

REVISTA ABOUT. ano XII, n. 907, set. 2010.

RIBEIRO, Célia. *Boas maneiras & sucesso nos negócios*. 4. ed. Porto Alegre: L&PM, 1993.

RITO do matrimônio. 4. ed. São Paulo: Paulinas, 1972.

ROGERS, C. R.; FARSON, R. E. *Active listening*. Chicago: University of Chicago Press, 1955.

RUSSELL, B. *História da filosofia ocidental*. São Paulo: Companhia Editora Nacional, 1957.

SANT'ANNA, Armando et al. *Propaganda*: Teoria, técnica e prática. 8. ed. rev. e atual. São Paulo: Cengage Learning, 2009.

SAPIR, E. *El lenguaje*. México: Fondo de Cultura Económica, 1954.

_____ *Psicología del lenguaje*. Buenos Aires: Editorial Paidos, 1952.

SCHULER, Maria (Coord.). *Comunicação estratégica*. São Paulo: Atlas, 2004.

SCHWERINER, Mário E. René. *Brandscendência*. São Paulo: Saraiva, 2011.

SÊNECA, L. A. *Cartas morales a Lucilio*. Barcelona: Editorial Iberia, 1955.

SENGER, J. *A arte oratória*. São Paulo: Difusão Europeia do Livro, 1955.

SHEEN, F. J. *Angústia e paz*. Rio de Janeiro: Livraria Agir Editora, 1959.

SHELDON, W. D.; BRAAM, L. S. *Reading improvement for men and women in industry*. Nova York: Syracuse University Press, 1959.

SHURTER, R. L. *Effective letters in business*. Nova York: McGraw Hill, 1954.

SILVA, Célia Mariana Franchi Fernandes da. *Conhecimento, evocação, imitação, Euclides, Renan etc*. Conferência proferida na Câmara Municipal de São José do Rio Pardo, na sessão solene de abertura da Semana Euclidiana de 1996, em 9 de agosto.

_____. *Os sertões mais curto*. São Paulo: Nankin, 2006.

SILVA NETO, Belmiro Ribeiro da (Coord). *Comunicação corporativa e reputação*. São Paulo: Saraiva, 2010.

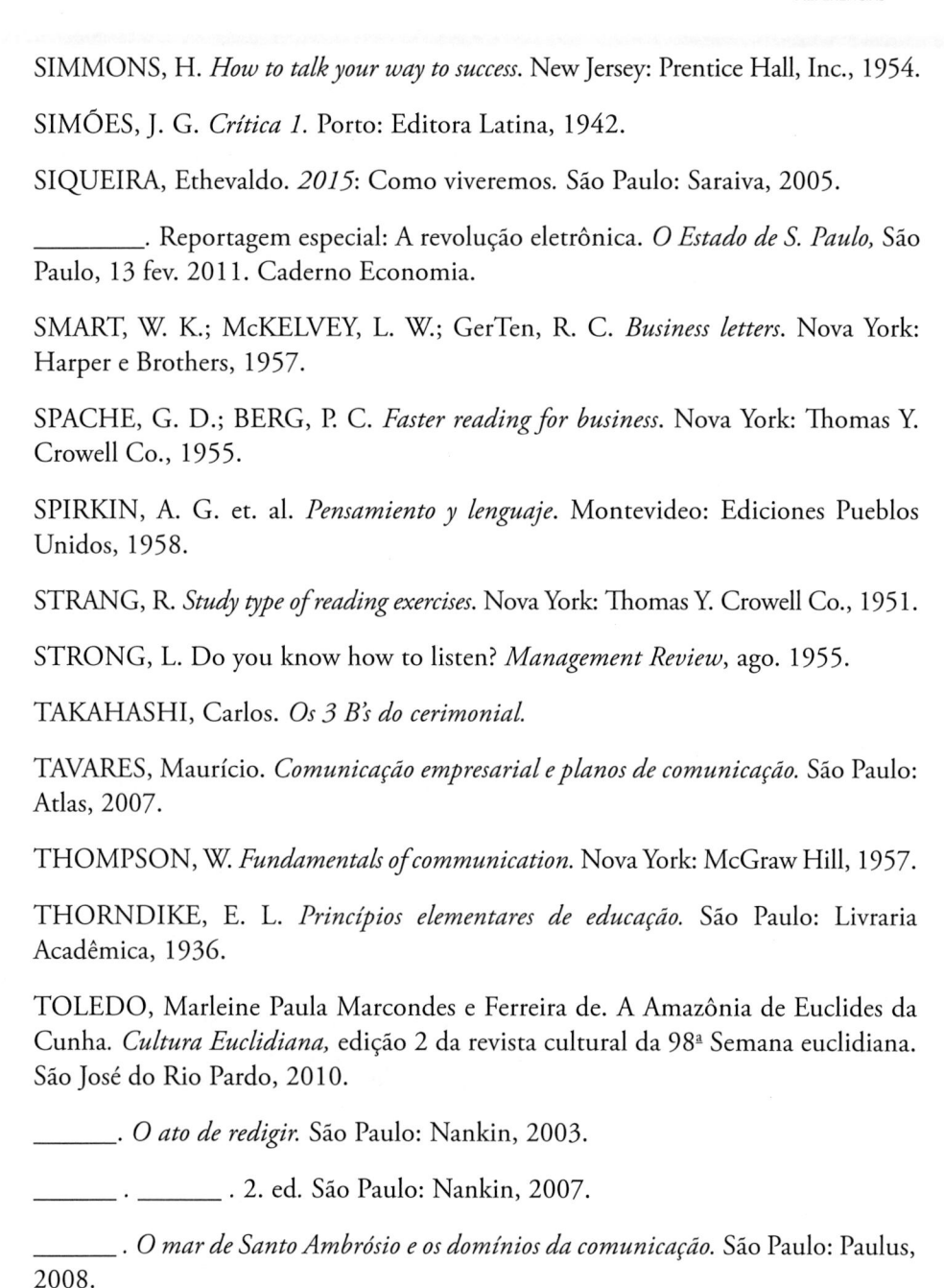

Referências

SIMMONS, H. *How to talk your way to success*. New Jersey: Prentice Hall, Inc., 1954.

SIMÕES, J. G. *Crítica 1*. Porto: Editora Latina, 1942.

SIQUEIRA, Ethevaldo. *2015*: Como viveremos. São Paulo: Saraiva, 2005.

_____. Reportagem especial: A revolução eletrônica. *O Estado de S. Paulo*, São Paulo, 13 fev. 2011. Caderno Economia.

SMART, W. K.; McKELVEY, L. W.; GerTen, R. C. *Business letters*. Nova York: Harper e Brothers, 1957.

SPACHE, G. D.; BERG, P. C. *Faster reading for business*. Nova York: Thomas Y. Crowell Co., 1955.

SPIRKIN, A. G. et. al. *Pensamiento y lenguaje*. Montevideo: Ediciones Pueblos Unidos, 1958.

STRANG, R. *Study type of reading exercises*. Nova York: Thomas Y. Crowell Co., 1951.

STRONG, L. Do you know how to listen? *Management Review*, ago. 1955.

TAKAHASHI, Carlos. *Os 3 B's do cerimonial*.

TAVARES, Maurício. *Comunicação empresarial e planos de comunicação*. São Paulo: Atlas, 2007.

THOMPSON, W. *Fundamentals of communication*. Nova York: McGraw Hill, 1957.

THORNDIKE, E. L. *Princípios elementares de educação*. São Paulo: Livraria Acadêmica, 1936.

TOLEDO, Marleine Paula Marcondes e Ferreira de. A Amazônia de Euclides da Cunha. *Cultura Euclidiana*, edição 2 da revista cultural da 98ª Semana euclidiana. São José do Rio Pardo, 2010.

_____. *O ato de redigir*. São Paulo: Nankin, 2003.

_____. _____. 2. ed. São Paulo: Nankin, 2007.

_____. *O mar de Santo Ambrósio e os domínios da comunicação*. São Paulo: Paulus, 2008.

TOMASI, Carolina; MEDEIROS, João Bosco. *Comunicação empresarial*. 3. ed. São Paulo: Atlas, 2010.

TORRES, A. Almeida. *Moderna gramática expositiva da língua portuguesa*. Rio de Janeiro: Editora Fundo de Cultura, 1959.

TOYNBEE, A. J. *A civilização posta à prova*. São Paulo: Companhia Editora Nacional, 1953.

TWAIN, M. *Autobiografia*. Belo Horizonte: Itatiaia, 1961.

TYBOUT, Alice M.; CALKINS, Tim (Orgs). *Branding*. Trad. de Ailton Bomfim Brandão. São Paulo: Atlas, 2006.

UOL Agência de notícias, 8/11/2010.

VENDRYÉS, J. *Le langage*. Paris: Edition Albin Michel, 1950.

VIANA, Francisco. *Comunicação empresarial de A a Z*. São Paulo: CLA editora, 2004.

VIEIRA, A. *Sermões*. Porto: Lello & Irmão, Editores, 1951.

WHEAT, C. *The teaching of reading*. Nova York: Thomas Y. Crowell Co., 1953.

WILDE, O. *Páginas escolhidas*. Rio de Janeiro: Editora Getúlio Costa, 1945.

WITTY, P. A. *How to become a better reader*. Chicago: Science Research Associates, 1953.

WOLF, Mauro. *Teorias das comunicações de massa*. Trad. de Karina Jannini. 3. ed. São Paulo: Martins Fontes, 2008.

WOLFF, C. *Psicología del gesto*. Barcelona: Luiz Míracle Editor, 1954.

WOODWORTH, R.; MARQUIS, D. G. *Listen, yankee*. Nova York: McGraw Hill, 1960.

_____. *Psicologia*. São Paulo: Companhia Editora Nacional, 1959.

YOAKAM, G. A. *Basic reading and instruction*. Nova York: McGraw Hill, 1955.

ZELKO, H. P. *How to be a good listener*. Nova York: Employee Relations, Inc., 1958.

Referências webgráficas

CHEDID, Maria Cândida Gonzaga. *Manual de boas maneiras e etiqueta*. Disponível em: <http://www.portalbrasil.net/etiqueta/normasbasicas.htm>. Acesso em: 10 dez. 2010.

DE MARTINI, Marcus (da Universidade Federal de Santa Maria). *John Donne*: Considerações sobre sua vida e obra. Disponível em: <http://www.periodicos.ufsc.br/índex.php/fragmentos/article/viewFile/8597/8000>. Acesso em: 1º nov. 2010.

gilgiardelli@gmail.com

GIRARD, René. *La violence et le sacré*, Éditions Bernard Grasset, Paris, 1972, cap. VI, *Du désir mimétique au double monstrueux*, pág. 204-5. Apud MALLET, Roberto. *Convívio*, "O desejo mimético". Disponível em: <http://www.grupotempo.com.br/tex_desejo.html>. Acesso em: 1º nov. 2010.

HOLANDA, Luísa Severo Buarque de. *Anais de filosofia clássica*, v. 2, n. 3, 2008, p. 36. "Poetas e filósofos segundo Aristóteles". Disponível em: <http://www.ifcs.ufrj.br/~afc/2008/LUISA.pdf>. Acesso em: 1º nov. 2010.

http://www.metodista.br/ppc/revista-ecco-01/gestão-estoque-na-cadeia-suprimentos. Acesso em: 10 set. 2010.

http://empresasefinancas.hsw.uol.com.br/advergame1.htm. Acesso em: 1º set. 2010.

http://historia.abril.com.br/guerra/vendeia-revolucao-revolucao-434168.shtml. Acesso em: 1º set. 2010.

http://historia.abril.com.br/politica/ecos-revolucao-francesa-434482.shtm. Acesso em: 1º set. 2010.

http://kibeloco.com.br/platb/kibeloco/. Acesso em: 8 nov. 2010.

http://pt.wikipedia.org/wiki/Homo_Ludens. Acesso em: 1º set. 2010.

http://pt.wiktionary.org/wiki/Internet. Acesso em: 2 ago. 2010.

http://revistaeducacao.uol.com.br/textos.asp?codigo=12929. Acesso em: 4 set. 2010.

http://teteraconsultoria.com.br/blog/o-que-e-intranet/. Acesso em: 4 nov. 2010.

http://www.aisa.com.br/basico.htlm. Acesso em: 19 jul. 2010.

http://www.andreiasantana.com/2008/08/eu-conheci-meu-marido-na-internet.html. Acesso em: 1º set. 2010.

http://www.cev.pt/servicos/informacao/kanban.htm. Acesso em: 10 set. 2010.

MADJAROF, Rosana. *Platão*. Disponível em: <http://www.mundodosfilosofos.com.br/platao.htm>. Acesso em: 30 jul. 2010.

MALLET, Roberto. *Convívio*, "O desejo mimético". Disponível em: <http://www.grupotempo.com.br/tex_desejo.html>. Acesso em: 1º nov. 2010.

MORENO, Cláudio. *Sua língua*. Disponível em: <http://wp.clicrbs.com.br/sua-lingua/2009/04/30/etiqueta/>. Acesso em: 14 dez. 2010.

PROJETO Phronesis. Disponível em: <http://projetophronesis.wordpress.com/2009/01/10/o-homem-e-um-animal-social-aristoteles/>. Acesso em: 1º nov. 2010.

http://terramagazine.terra.com.br/interna/0,,OI4899340-EI17490,00-A+satanizacao+do+Wikileaks+nao+e+a+solucao+diz+Marina+Silva.html. Acesso em: 20 jan. 2011.

UOL Agência de notícias, 8/11/2010.

FILMOGRAFIA

AMOR sem escalas. *Up in the air*. Direção: Jason Reitman. Roteiro: Jason Reitman e Sheldon Turner. Elenco: George Clooney, Anna Kendrick, Vera Farmiga. EUA, 2009. Filme.

O DISCURSO do rei. *The King's Speech*. Direção: Tom Hooper. Elenco: Colin Firth, Helena Bonham Carter, Geoffrey Rush, Michael Gambon. Inglaterra, 2010. Filme.

O ESCAFANDRO e a borboleta. *Le scaphandre et le papillon*. Direção: Julian Schnabel. Elenco: Mathieu Amalric, Emmanuelle Seigner, Marie-Josée Croze, Anne Consigny, Patrick Chesnais. França, EUA, 2007. Filme.

MARIA Antonieta. *Marie Antoinette*. Direção: Sofia Coppola. Elenco: Kirsten Dunst, Jason Schwartzman, Rip Torn, Judy Davis, Asia Argento, Marianne Faithfull. [S.I.]: Columbia Pictures, 2006. Filme.

A RAINHA. *The Queen*. Direção: Stephen Frears. Elenco: Helen Mirren e Michael Sheen. Inglaterra, 2006. Filme.

A REDE social. *The social network*. Direção: David Fincher. Elenco: Jesse Eisenberg, Andrew Garfield, Justin Timberlake, Armie Hammer, Rooney Mara, Max Minghella, Rashida Jones. EUA, 2010, filme (120 min), drama.

REGRESSO a Howards End. *Howards End*. Direção: James Ivory. Elenco: Vanessa Redgrave, Emma Thompson, Anthony Hopkins, Helena Bonham Carter. Inglaterra, 1992. Filme.

Índice de Assuntos

A

Advergame, 48
Aberje, 145, 147, 383
Ajustamento, 128, 130, 137
Ambiguidade, 245, 250, 254
Analogia, 33, 343, 347
Aparelho fonador, 3, 134, 371, 373, 389
Área de fixação, 303-306, 317
Argumentação, 337
    argumentos, 340-341, 347
    definição, 338
Argumentar, o que é?, 190, 259, 337
Articulação, 384, 419
Assunto, 332
Atenção, 19-21
Audição e a comunicação humana, 255
Autoanálise, 127-129
Autossuficiência, 164-168

B

Barbarismo, 244
Barreiras verbais, 235-242
Bate-papos, 55
Blogs, 55, 58, 66, 126
Blu-ray, 61
Boas maneiras, 106
Boato, 279-281
Branding, 158, 450

C

Cacofonia, 245, 427
Caracterologia, 113-114, 173
Cartões de "flash", 314
Ceceísmo, 247
Celular, 33, 37-38, 55, 61, 143
Cerimonial, 85-86, 89-94, 100, 102-103, 105, 109, 187, 436, 446, 449
Ciberespaço, 50-51, 53
Ciberintimidação, 56, 65
Ciências humanas, 145, 150, 159
Citação, 46, 292, 329-330, 348, 399, 403-404, 415
Clareza, 9, 15, 17, 108, 147, 162, 209, 244-245, 248-249, 265, 291, 325, 340, 349, 353-354, 400, 404
Clichê, 118, 211, 216-221
Código, 10-12, 16, 39, 52, 84-85, 87, 135, 153, 202-203, 250
Cogito, 34
Communicare, 1, 361
    como fazer um discurso, 93, 362, 367, 389, 401, 403-404, 418
    como organizar ideias, 135, 268, 293, 328-329, 331, 335, 353
    como refutar argumentos, 347-348
    comparação e contraste, 94, 329, 331
Comportamento humano, 111, 164, 173, 175, 177, 264
Composição, 84-85, 103, 329, 331-332, 336-337, 353, 364

Compreensão, 293-296, 298

Computador, 33, 35-37, 47, 49-51, 60-61, 66-67, 151, 159, 289, 330, 353, 355

Comunicação, 1-22, 24, 26-27, 30-31, 33, 37-38, 40, 45, 47, 51-55, 59-60, 62, 67, 69, 71, 74-75, 77, 79, 81, 83-86, 90, 99-100, 106, 109, 111-113, 115, 119, 123, 125-128, 130-134, 137-139, 141-160, 162-164, 166-168, 170, 175, 178-180, 187-188, 191, 194-195, 197, 200-201, 206, 209-210, 215-216, 220, 223, 227-228, 230-231, 233, 235-236, 239, 242-244, 246-248, 254-255, 261-263, 267, 272-273, 279, 282, 285, 289, 319-320, 324, 333, 353, 361, 366, 372, 383, 441-450

    empresarial, 139, 141-145, 147-149, 151, 153-154, 156-157, 159-160

    formal, 85

    humana, 1-9, 11-22, 24, 26, 30-31, 37, 69, 75, 79, 81, 111-112, 115, 119, 123, 125-128, 130-131, 133-134, 137-138, 163-164, 166-168, 170, 175, 178-180, 188, 191, 194-195, 197, 200-201, 206, 210, 215-216, 220, 223, 227, 233, 235-236, 239, 242-244, 246-248, 254-255, 262, 272, 282, 285, 289, 319, 361, 366

    humana e personalidade, 13, 111-113, 115, 119, 125-126, 163, 168, 175, 178, 215, 220, 285

    interna e externa, 142, 148

    na era digital, 59, 62

    social, 145, 151

    vegetal, 75

Concisão, 162, 248-249, 340, 342, 354

Condições de saúde e audição, 259, 261-262

Condições para a escolha de um tema, 339

Conexões cognitivas, 45

Conexões USB, 61

Confirmação, 131, 253, 350

Confusão entre fatos e opiniões, 164, 188, 191

Confusão entre inferências e observações, 164, 188, 195

Congelamento das avaliações, 164, 169

Conhecimentos gerais, 128-129, 137, 405

Consciência, 21, 30, 49, 52, 73, 102, 118, 155, 168, 171, 201, 233, 237, 266-267, 303, 323, 383, 411

Contágio, 30

Credibilidade, 22, 24, 26-29, 404, 408

Crise, 44, 92-93, 147, 153-154, 156, 161, 170, 176, 228, 447

Cultura da convergência, 37-38, 445

D

Data show, 63

Dedução, 284, 343, 345

Defeitos da voz, 372

Deficiências auditivas, 259, 263

Demonstração, 165, 191, 320, 324, 349-350, 363, 390

Descuido nas palavras abstratas, 164, 188, 200

Desencontros, 164, 188, 204, 206-210, 284

Dicção, 317, 362-363, 384-387, 389

    discurso, 397-404

Disposição, 122, 126, 137, 147, 151, 167, 179, 245, 250, 257, 260, 263, 267, 283, 285-286, 291, 296, 298-299, 348-350, 390, 401

E

Eco, 245

Elementos da argumentação, 338, 347

Elevação, 91-93, 101, 340

Elocução, 246, 348-349, 362, 397

E-mail, 50-51, 158

Emissão da voz, 381

Emissor, 1-3, 5-6, 8-10, 12, 14-16, 19, 22, 27, 29, 40, 50, 130, 268, 361

Empresa, 139, 141-145, 147-160, 166

Ênfase, 108, 156, 313, 336, 358, 373, 375-377, 380, 387, 413

Entonação, 326, 375, 378-380, 387

Era digital, 62-63

Esboço, 332, 336

Escrever e falar, 323

Escrita alfabética, 321

Escrita autônoma, 320

Escrita de ideias, 244, 320, 322, 325, 348

Escrita de palavras, 6, 320, 322-323, 325-326, 353

Escrita e a comunicação humana, a, 6, 319

Escrita fonética, 321

Escrita pictórica, 320

Escrita silábica, 321

Estilos básicos na oratória, 393

Estímulo, 3, 6, 11, 13, 19-21, 25, 75, 111, 130, 259, 284, 331, 338, 372

Ética, 57, 63, 87-88, 119, 156-157, 183, 187, 202, 222

Étimo da palavra comunicação, 85, 361

Etiqueta, 85-88, 90, 92, 106, 109, 152, 187, 451-452

evidência, 175, 177, 189, 258, 338-339, 341-343, 348-349, 361

Exemplo, 5, 36, 38, 42-43, 45-48, 50, 52, 55-56, 61, 63-64, 74-75, 79-80, 85-87, 89, 106, 115-116, 118-119, 126, 131, 133, 139, 141, 143-145, 147, 149-151, 153-155, 158, 160-161, 166, 186, 194, 198, 202, 205, 208, 217, 248, 291, 293, 306, 329, 331, 339-340, 342, 344-345, 352, 377, 390

Exórdio, 349, 400

Exploradores de cavernas, os, 339, 444

Exposição escrita, 24, 348

F

Facebook, 36, 50, 54, 57-58, 62, 64-65

Fala e a comunicação humana, a, 5-6, 8, 12-13, 17-18, 69, 111, 126, 130, 133-134, 163, 170, 206, 227, 242, 247, 272, 361

Falsa identidade baseada em palavras, 164, 188, 227-228

Família real no brasil, 94-96

Fatores físicos da audição, 260

Fatores mentais da audição, 264, 274

Fatos, 17, 27, 29, 47, 156-157, 164, 167, 185, 188, 190-191, 194, 198, 220-221, 228, 258-259, 284, 297, 329-330, 333, 338-339, 341-345, 348-350, 352, 394, 398, 407

fatos, números, detalhes e razões, 329

Filmografia, 91, 452

Fisiognomonia de laváter, 114

Fixação, 130, 174, 302-307, 309-310, 313-314, 316-317, 364

Flicker, 50, 59

Fluência, 312, 392-393, 402

Fonética, 320-321, 323, 368-369

Fonologia, 368

Fontes de informação, 26

Fordismo, 152

Forma da apresentação e audição, 259, 263

Formalidade, 84

Formas de projeção da personalidade, 121-122

Formas de tratamento cerimonioso, 104

Fórmula de lasswell, 14

Fotolog, 50, 59

Frase, 4, 11, 16, 56, 79, 112, 128, 195, 215, 236, 245, 251, 281, 291-292, 295, 313-315, 320, 341, 343, 354, 373, 375-377, 379, 384, 399, 402-403

Funções da linguagem, 10, 73, 156

Fusão tv-computador-*internet*, 61

G

Gagueira, 247
Geografite, 164, 176-178, 180
Geração *net*, 39
    Gíria, 77, 84, 87, 109, 164, 232-233, 240, 446
    Google, 36, 40-43, 57, 60, 446
GPS, 61

H

Hábitos na audição, 273
Hardware, 33-34, 44
Hiato, 245
Hiperlinks, 42
Homem de empresa, 122, 133, 135, 207, 217, 253, 293
Homo faber, 49
Homo ludens, 49, 451
Homo sapiens, 49, 70

I

Iluminação e audição, 259, 261
Imagem de uma empresa e identidade, 118, 157
Impaciência e audição, 260, 265
Indiferença e audição, 260, 264, 271
Indiscriminação, 164, 188, 211, 215-216, 220-221
Indução, 343-345
Informalidade, 84, 91-92, 143
Informática, 34-36, 38, 63, 67, 151, 159
Inimigos espirituais da leitura, 295, 317
Inteligência corporal-cinestésica, 116
Inteligência interpessoal, 116
Inteligência intrapessoal, 116
Inteligência lógico-matemática, 116
Inteligência naturalista, 117
Inteligência rítmico-musical, 116
Inteligência visual-espacial, 116
Inteligível, 4, 14, 34, 248, 305-306
Intensidade, 19-20, 153, 279, 343, 371, 381, 383, 397, 436-437
Interatividade, 39, 41-42, 46-47, 49
Intercâmbio de significações, 2
Interconectividade, 60
Interlocução, 53-54
Internet, 38-40
Interpenetração das mídias digitais, 37
Intertextualidade, 45-46
Intranet, 47, 146, 149-150, 451
Invenção, 35, 53, 72, 319-321, 348-349
Invenção da escrita, 319
Invenção da imprensa, 320

J

Jargão, 77, 139
jit, 152
Jogos eletrônicos, 47-48, 159
Jornalista, 52, 63, 118, 156, 192, 335

K

Kanban, 152-153, 452

L

Lambdacismo, 247
Laptop, 33, 60
Leitura analítica, 300-301
Leitura apreciativa, 299-300, 316
Leitura assimilativa, 299-301, 317

Leitura crítica, 299-300
Leitura cuidadosa, 301-302
Leitura de alguns livros, 350, 386
Leitura deficiente, 295-296
Leitura e a comunicação humana, a, 17, 133, 145, 206, 215, 272, 289
Leitura em voz alta, 366, 373, 378, 380, 386-387
Leitura normal, 301-302
Leitura observacional, 300
Leitura oral, 293, 297, 300-301, 317
Leitura rápida, 301-302, 309, 311
Leitura recreativa, 300-301, 308
Leitura silenciosa, 297-298, 318
Leitura superficial, 301-302
Ler *intensamente*, 309, 317
Ler melhor, 299, 309, 316
Ler passando os olhos, 309-310
Ler rapidamente, 309, 314
Linguagem, 69-78
  de ação, 71
  dos animais, 72
  na criança, 70
  pré-verbal, 71
  simbólica, 70, 75
  universal de gestos, 72
Linguagem-movimento, 75
Links, 42-45
Lista de ideias, 332-334
Liturgia do casamento, 90, 99-100
Livros autonavegáveis, 46
Logomarcas, 150, 158
Logos, 89

M

Maneira de andar, 120-121, 196
Maneira de escrever, 128, 135, 138
Maneira de falar, 121-122, 128, 134, 137, 196, 246, 368, 407-408
Maneira de ler, 128, 133, 137
Maneira de ouvir, 128, 132, 137, 259, 285
Maneira de vestir, 117-118
Maneiras de ouvir, 258
Marcas, 48, 125, 158-159, 174, 189
Marketing, 47, 54-56, 59, 86-87, 142, 145, 147-148, 150, 154, 157-159, 443
Massa, 30, 39, 124, 128, 155, 228, 263-264, 266, 309, 320, 325, 406, 450
Maus hábitos de leitura, 311, 315, 317
Mecânica da escrita, 311, 322, 353
Mecanismo da leitura, 297-298
Meio, 1-3, 6, 8-17, 21-22, 24-25, 30, 35, 38, 40, 45, 50-51, 55, 57, 61, 63, 66, 69, 72, 74, 79, 84-85, 89-90, 113, 115-118, 120, 123-125, 127, 137, 143, 162-163, 170-172, 175, 188, 194, 197, 200-201, 210, 219-220, 222-223, 227, 230, 242, 247-248, 255, 257-259, 262, 272, 280, 282-283, 285, 293-294, 297-298, 304-305, 311-313, 331, 333, 338, 340-341, 347, 349, 356, 358, 361-362, 370-372, 374-375, 379, 385, 387, 393, 399, 404
Meio ambiente e audição, 259, 262
Mensagem, 2, 5-6, 8-12, 15-16, 19, 24, 26-27, 42, 48, 50, 66, 130, 153, 220, 248, 257, 274, 381
Mentira, 30, 46, 241, 273, 279, 376
Messenger, 51, 60
Microfone, 28, 396-397
  uso, 396
Mito, 48-49, 89-90, 99, 203, 443-444
Modelo taylorista-fordista, 151
MSN, 51, 62
Multidão, 95, 97, 155, 228, 396
Myspace, 50, 58

N

Narração, 184, 349
Nasalação, 247
Navegação, 46-47
Níveis da audição, 282
Norma da precedência, 103
Normas protocolares, 85, 93, 102

O

Obscuridade, 245, 248
Obstáculos à comunicação humana, 163-164, 188
Opinião, 23-24
Oportunidade e audição, 257, 269
Oratória, 361-362, 365-367
Oratória moderna, 361, 366
Organização e desenvolvimento das ideias, 327-328, 333
Origem da linguagem, 70, 72, 319
Origem da linguagem escrita, 319-320
Orkut, 50, 55, 57, 62
Ouvinte atento, 256-257, 273
Ouvir melhor, 262, 271, 285-286
   para escrever melhor, 138, 323-324, 352-353, 356, 365
   para falar melhor, 107-108, 137, 209, 246, 286, 323, 375, 380, 389-390, 392, 399, 403

P

Parequema, 246
Pensamento, 17, 21, 25, 34, 44-45, 49, 52, 69, 71-72, 74, 80-81, 89-90, 128, 130-133, 137, 179, 186, 201, 215, 230, 243, 249, 269-270, 284-285, 289-291, 296-297, 300-301, 308, 320-321, 325, 327-328, 343, 349, 370, 372, 441, 443
Pensamento mítico, 90
Percepção, 25-26, 51, 179, 216, 313, 323
Peroração, 350, 400
Personalidade, 111-128
Personalidade da empresa, 122-123
Persuasão, 22, 156, 350, 364, 383
Pesquisa na *Internet*, 36, 39-42, 60, 352
Plano sobre o que se vai escrever, 334
Plurk, 59
Polarização, 164, 188, 221-223, 225-226
Polissemia, 76, 164, 188, 230, 233
   por que ouvimos mal?, 132, 265, 269, 322
   por que se escreve mal?, 220, 265, 322, 324-325, 358
   por que se lê mal?, 15, 219, 294-295, 302, 358
Pose, 391-392, 398
Posição e audição, 132, 260, 267, 286, 296, 407
PowerPoint, 36
Precedência, 85-86, 103-104, 106
Preciosismo, 246
Precisão, 50, 92, 128, 131, 137, 162, 195, 230, 248, 250, 263, 311, 321, 340, 354
Precisão de pensamento, 128, 131, 137
Preconceito e audição, 167, 263, 266, 274, 296
Preocupação e audição, 260, 267, 296
Processo da leitura, 290, 292
Pronúncia, 379-380
Propaganda, 154-159
Proposição, 226, 349
Prosódia, 369-370
Protocolo, 86-88
Psicologia da atenção, 19, 261, 312
Publicidade, 48, 63, 145, 157-159, 216-217

ÍNDICE DE ASSUNTOS

Público, 28, 39, 55, 59, 78, 85, 103, 105, 108, 126, 134, 144, 148-149, 152, 155, 157-158, 161, 173-174, 177-178, 196, 217, 221, 226, 253, 258, 262, 349, 361, 363, 366-367, 377, 379, 383-384, 386, 388-392, 395, 398-399, 401-404, 417, 441-442

Q

Qualidades do orador, 388, 403
Qualidades dos argumentos, 340-341

R

Raciocínio, 343-347
Realidade virtual, 47-49
Receptor, 1-3, 5-6, 8-12, 15-16, 19, 22, 27, 39-40, 42, 50, 53, 105, 130, 153, 220, 257, 266, 268, 344, 361, 380, 408
Redação de cartas, 135, 355, 358
Redes sociais, 50-54, 56-57, 62-64, 88, 126, 159, 355, 448
Referente, 9-12, 206, 277
Refutação, 350
Regras de etiqueta, 106
Regras para melhorar a luz e a leitura, 315
Relações causais, 343, 346
Relações públicas, 122-123, 125, 142, 145, 147, 150, 154-156, 159, 215, 405
Renascença, 365-366
Repetição, 19-20, 30, 73, 237, 245, 249, 258, 283, 329, 331, 373-374, 394
Resposta, 3, 6, 13-14, 23, 26, 58, 93, 106, 111-112, 121, 154, 156, 223, 257, 271, 275, 291, 357, 404, 406, 410, 412-414, 417
Ritmo, 65, 272, 373, 376, 380-381, 387, 394, 402-403

Rito, 89-90, 99-101, 448
Ritual litúrgico, 101
Rotacismo, 247

S

Sagrado, 35, 48-50, 89-92, 99-101, 443
Semana euclidiana, 97, 99, 102, 104, 448-449
Sensível, 34, 48, 60, 80, 115, 156, 397, 425
Significação, 1, 4, 6-8, 13, 15-16, 19, 22, 25, 78-79, 202, 206-207, 230, 235-236, 303, 317, 377
Simbiose linguística, 78
Símbolos, 1-2, 4, 6, 11, 14, 19, 22, 46, 69, 74, 116, 163, 230, 244, 283, 285, 289, 300, 319
Site, 36, 41-43, 48, 50-52, 55-56, 58-60, 63, 65-66, 145, 149-150
Smartphone, 61
Sociedade de massa, 39
Software, 33-34, 40
Solecismo, 161, 245
Stream, 61
Streaming, 61
Supercelular, 60

T

Tablet, 60-61
Técnicas de leitura, 309
Telemarketing, 160
Tema central, 224, 328-329
Temperatura e audição, 259-260
Tendência à complicação, 164, 180, 182, 185-186
Tenor, 382, 389
Teoria onomatopaica, 70-71

Teoria social da linguagem, 72, 78, 321
Texto *on-line*, 42
Timbre, 371, 381-382, 385, 433
Tipos de leitura, 299-301, 308, 313, 316
Tom, 20, 106, 233, 235, 239, 283, 358, 362-363, 373, 375, 378-379, 381-382, 387, 396-397, 403, 452
   baixo, 382
   barítono, 382
   tenor, 382
Toyotismo, 152-153
Treinamento da leitura, 311
TV-3d, 61
Twitter, 36, 50, 55, 58-59, 62, 84

V

Vantagens da argumentação, 338
Vantagens da leitura, 294, 297

Velocidade de leitura, 306, 308, 310, 317
Verdade, 6, 30, 34, 87, 89, 126-127, 133, 154, 156, 158, 176, 182, 191, 227-228, 235, 242, 250-251, 268, 285, 296, 320, 327, 337-338, 356, 410
Vícios de linguagem, 173, 240, 244, 246-247
Visão beatífica, 90
Voz, 370-375

W

Webcam, 64
Website, 41-42
Wikileaks, 63-64, 452

Y

Youtube, 36, 54, 57, 59-60, 442

Índice Onomástico

A

Abreu, Sílvio de, 99, 329-330
Adão, 35, 70, 409
Ademir, 329-330
Adriano, 334
Agassiz, 165
Agostinho, Santo, 66, 388, 404, 441
Akelson, Herbert, 27
Albalat, A., 220, 325, 349, 441
Albert, Príncipe, 363
Allport, G. W., 279, 441
Allyn, Stanley C., 120
Alves, Murilo Antunes, 86
Alvim, Décio Ferraz, 391, 398
Amado, Jorge, 84, 441
Amaro, Padre, 216
Andrade, Aurino Vilela de (personagem real de uma história), 106
Andrade, Mário de, 355
Annie (personagem de filme), 92
Antíoco, 364
Antonieta, Maria, 19, 91, 452
Antony, Marcello, 159
Aquino, Tomás de, 183, 230
Aranha, Oswaldo, 406
Argenti, Paul A., 55, 144, 441
Arigó, 178, 237, 421
Aristóteles, 115, 140-141, 182, 221, 230, 255, 362, 441, 451
Arnold Kenneth, 177
Asch, Solomon, 202, 219, 441
Assange, Julian, 63
Assis, Machado de, 215, 351
Atenas, Timom de, 396

B

Bacon, Francis, 12, 289, 350
Bally, Charles, 78, 321
Bannister, Jeffery, 62
Barbosa, Rui, 246, 351
Barreto, Mário, 350
Barros, Ademar de, 106
Bast, Leonard (personagem de filme), 92
Bauby, Jean, Dominique, 52
Beatinho, Antônio, 97
Beltrão, Odacir, 360
Benedict, Ruth, 174
Benite, Tatiana, 86
Bernardes, Padre Manuel, 151
Bernhardt, Sarah, 384, 389
Bersabé, 409
Bertocchi, Sônia, 54
Bierce, Ambroise, 80
Bilac, Olavo, 84, 442
Bingham, Ryan (personagem de filme), 92
Blair, Tony, 93, 105
Boileau, 326
Bolívar, 405
Bosi, Alfredo, 351
Bouton, 72
Bowles, Chester, 168
Branco, Camilo Castelo, 351
Brin, Sergey, 40
Bruyère, La, 250, 445
Bueno, Amador, 405
Bueno, Silveira, 71, 386, 442
Bueno, Wilson da Costa, 149, 442
Buffon, 319, 352
Bulwer, John, 72
Burnham, James, 207
Büyükkokten, Orkut, 57

C

Cabral, Pedro Álvares, 129
Cahen, Roger, 142, 442
Caldcleugh, Alexander, 95
Calístrato, 362
Calkins, Tim, 158, 450
Canfield, Bertrand R, 122
Cantagalo, Aldrovando (personagem fictício de Monteiro Lobato), 161
Canuyt, Georges, 386
Carioca, Zé (personagem de ficção), 118
Carlitos, 124
Carlos, Manoel, 330
Carlos, Roberto, 344
Carnegie, Dale, 390
Caro, M. Antônio, 279
Carr Ribeiro, Olympio, 297
Castela, Fernando de, 257
Castilho, Antônio, 351
Castro, Fidel, 180
Catão, 394
Ceni, Rogério, 334
César, Júlio, 334
Cesca, Cleuza G. Gimenes, 154-155, 442
Chalaça, 216, 406
Chamie, Mário, 351, 355
Ch'Ao, Chang, 316
Charters, dr., 262
Chase, 79, 168, 188, 200-202, 228, 245, 442
Chase, Stuart, 79, 168, 188, 200, 202
Chauchard, P., 74, 443
Chen, Steve, 59
Chesterton, G., 270, 443
Childe, dr., 71
Cícero, 178, 362-365, 381, 386, 388, 447
Cícero, Padre, 178
Ciklic, Peter, 120
Clodoveu, rei dos francos, 274
Coelho, Latino, 351
Colombo, 257
Conrad, Joseph, 235
Conselheiro, Antônio, 97, 178
Constant, Benjamin, 374
Coppola, Sofia, 91, 452
Coquelin, 384
Corção, Gustavo, 248
Costa, Hipólito da, 405
Costonis, Michael A., 126
Cox, Oscar, 333
Crasso, Marco, 364
Cristo, 46-47, 99, 101, 232
Crutchfield, R.S., 220, 445
Cruz, Givaldo Fontes da, 86
Cruz, Oswaldo, 405
Cuatrecasas, Juan, 188
Cubas, Brás, 216, 351
Cunha, Euclides da, 102, 443

D

D. João VI, 94, 96
Damasceno, Emerson, 63
Damásio, Antônio, 34
Danton, 342
Demóstenes, 362-364, 380, 384, 386, 447
Deodoro, Marechal, 374
Descartes, 34, 45, 69, 71, 74, 443
Deus, 15, 25, 34-35, 46, 66, 70, 83-84, 89-90, 94, 96, 101, 123, 166, 171-172, 180, 183-184, 203, 206, 216, 222, 231, 242-243, 292, 342, 390, 409, 441
Dewey, John, 17, 131, 179, 187, 207, 326
Diana, princesa, 93-94
Dias, Epifânio, 350
Dias, Maria Odila Leite da Silva, 96
Dichter, Ernest, 22
Disraeli, 168, 195
Dom Quixote, 216
Donizetti, Padre, 178
Donne, John, 128, 139-140, 451
Dorsey, Jack, 58
Doyle, Conan, 197, 406
Dryden, John, 353
Durov, V. L., 72
Dussaud, 322

E

Edison, Thomas, 405
Eliade, Mircea, 49, 89, 443

ÍNDICE ONOMÁSTICO

Elizabeth II, 93
Erasmo, 164, 176
ERASMO de Rotterdam, 164

F

Faguet, E., 184, 295, 297, 302, 326, 336, 443
Fausto, 216, 388, 426
Fayol, 144, 406
Feigl, Herbert, 70
Fetzer, James, 35, 443
Février, 320
Figueiredo, Nassar, Paulo, 160, 447
Figueiredo, Cândido de, 350-351
Figueiredo, Guilherme de, 218
Filho, Mário, 335
Filon, 363
Filipovic, Zlata, 355, 444
Fincher, David, 64, 453
Flor (personagem de Jorge Amado), 84-85, 92
Florenzano, Modesto, 44
Folliet, J., 382, 387, 392, 400, 444
Fonseca, Thereza Ferreira, 367, 446
Fontaine, La, 336
Fontoura, João Neves da, 387
Ford, Henry, 151, 405
Franchi, Célia Mariana, 45, 74, 97, 104, 441, 448
Freire, Gilberto, 119-120, 444
Freire, Laudelino, 350
Freud, Sigmund, 5, 84, 174, 185
Friedenreich, 329, 334
Frineia, 342
Fromm, Erich, 114, 173

G

Gabriel, Honoré, 44
Gall, 70
Gandhi, Mahatma, 115
Ganso, 334
Garcia, Luiz Fernando Dabul, 42
Gardner, Marshall B., 177
Gardner Martin, 177
Gaúcho, Ronaldinho, 334, 344

George, Henry, 92, 242
Giardelli, Gil, 62
Gilberto, 119-120, 334, 444
Girard, René, 140-141, 451
Gitelman, Lisa, 38
Góes, Carlos, 350
Goethe, 113, 124, 331
Gomes, Laurentino, 94-95, 444
Goodman, 26
Gordon, 205
Gore, Al, 63-64
Grandcour, Clement, 187
Gray, W. S., 293
Guimarães, Camila, 53
Gusdorf, George, 73
Gusmão, Bartholomeu de, 406

H

Hamlet, 216
Haney, W. V., 111, 182, 195, 198, 215, 444
Hardwicke, Henry, 367
Harold N. Peppard, 296
Harvey, 405
Hatoum, Mílton, 351
Hayakawa, 79
Hayes, 73
Heiferman, Scott, 59
Helen (personagem de filme), 92-93
Henriot, 396
Henry Wilcox (personagem de filme), 92
Heráclito, 170
Herculano, Alexandre, 351
Herder, 71
Highet, Gilbert, 167
Hitler, Adolf, 203
Hobbes, T., 163, 230, 444
Holanda, Luísa Severo Buarque de, 140, 451
Hölderlin, 91, 447
Holmes, Sherlock, 197, 216, 405
Hortênsio, 364
Houaiss, Antônio, 85, 444
Hovland, C. I., 28, 445
Huizinga, Johan, 351
Hume, 182, 230
Hurley, Chad, 59

Huxley, Julian, 194

I

Irineu, Santo, 46

J

Jaan, Hugo de, 301
Jakobson, Roman, 10, 445
James, William, 183, 445
Janis, I. L., 28, 445
Javert, 216
Jefferson, T., 228, 445
Jenkins, Henry, 37-38, 445
Jeová, 223
Jesus, 46, 86, 97, 161
João XXIII, 202, 243
João, São, 45, 96, 114, 142, 153, 157, 160, 162, 337, 344, 446, 450
Joaquina, Carlota, 95
Johnson, Roy I., 230, 244
Johnson, Wendell, 230, 260, 273
Jorge VI, 363, 367, 389
Jung, dr., 290, 292
Júnior, Ismael Rocha, 39, 42, 47, 55

K

Kaká, 334
Karim, Jawed, 59
Kasner, Edward, 41
Keats, 328
Kellemen, Peter, 250
Kelley, H. H., 28, 445
Khatchatourian, 406
Khern, 231
Kipling, 405
Kléberson, 334
Klineberg, Oto, 219
Klinghardt, Hermann, 378
Knower, 24
Kohts, 72

Korzybski, 226
Kotler, Philip, 158
Kourdi, Jeremy, 367, 446
Krause, Werther, 297
Krech, E., 25, 220, 445
Kretschmer, 114-115
Kruschev, 202
Kubitschek, Juscelino, 387
Kyrillos, Leny Rodrigues, 383

L

Lacerda, Armando, 368
Laird, Donald E., 118, 255-256, 311-312
Landor, Walter, 325
Lasswell, professor, 14-15
Lauria, Márcio, 98, 445
Lausberg, 349, 445
Laváter, João Gaspar, 114
Leão, Costa, 350
Lebret, L. J., 218, 222-223, 445
Lee, Tim Berners, 63
Lee, Irving, 18, 165
Lee, Ivy, 406
Lehouve, 387
Leibnitz, 71, 204
Lenin, 194
Lincoln, 121, 125, 178
Lippmann, Walter, 25, 211, 446
Lispector, Clarice, 351
Lobato, Monteiro, 161, 216, 446
Locke, J., 163, 230, 446
Logue Lionel, 367
London, Jack, 312
Luís XIV, 119
Luís XVI, 44
Lula, 337, 420
Lyssenko, biólogo, 194-195

M

Machado, Pinheiro, 387
Mallet, Roberto, 140-141, 451-452
Mangabeira, Otávio, 387
Mansur, Alexandre, 53

Marie, Pierre, 70
Maritain, 186
Marquis, D. G., 261, 292, 450
Marrow, A. J., 217-218, 446
Martino, Luiz C., 75, 444
Martins, Wilson, 320
Mateus, São, 33
Matos, Gregório de, 405
Mauá, 405
Maurice, Henri, 361
Maurício, José, 405, 449
Maury, A., 186, 386
Maux, Cardeal, 387
Mayo, Elton, 405
Mazzoni, Thomaz, 330, 335
Mc Carthy, 227
McLuhan, Marshall, 53
Mead, Margareth, 174
Medeiros, João Bosco, 142, 153, 157, 160, 162, 446, 450
Meerloo, Joost A. M., 31
Melo, José Marques de, 53
Mendes, Bruno, 274
Mendes, Fradique, 203
Mendes, Fradique (personagem de Eça de Queirós), 203
Mendibil Claude, 52
Mendonça, Renato, 235
Merrihue, Willard, 27
Mersenne, 69
Milão, Ambrósio de, 44, 74-75
Miller, Charles, 333
Millevoye, Barão de, 295
Mindszenty, Cardeal, 31
Mirabeau, conde de, 44
Moisés, 243, 409
Molotov, 202
Montaigne, 119, 184
Moreira, Rui, 159
Mota, Regina, 37
Múcio, 363

N

Napoleão, 187, 227, 405
Nascentes, Antenor, 77
Nava, José, 314
Nelson, Almirante, 245
Nero, 71
Ney, 406
Neymar, 334
Nichols, Ralph, 255, 407
Nobre, Ibrahim, 387
Noronha, Heloísa, 118-119
Nunes, Joaquim, 350

O

Obringer, Lee Ann, 48
Ohana, 72, 76
Olga Savary, 351
Oliveira, Almir de, 244
Oliveira, Souza de, 350
Oppenheimer, Robert J., 28
Ortigão, Ramalho, 325
Otelo, 216
Owen, Robert, 406
Oyakawa, Eduardo, 91, 447

P

Packard, Vance, 22
Page, Larry, 40
Paget, 71
Palha, Américo, 410
Pança, Sancho, 216
Papini, 80
Parker, Sean, 65
Parmênides, 80, 170
Pasteur, 405
Pavarotti, Luciano, 389
Pedro Dom, 178
Pereira, Leopoldo, 350
Perelman, Chaim, 341, 447
Peres, Glória, 329
Pericles, 264
Peroutka, Ferdinand, 202
Pessoa, Fernando, 47, 67, 447
Pimenta, Maria Alzira, 142, 447
Pinto, Roquette, 235
Pítágoras, 182

Platão, 34, 91, 182, 189, 229-230, 390, 452
Plutarco, 362-365, 447
Polito Reinaldo, 373, 399, 403, 447
Pontual, Marcos, 175
Pope, Alexander, 348
Postman, L., 279, 282, 441
Protágoras, 13
Prudhomme, Sully, 336
Prússia, Frederico da, 235
Punch, 269

Q

Quadros, Jânio, 251-253
Queirós, Raquel de, 351
Queiroz, Eça de, 214

R

Ramos, Graciliano, 351
Ramos, Silva, 351
Ramos, Guerreiro, 228, 447
Raskin, Salmo, 330
Raskolnikov, 216
Recuero, Raquel, 50-51, 54, 57, 448
Régnier, 384
Rego, José Lins do, 351
Reis, Ricardo, 67
Resende, Fernanda, 119
Ribeiro, Carneiro, 350
Ribeiro, Célia, 86, 448
Ribeiro, João, 157, 351
Rimet, Jules, 331
Rio Branco, Barão de, 119
Riqueti, Victor, 44
Robert, Henri, 389-390
Robinho, 334
Rockefeller Jr, John D., 405
Rodrigues, Rodrigo, 330
Rodrigues, Fernando, 63
Romeu, 216, 334
Ronaldo, o Fenômeno, 207, 334, 344
Rotterdam, Erasmo de 164
Russell, Bertrand, 80, 321

S

Salkowitz, Rob, 126
Salomão, 203, 409
Sampaio, Maria de Lourdes (personagem real de uma historieta), 35
Sant'Anna, Armando, 42, 47, 55, 448
Santana, Andreia (personagem real de uma historieta), 52
Santíssima Trindade, 101
Santos, Kelly de Jesus Messias dos, 86
Sapir, E., 14, 74, 230, 448
Saramago, José, 351
Sátiro, 362
Saussure, Ferdinand de, 200
Saverin, Eduardo, 64
Saxe, John, 165
Scheller, Max, 115
Schlegel, Margaret (personagem de filme), 92
Schramm, Wilbur, 227
Schweriner, Mário E. René, 158, 448
Seifer, Adam, 59
Seijo, Priscila, 118
Sêneca, L. A., 167, 448
Serra, José, 125
Sevigné, Mme. De, 360
Shakespeare, 117, 264, 282
Sheen, Fulton, 206, 290, 292
Sheldon, William, 296
Silva, Célia Mariana Franchi Fernandes da, 97, 448
Silva, Marina, 63-64, 452
Simões, João Gaspar, 337
Simon Maier, 367, 446
Siqueira, Ethevaldo, 36-37, 61, 67, 449
Siqueiros, Álfaro, 205-206
Sirotta, Milton, 41
Smith, Kate, 28
Spirkin, G., 72-73, 201-202, 449
Stalin, 194, 202
Stevens, L., 236, 270, 272, 447
Stevens, Leonard, 255
Strong, Lydia, 282, 409
Symmachus, Quintus Aurelius, 171

T

Taine, H. A., 229
Takahashi, Carlos Koji, 86
Tavares, Juliana, 43
Tavares, Maurício, 143, 148, 151, 154, 157, 159, 449
Távora, Franklin, 213
Taylor, Frederick Winslow, 151
Teed, Cyrus Reed, 177
Telles, Lígia Fagundes, 351
TemPle, Lady, 355
Teodoro (personagem de Jorge Amado), 84
Thompson, Wayne, 17, 128, 329, 398
Tij, N. A., 72
Tiririca, 294
Toledo, Marleine Paula Marcondes e Ferreira de, 74, 102, 135, 162, 339, 449
Tomás, Santo, 90, 219, 230
Tomasi, Carolina, 142, 153, 157, 160, 450
Tomé, São, 180
Tönnies, Ferdinand, 23
Trivellaro, Alexandre, 55
Trovatto, Cármen, 98-99, 446
Twain, Mark, 249
Tybout, Alice M., 158, 450
Tyteca, Luci Olbre, 341, 447

U

Uris, Auren, 5

V

Vadinho (personagem de Jorge amado), 84
Valente, Sérgio, 55
Valjean, Jean, 216
Vargas, Getúlio, 192, 272
Vasconcellos, Leite de, 350
Vasquez, Ricardo, 56
Vendryés, J., 322, 450
Viana, Francisco, 156, 450
Vianna, Gonçalves, 350
Vieira, Padre Antônio, 409
Vinci, Leonardo da, 112
Viterbo, Padre, 234
Voitonis, N. I., 72
Voliva, Wilbur Glenn, 177
Voltaire, 13, 26, 80, 235, 250, 294

W

Wheat, C., 300, 450
Wicart, A., 368
Wilcox, Ruth (personagem de filme), 92
Wilde, Oscar, 123, 173
Winklevoss, gêmeos, 64-65
Wolf, Mauro, 39, 450
Wolff, Charlotte, 71
Woodworth, R., 261, 292, 450

Y

Yoakam, G. A., 289, 293, 297, 301, 313, 450

Z

Zama, César, 410
Zuckerberg, Mark, 58, 64

Impresso por

META
www.metabrasil.com.br